跨学科融合的公共美育课

詹蓉

INTERDISCIPLINARY PUBLIC AESTHETIC EDUCATION COURSES

cns PUBLISHING & MEDIA | 湖南美术出版社
全国百佳图书出版单位
· 长沙 ·

推荐语

想什么来什么，即所谓“心想事成”“得偿所愿”。在中国基础美术教育界都在想“学科融合”“跨学科”的时候，由詹蓉老师领衔的长沙美术教师群体，即奉献了这本《跨学科融合的公共美育课》。这本书境界开阔，情绪高亢，既着眼于世界文明、经典艺术，又落脚于地域特色，提炼出一个个鲜活生动的课程主题，对这些课程主题进行设计和实践，向全国的美术老师提供了具有可行性、可生发性、可再创造性的案例，对新课标“突出课程综合”的理念，给出了美术教育的“长沙答案”和“长沙奉献”。

252NFB9U6N

扫一扫，输入上方的学习卡号，获取本书全部数字资源

目录
Contents

1

跨学科融合的
公共美育课

前言

前言

跨学科融合的长沙市公共美育课述略　詹蓉

跨学科融合的长沙市公共美育课述略

詹蓉

一、缘起与开课

（一）长沙市馆校合作响应了新时代美育的要求

长沙市跨学科融合的公共美育课已经实施了六个年头，一条道走了六年，总可以回头看看，说道说道了。这事怎么起来的呢？当然是应时代要求，我们都被潮流推着走的。具体来说，就是在高中美术新课标制定和新教材编订的背景下，新课程新理念带来的新要求促使跨学科融合的公共美育课应运而生。具体到长沙，我们是个“敢为人先”的地方，所以，早在 2016 年，我们就和湖南省博物馆（2022 年 7 月 30 日已更名为湖南博物院）签署了公共美育的专项合作协议，这之后就是一堂接一堂地开课了。

一开始，我们的想法很单纯，就是利用校内美术教育资源，对接社会美术教育资源，走出学校，服务公众，促进美育，传播文化。我们首先选择与省内顶流文博机构协作，尝试探索利用公共文化资源打造优质公共美育课，以后逐步推广到“三馆一厅”（长沙博物馆、长沙图书馆、长沙规划展示馆、长沙音乐厅）等公共文化部门。近一年来，探索利用社会各方面资源，让公共美育的参与度和关注度进一步提升，而这正是学者多年呼吁、国家政策支持和课标明确要求的好事。

著名美术教育家尹少淳教授早就提出了美术人文化的问题，著名美术教育家钱初熹教授也特别提出“中小学美术课可与博物馆、美术馆等合作，开展多种形式的美术教育活动”。2017 年版高中美术新课标的“课程内容”一节中也提到“可组织学生去美术馆、博物馆接触美术作品原作，增强学习活动的情境感，积累观看美术作品的经验”。

2020 年 10 月中共中央办公厅、国务院办公厅印发《关于全面加强和改进新时代学校美育工作的意见》，其中第 15 条有“鼓励学校与社会公共文化艺术场馆、文艺院团合作开设美育课程”的内容。2021 年两会期间，全国政协常委会委员、中国美术馆馆长吴为山在《关于加强新时代美育体系建设，筑牢中小学文化自信根基的提案》中建议持续推进博物馆、美术馆与中小学的联动机制，加大馆校合作力度。

（二）长沙市公共美育课布局早，新冠肺炎疫情催成云课堂

2016年，为推动博物馆教育资源开发、拓展博物馆教育方式途径，湖南省博物馆与长沙市教育科学研究院签约共同开发“湖南省博物馆美术课程资源开发及利用项目”，并委托长沙市教育科学研究院美术教研员詹蓉负责执行，双方联合组建了合作项目研究小组，开发可利用湖南省博物馆展览及馆藏文物的美术课程资源，并探索馆校合作的长效机制。

湖南省博物馆既有“鼎盛洞庭”的巍峨新大楼，场地大空间好；馆藏文物又极具特色，不仅有闻名遐迩的“长沙马王堆汉墓陈列”，还有丰富的湖湘历史文物和系列陈设。

2020年疫情暴发，抗疫期间，长沙市中小学各学科向全省开展“空中课堂”（网络课程直播）。我们需要大量优质课程资源来丰富美术学科的“空中课堂”，线上传播在今后无疑也将成为“刚需”，这些都坚定了我们大量开发特色课程资源的想法。

围绕中华优秀传统文化，立足湖湘优秀文化，我们针对不同馆藏资源和展览类型，结合小初高的美育实际，既搭建完整而丰富的课程体系，又灵活开发系列专题课程。我们结合湖南省博物馆新馆“长沙马王堆汉墓陈列”核心展陈资源，分学段（小学低年级、小学高年级、初中、高中）合作研发编写了《湖南省博物馆美术课程资源包——长沙马王堆汉墓陈列分册》，内容包括《教师指南》4册（含资源介绍120—240件1套、教学策略24课、示范课例24课、体验课程24课、配套微课或慕课课程24课）和《学生读本》4册（含学习课程24课、工作纸24套）等。这些课程是馆内常设课程，为入馆参观学习者长期服务，由馆校联合开课。通过情景化教学来寓教于乐，运用场景再现、角色扮演等方式，借助声光电等新技术手段，让汉代历史和文化记忆活起来、动起来，让人看得见、摸得着、做得到，不仅仅将中国故事讲得好，还可以让更多中小学生体验好、做得好。

针对湖南的地方特色资源、非遗资源、博物馆的巡展等专题资源，我们也有针对性地进行开发和利用，开设了系列美育公开课。我们采用线下磨课、现场上课、现场展示的线下方式与网络传播的线上方式相结合，并在课后通过学生专题活动与教师线上线下研讨，充分利用信息技术和网络资源平台扩大受众影响面、扩展传播半径、挖掘传播深度。

（三）长沙市公共美育课一上来就是O2O（从线上到线下）

2020年6月8日，在抗击新冠肺炎疫情取得初步成果之际，由长沙市教育科学研究院组织，湖南省博物馆联合承办，长沙市长郡梅溪湖中学及湖南美术出版社协办的美育公开课首场在博物馆展览现场开课了。

6月8日下午，在严格执行健康码验证、体温测量等相关防疫流程后，师生们进入博物馆参观了年度首个艺术大展——“从文艺复兴到印象派——欧洲绘画五百年”；资深教育员王鑫导赏专业，将油画题材主题、材料技法、审美风格的历史演变，到作品艺术成就和画家创作背后的故事娓娓道来，帮助师生观摩并了解从卡拉瓦乔、伦勃朗、鲁本斯到印象派莫奈的60幅欧洲艺术精品。长郡梅溪湖中学张意老师从光影的角度切入对美术作品的形式分析，结合欣赏特展中的原作，展示西方美术审美风尚的时代变化；引导学生们自主走进画面，走进历史，理解社会审美标准和艺术创作的关系，让学生们近距离真切地感受作品，亲身观察艺术作品，开展实践探究，激发他们的兴趣和学习动机。在博物馆的展厅中，师生们一起探讨对画作的认识，感受艺术的洗礼，真实的情境更好地促进了教学目标的达成。感受艺术魅力，这种直接的体验更能够培养学生的美术素养，也让学生能更积极地表达自身的想法。美术馆、博物馆的收藏非常丰富，加强中小学校师生与它们的联系，将美术馆、博物馆等教育资源挖掘、融合起来，将更好地培养学生的审美能力和创造能力，更好地推动美术教育的发展。馆校合作美育将有力促进美术教学和社会美育。

此次活动得到了湖南省博物馆、湖南美术出版社、长沙市“人人通”教育云平台等相关方的大力支持，目仓文化传媒给予了拍摄技术支持。

2020 年 7 月 9 日，此次公开课通过长沙市中小学“人人通”云平台推荐，成为 2020 年长沙市中学美术线上教研活动重要内容，并通过湖南省博物馆官方微信公众号、微博、网站及湖南美术出版社“哔哩哔哩”官方账号发布。此课程线上推广较好地契合了教育部《教育信息化 2.0 行动计划》和《网络学习空间建设与应用指南》文件中的相关要求，也是特殊时期继续美育公开课的有益尝试（图 1 至图 3）。

图1

图2

图3

二、合作与联动：模式与方法

（一）主动整合各种资源，多多益善

美育已成为新时代教育的热点和亮点，公共美育发展迎来新机遇。美术馆、文化馆、博物馆等文化场所的馆藏文物、陈列资源都可作为优质教育资源，更好地服务于公共美育需要和文化艺术需求，此外也需充分挖掘各院校艺术场馆的社会服务功能。

除了一些文化单位和公立机构，做教育需要社会全方位支持，在馆校合作基础上再争取更多资源，让更多热心教育的文化部门和单位参与进来，发挥主观能动性，整合好各方面资源。

我们如果放开眼界，会看到不单是公立文化机构有公共教育推广需求，其他机构也在关注我们的教育走向。在人民追求美好生活成为主流的时代，我们的公共美育课是很容易获取各方面的支持的。关键是，我们要发掘教育需求，要让人们看到，也要巧妙策划，让对美的需求与美的供给对接起来，要将教育当作一个“孵化器”来看待，让孩子们全面成长，为他们创造更好的条件。

图 4

（二）公共美育课合作要明确流程和规范，全方位利用各方面资源

整合校内、校外资源，深入开展公共美育实践活动。在“双减”背景下，这些活动及资源可作为满足中小学“课后三点半”需求的有效途径和中小学生课后服务工作的重要载体。我们不但可以与文化机构及专业院团合作，也可以利用非遗资源、传统工艺传承人等优质文化资源，甚至可以精心策划组织，与热心的美术相关专业人士及其他组织合作，将公共美育课的内容做得更丰富、更规范。

结合湖南省博物馆的系列巡展，我们根据中小学课堂美术学习需求，创设好与生活相关的生动教学情境，在博物馆先后开设了系列美育专题课。本套课程共分为五课，针对小学和中学两个学段进行设计，将博物馆教育员展厅导赏和美术教师博物馆授课相结合，呈现了在“互联网 +”的时代协同育人的新趋势。（图 4）

像“闲来弄风雅——宋朝人慢生活镜像”“秘鲁古代文明展——探寻印加帝国的源流”等优质巡展，都快速开出专题美育课。《闲来弄风雅：宋人慢生活艺术品赏析》通过“琴、棋、书、画、茶、酒、花、香”等场景展示和互动，再现千年前的宋代美学，让学子们体会、感知、践行宋人恬静、雅致的生活方式。这是审美的全新体验，也是向祖国璀璨文明的虔敬顶礼。《朴拙与神秘：借一双秘鲁彩陶的眼睛》《发现美丽》《时间告诉我——古秘鲁文物之美》等 3 堂古代文明美育课，透过秘鲁古代文明展的许多象形陶器，通过那些陶塑的人、兽、禽、鱼、昆虫、植物，那些有灵且美的万物，展现朴拙神秘的古文明风貌。望向异乡的古文明，体会世界文明的美美与共。

（三）公共美育课走出校园开课流程

1. 观展

预展时先组织老师们到博物馆参观，寻找美育重点和美术学科结合点。

2. 磨课

教师个人进行教学设计，在学校教研组集体研讨磨课。同时与博物馆的教育员沟通交流，明确分工，相互促进，增进理解。

3. 安排试讲

对授课老师的语言、教态、课件、微课视频等多方面把关，务求精益求精，做出精品课程视频资源。

4. 拍摄时间安排

与拍摄团队和博物馆相关负责人约定时间，一般选择在每周一（周一为博物馆闭馆时间）。

5. 开课与现场拍摄

师生们到馆内进行现场拍摄。

每堂课教育员导赏与老师授课要灵活切换，不能重复，不能干扰。

拍摄要有计划，并有内容冗余；一堂课大约要拍摄三个小时，素材尽量拍全，以便于后期的剪辑制作。

6. 后期制作与内容审核

视频剪辑制作初稿完成后，几个团队同时对视频进行校对审核：①学校老师团队；②博物馆专

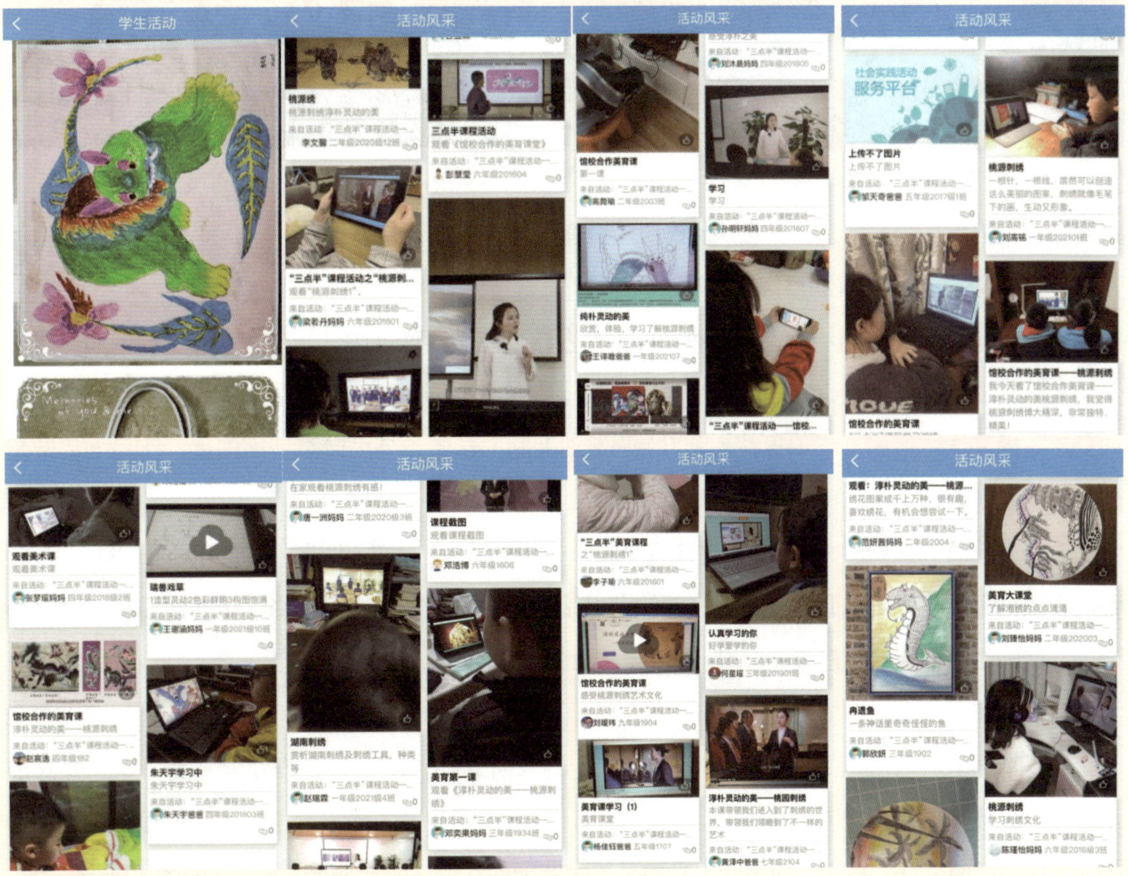

图 5

图6

家团队；③出版社专家团队。大家一起确保没有意识形态和知识性差错。

7. 做好在线发布与互动反馈

在长沙市教育局专用“人人通”教育云平台发布公共美育课视频。与技术人员主动沟通，进一步完善视频课程的内容，比如在课程播放后添加学生作品上传环节，让学生们有作业反馈，并能互动交流，提高学生们的参与积极性（图5）。活动期间，学生参与度越高，点击量、作品上传数量也会快速攀升。

在“人人通”云平台发布要特别注意网页整体效果（图6），做好细节，比如课程活动网页设计，我们会根据每期不同的主题安排，每一课的海报设计、主体形象、主导色彩、版式版面等都会精心设计，让师生都积极参与进来，在专业方面也得到相应的锻炼。

8. 以点带面，通过教研促进提高

组织长沙市中小学美术老师在市教育局规定的教研活动时间，各自收看公共美育课，并对展示的教学现场效果进行交流讨论评价，总结优点，指出需要改进的地方。这一教研过程都在微信、QQ群线上即时交流，每次及时总结，受到了广大老师的欢迎，收效显著。这样的锻炼和成长机会，

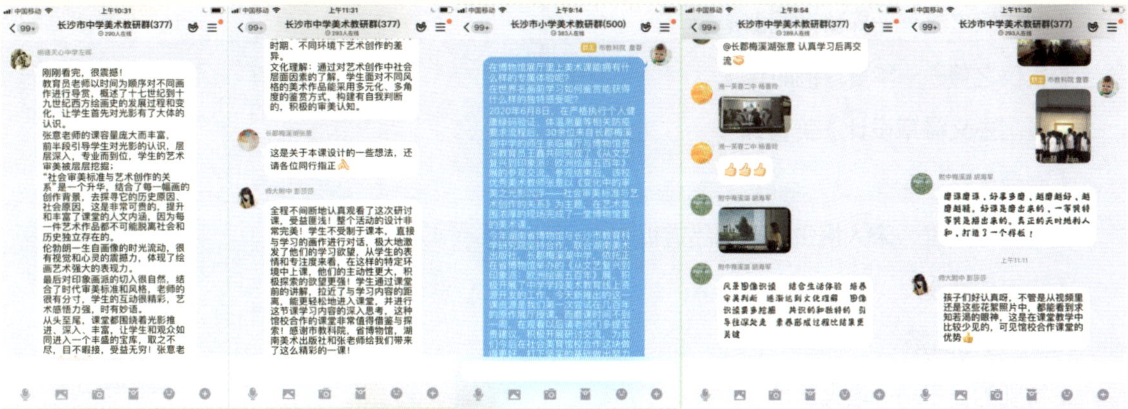

图 7

也调动了学校和老师们的积极性，要求参与的学校和老师也越来越多（图 7）。

三、公共美育课程：艺术审美与文明互鉴

我们与湖南省博物馆的合作课程更多是围绕文明互鉴、经典传承、特色弘扬三大类别进行审美探究、艺术探索和文化理解。部分已经完成课目如下：

（一）文明互鉴

《光影沉浮——社会审美标准与艺术创作的关系》

《如果文物会说话——IP 形象设计》

《是谁，带你来到我身边》

《梵高的世界》

《至爱梵高》

《时间的礼物——工艺品之美》

《朴拙与神秘：借一双秘鲁彩陶的眼睛》

《发现美丽》

《时间告诉我——古秘鲁文物之美》

《不同的歌声——思想流变与艺术表现》

（二）经典传承

《摄影的构图艺术——布局京剧之美》

《京剧脸谱——唱大戏》

《戏曲水墨漫画》

《图画书——西游记绘本制作》

《钟鸣鼎食——商周青铜那些事》文物欣赏、传承

《青铜之美》

《博物馆之旅——探秘青铜器》

《礼仪之美——华夏青铜时代》

《爱国主义徽章设计》美育课

《壶趣》

《闲来弄风雅：宋人慢生活艺术品赏析》

《树可传情》

（三）特色弘扬

《特别的日子——焰火艺术》

《铜官窑里的浪漫之美》

《长沙铜官窑——穿越千年的彩绘之美》

《湘瓷泛轻花》

《漆色之光——初识髹漆》

《淳朴灵动的美——桃源刺绣》

《纯真灵性的民间艺术：桃源木雕》

《我是旅行策划师》

《铭刻红色记忆》

四、效果与影响

（一）馆所院团校内校外多赢，优质资源双向甚至多向汇流

我们通过与文博机构、艺术机构、文艺院团及非遗传承人、美术相关专业人士合作开课，拓展了公共美育的实施空间和途径，扩展了公共美育课的内容，提升了课程品质，将各方面的智力资源、文化资源等都汇聚到一起，产生了较好的美育化学反应。师生观展学习与专家导览指导、座谈交流相结合，形成馆校美育工作者携手育人的新模式。这是部分学习者的线下美育新“福利”，又丰富了长沙美育的云课堂。

（二）O2O 联动，普及合作精品美育课，惠及省内外学生

近两年长沙美育公开课已成功举行了 20 次活动，现场参与者逾千人，通过长沙市中小学“人人通”云平台、湖南省博物馆官网平台推荐后，线上观看人次达数百万以上。同时作为长沙市教育局“三点半”线上课后服务系列精品录播课程，面向更多中小学生和更广泛的群体，惠及长沙乃至全省、全国的学生。

活动反响热烈，广大师生热情参与，获得了公众的广泛好评。据湖南省博物馆数据统计，微信、微博、B 站浏览量共计 105665 人次。

（三）教学相长，研学互动

合作过程中，我们不断地摸索和尝试，不但要让学生受益，也有针对性地促成老师们的教学、教研水平提升；注意拓宽老师的教学思路，提升老师的协作意识，积累老师在非课堂情境的教学经验。我们还将美育公开课作为长沙市中小学美术线上教研活动重要内容来进行研讨，将部分师生的经验和探索提炼升华，推广开来。

五、回顾与展望

（一）公共美育应时顺势，既要改进供给，更要优化传播

跨学科融合的公共美育课程的公益化、公开化，惠及公众，服务社会；注重普及推广，打造“无边界美育课堂”；既服务学校教育，也促进全民艺术普及，“以美育人、以文化人”。

我们的O2O美育课，采用了新技术手段，尝试了全媒体融合传播（通常是合作各方官网发布、教育专网二次分享、公网跟进传播广覆盖）；从单个学校到长沙各中小学到文化机构平台，再向公网传播延伸，既增进了美育精品供给，也在传播方式上不断优化。

（二）公共美育课要群策群力，分工明确，各用其长

公共美育课是公益课程，是服务教育、服务全体学生和相关人员的。这个目标要清晰，各方分工要明确；运行机制要灵活，沟通协作要简便。美术老师、馆方教育人员、艺术专家、专业志愿者要各尽其长。

馆研校企跨界联手开课、教研、线上推广，实行“开门做美育”，就是要让更多人参与进来，要汇聚资源，八方借力；具体项目既可以双方合作，也可以多方协力，比如我们的摄录制作就与湖南美术出版社专业团队合作；要立足教育界，又要面向社会，做到“墙内墙外一样香”。

（三）做公共美育要走得远，就要不断创新，善用新技术

我们要主动融合新媒介、新技术，用好移动互联网、AI（人工智能）及AR（增强现实）、VR（虚拟现实）等新科技手段，不断扩展服务对象、服务方式。社会美育与学校教育要双向互动，线上线下要云端联动；从校园、教育界走向社会，让美育做得更好、更多、更美。

2

跨学科融合的
公共美育课

文明互鉴

文明互鉴

《光影沉浮——社会审美标准与艺术创作的关系》教学设计　张意

《如果文物会说话——IP 形象设计》教学设计　李爽

《是谁，带你来到我身边》教学设计　龚波

《梵高的世界》教学设计　甘双

《至爱梵高》教学设计　彭聪

《时间的礼物——工艺品之美》教学设计　张红

《朴拙与神秘：借一双秘鲁彩陶的眼睛》教学设计　陶微玲

《发现美丽》教学设计　米健

《时间告诉我——古秘鲁文物之美》教学设计　朱明子

《不同的歌声——思想流变与艺术表现》教学设计　夏欣欣

《光影沉浮——社会审美标准与艺术创作的关系》教学设计

长沙市长郡梅溪湖中学 张意

前言

本课结合湖南省博物馆“从文艺复兴到印象派——欧洲绘画五百年”特展内容，融合美术、历史、物理、心理、信息技术等多个学科，实现了高中美术鉴赏课程的博物馆现场教学。直观的感受激发出学生的学习兴趣，真实的情境促进了教学目标达成，跨学科融合打造高阶思维。通过精心设计，课堂以“光影沉浮”为主线展开教学。首先从视频影像和游戏体验中建立起关于画面光影的基础认知；随后以变化的光影为切入点，设置环环相扣的教学活动，从文艺复兴时期的作品到伦勃朗的作品，让学生走进不同的历史情境，并结合艺术家和受众群体的审美心理需求，逐渐理解社会审美标准是如何影响艺术创作的；最后，在印象派作品环绕的展厅中，创设出真实的观展体验，结合 19 世纪末的历史发展，让学生感受到社会层面因素与艺术创作的相互影响。与此同时，学习空间在展厅与课堂之间交替转换，学生能直接面对大师们的作品，近距离感受作品的体量、色彩，笔触的微妙变化；也能在希沃白板、易课堂等信息技术的运用下，凸显美术学科的特点，设计更丰富的师生互动，整体实现了沉浸式鉴赏的教学效果（表 1）。

教学环节	教学活动	融合学科	学科内容
初识光影	感知体验	物理、摄影	光的因素：角度、颜色（冷暖）、强弱、光源；拍摄“伦勃朗光”的布光场景。
变化中的光影	情境探究	历史、心理、哲学、信息技术	荷兰“海上马车夫”等不同时期的历史背景；人在不同生活条件下的审美心理需求；腐烂水果的哲思隐喻；希沃、易课堂软件及平板的使用。
光影的实验	沉浸式学习	物理 、历史	七色光原理；印象派产生的时代背景、历史条件。

表1

扫一扫，看示范课

教材分析

本课是湘美版高中美术鉴赏模块教学第三单元“灿烂的美术世界”的第四课《审美变化中的自我》，从社会层面的角度来理解美术作品。配合本次博物馆的展览内容，笔者选取了这一课的两个部分：1. 以不同时期的展览作品为例，通过图像对比和历史评价这两个角度，让学生感受不同时代背景下创作风格的差异，理解社会审美标准在历史情境的发展中是不断变化的；2. 让学生通过印象派及同时期艺术家的相似主题的画作的对比，认识到艺术家超前的审美认知的引领作用，体现美术作品以自己的方式参与社会活动和发展的特性。

学情分析

“从文艺复兴到印象派——欧洲绘画五百年”特展的知名度和视觉效果，对学生来说是相当有吸引力的，特别是当他们得知还要在大师的原作前上课，则是在期待之中还附加了一些崇敬之情。高一学生已初步建立了理性、宏观的学习思维模式。通过之前教材第一、二单元的学习，他们也积累了一定的美术鉴赏方法和知识，再结合历史、人文等方面的知识储备，都具备了从社会学角度深度解读作品的基础。这次借助湖南省博物馆的展览环境和内容，通过对光影的形式分析，让学生由浅入深地走进画面，代入不同的历史生活情境和审美心理需求，轻松、有效地理解审美标准与艺术创作的关系。

教学目标

1. 在湖南省博物馆观展的真实情境中，进行画面形式分析，结合物理、摄影等学科知识，让学生感受到光影在西方绘画体系中的作用和演变。

2. 在历史情境探究学习中，引导学生围绕光影，对画面主题、内容、形式等方面进行剖析，从历史人文、哲学、心理等角度体会到不同时期、环境下审美标准的变化。

3. 通过对艺术创作中社会层面因素的解读，融合多学科知识，让学生构建多元化、多角度的审美认知。

教学重点与难点

教学重点：通过以光影为主线的画面分析，理解社会审美标准在不同历史情境中的变化。

教学难点：理解社会审美标准与艺术创作相互影响、制约的关系，建立多元、多角度的审美认知，培养有自我判断的、积极的审美思维。

教具学具准备

多媒体课件、希沃一体机、希沃平板（学生）、空画框、手机（教师）等。

教学过程

一、课前观展（40 分钟），跟随导览参观、欣赏画展（图 1、图 2）

图1

图2

二、鉴赏课堂教学（40 分钟）

（一）导入

教师采访学生的观展感受。

生：太震撼了，我最喜欢《埃及的第五次瘟疫》，原作比宣传册上的图片更有细节、层次，刻画得非常用心。每一个画面都很真实，充满视觉冲击力，我好像穿越到了一个个不同的时代。

师：我们每个人会因为生活经验、知识体系等对画面各有所好，那艺术家是不是也会投其所好，配合观众的喜好呢？让我们一起从光影的角度来走进画面，在光影沉浮中发现绘画作品审美变迁的秘密。

【设计意图】了解学生对现场观展的真实感受，铺垫出表达自我感受的课堂基调。同时教师从个体化的审美喜好引向艺术创作的社会性，并借由光影的线索激发学生的学习兴趣。

（二）初识光影

1. 摄影中的光影——视频学习

师：请大家仔细观察，这段视频中运用了光的哪些因素来改变了画面效果？

生：角度、颜色（冷暖）、强弱、光源。（教师需适当引导）

2. 绘画中的光影——欣赏画作《刺瞎参孙》

师：一束强光从画面的左后方穿射进来，借由光线的方向和力量，我们看到了厮杀的一幕，并跟随光线看到了剧情的最高潮。在伦勃朗的画面中，我们能直接感受到“有了光就有了形状，有了颜色，有了一切”。

3. 光影游戏——体验活动

师：伦勃朗被誉为光影大师，直到今天，人像摄影都在学习他的用光手法。光从一侧来，在背光的另一侧脸上形成了一个倒三角形。这样的用光又有什么效果呢？我们来现场试一下。

图3

图4

教师请两位同学上台，一位当模特，一位负责打光并进行现场人像拍摄。（图3、图4）

教师总结：想要拍出跟画中一模一样的光影是很难的，不难看出艺术家在画作中是创造了一种理想的光影效果。西方传统绘画追求三维立体的真实再现，但是在不同时代审美风向的影响下，光影也在不断变化。

【设计意图】本环节通过摄影光影的处理，融合物理学科知识，让学生在生活中走近光影，掌握光影的基本要素；以绘画中的光影赏析，加强学生对光影作用的理解，并通过现场灯光游戏的对比，感受角度、颜色、强弱、光源等直观的变化，引导学生积极思考光影变化背后的创作意识，为进一步分析建立基础。

（三）变化中的光影——社会审美标准如何影响艺术创作

1. 自选分组

学生根据喜欢的作品，进行线上分组操作，随后调整好座位，进行小组讨论。

2. 光影分析——小组活动

教师推送课件，学生围绕画面光影的处理，结合平板课件操作，分小组总结、陈述所选作品的光影特点（图5、图6）。

图5

图6

教师结合小组总结回答，引导学生关注时代审美变化对艺术创作的影响。

师：《中国青花瓷罐静物》中神秘气氛刚好符合了当时荷兰在“海上马车夫”时期的富裕和对异域风情的审美偏爱，同时还用腐烂的水果隐喻生命的短暂和时间的流逝。《白杨沐风》诗意的氛围能反映出当时人们有些厌倦了都市的喧闹，转向寻求“回归自然”。在《圣约瑟的梦》中，我们能看到不同于一般宗教题材画面的稳定、严谨，从这里的梦幻、动感、世俗能看出当时人们对感官愉悦的追求。《音乐会》展现的是文艺复兴之后底层人民的世俗生活，借用戏剧般的光线来告诫观众，注意酗酒等其他消遣方式的危害。

教师总结：不难看出，审美不会一成不变，从内容到形式都会随着历史的变迁而变化。时代的审美标准又是怎么影响艺术创作的？画什么和怎么画是谁决定的？

图 7

3. 审美标准在画作中的体现——情境探究

师：19 世纪之前绘画是一种高级服务，画作大多是定件，由雇主决定画什么，画家在绘制中要去迎合雇主的喜好。下面请对比同为母爱主题的展览作品（图 7），根据画作的年代和内容，推测出雇主是什么人，再从光影的角度，分析出雇主对画面的要求。

图 8

生：第一张的雇主是教会，用的是室内光线，但是光影的感觉并不真实。（图 8）

生：第二张的雇主是贵族，光线很柔和，把衣服的绸缎质感和皮肤的嫩滑表现得比较充分，显得比较富有，是不是画的雇主的家人？

生：根据时间来看，第三张的雇主应该是新兴的资产阶级，画面的光影感比较强烈，比较真实。不过我发现它跟第一张图的动作有点相似，所以又有点神圣感。

师：第一张是刚走进文艺复兴时期的宗教定件，因为当时绘画技法的局限，光影的表达比较抽象，又需要光线带来一种现实感，以符合当时人文思想的需求。第二张是一位银行家的定件，画的是女儿和妻子在风景优美的室外摆出了花神般的造型，用柔和的光影处理出一种艺术照般的效果。第三张是根据当时的大众喜好绘制的作品，属于学院派的审美主流，此时的欧洲人既喜欢世俗生活，又怀念文艺复兴时的古典美。不难看出，这些画作都有着各自的主人和目的，更多表现出时代的审美意志。难道就没有艺术家想跳出这种控制吗？

【设计意图】首先让学生进行自由分组，给予学生更大的学习自主性，为后面的小组活动建立基础。再通过对本次画展作品的光影分析，从画面走进历史、哲学等不同学科，给学生亲切并且多角度的审美体验。最后通过相似主题画作的对比，考虑不同身份的审美心理需求，以寻找雇主身份的情境活动探究，让学生理解到社会审美标准是如何影响艺术创作的。

（四）光影的实验——艺术家超前的审美探索

1. 伦勃朗的戏剧人生

（1）自画像里的光影人生——视频学习

教师介绍展览重点作品——伦勃朗23岁的自画像，播放自画像的微课视频，学生根据伦勃朗自画像里的变化来推断他的人生曲线（图9）。

图9

（2）“众筹”集体照——对比欣赏

师：伦勃朗的一生因为定件而大起大落，对比伦勃朗26岁的优秀订单《解剖课》和36岁的退件《夜巡》，同是“众筹”集体照，为什么大众的态度差别巨大？

生：画中有的人脸部不完整，有的人面部太模糊，出了同样多钱的人会觉得不公平。

生：不是聚光灯下的舞台效果了，画面比较暗，不能一眼看出每个人的样子。

师：今天人们看到《夜巡》中超越时代的场景呈现都会称赞不已，伦勃朗用超前的时代审美，大胆追求真实和深刻，而非摆拍，但是没有被当时的人们所接受。请思考，什么样的大胆尝试会成功呢？

图10

图11

2. 印象派的成名之路

（1）落选者沙龙——对比欣赏

教师简介落选者沙龙事件的背景，对比印象派和学院派的相似主题作品，提出思考：如果你是1863年的巴黎市民，你会去看落选者沙龙的作品吗？为什么？（图10、图11）

生：我不会去参观，被官方权威机构淘汰的作品肯定是不符合当时的审美的，就比如我们不会去看评分很低的电影，简直是浪费时间。

生：这个名字很特别，我觉得会有一部分人像我一样，出于好奇或是好玩的心态前去参观，看看他们画得到底有多糟糕。

教师展示藏在一体机后面的莫奈作品——《查令十字桥》。

师：如果你在落选者沙龙看到一幅这样的作品，你会喜欢吗？（学生上前观看）

（2）印象派的光影

图12

图13

师：根据友情提示——照相机、光学、火车，请你们下座观看课堂区域的展览作品，相互交流讨论：你能不能分辨出来哪些是印象派的作品？生活在1863年的巴黎市民是否会喜欢这样的作品？（图12、图13）

生：我认为当时的人会喜欢印象派的画，艺术的魅力在于创新，人们不再喜欢千篇一律的古典油画，有了照相机，大家对原来写实的画面就不那么感兴趣了。

生：印象派的色彩都比较鲜艳，像室外强烈光线下的效果。有可能是七色光原理启发了他们用更丰富的色彩表达光线。

生：有了火车，他们可以外出画画，写生的方式开始流行起来，画面上出现了更多室外的景色。

教师展示莫奈《查令十字桥》系列作品，小结在19世纪的历史变革中绘画光影的变化。

教师小结：传统的画面中光影是为了塑造空间、体积——“光服务于物”，而到了莫奈的画面中就变成了“物服务于光”。

【设计意图】利用展馆现场的条件，直观的画面感受，从气氛到细节，让学生面对原作进行表达。同时通过了解伦勃朗的戏剧人生和探究印象派的成名之路，从而理解社会审美标准和艺术创作之间的关系。

（五）总结

师：不同历史、地域下的社会环境会影响我们的审美喜好，而敏锐的艺术家们也总会以超前的审美探索引领着社会审美的走向，两者相互制约、相互影响。在今天这个充满个性表达的时代，还有没有社会审美标准呢？期待你们的观察和发现。时光流转，回顾画面中这些人，这些景，这些事，绘画在光影沉浮之间，记录下时代变迁。正如印象派所言，“给我一束光，我给你一个世界”。

【设计意图】提炼、总结出艺术创作和社会审美标准的关系，并以审美标准自身的变化引发学生对当下社会审美标准的思考，把教学延伸至生活。

《光影沉浮——社会审美标准与艺术创作的关系》导学案

姓名：　　　班级：

一、初识光影

1. 摄影中的光影——视频学习

影响光影的因素有（　　）、（　　）、（　　）、（　　）。

2. 活动一：现场光影游戏——伦勃朗光

伦勃朗是欧洲17世纪最伟大的画家之一，也是荷兰历史上最伟大的画家之一。法国19世纪画家兼批评家弗罗芒坦（Fromentin）称他为“夜光虫”，也有人说他以黑暗来绘成光明。伦勃朗对光的使用令人印象深刻。他独到地运用明暗关系，灵活地处理复杂画面中的明暗光线，用光线强化画中的主要部分，也让暗部去弱化和消融次要因素，这种魔术般的明暗处理构成了强烈的戏剧性色彩。

二、变化中的光影

1. 从光影的角度选择你最欣赏的一张作品，完成分组。

2. 活动二：小组讨论，与同学交流你最欣赏的这张作品，把画面中光影的特点填写在表格中。

作品	《中国青花瓷罐静物》	《白杨沐风》	《圣约瑟的梦》	《音乐会》
光源				
角度				
强弱				
冷暖				
氛围				

三、光影的实验

1. 伦勃朗的戏剧人生

2. 印象派的成名之路

1874年，一群年轻的画家在巴黎卡皮西纳大道的一所公寓里举办了第一届印象派画展，有31位印象派画家参展，包括莫奈、雷诺阿、毕沙罗、西斯莱、德加、塞尚和莫里索等在内的画家们不仅有各异的性格和天赋，而且在某种程度上还具有不同的观念和倾向，但是，他们诞生在同样的时代，有着同样的经历，并且都与反对派斗争过。他们欣然接受了一些讽刺文章作家封给他们带着嘲笑味道的称号——“印象派”。

3. 活动三：探究学习，你觉得生活在1863年的巴黎市民会喜欢印象派的画作吗？

友情提示：照相机、光学、火车

四、课后扩展

你观察到生活中有关于审美标准的现象吗？你可以用手账、思维导图、视频等擅长的方式记录下你的发现。

教学反思

2020 年 5 月我接到任务，根据湖南省博物馆“从文艺复兴到印象派——欧洲绘画五百年”特展内容，结合新版教材来准备一节高中美术鉴赏课。前期，长沙市教育科学研究院教研员詹蓉老师多次参与磨课，指导课程定位，让我快速确定了教学方向：从情境化、跨学科入手，突出展馆的真实体验和信息技术的运用融合，挖掘高中生学习思维深度。6 月，詹蓉老师带领我和 30 名高一学生在湖南省博物馆完成现场课录制。7 月，通过“人人通”云平台进行长沙市线上教研活动展示。（图 14、图 15）从教学过程及反馈来看，这节课有三个比较明显的优点：

一是“光影沉浮”教学主线的设定。从直观具体、贴近生活的光影来切入画面，学生可以更快速、自主地建构起学习内容，所以教学过程整体推进得较为轻松。线上教研活动展示中，明德天心学校左晖老师点评道：“从头至尾，课堂都围绕着光影深入、丰富，让学生和观众如同进入一个丰盛的宝库。前半段引导学生对光影的认识，层层深入，专业而到位，学生的艺术审美被层层挖掘；‘社会审美标准与艺术创作的关系’是一个升华，结合了每一幅画的创作背景，去探寻它的历史原因、社会原因，这是非常可贵的，而且也提升和丰富了课堂的人文内涵，因为每一件艺术作品都不可能脱离社会和历史独立存在。师生的互动很精彩，艺术感悟力强，时有妙语。”

二是“沉浸式学习”教学情境的设置。结合展馆现场条件与信息技术优势，跨学科融合的情境探究不仅激发出学习热情，也有助于挖掘学习的思维深度，实现核心素养的育人目标。（图

图 14

图 15

图 16

图 17

16、图 17）湖南师大附中星城实验中学的蔡靖老师点评道：“置身在博物馆这样的情境中，能够让学生饱含激情地去学习，也提升了课堂的文化内涵和层次，这些经过岁月沉淀发光发热的真实原作，是平时电脑中再精美的视频和图片都无法代替的。熟练运用现代化教学手段授课以及与学生互动都展示出了现代化课堂的优势，这样的课堂让我感受到满满的生命力。”

三是“多元化审美”教学目标的初步达成。本课教学设计始终以学生为中心，通过情境化、跨学科的探究活动，激发出学生敢于表达、善于表达的审美态度。正如开福区教研员罗炜老师的点评：“最令我感动的一刻是讲台移走的那一瞬，几乎落下泪来，莫奈的原作就在眼前，大师的气息就在眼前，学生自由走动，近距离观察欣赏，说出自己独特的感受，而之前学生都只能通过屏幕或印刷品欣赏。我们的学生也表现得太棒了，他们有自己的想法跟表达，不是人云亦云，这才是最难能可贵的。”

虽说整节课的教学效果还算令人满意，但也存在不足之处。首先，整节课的信息量大，教学方式变化多，对于 40 分钟的课堂而言内容太满，如果能在保持现有教学结构的基础上再精简，就能更突出教学重点，留更多的时间让学生思考、内化，以有效突破教学难点。其次，从跨学科的角度，如果要实现学生高阶思维的培养，可以考虑在初识光影的环节加入物理老师的教学，从光学原理认识到画面光影表达，从物理实验到摄影游戏的现场体验，相信能更有益于高中生的学习需求和学习思维的培养。（图 18 ）

参与人员名单

策划：长沙市教育科学研究院詹蓉

项目主持和主要实施者：詹蓉、柳刚永、张意、王鑫

现场参与人员：彭勇、常海瑞、邹思宇、湖南美术出版社拍摄团队、湖南省博物馆工作人员、希沃品牌技术团队

场外支援：湖南美术出版社数字媒体部

特别鸣谢人员：梁惠琳、张素梅、易滢、程晨

图 18

《如果文物会说话——IP形象设计》教学设计

长沙麓山国际实验小学 李爽

前言

本课结合小学生的认知发展特点进行整体设计，带领学生穿越时空，从造型、色彩等角度“听”文物说话，引导学生透过文物了解亚洲文明的社会历史及文化渊源。

图1

“如果文物会说话，它会说些什么呢？”本课以一段精彩的文物开口说话的动画视频展开了教学。学生结合现场观展和课前所搜集的资料，利用思维导图的形式，以项目式学习的方式开展自主学习与合作学习，在形成初稿—思考与探究—修改思维导图—形成终稿的一系列教学活动后，教师引导学生用简化、夸张、变形、添加等艺术手法自主设计创作了文物IP形象，让文物焕发“新”的历史文化魅力。作品展示阶段，教师使用了AR技术投屏，学生运用美术与语文学科知识以第一人称演讲自己设计的形象，展现了跨学科与信息技术融合的美育课堂。（图1）

学情分析

《如果文物会说话——IP形象设计》一课的授课对象为六年级学生，该阶段学生对美术学科兴趣浓厚，爱绘画、爱制作，可塑性强，思维活跃，并且已经具备一定审美能力、美术常识与技法基础。根据学生情况，课前建议学生自行参观“我们亚洲——亚细亚古代文明展”特色大展，并参观完毕后做相关的资料搜索和整理，让学生对古老多元、交流互鉴的亚洲文明与展览中精美的文物都有了一定了解。（图2）

扫一扫，看示范课

教学目标

1. 使学生遵循一定的形式美法则，运用简单的平面设计原理进行创作。

2. 让学生运用简化、夸张、变形、添加的表现方法进行组合设计文物 IP 形象。

3. 让学生在美术活动中了解亚洲文明的社会历史、文化渊源，激发学生热爱生活、民族、艺术的情感。

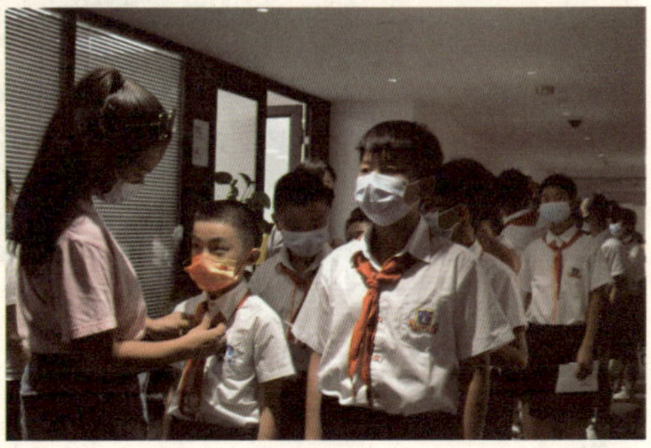

图 2

教学重点与难点

教学重点：教会学生运用简化、夸张、变形、添加的表现方法进行组合设计文物 IP 形象。

教学难点：教会学生运用简单的平面设计原理进行创作。

教具学具准备

任务卡、素材卡、课件、希沃平板、铅笔、素描纸、马克笔等。

教学过程

一、导入

（一）欣赏博物馆展品

（场景：学生来到湖南省博物馆，参观亚洲文化展品，教育员指导讲解。）

师：希望同学们跟着湖南省博物馆的教育员老师，仔细观看展品，认真聆听讲解，一起探寻亚洲古代文明的奥秘。

学生根据观展学习卡观展：

1. 观察亚洲地图，了解亚洲文化。

2. 找到你所感兴趣的文物，了解它的时代背景、地域文化、器型和纹饰特点。

3. 你所感兴趣的点是哪一个呢？（色彩 / 纹饰 / 器型 / 其他）

【设计意图】学生带着问题观展，有目的性地主动进行思考，加上湖南省博物馆教育员老师的介绍和帮助，让学生能够在欣赏过程中及时解惑，从而达到更好的学习效果。（图 3）

（二）创设情境：做文明小使者，推广亚洲文化

（场景：教室课堂。）

播放“文物动起来说话”的视频动画，引出教学重点：希望同学们能帮忙给我们设计推广形象，让更多的人愿意来了解我们。（图 4）

图3

图4

图5

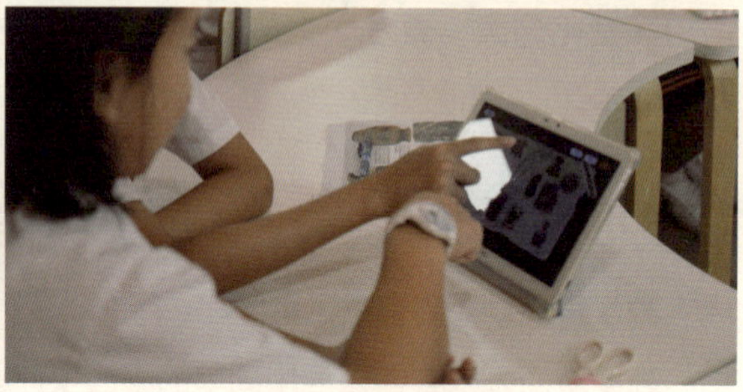

图6

师：让我们一起来帮助它们吧，那我们需要怎么做呢？

引入课题。

【设计意图】本环节通过观看有趣的动画，拉近文物与学生之间的距离，激发学生的好奇心，为引导学生更好地设计文物IP形象做铺垫。

二、新课

（一）小组分享成果

师：经过调研与讨论，现在，老师邀请一个小组来分享一下你们对亚洲地图与文化的了解。

小组代表分享。

生：这是一张亚洲区域的地图，亚洲还有一个全名，叫作“亚细亚洲”，也被称作“太阳升起的地方”，是七大洲中面积最大的一个。人类最早的文字、城市等都诞生在这块大陆。世界上的四大文明古国中的中国、古印度、古巴比伦都是诞生于亚洲的。（图5）

师：非常感谢这位同学的分享，让我们对亚洲文化有了进一步的了解。是的，江河之水是文明的源泉，世界上主要的古代文明几乎都与大江大河相伴。

师：同学们，通过我们刚才的观展，你们最感兴趣的文物是哪个呢？请结合它的时代背景、地域文化、器型和纹饰，以及你所感兴趣的点，来给大家分享一下。

小组代表分享。（学习卡投屏展示）

师：选择你所了解的地域中有代表性的纹饰、器型、服饰等（希沃平板推送归类游戏）。

【设计意图】小组代表分享前期的调研与学习成果，检测学生自主学习的效果，在轻松

愉悦的游戏环境中获取知识。（图6）

（二）设计形象

师：看来大家对这三个地域的文化已经有了非常深入的了解。今天我们还特别邀请了两位我们的老朋友，大家看一下，你们认识它们吗？

教师展示影视作品《哪吒》中青铜器的IP形象。

师：是的，这张图是影视作品《哪吒》中的两个结界兽，它们都是以不同的历史文物为原型进行设计的哦，你们能猜猜是哪两个文物吗？

学生回答后再出示文物图（戴金面罩青铜人头像、青铜鸟首）。

师：这只可爱的狸猫是来自我们的湖南省博物馆哦，我们来听一听它介绍自己吧。是的，通过艺术的手法我们就可以让文物变得那么可爱有趣哦。

师：接下来，大家再来看看这些形象，分组合作讨论以下两个问题。

问题1：IP形象保留了文物的什么特点？

问题2：运用了什么艺术手法来表现文物的特点？

小组派代表分享讨论的答案：

问题1：易识别的文物特点：器型、纹饰、颜色。

问题2：简化、夸张、变形、添加，而且拟人化，使文物形象生动、有趣、可爱、完整。

教师总结并板书：从你们的回答中，老师可以看出，你们都具备了很高的美术素养。

【设计意图】以分组合作讨论的方式，锻炼学生的合作意识，培养学生的自主学习能力以及团队意识。

教师安排小练习。

师：接下来，请你们运用刚刚学到的方法，结合小组选择的文物，利用思维导图的方式，画出你们的初稿，并拍照上传。（终端展示评价）

学生使用希沃平板拍照上传思维导图和作品初稿，并上台分享设计思路。（图7）

教师进行初步点评并总结：非常棒，你们设计的形象初稿都非常有个性，但是从艺术的角度看，还可以更为生动有内涵。这时候，我们就可以给形象赋予一些性格特征，比如加入颜色、动作、表情等等。

【设计意图】本环节利用信息技术的手段以及思维导图的方式更好地让学生进行创作练习，分阶段巩固知识点，更好地完成知识点的思辨过程。

教师引导学生思考与探究。

1.分析颜色：展示四种颜色所代表的性格类型分析图。

师：回忆一下，你还知道什么颜色代表什么性格吗？（回忆京剧脸谱的色彩）

2. 分析表情与动作：展示不同 IP 形象表情包范例。

师：表情可以更直观地体现出人物形象的情绪，比如生活中我们也经常使用各种表情包来表达自己的情绪。再加上一些动作的话，我们的形象会更加生动。

图7

【设计意图】本环节通过对比欣赏、直观体验感受，让学生理解色彩、表情与动作对形象性格塑造的重要性。

（三）创作体验

1. 学生调整作品，再次创作

师：请调整小组作品，给你的文物形象添画各种有趣的表情和动作吧。

创作要求：（1）具有识别性、独特性和创意性；（2）外形简洁；（3）色彩明快，活泼生动。

2. 展示评价

（1）教师使用 AR 软件展示学生作品；（2）根据教师出示的提示词，小组发言人以第一人称用演讲的方式介绍自己的作品。

提示词：我是（ ），以（ ）文物形象为原型，运用了（ ）的器型和纹饰元素。我生活在（ ），有（ ）的文化背景，我要传播的是（ ）亚洲文化精神。（图 8 至图 10）

（四）拓展应用

教师引导学生将 IP 形象设计向周边延伸：在生活中的应用。

师：同学们，刚刚我们设计的形象已经具有了一定的艺术表达，接下来我们需要让 IP 形象走进生活，看一看它们还可以在哪些场景中进行延展。

教师总结：其实，文物形象都具有一定的历史与文化内涵，我们应该让文物走出博物馆，用多种形象与方式向我们诉说它的故事，同时让更多的人关注、了解以及传承我们的亚洲文明。

图8

图9

图10

《如果文物会说话——IP 形象设计》导学案

姓名：　　班级：

活动一

1. 请选择一件你最喜欢的长江 / 黄河流域的代表作品，了解它的时代背景与地域文化，并记录它的器型、色彩、纹样、材质。

2. 以上四个元素中，你对哪个元素更感兴趣？为什么？

活动二

从艺术元素的角度出发，对比下面两组每个文物之间的异同。你比较喜欢哪一个，为什么？它们给你带来什么样的感受？

1.  

2.  

活动三

你最喜欢展览中的哪件文物？你喜欢哪点？请你尝试把它的特点画下来（可以表现局部）。

总结与反思

我今天的收获是什么？我还有哪些问题？课后我需要收集哪方面的资料？

教学反思

为实现线上推动馆校合作的美育目标，在长沙市教育科学研究院美术教研员詹蓉老师的指导下，在湖南省博物馆的支持下，及长沙麓山国际实验小学美术组老师们的共同研讨下，本课确定了课程定位，课程既要展现学科融合与信息技术融合，又以任务驱动的方式开展项目式学习。

一、准备与过程

有幸接到湖南省博物馆“我们亚洲——亚细亚古代文明展”的馆校合作课程设计任务时，笔者和同事兴奋地来到博物馆感受璀璨的亚洲文明。亚洲历史悠久，国家、民族众多，整个展览体系相当庞大，涵盖了十个国家的 222 件文物，直观呈现出文明兴起阶段的亚洲文明多元共生的特征，以及文明发展阶段亚洲各地东西交汇、商贸物质交流的盛况。另外还将亚洲的宗教信仰独列一单元，体现文明传播阶段亚洲的宗教哲学思想流变。

该如何让学生更好地了解亚洲多元共生的文化？如何让学生从艺术角度欣赏亚洲各国文物，感知亚洲文化，拉近学生与文物之间的距离？这是笔者看完展览后首先发愁的问题。在冯琳老师及团队的鼓励与陪伴下，笔者克服压力，多次观展、研展，并参考相关文献综述，发现这些文物的器型与纹饰十分有趣，它们身上还有非常多有趣的小故事，以文物的视角讲述历史，可以展现各文明之间对话、交流、互鉴的成果，体现“和羹之美，在于合异”的亚洲文化。通过对“我们亚洲——亚细亚古代文明展”的文物的研究，笔者确定了此次课程设计的方向，即为这些文物设计 IP 形象，旨在通过儿童化的视角与设计方式将文物“重现”，去传播亚洲文明，吸引更多的孩子走进博物馆，了解文物背后的故事，让艺术走进平常的生活。

除了团队共同研磨课外，笔者也积极保持与湖南省博物馆教育员的联系与沟通。教育员陈宽老师对博大精深的亚洲文化了解得更加透彻，给了笔者很多专业上的建议，对观赏文物的选择、文物背后的故事、导赏方式、教师及教育员与学生三方的互动方式等，通过线上研讨的方式不断进行了交流与修改。经过团队讨论，我们觉得展览第三单元的亚洲的宗教哲学思想流变，小学生理解起来有一定难度，所以选择在后续的课程设计中弱化这一部分，着重让学生理解亚

图 11

洲文明的多元共生与亚洲文化的开放与包容。（图11）

在1606班学生与家长的热情参与和支持下，最终笔者和学校协商确定了全班50名同学一起完成这节馆校合作美育课的录制。根据学生情况，笔者课前布置有条件的学生去湖南省博物馆自行参观“我们亚洲——亚细亚古代文明展”，又将学生分为8个小组，要求他们以小组为单位在网络上搜索相关资料，提前对古老多元、交流互鉴的亚洲文明与展览中精美的文物做一定的了解，同时笔者也将资料进行整理，打印出文物素材库作为资源包分发给小组长。

图12

做完了这一系列的准备后，我们在学校里完成了本节课的先导课程，布置情境任务：化身穿梭在亚细亚大陆上的古代商人，踏上商队搜货之旅，一起探寻亚洲古代文明的奥秘。先导课还与戏剧学科相融合，布置学习活动，学生分小组为大家表演提前搜集的亚洲文物小故事，如：玄奘西行通过丝绸之路前往天竺国取经，一路跋山涉水，历经千辛万苦，最后回到大唐传播佛文化并写出《大唐西域记》的故事；阿拉伯商人通过海上丝绸之路来往于东西亚卖货，并融合不同文化兼收并蓄的故事。让学生在戏剧表演的过程中更深刻地感受亚洲文化的交流互鉴。先导课的最后，笔者总结了学生的学习情况并提出馆校合作课的学习任务：为亚洲文明展的文物进行IP形象设计。

小组再次讨论：什么是IP设计？如何进行文物IP设计？作品有怎样的要求？最后师生共同得出结论：设计元素从教师提供的文物素材库中选取；学生作品要具有鲜明的亚洲古代文明展衍生品特色，能充分体现文物信息与价值；学生作品能使生活和文化密切结合起来，在体现传统文化神韵的同时突出实用性、创新性、艺术性、时尚性。（图12）

二、教学设计的思路

基于此，馆校合作美育课程《如果文物会说话——IP形象设计》教学设计思路如下：

“如果文物会说话，它会说些什么呢？”使用信息技术，以一段精彩的文物开口说话的动画视频展开教学。引导学生结合现场观展和课前所搜集的资料，利用思维导图的形式，以项目式学习的方式开展自主学习与合作学习，在形成初稿——思考与探究——修改思维导图——形成终稿的一系列教学活动后，引导学生用简化、夸张、变形、添加等艺术手法自主设计创作文物IP形象，并给自己设计的形象赋予文化与性格特征，结合文物形象，用拟人化的手法添画各种有趣的表情和动作。最后使用AR技术投屏展示学生的作品，让学生运用美术与语文学科知识以第一人称演讲，展现跨学科与信息技术融合的美育课堂。（图13）

三、线上研讨及评课

长沙市明达中学李向宇老师："刚看完视频，感觉这是一堂学生十分感兴趣的美术课，是一堂很有创意的美术课，让人耳目一新。根据六年级学生的学习要求和美术学科特点，整堂课教学思路清晰，目标明确，重难点都抓得很准确，教学过程中突出学生的主体地位，课堂开放而富有活力。李老师充分利用了湖南省博物馆的资源，课堂导入时，通过有趣的动画，拉近文物与学生之间的距离，设置帮助文物走出博物馆的情境，让学生自主探究、合作学习，又与信息化技术深度融合，把学生的作品与轻松有趣的 AR 技术相结合，沉浸式的教学方法运用非常到位，并且让学生以第一人称的视角讲述自己的作品故事，给 IP 形象赋予文化内涵，学生在玩和体验中感受到亚洲文化的多元共生与开放、包容。"

长沙市麓山国际实验学校周品老师："这是一堂重主体、重合作、重过程、重创新的美术课堂，充分发挥了学生的主体作用，整节课的课堂氛围都非常轻松愉悦。教学环节环环相扣，思路清晰，能够熟练地把握教学内容与教学目标，做到层层递进。李老师这节课培养了学生分析问题、收集处理信息、团结协作以及语言表达和运用知识的能力，提升了六年级学生的美术素养。最后的拓展又回归了生活，让文物生动起来，拉近与学生的距离，拉近文物、博物馆与生活的联系。我有一点小建议：观展之前可以设置情境，让学生带着问题观展，能够有目的性地主动进行思考，教师、学生、教育员可以多进行有机互动。"

长沙市麓山国际实验小学周瑛老师："这是一堂很生动的课。从教师的角度来讲：教师语言蕴含着历史文化底蕴，富有内涵，严谨优美 教学环节设置从易到难，环环相扣，安排恰当合理，能充分发挥学生的主观能动性；信息技术使用熟练有效，从投屏到希沃平板推送学生作品拍照上传，最后到 AR 技术的巧妙使用，不仅自己使用了信息技术，还让学生熟练使用，实现了教师和学生的高效合作，整堂课呈现古代文明与现代技术的巧妙融合，值得反复观摩学习。从学生的角度来讲：学生课前做足了准备，一开始学生带着问题观展，能够有目的地主动进行思考，加上湖南省博物馆教育员的介绍和帮助，让学生能够在欣赏过程中及时解惑，从而达到更好的参观学习效果；小组能做到完美配合，如经过前期的调研与讨论，小组代表都能积极分享自己的调研、讨论结果以及最后的小组创作，小组分工明确，每个学生都参与其中；从课堂表现可以看出，学生乐在其中，在乐中学、做中学，又在学中思考，在思考时创作，整节课都是有事可做的，脑子是在不停地转的，相信对于学生来说，这也是一节精彩有趣的美术课！"

图 13

长沙市麓山国际实验小学米健老师："李爽老师这堂课引导我们跳出文物的时间界限，巧妙落实到贴近学生喜欢的 IP 形象的兴趣点，富有梯度的教学活动设计均围绕着学生的喜好而展开，将文物之美渗透到动漫设计中，从另一个角度展示给学生，具有很强的新时代特点。李爽老师教态优雅，语言生动，每个环节都围绕本课教学重难点，从文物上寻觅设计形象的灵感，同时结合生动诙谐、可爱有趣等动漫特点巧妙引导，培养学生的设计意识。”

四、课后思考

怎样拉近博物馆与学生的距离？怎样让文物有温度，走进生活？这不仅是本节课考验笔者的问题，也是笔者未来将不断思考的问题。用多场地来承载学生的大梦想，让教学“走出”传统课堂，“走进”资源丰富的博物馆，近距离跨时空与文物对话，从而构建更加开放、多元的教育生态，这将是一个新的美育课堂。

关于未来的馆校合作与跨学科融合的公共美育课，我的思考有以下几点：要充分利用博物馆资源，在教学过程中以新课标为基石，把德育和美育相结合。通过不断进行德育渗透引发学生更深层次的思考，建立学生的文化自信，拓展学生思考世界的深度和广度；授课形式还可以更灵活多变，比如转换展厅与教室的不同学习场景，通过设置情境故事给学生布置趣味互动小任务，引发学生对展览与文物的好奇心和深入探究的兴趣，使学生可以沉浸式观看展览并快速融入美术课堂；未来的艺术教育可以多多借助自然与生活资源，加强美术与自然、生活、社会、科技的关联，开展多样化的艺术实践，让艺术生活化，让生活艺术化。（图 14）

参与人员名单

策划：长沙市教育科学研究院詹蓉

项目主持和主要实施者：曹健斌、冯琳、朱明子、张红

授课对象：长沙麓山国际实验小学 1606 班全体学生

授课教师：李爽、陈宽（湖南省博物馆教育员）

特别鸣谢：熊奕、刘爽、彭成龙、黄雨婷、湖南美术出版社录制团队

图14

《是谁，带你来到我身边》教学设计

明德麓谷学校 龚波

前言

笔者执教的《是谁，带你来到我身边》文物欣赏与文创设计课，是以湖南省博物馆“我们亚洲——亚细亚古代文明展”为契机开展的以核心素养为本位的美术教学尝试。从欣赏和解读湖南省博物馆的亚洲古代文物展开始，认识不同文化情境中的文物，对比不同文物的相同特点，进而理解人类文明的交流、包容和融合。在文物欣赏中感悟和总结经验，在文创设计中创新和实践，理解“一带一路”建设的重要意义，争做全球一体化、信息化、国际化的中国使者。

课程以导入环节的歌曲《天竺少女》为引子，以“是谁，送你来到我身边”这一句歌词确定本课标题，为教学内容和活动设置悬念、埋下伏笔。通过介绍亚洲文明牵引学生已有的知识系统，让学生从历史、地理、艺术、文学等不同层面畅谈对亚洲的认知。在教学活动中，本课模拟产品推介会，创设真实的现场情境，提供相应服装、道具，让学生在活动前撰写推介词，编排节目并现场演绎。此次教学活动在提升学生文学素养的同时也能考验学生的现场发挥、组织、个人表达等能力。学生通过文物了解历史，了解社会艺术环境，并结合现代文明，赋予创造，让生活更美。

教学分析

这节课融合了湘美版美术教材中九年级下册第五课《小产品 巧创意》、第七课《走近收藏》以及八年级下册“美术广角镜”中《收藏与鉴赏》三课的内容。课前，教师提早布置了假期作业并发放导学案，让学生利用课余时间参观湖南省博物馆，根据导学案记录参观信息，为课堂上的文创产品设计做好铺垫。

扫一扫，看示范课

学情分析

中学生对文物充满好奇，对产品设计也有一定的了解，但是对文创产品的概念并不熟悉，加之提前布置的作业，可能存在一部分学生不能按时完成参观任务，所以这节课以湖南省博物馆“我们亚洲——亚细亚古代文明展”为契机，融合文物欣赏与文创产品设计，带学生一同走进博物馆，关注文物，关注收藏，并体验文创产品设计，推动设计走进生活。

教学目标

审美感知：让学生通过鉴赏不同地域、不同风格的文物，尝试评价和表达。

艺术表现：让学生尝试在较短时间内画出彩色创意草图。

创意实践：学生通过赏析文物、借鉴文创产品案例，进行创意设计，并将设计运用于生活。

文化理解：学生通过学习，能够尊重各国文化多样性，理解国际文化交流、“一带一路”等的重要意义。

教学重点与难点

1. 教学重点：

（1）参观湖南省博物馆“我们亚洲——亚细亚古代文明展”，了解展览中文物的文化信息。

（2）引导学生利用文物资源设计文创产品。

2. 教学难点：

（1）文物文化背景、特色元素的提取与设计运用。

（2）大胆细致地画出彩色效果图，表现创意和审美。

教学过程

一、创设情境，走进展览

（一）音乐欣赏（图1）

图1

（二）知识概览

1. 教师简要介绍亚洲地域特色、历史背景

2. 认知交流

学生运用已有的知识谈一谈对亚洲的认识（可从地理、历史、艺术等多方面谈），教师引

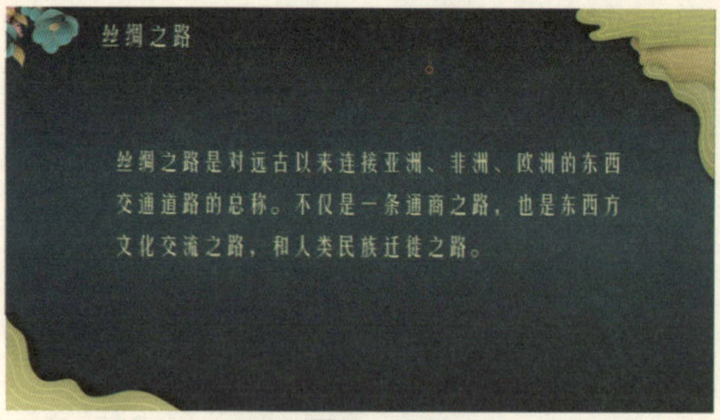

图2

图3

图4

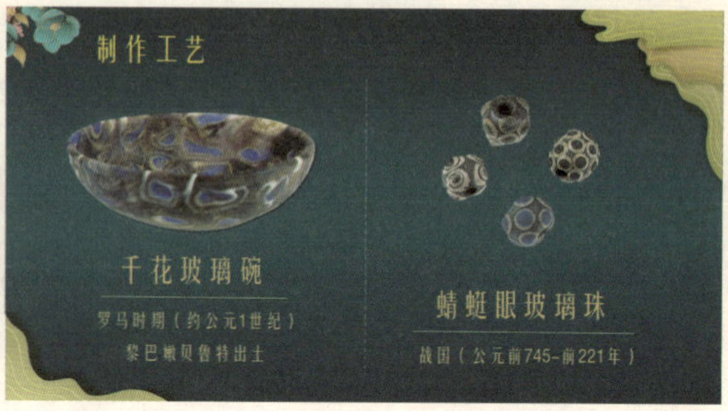

图5

出亚洲大陆上有着最古老的东西贸易通道——丝绸之路。（展示海陆丝绸之路路线图，图 2）

教师简要介绍丝绸之路概况：

（1）丝绸之路的路线特点；

（2）丝绸之路的重要意义；

（3）“一带一路”的传承提升。

二、欣赏文物，分析特点

教师对比分析各地域不同文物的特点：

1. 唐代三彩陶骑马俑、日本奈良三彩、伊朗多彩釉刻纹陶盘（又名波斯三彩）——色彩装饰。（图 3）

2. 巴基斯坦塔克西拉青铜勺——造型。（图 4）

3. 罗马时期千花玻璃碗、战国蜻蜓眼玻璃珠——制作工艺。（图 5）

4. 教师小结：不同形式的文物分别从色彩装饰、造型、制作工艺等方面呈现出创造力与活力，是各文明之间对话、交流、互鉴的成果，都在展示亚洲文明的风格魅力。除了这些，还有绝大部分文物为避免战火而辗转万里来到这儿，离家则是为了回家。我们有责任让它们为更多人所关注，所重视……把“一带一路”建设广泛推行到世界各地。

教师设问：如何让文物走出博物馆，走进人们的生活？引出文创产品。

三、设计引导，创意融合

（一）文创产品的价值与市场，以故宫文创产品为案例

1. 以北宋王希孟《千里江山图》为灵感，设计的雨伞、笔架、便笺产品。（图 6）

2. “一支难求”的口红（口红管身融合了故宫博物院众多馆藏文物装饰）。（图 7）

图 6

图 7

图 8

图 9

图 10

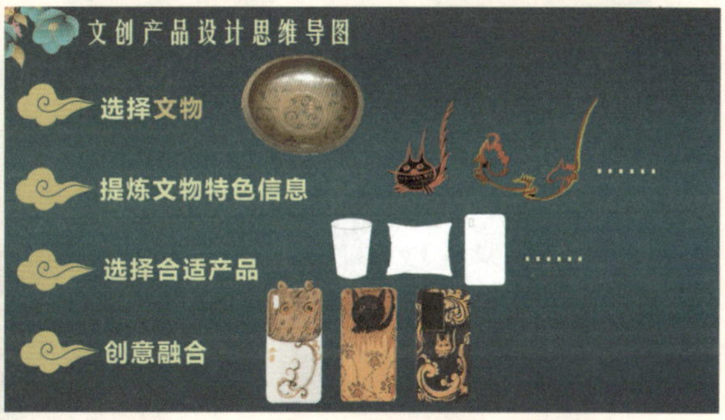

图 11

3. 肯德基与故宫博物院联名打造的“创新东方花味咖啡”。（图 7）

教师提问：从这些优秀的设计中，你认为文创产品由哪些部分组成？——引出“文化 + 创意 + 产品 = 文创产品”。（图 7）

（二）播放教师文创产品设计视频（教师构思、设计、制作文创产品示范过程，图 8 至图 10）

（三）教师小结：整合文创产品设计思维导图（图 11）

1. 通过了解，选择文物；

2. 提炼文物特色信息（图案、色彩、文字、造型、故事等）；

3. 选择合适的产品；

4. 创意融合。

（四）学生讨论

学生根据不同文创产品的效果图，分析创意融合的要点。（教师示范，图 12 至图 16）

图12

图13

图14

图15

图16

四、模拟情境，实践体验——“我们亚洲——亚细亚古代文明展”文创产品设计与推介活动

（一）分组

设计组：根据作业单与部分文物资料设计文创产品，画出彩色效果图。

推介组：（6 位同学）推介学生课前已制作的文创实物，可提出改进建议。

（二）“我们亚洲——亚细亚古代文明展”文创产品推介会

评价内容

1. 设计组任务：（图 17 至图 25）

①为你设计的文创产品取名。

②回答问题：你以哪件文物为灵感？

③介绍作品亮点。

2. 推介组任务：（图 26）（课堂教具）

①为此文创产品取名并介绍它的功能。

②介绍此产品的文化背景，回答灵感源于哪件文物。

③介绍此产品的亮点，或进一步提出改进意见和升级方案。

④想一句朗朗上口、便于流传的广告宣传词，用这句话结束你的推介。

五、拓展延伸，情感升华

1. 鼓励学生走出课堂，走进湖南省博物馆亲身感受。

2. 习近平总书记的寄语——鼓励学生提高创新能力，树立正确的人生观、价值观和世界观，为“一带一路”的发展与建设作出自己的贡献。

图 17

图 18

图 19

图 20

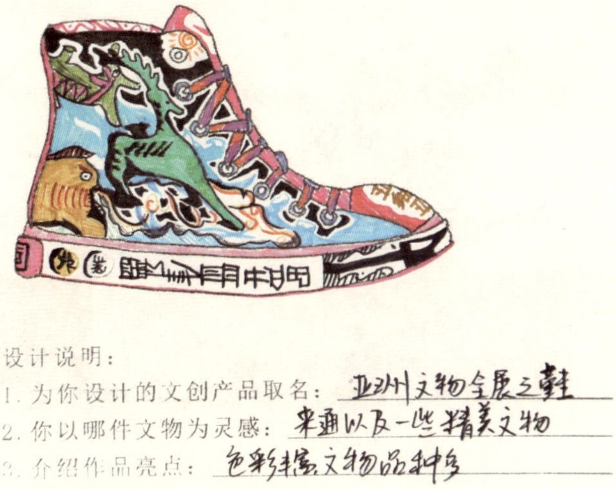

图 21

图22

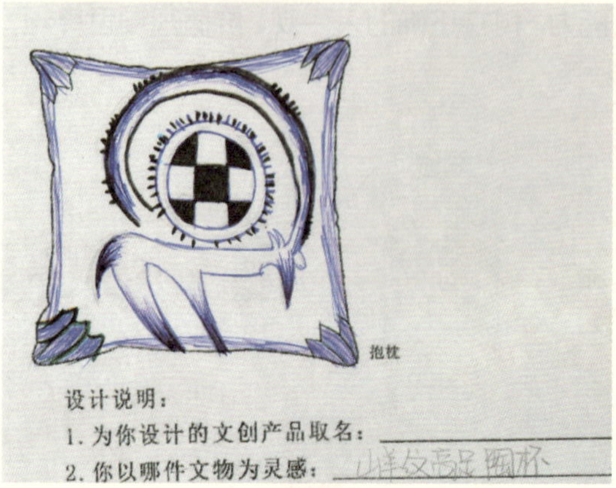

图23

图24

图25

图26

《是谁，带你来到我身边》导学案

姓名：　　班级：

学习活动

模拟“一带一路”文创产品推介会，分组进行创意活动。

设计组：结合文物上的色彩装饰、造型、制作工艺等特色信息，在以下产品中进行设计与改造，也可在空白页创作不同的文创产品。

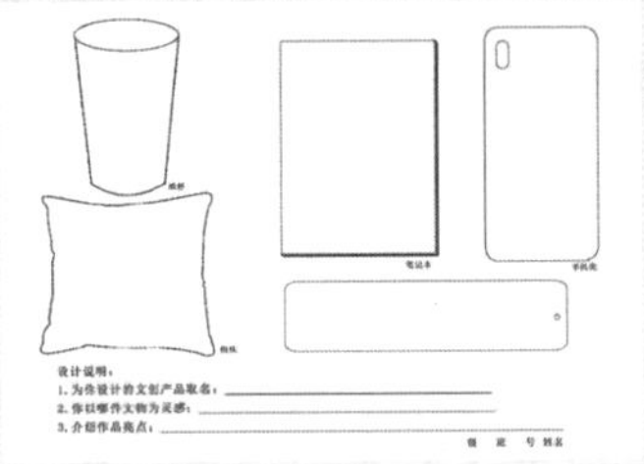
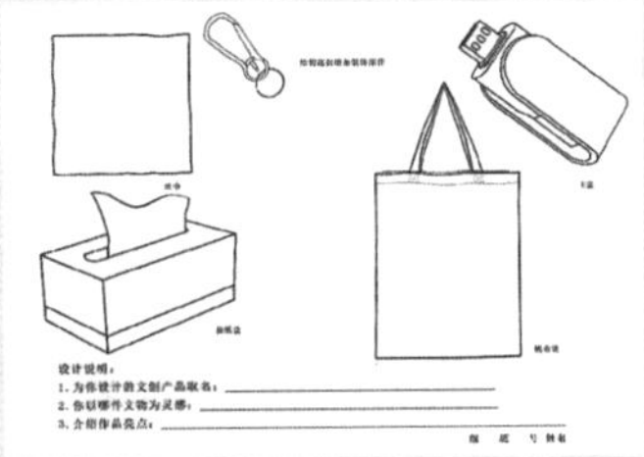
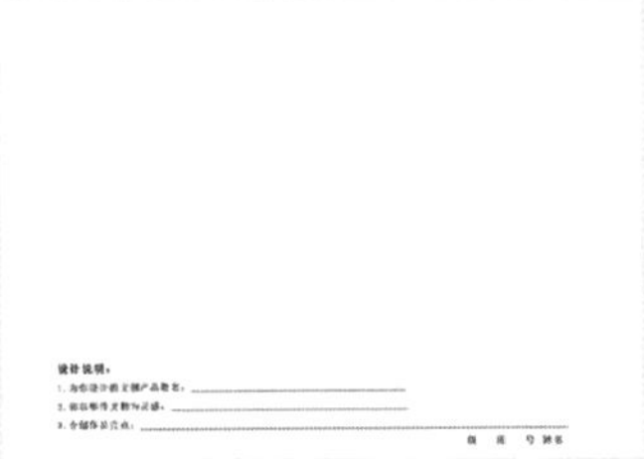

推介组：根据课前师生完成的文创产品，完成以下文案，通过推介文创产品的形式，助力于文物的宣传。

1. 为此文创产品取名并介绍它的功能。

2. 介绍此产品的文化背景，回答灵感源于哪件文物。

3. 介绍此产品的亮点，也可以进一步提出改进意见和升级方案。

4. 想一句朗朗上口、便于流传的广告宣传词，用这句话结束你的推介。

教学反思

长沙市明德麓谷学校龚波：

新课改倡导的美术教学，既要重视学生对艺术的感受、表现和创造力的培养，还要注重美术更多地与文化、历史、生活相联系，创立多维互动的有利于学生自主学习的教学组织形式，让学生在宽松的氛围中感受美，让学生在活动中学、在玩中学。笔者在教学中，一直在反思如何用新的理念，获得较好的效果。

比如《是谁，带你来到我身边》这一课，虽然学生对产品设计不陌生，但对文创的概念并不太了解，于是笔者在教学前想了想，只有布置课前任务，让学生提前去探索博物馆，关注自己感兴趣的文物，为课堂上的文创设计做铺垫，才能在课堂上利用自己参观博物馆的内容引导学生关注文物，关注收藏。

教学过程中笔者运用了视频、音效、动画、文物资料、课前师生一起完成的文创实物等创设情境，让同学们首先对文物以及文物背后的故事感兴趣。通过笔者的示范让学生探讨文创产品设计过程中的灵巧变化。

同时，课堂活动也需要走进生活，学生分组体验不同活动，设计组根据作业单绘制彩色效果图，推介组根据任务单，以表演的形式向学生介绍文创产品，从而了解更多文物。

还有课内外结合的艺术鉴赏活动，让学生掌握相关审美经验的同时，还能让学生受到艺术美的熏陶，培养审美心理，发展审美本事。这一直是我在不断思考的问题，而这些也都应当是各个阶层（学校、家庭、社会）的职责。这次反思让我更新了教育理念，丰富了教育教学技能，要把握学生的身心特点和认知规律，悉心研究教学教法，更好地提高美术课堂教学的成效。

长郡双语实验中学邢丽：

很荣幸学习龚老师的精彩课堂，有个小想法，是否可以先展示一件实物文创，让学生去思考其背后的文化和设计，再让学生去探究博物馆文物的知识，最后实践参与文创设计，这样会不会使学生更有使命感和成就感？个人拙见，仅供参考。

长沙市第一中学陈建新：

欣赏了龚老师的优秀课，学到了不少。课堂条理有序、节奏欢快、内容丰富、方法多样，教师有度，学生松弛，都有精心准备。提点建议互相学习：个人觉得，就博物馆而言，文创并不是一个重要部门，打个比方吧，如果把博物馆比作个人，文物研究应该是人的大脑，文物展示相当于人的躯干，文创就相当于人的服装。文创主要是为了沟通大众，经济创收。我想，我们教师借用文创到课堂，能否使文创尽量接近“大脑”，把文创的“文”字做足点？能否考虑在文创作品的背面，或者不影响主导图案的其他地方，写上一些关于学生对文物的思考的文字，这样或许能起到“引申”文物背后之文化的作用。其文字可以是对文物的思考、疑问、猜想，我们的讨论等。这样一来，课堂的文创不同于博物馆的文创。博物馆文创向“外”走，咱们向“内”走 。

长沙市第十一中学游瑞阳：

这次很有幸观看到了龚老师精心准备且具有浓厚文化氛围课——《是谁，带你来到我身边》，看完之后，我记录了以下感悟：

1. 这节课充分融合了地理与历史学科的知识，是跨学科思维在美术领域的典范，让学生与我们不仅了解到丝绸之路的发展脉络，还能知晓一些特色国家深厚的文化底蕴与历史传承。

2. 课前，通过丝绸之路中的经典文物赏析来了解中西方文化之间的碰撞与交融所带来的变化，让学生清晰地感受到文物之间也需要一定的交流才能够不断地创新，以此来激发学生的创新思维与精神动力。

3. 教师的示范引导，启发式的案例分析，总结创意方法，不断地打开学生脑洞，让学生积极探索文物与现代生活的联系，带领学生动手实践，将古代造物之美带入现代文创产品的设计中来。

4. 巧妙利用情景式自评，让学生做主动分析的设计师，方法新颖，学生参与度高，课堂气氛活泼。

5. 结尾处再次点题，引导学生争做新时代中国文化传承人、“一带一路”新使者，增强学生的民族自信，发扬我国的大国情怀，努力成为世界文明之光。

参与人员名单

策划：龚波

项目主持和主要实施者：詹蓉、龚波

湖南省博物馆教育员：唐钰婷

《梵高的世界》教学设计

长沙市实验小学 甘双

前言

在五年级教材《同一幅画》一课的学习中，孩子们对“梵高”这位艺术家有了初步的认识和了解，也对他热烈、自由的绘画风格产生了一定的兴趣。于是笔者在课堂上和孩子们一起进一步探讨梵高。梵高的故事与作品是许多设计师的灵感来源。让孩子们选择自己最喜欢的一幅梵高的作品进行临摹，再将作品以扇面、手提袋、纸杯等形式进行周边产品的设计，既可以表达对于梵高这位绘画大师的致敬，又能让更多人了解梵高及其作品。基于以上背景，我们将项目驱动任务定为“如何设计制作一套梵高风格的周边产品”。

教学分析

《梵高的世界》是一个创意自编的项目式学习课程，包含小学美术课程中“欣赏·评述”“造型·表现”“设计·应用”多主题教学，以参观一场“梵高来了！”的艺术互动展、制作一套梵高风格的周边产品为真实创作情境，让学生从视觉、听觉、触觉多维度来深度了解绘画大师梵高的艺术人生，开启一场与梵高跨越时空的对话。整个课程分两个课时，前期课程由我带领学生进行沉浸式观展，引导学生用自己的语言描述、分析、解释、评价梵高的作品，掌握赏析一幅艺术作品的方法，创设跨越时空与梵高对话的情境，鼓励学生学习梵高对艺术执着追求的精神，勇敢地用色彩、用笔触表达自己内心的情感，为后期带领学生深入学习色彩知识与梵高的用色用笔特点做好铺垫。

学情分析

五、六年级的孩子已经对国内外不同形式的绘画作品有了一定的分析、思考能力，也掌握了基本的信息检索等技能。本节课利用美术馆这一教学资源，和学生共同规划项目的分解驱动问题和阶段性任务，包含了解梵高的生平故事，学做小小导赏员，跨时空与梵高对话，学习梵

扫一扫，看示范课

高作品色彩、笔触的特点，探讨适合周边设计的材质等等。围绕具有挑战性的学习任务，经历“像艺术家一样创作”的过程，去体验各种美术实践，完成美术作品。既全面发展美术核心素养，又利用信息技术开展自主合作、探究学习，使学生在逐步探究完成任务的过程中学会主动学习。

教学目标

1. 让学生通过前置课程了解梵高的生平。

2. 带领学生在梵高艺术互动展中通过欣赏、游戏互动体验了解梵高的用笔、用色特点。

3. 通过“学做小小导赏员”环节的设计，引导学生用自己的语言描述、分析、解释、评价梵高的作品，掌握赏析一幅艺术作品的方法。

4. 跨越时空与梵高对话，学习梵高对艺术执着追求的精神，鼓励学生勇敢地用色彩、用笔触表达自己内心的情感。

教学重点与难点

教学重点：学生通过欣赏、游戏互动体验了解梵高的用笔、用色特点。

教学难点：学生用自己的语言描述、分析、解释、评价梵高的作品，掌握赏析一幅艺术作品的方法。

教学准备

平板电脑。

教学过程

一、导入

师：今天，我们一起来到了美仑美术馆，参加梵高的艺术互动展，那今天的画展会和我们平时参加的画展有什么不一样呢？猜猜看？

生答。

师：没错，它是一场可以“玩”的展览。当百年名画与21世纪的高科技相遇，会给我们带来一场怎样的审美之旅呢？接下来，让我们带着期待走进画展，自由地与时空相拥，与艺术碰撞，与大师对话！（图1）

图1

教师带领学生转场进入导赏区。

师：现在我们来到的是画展的导赏区，左侧用简短的文字描述了梵高的一生和不同时期的创作风格，右侧悬挂着他非常有代表性的几幅画作，你们能认出其中的几幅作品呢？（图2、图3）

生：这是梵高的自画像，他画过很

图2

图3

多自画像，据说因为他的一生穷困潦倒，请不起模特，所以他画得最多的就是自己和身边的朋友。

师：嗯，看来你对梵高有一定的了解，梵高在成为画家之前从事过许多工作，他其实是从27岁才开始学习绘画，37岁他就去世了，在这短短的10年时间里，他创作了将近2000幅画！

师：人们常说梵高是一个绘画天才，你怎样看待呢？

生：我认为天才是由1%的天分和99%的努力造就的，梵高在我们看不见的背后一定很勤奋地在画画。

【设计意图】本环节在导赏区引导学生观察梵高不同时期的创作作品，初步感受梵高作品给人带来的视觉感受，通过对话的形式让学生逐步了解梵高的生平，慢慢走进梵高的世界。

二、与时空相拥

师：那现在我们一起穿过这扇时空之门，进入梵高的世界吧！我们来到的是作品对比展示区，（边走边聊）你们发现了这些画有什么特别之处吗？（图4）

生：哇！你看，画都动起来了，他在对我眨眼睛，花瓣在飞舞哎。（特写镜头）

师：是的，当梵高的名画与VR高科技相遇后，画面像放电影似的呈现在我们眼前。

师：那你们还有什么别的发现吗？

生：我看到有些作品好像并不是梵高画的呀！我以前在寿司店吃饭时见过这幅浪花的作品。

图4

师：你真棒！善于观察和留心生活中出现的事物。那我们可以看到，在展厅的右侧展出了许多梵高特别喜爱的日本浮世绘作品，用色非常大胆、鲜艳，这些作品深深影响了梵高后期的创作风格。

师：那我们再跟着动态画面走到展厅的左侧，静静地欣赏两分钟。你们发现了什么？

生：我发现左边和右边好像是同一

幅画，但是画风完全不一样。

师：嗯，左边其实是梵高非常崇拜的画家——米勒的作品，右边是用他自己的笔触和色彩临摹的作品。我们仔细观察，梵高的用笔、用色都有什么特点呢？

生：我觉得他的作品颜色看起来都很鲜艳，画面中有很多短的线条密密地排列在一起，还有的是弯弯的曲线，给我一种很热情、很活泼的感觉。

【设计意图】在作品对比展示区引导学生观察发现梵高与米勒作品的区别，通过对比更直观地感受到梵高用笔、用色的特点。

师：非常不错，我们接下来将继续欣赏梵高的作品。嗯，那么欣赏一幅作品的方法呢，一般都会从了解作品背后的故事开始，这一幅《杏花》的背后又会有一个怎样的故事呢？

师：在1890年的早春，梵高的侄子小文森特出生了，这个时候的梵高已经生病了，正在疗养院接受治疗，新生命的到来让他感到非常喜悦。所以他提起画笔，满心欢喜地画了这幅《杏花》作为礼物，送给刚出生的侄子。在法国的南部，杏花通常是在早春二月开放，所以在梵高的眼里，杏花就是生命的象征。

师：接下来我们继续欣赏作品的色彩和用笔特点，画面中大片平静的青蓝色将飞舞的花瓣映衬得洁白无比，生机勃勃，充满着生命的纯洁与美好。梵高告诉弟弟，这是他迄今最好、最细腻的作品，在画画的时候，他感到平静，下笔没有丝毫犹豫。

师：赏析一幅作品呀，还可以结合作品来谈一谈自己的感受。这幅画和梵高以往绘画的狂放、热烈、充满激情的风格完全不同，整体的蓝色调给我带来一种非常温柔和平静的感觉，通过这幅作品，我看到了一个平静、柔软、细腻而富有爱心的梵高。

【设计意图】教师讲述《杏花》背后的故事，让学生在听故事的过程中逐步了解赏析作品的步骤。

三、与艺术碰撞

师：接下来我们将进入艺术互动区，在观展前，甘老师给每个小组布置了两个观展小任务，请拿出你们的任务清单卡。（图5、图6）

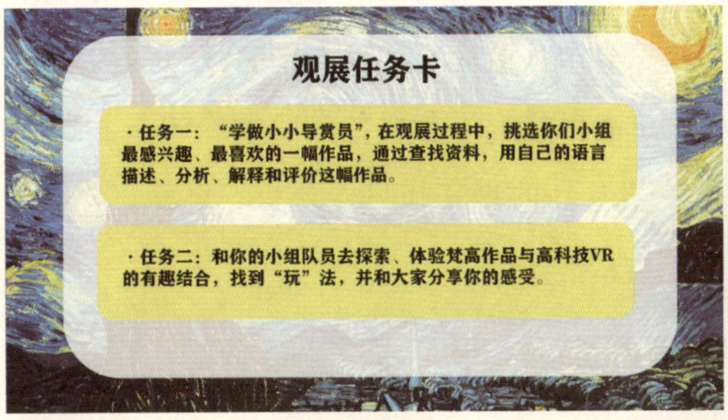

图5

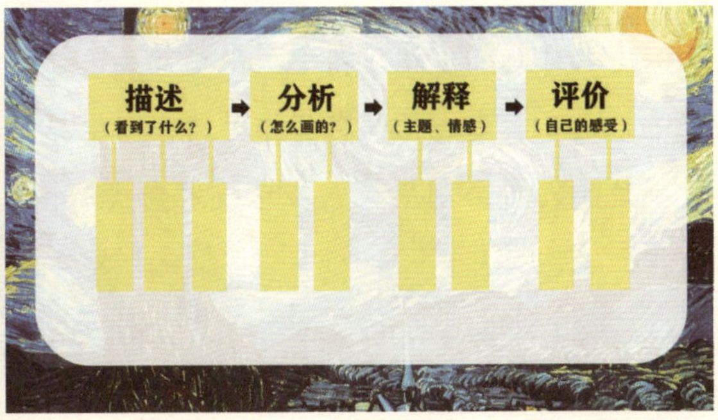

图6

图 7

师：第一个观展小任务是“学做小小导赏员”，在观展过程中，挑选你们小组最感兴趣、最喜欢的一幅作品，通过查找资料，用自己的语言描述、分析、解释、评价这幅作品。

师：第二个观展小任务是和你的小组队员去探索、体验梵高作品与高科技 VR 的有趣结合，找到“玩”法，并和大家分享你的感受。

学生分组赏析《向日葵》《星月夜》。

学生分组介绍 VR 互动“玩”法。

生：我们这一组的队员一起到梵高的房间拍了一张合影……

生：我们发现梵高画的花田里有一群蜜蜂和蝴蝶……

生：我们发现了梵高画的河面上可以燃放烟花，当然不是每一个都可以点开，需要看你的运气……（图 7）

生：我们还发现了麦田里飞舞的乌鸦……

【设计意图】通过两个观展小任务，让学生在探索和体验梵高作品与高科技 VR 的有趣结合中，进一步走进梵高在创作时的内心世界，感受梵高用笔、用色的特点。带着任务去体验，边玩边学，学会利用检索信息技术查找资料，并能用自己的语言描述、分析、解释、评价一幅作品。

图 8

图 9

图 10

图 11

四、与大师对话

师：现在我们来到了最大的沉浸式展厅，这一次，我们离梵高好像更近了一点儿。梵高的一生充满了传奇色彩，我们从他的作品中感受到了他对生活的热爱、对万物的热情。他生前有一个心愿，他说：“总有一天，我会找到一家咖啡馆展出我自己的作品。”此刻，你们有什么感受，又有什么想对梵高说的呢？让我们静静地凝视着梵高的眼睛，穿越时空，与大师对话。（图 8）

生回答。（图 9 至图 11）

【设计意图】通过沉浸式观展，在动态画面中，穿越时空，与梵高隔空对话，尽情地表达自己心中想对梵高说的话，从情感上和梵高产生共鸣，更进一步地走进梵高的世界。

五、总结

师：梵高的一生是孤独的，但是他的作品永远都是明亮的、美好的、纯真的、积极的。通过今天的观展，希望所有小朋友都能学习梵高对艺术执着追求的精神，勇敢地用色彩、用笔触表达你的情感。那接下来让我们一起进入彭老师的美术课堂吧！

《梵高的世界》导学案

姓名：　　　班级：

一、前置课程：

查阅了解梵高的相关知识，说一说你眼中的梵高是什么样子的，你最喜欢他的哪一幅作品。

二、观展任务：

任务一：“学做小小导赏员”，在观展过程中，挑选你们小组最感兴趣，最喜欢的一幅作品，通过查找资料，用自己的语言描述、分析、解释和评价这幅作品。

看到了什么？	是怎么画的？	主题、情感是什么？	自己的感受

任务二：和你的小组队员去探索、体验梵高作品与高科技 VR 的有趣结合，找到“玩”法，并和大家分享你的感受。

教学反思

本课以参观一场“梵高来了！”的艺术互动展、制作一套梵高风格的周边产品为真实创作情境，让学生从视觉、听觉、触觉多维度来深度了解绘画大师梵高的艺术人生，开启一场与梵高跨越时空的对话。为了让学生更全面、客观地了解梵高这一位极具个性的艺术家，在前置课程中，笔者和学生在课前做了大量的资料搜集工作，从梵高与弟弟众多的书信中，读到一位真挚、热忱，对色彩充满执着与痴迷的梵高，从《至爱梵高·星空之谜》的电影中，看到一位孤独的、纯真的、勇敢而热烈的梵高。一千个人的眼中，有一千个不同的梵高，于是在导赏环节，笔者向学生抛出这样一个问题：人们常说梵高是一个绘画天才，你怎样看待呢？带着问题，我们一起走进了这一场沉浸式的 VR 互动展。

本节课的教学目标之一是通过欣赏、游戏互动体验，去了解梵高的用笔、用色特点，并能掌握赏析一幅艺术作品的方法。在这一场 VR 展中，现代信息技术让梵高的作品“动”了起来，这对于小学生来说，很是新奇和好玩，梵高在这一瞬间和观展的“我”有了互动。流动的笔触，飞走的乌鸦，摆动的向日葵，手轻轻一碰就飞舞的蜜蜂、蝴蝶，还能在梵高的屋子里来上几张自拍，这一切在无形之中拉近了学生和梵高之间的距离，更直观地让学生感受到梵高作品用色、用笔的特点，以及作画时的心境。当学生带着任务去体验，边玩边学，通过利用平板电脑查找资料，并尝试用自己的语言用讲故事的方法去描述、分析、解释、评价一幅作品时，欣赏与评述显得不再那么生涩难懂。

在最后一个环节“与大师对话”中，通过沉浸式观展，伴随着音乐，在动态画面中，学生的情感达到了一个升华点，于是笔者设计了一个穿越时空，与梵高隔空对话的情境，让学生尽情地表达自己心中想对梵高说的话。孩子的情感永远都是最纯粹的，有的孩子说：“梵高，我真的很喜欢你，你不必在乎当时人们对你的评价，你只管尽情地画吧！”有的孩子说：“梵高，你的蓝色和黄色还够用吗？我可以把我的颜料借给你！”还有的孩子说：“梵高，要是你能出现在今天的展厅那该多好呀！你看看你现在多么受人喜爱！”孩子们在这个隔空对话的环节中从情感上和梵高产生了共鸣，更进一步地走进梵高的世界，也感受到了他对生活的热爱、对万物的热情。

笔者希望通过这一节课，能让孩子们从一生孤独，作品里却永远充满明亮、美好、纯真、积极的梵高身上，看到他对艺术执着追求的精神，从而勇敢地学会用色彩、用笔触去表达自己的情感！

参与人员名单

策划：长沙市教育科学研究院詹蓉

项目主持和主要实施者：甘双、彭聪、邹璐

特别鸣谢：陈静颐、陈睿、徐英、任航、盛巍

《至爱梵高》教学设计

长沙市实验小学 **彭聪**

前言

毕加索说："希腊人、罗马人，文艺复兴人，都在一个规则里画画，可是从梵高开始，每个人必须做自己的太阳。"梵高让我们感受到艺术表达可以更自由。这可能就是为什么会有这么多人喜欢梵高吧！

借馆校共育这个契机，笔者与"梵高来了！"VR展结合设计了这节《至爱梵高》，融入信息技术、综合实践相关课程，全方位体验梵高的作品。在VR展里利用现代技术把梵高作品虚拟实境，模拟作品里的多源信息，融合成交互式的三维动态视景，让画作与观者有交互性。画作里的笔触可以流动，乌鸦能飞走，向日葵在摆动，手一碰画面就能飞出很多蜜蜂、蝴蝶，走到一个固定位置，自己的样子也可以进入画作里，等等。从视觉、听觉、触觉等多方面感知体验梵高的作品，沉浸式地感受作品的魅力。

第一节课里，由笔者的搭档甘双教师带领学生进行沉浸式的观展，进入梵高世界，感知作品，体验高科技带来的互动。有了这个基础，笔者趁热打铁，马上带领学生深入探究梵高作品，进入实践阶段。首先让学生在梵高作品中学习色彩知识，利用信息技术设计色彩游戏互动，加强色彩感受，然后在色彩知识中又深入认识梵高作品，从而更深刻地理解梵高用色彩表达的情感。在VR展中梵高流动的笔触呈现得非常生动，能更好地让学生感受梵高作品的笔触特点。设计实操任务，把视觉上感受到的笔触再动手体验，感受梵高用笔触传递的情绪，让学生认识到美术作品不仅可以描绘客观事实现象，还可以用色彩、笔触表达自我情感。由此孩子们深刻地体会到了梵高艺术表达的特点，也点燃了孩子们对美术学习的热情。最后临摹或自主创作梵高式的绘画作品在文创产品上，如扇子、花瓶、包装袋等产品，再让学生现场定价售卖，真实体验作品的价值，诱发学生崇尚美，并勇敢用艺术来表达强烈的自我意识。（表1）

前期准备工作充分，才能更好地在展厅里实施这节课的教学任务。笔者将这堂创意美术课的学段定在小学高年级阶段，高年级学生有一定的理解力和自我认知，能够很好地完成准备工作，

扫一扫，看示范课

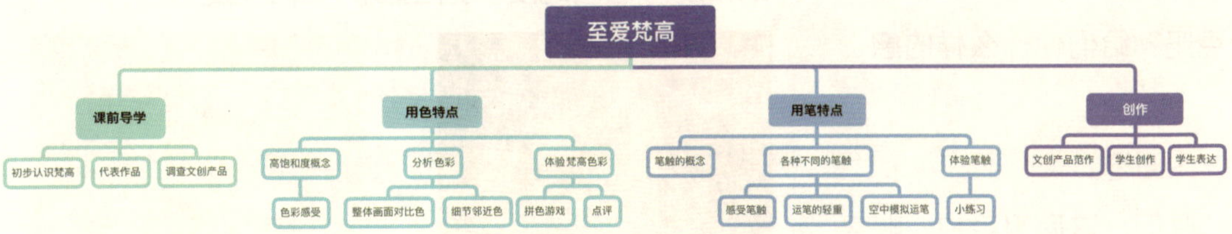

表1

创作上更能有自己的理解和表达。整个课程分前后两个课时，前期课程是沉浸式观展，并与大师对话，为后期的学习做好铺垫，后面的课程由笔者带领学生深入学习色彩知识与梵高用色、用笔特点。

这节课的美术学习活动方式属于“造型 · 表现”和“设计 · 应用”双主题教学。利用信息技术，检索画家基本信息，让学生通过自主学习了解历史背景。课堂学习活动培养学生对色彩的感受能力，训练用笔触表现色彩的技巧以及配色应用能力，提升学生对美术名作的鉴赏水平，提高学生对于美术绘画学习的积极性和自信心。

学情分析

学校里美术课大多是在课堂上完成，缺少真实体验，特别是名画，大家平时只能在书本上看到，缺失欣赏的氛围和强烈的实景体验。美术馆沉浸式课堂给学生带来更直观、更全面、更深刻的感受。

教学目标

让学生体验梵高用色、用笔的特点，并感受梵高用画笔和色彩传递的情感。通过学习将创作与实际生活相结合，学会利用信息技术来学习掌握美术知识，使学生感受到艺术表达的个性与共性，让学生勇于用艺术表达自我，更加积极热爱生活。

教学重点与难点

教学重点：学生感受梵高用色、用笔特点。

教学难点：学生用梵高色彩和笔触进行临摹或者创作。

教学准备

油画棒、团扇、纸袋、白砂纸、卡纸、平板电脑等。

教学过程

一、感受大师色彩，用色彩表达情感

（一）分析用色特点

师：同学们刚刚体验了“梵高来了！”艺术互动 VR 展，看到了很多梵高的作品。你们

发现梵高作品的色彩有什么特点吗？给们你什么样的感觉？

生回答。

师问：这两组色块，哪一组颜色更像梵高的色彩？（图1）

生回答。

师问：为什么你觉得这组像梵高的色彩，另一组不像呢？

生回答。

教师小结：你的色彩感觉太敏锐了。这种鲜艳的色彩我们称为高饱和度色彩，饱和度也叫纯度，指色彩的鲜艳程度，一种颜色纯度越高，就会越鲜艳，如果纯度降低，就会变暗淡。是的，梵高喜欢用高饱和度色彩，显得明亮而热烈。

饱和度：也叫纯度，指色彩的鲜艳程度

图1

1889 梵高 《星月夜》

图2

【设计意图】充分体验“梵高来了！”艺术互动VR展后，教师用两组色块引导学生总结梵高色彩特点，传授色彩知识。

（二）分析色彩

教师展示梵高的《星月夜》（图2）。

师问：首先映入你们眼帘的两种颜色是什么？

生：黄、蓝。

师问：这两种颜色反差大吗？给你们什么样的感觉？

生回答。

教师小结：这种反差大的颜色叫对比色，梵高很多作品的画面中用到了对比色。我们再放大看看这部分的蓝色，你们只看到一种蓝色吗？还有什么颜色？

生回答。

师总结：哇！原来蓝色还可以有这么多种，色彩相似，但又各不相同，它们有个非常好听的名字——邻近色。

师问：邻近色给你们什么样的感觉？

图3

图4

生回答。

师：梵高用色大胆又细腻，简单又丰富，明亮鲜艳，就像他在和弟弟提奥的通信中写道：“我喜欢按照我看到的样子在画布上再现，喜欢简单明了地表现自己，按心灵引导的方式使用色彩。”是的，这就是不一样的梵高！

【设计意图】本环节锻炼学生观察、思考的能力，引出梵高用色彩表达情感。

（三）体验色彩

师：接下来我们感受一下大师的色彩，玩一个色彩游戏：平板电脑上有很多的色块，请你选择6个色块放进下面框中，拼成一组梵高感觉的色系。（图3、图4）

教师展示作品。

师：真美呀！谁来说说你用这些颜色的感受？

教师点评参考：

1. 使用了各种不同的黄色，也就是邻近色，画面显得有层次感，柔和统一。

2. 画面运用了反差较大的颜色，也就是对比色，显得清晰醒目，生机勃勃。

3. 画面色彩明亮，饱和度高，给人愉悦的感受。

【设计意图】本环节用平板电脑设计游戏体验梵高的色彩规律，加强对梵高色彩特点的记忆，为后面的创作做铺垫。

二、感受大师笔触，用笔触传递情绪

（一）教师简单介绍笔触的概念

师：梵高不但用最热烈的色彩简单地表达内心情感，梵高的笔触也很有特点。

师：笔触是指绘画中的笔法，又称肌理，画画中运笔的痕迹。

【设计意图】本环节引出梵高作品第二个特点，为后面观察梵高笔触特点做铺垫。

（二）教师引导学生发现不同的笔触

师：让我们通过视频近距离来观看《星月夜》的笔触（让学生通过视频感受流动的笔触，图5）。

图5

师问：你们有什么样的感受？这个笔触是什么样子的？

生回答。

师问：观展过程中你们发现梵高还有什么样的笔触呢？

生：点点、短线、长线、旋转……（图6）

师：来看老师是如何运笔的，仔细看，老师要提问的哦！（学生观看视频，图7）

师问：现在用的笔触是短线还是长线？是什么样子的？我是轻轻地画的还是重重地画的？

生回答。

教师小结：用力画，油画棒的颜色就能够厚厚地附着在画纸上，笔触就有厚重之感。你们观察得真仔细。我们再来看看这些笔触（图7），观察这些笔触是怎么运笔的。

师：好，现在像彭老师一样，伸出你们的食指，在空中模拟运笔，我们跟着梵高的笔触，一起来感受一下，这是点，这是短线，这是长线，这是s线（教师在空中带领学生运笔）……

【设计意图】本环节引导学生观察梵高笔触特点，学会运笔方法。

（三）体验笔触

师：接下来轮到你们在纸上体验感受了，用画笔在小纸片上临摹梵高厚重而又清晰的笔触，边画边感受这些笔触给你们带来的感觉，是怎样的心情？（分组画，每组平板电脑展示不同笔触的范画）

学生练习。（放音乐3分钟）

学生展示作品。

师问：谁来说说你画的时候是怎样的感觉，什么样的心情？

生：困难、激动、舒服……

师：你们说得太棒了，其实梵高是在用笔触表达情绪。

教师总结：梵高在给弟弟提奥的信中说：“我就这样自然而然地用油画刷子呈现出前后相继的笔触，十分合乎逻辑。”梵高不仅用色彩表达对未来的期许，还用笔触传递情绪，倾注激情，梵高不在乎肉眼看到的客观世界，他的画更强调自我的感受。

【设计意图】本环节通过临摹小练习体验梵高的笔触，感受梵高用笔触传达情绪。

图6

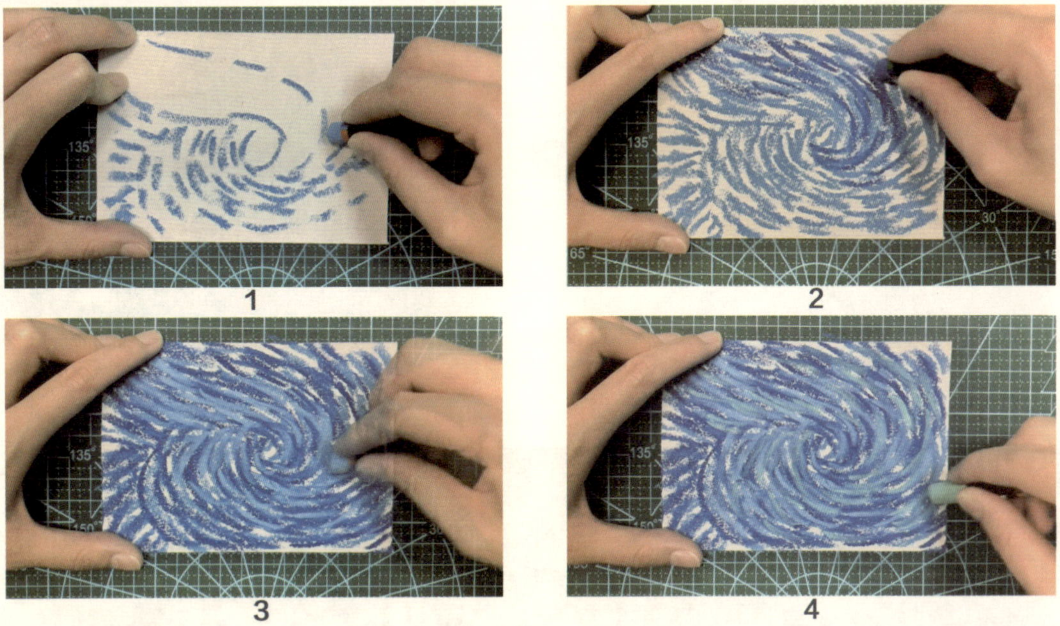

图7

三、创作

师：人们爱梵高，不仅爱他敢于用色彩和笔触表达自我，更爱他对艺术的执着追求，爱他对美好生活的向往。看！老师非常喜欢梵高这幅《杏花》，于是我把它画在了这把扇子上（图8）。今天我们也来做一次小小文创员。什么物品适合做文创产品呢？什么样的文创产品更受大众喜欢呢？课前我们做过市场调查，今天大家把这些物品带了过来，现场创作。

课前准备了团扇、各种造型的白砂纸、纸袋等文创实物，教师让学生用油画棒完成作品。

教师提出任务和要求：创作一个梵高式作品的文创产品。

1. 临摹一幅梵高作品。

2. 用梵高的笔触和色彩特点创作一幅自己的作品，并给它取一个名字。

学生完成任务。（伴随音乐）

师：现在梵高的文创商店里产品琳琅满目！（图 9）

四、展示作品，学会自我表达

师：谁来说说你画的哪幅作品？画的时候是什么感受？或说说作品名称？

生自由表达。

师：毕加索说：“希腊人、罗马人，文艺复兴人，都在一个规则里画画，可是从梵高开始，每个人必须做自己的太阳。”是他让我们感受到艺术表达可以更自由。这也许是人们挚爱梵高的原因吧！

师生合影。（图 10）

图 8

图 9

图 10

《至爱梵高》导学案

姓名：　　　班级：

一、认识梵高

你知道梵高是什么时期、什么派别的画家吗？

二、梵高的作品

1. 梵高的代表作中你最喜欢哪幅作品呢？

2. 找出画中主要色块并涂在方框中。

例：

自画像

向日葵

隆河的星夜

奥维的风光

三、什么物品适合做文创产品呢？什么样的文创产品更受大众喜欢呢？

教学反思

馆校合作美育课将学生们带入了独具特色且新奇的课堂。《至爱梵高》实践课通过让学生回顾梵高绘画作品特色，引出“饱和度”“对比色”“笔触”等术语。教师运用了平板电脑互动、看微课视频的方法，一步一步由浅入深，让学生进一步体验认识“梵高色系”和梵高的作画风格。学生不仅学习了美术知识，而且通过了解梵高笔触、色彩特点，传递了勇于创新、“做自己心中的太阳”的精神。最后的实践练习体现了“设计·应用”的范畴，将艺术落实到解决生活问题上，让学生不仅更熟悉梵高的绘画，同时还获得了自己设计产品的成就感。

教学通过对比观察、对比分析，利用信息化手段，平板电脑拼色游戏，促进学生对色彩感受的理解，达到用眼、用脑感受梵高作品的色彩的目的。运用微课，观察笔触，练习体验用笔，理解梵高如何运用笔触传递情绪。理解梵高作品的色彩和笔触两大特点，突破传统作品表达方式，让学生明白艺术表达可以更自我，最后分组合作创作梵高风格的文创产品，每组代表分别表达自己创作文创产品的目的和感受。理解梵高作品的独特审美，找到人们“至爱梵高”的原因。

这节课让学生用油画棒或色粉笔代替传统油画工具进行练习，如果时间、场地允许，其实可以让学生体验更多美术工具，比如彩铅、水粉等色彩工具，体验更丰富的材质和笔触。

刚开始设计这节课时，用什么媒材去呈现学生作品是一个难题，组里的教师各抒己见，有的教师提议直接在包装袋上临摹作品，有的说在扇子上临摹作品效果好，还有的觉得要在 T 恤上临摹作品，等等，每种呈现都有不同效果，得到不同教师的支持。最后我们决定综合所有教师意见，做一个文创产品小店，这几种产品都可以用上。根据几种产品的类别，将学生进行分组。现场用水粉颜料会比较困难，因为要用到水，也怕弄脏展览环境，反复尝试后发现用砂纸加油画棒能够很好地体现出梵高油画的笔触，能在最短时间呈现画面效果。

这节课中如果再多点讨论和思考的空间，学生的感受会更自由。如在体验笔触的设计上可以先讨论有哪些可能性，再进行尝试，也可以在创作环节先分组讨论，再分工合作，形式可以更多样。比如一幅作品可以用多个产品表达，最后组合成一个系列产品，作品会更加深刻、更有视觉冲击力。我们还可以线下与线上联动，线下把文创小店开到校园，让梵高文创作品来个真正的市场体验。线上可以办义卖或者拍卖会，学生可以为自己创作的文创作品拍解说视频……这样，让学生将课堂与生活联系到一起，让艺术贴近生活，并能运用到生活当中去。

参与人员

策划：长沙市教育科学研究院詹蓉

授课：彭聪、甘双

现场专家：詹蓉、王云霞、张岸、孙彦泓、邹璐、徐英

现场参与人员：詹蓉、孙彦泓、邹璐、徐英、任航、陈静颐、陈睿、田苗蔚

场外支援：李岳初、易颐、刘颖、徐娜、李盛、徐英、陈静颐、陈睿

特别鸣谢：王云霞、张岸、2017 级学生

《时间的礼物——工艺品之美》教学设计

长沙麓山国际实验小学 **张红**

前言

工艺美术来源于生活，服务于生活，会因历史时期、经济条件、地理环境、文化技术水平、民族风尚等因素的不同而呈现出不同的风格特色。现在的儿童对于展出在博物馆中的工艺美术品普遍感到非常陌生，即使有机会到博物馆参观，也只是走马观花，无法深入理解并将难得一见的金银器与自己的生活联系起来。本课以湖南省博物馆“欧洲盛宴——英国 V&A 博物馆藏吉尔伯特精品展”中的展品资源为依托，结合历史、人文学科方面的知识，让学生深入理解英国维多利亚时期精美工艺品的历史文化背景，同时近距离地欣赏这些工艺品精巧、繁复之美，并通过动手装饰一个类似的工艺品，加深学生对于装饰艺术的理解，激发学生对工艺品的兴趣，在此过程中将之与生活紧密结合起来，拓宽学生对于世界文化的理解，加强学生自发地了解更多不同类型的装饰艺术形式的意愿。

教学分析

学生学段	课程定位	课时分配	项目化学习分段目标设计和安排
四年级	造型表现 + 设计应用	1 课时	课前：独立地完成学习任务单的学习。 课中：结合历史、经济文化知识，通过近距离观展，了解英国维多利亚时期的工艺品的装饰风格，从材料、元素和造型上理解繁复之美，并基本了解观赏的这些展品装饰所形成的原因及其背后蕴含的意义。
		1 课时	通过使用在博物馆观展时记录下来的元素，学习重复、对称的造型手法，结合以前学过的手工造型方法，自由地选取擅长的方法与合适的材料，参考展品进行模仿造型。

扫一扫，看示范课

学情分析

四年级的学生对于博物馆里的文物是非常向往且敬畏的，他们大部分能较好地表现平面形象与立体造型，并能大胆地发挥想象力，举一反三，有一定的手工制作能力，也有较强的创新意识。但四年级学生在语言组织以及大胆表达方面还有所欠缺，同时对工艺品了解得不够。所以，在先导课中教师带领学生通过模拟文物修复过程对工艺品的器型以及基础的手工制作材料有了简单的了解，为本次课堂的学习奠定了相应的基础。

教学目标

图像识读：学生欣赏欧洲金银器等工艺品，认识工艺品繁复的装饰组合方式。

审美判断：学生通过看、听、说、做几个不同的环节，基本理解工艺品之美，并表达自己的感受。

创意实践：学生学会重复运用材质、色彩和元素的方法创作装饰作品；通过借鉴参考展览中的工艺品进行模仿创作手工作品。

文化理解：学生通过理解西方工艺品的装饰特点，从多元文化的角度理解世界各地文化，培养多元审美以及正确的对外文化交流的态度。

教学重点与难点

教学重点：学生运用重复的元素给固定器型创造繁复的装饰设计。

教学难点：学生理解繁复美的同时，在创作的作品中保持和谐、统一的美感。

教具学具准备

多媒体课件、彩泥、锡箔纸等多种装饰材料、UV 胶、希沃课件、微课视频、平板电脑等。

教学过程

一、导入

情境视频导入：“文物修复中心”发布任务视频。

师：我们最新的任务，是给这批文物做装饰的修复设计，正好老师收到了湖南省博物馆“欧洲盛宴”展览的邀请函。让我们一起去了解一下这个时代工艺品的装饰特点，从展览的文物上提取装饰设计的灵感吧。

【设计意图】本环节延续先导课“小小文物修复师”的情境，让学生以“文物修复师”的身份参观展览，激起学生的观展兴趣，同时明确观展的主要目的与任务。

二、新授

（一）欣赏博物馆展品

教师与博物馆教育员带领学生欣赏展品。（图1、图2）

师：同学们，欣赏了这些精美的工艺品（图3至图5），你们有什么样的感受或发现呢？

图 1

图 2

生 A：它们都很漂亮，我发现每一个展品都用到了非常多的装饰，还使用了很多华丽的材料。

师：没错，繁复的装饰是这个时代工艺品的特点。请回答任务卡上的问题：1. 这些文物用了一些什么元素来装饰？2. 这些文物的繁复装饰用在了什么位置呢？

生 A：装饰元素包含了很多的动物的形象，比如大象、蝴蝶，还有孔雀等，以及独特的阿坎瑟斯叶纹的装饰。

图 3

图 4

图 5

生 B：花纹大多装饰在器物侧边，动物装饰运用在器物顶部或者脚的位置。

教师小结：这些工艺品的装饰繁复且精美，充满了自然艺术的气息，在器物的装饰中运用动植物形象，是寄予了美好的寓意的。

【设计意图】在博物馆中近距离地观察展品能让学生更直观地发现更多的细节，带上任务卡既能让学生随时记录观察所得，还能对本课所需关注的重点进行提醒，观展结束前进行的师生互动能更好地帮助学生巩固新知识，以提升学习兴趣。

（二）分享回顾

师：在这次的展品中，哪件展品令你们印象深刻呢？请展示你们的资料并说出它的特点。

学生可展示课前导学案记录的资料或拍摄的展品图片，或展示观展后的思维导图并回答。

生 A：我最喜欢鼻烟盒，因为它们小而精致，绿玉髓镶钻鼻烟盒在绿玉髓上镶嵌了很多宝石，还有的鼻烟盒用到了金、银等各种材料。

生 B：我喜欢嵌宝石琴钟，它的装饰有很多动物的形象，还有阿坎瑟斯叶纹的搭配。

教师小结：繁复是这些展品共同的装饰特点，分别体现在花纹、自然元素以及材质等方面。

【设计意图】繁复的知识点相对较难，回到教室后，学生分享自己喜欢的展品及其观展过程中的记录，从学生的视角解读这些展品，为接下来的教学做铺垫。

三、方法探讨

（一）取舍

师：从这些文物上，我们提取到了很多可借鉴的元素，怎么利用这些元素做繁复的装饰呢？

教师展示希沃课件，学生利用屏幕中的移动功能进行装饰组合创作。（图6）

图6

教师对学生的积极思考提出表扬，并邀请一位学生进行点评。

生A：元素太多就会显得很杂乱，不应使用太多的元素。

教师总结：在组合装饰时，我们要根据主题对元素的选用进行一定的取舍。（板书：取舍）

（二）重复

师：要让作品具备繁复精美的特点，元素使用得太少也不行，还有什么方法能让元素既多又不显杂乱呢？请大家边看视频边思考。

教师播放微课视频：微课讲解通过巧妙地重复运用元素的方法使作品装饰更繁复，并解说点、线、元素的重复，以及二方连续、对称重复等。

师：学习了巧用重复的方法，让我们回到之前的作品，请同学们对它进行调整改进。

教师小结：看来通过重复运用元素的方法就可以让作品更繁复精致。

教师展示生活中常见的物品上运用重复装饰的例子，并提问学生是否见过在物品上运用重复的装饰的例子。学生举例回答：杯子、碗、妈妈的丝巾、蛋糕等。教师提出肯定和表扬。

师：让我们再回到这些展品上来，除了花纹和动物的元素，它们还在哪里运用了重复呢？

生A：在物品的材质使用上运用了重复，比如钻石、金、银的重复使用。

师：这些材质的重复使用给了你们什么样的感受呢？

生B：感觉看着很舒服，非常精美。

教师小结：重复是美术常用的一种艺术语言。重复运用同一种材质，会给人和谐、统一美。同样地，重复使用相似的颜色，也能给人这样的感受。通过元素、材质和颜色创造性地取舍、重复运用，就能让装饰品既繁复又美观。

【设计意图】由学生动手做，教师引导的方法能让学生主动思考创作的方法，而不是被动地接受学习。互评活动更是能让学生积极地进行反思，而通过思考后习得的方法，也能让学生更易于接受。在学习完新的知识点后，将其与生活实际进行连接，在巩固知识的同时拉近课堂与生活的联系。

四、创作体验

（一）学生分组合作讨论

师：请以团队为单位选择你们喜欢的文物作为参考，选用不同的材质、花纹、图案或者颜色作为主题，并讨论你们的设计方案，一分钟后请团队代表上台分享。

（二）学生实践

创作要求：请参考你们喜欢的展品，提取它的装饰元素进行装饰设计，使用元素、材质、色彩重复的方法让作品保持繁复美。开始创作吧。

（三）作品展评

1. 教师视频电话连线“文物修复中心”进行作品展示。（提前录制好视频）

2. 团队展示作品，发言人汇报设计的参考依据、创作思路。

提示发言词：我是（　　），我们团队的作品参考了（　　）展品，运用了（　　）的材料，在（　　）方面运用了重复的方法，通过（　　）形象表达（　　）的美好寓意。

3. “文物修复中心”负责人肯定学生作品，提出后续工作安排。（提前录制好视频）

【设计意图】分组合作讨论能让学生更好地对方案进行思考，团队成员在讨论的过程中可以互相借鉴，互相帮助；以方案汇报的形式展评作品，锻炼学生对作品的总结及表达能力；以视频电话连线任务发布人的形式，让整个课堂情境完整，形成闭环，并延续系列课程内容。

五、拓展

师：中国也有很多繁复精美的宫廷工艺品，比如大家熟知的景泰蓝，它的全名叫作“铜胎掐丝珐琅”，它最早是由波斯传入的珐琅彩演变而来的，但在中华民族博采众长的艺术土壤上，很快融汇了我们的传统风格，成为世界工艺美术史上一颗璀璨的明珠。还有寓意富贵长寿的葡萄纹，最早也是经丝绸之路传入中国的。文明因相同而连接，因不同而成长，我们不仅肩负着保护文物的重任，更要包容地接纳外来文化，取长补短，创新、发扬我们的民族文化，让今天的每一个文明，都给未来留下时间的礼物。

【设计意图】对工艺美术的了解不只停留在本课，在培养学生的国际视野之余，引导学生多关注中国本土文化，以民族文化为根，同时提醒学生以正确的态度看待与处理外来文化。

《时间的礼物——工艺品之美》导学案

姓名：　　　班级：

一、观展记录

活动一：你最喜欢哪个展品？它的装饰是什么样的？

文物名称	材质	装饰特点

可以用图画的方式记录哦：

活动二：在展览现场细心观察，这些展品的繁复装饰用在了什么部分呢？

二、课堂活动

设计思路：

参考展品	装饰设计思路
	1. 使用什么元素装饰？
	2. 使用什么重复的方法？
	3. 设计寓意

收获与感悟：

教学反思

一、准备与过程

本课成形于长沙疫情最严重的一段时间，博物馆临时闭馆，打乱了所有的拍摄计划，在展览恢复后，行程码上的“星”又要求学校不组织大规模聚集。面临 4 月 18 日撤展，市教研员詹老师和学校教研组长曹老师一起想了很多办法，最后定了两个方案：一是将拍摄定在 4 月 14 日这个预计“摘星”的日期后；二是请博物馆教育员通过视频连线介绍展品。但对于这些立体的工艺品，线上观展的体验肯定不如线下参观实物，所幸，长沙“摘星”成功，拍摄如期进行。

但此时，距离撤展只剩三天，白天的工作时间是无法拍摄的，我们的可拍摄时间只有周末晚上六点以后，考虑到孩子的精力有限，观展与课堂部分只能分开录制。这就带来一个问题，刚看完展览时，每一个孩子都非常兴奋，恨不得马上开始制作。随着时间过去，孩子们的展览记忆还在，激动情绪却逐渐消退了，加之对于公开课的敬畏，第一次磨课时学生的课堂活跃度很低。为了调动学生积极性，笔者在上课之前播放了学生观展时的图片，孩子们看到自己兴奋的模样，情绪在不知不觉间被调动起来了，最后，孩子们录课时的状态极佳。

二、课后思考

这次的馆校合作课让笔者收获了很多经验。比如，一些看似很新颖的教学方法不可盲目套用，设计任务驱动式的教学，首先就需要做好充分的准备，除了合适的导赏、导学案外，还要将课程内容融入展览观赏的过程中，有目的地引导学生观展学习；还有，以团队为单位的学习方法虽然高效，却对团队合作能力、团队成员之间的了解有着极高的要求；笔者也理解了作为教师，随机应变的能力有多重要。面对这次的挑战和机遇，学生和教师都充满了力量，历练的同时，我们也享受这样的过程，用努力证明自己，获得了学美术的快乐。

参与人员名单

策划：长沙市教育科学研究院詹蓉

项目主要实施者：张红、曹健斌、冯琳、朱明子、李爽

授课教师：长沙麓山国际实验小学张红、湖南省博物馆廖越

《朴拙与神秘：借一双秘鲁彩陶的眼睛》教学设计

长沙市雅礼中学 陶微玲

前言

人类文明多样性是世界的基本特征，也是人类进步的源泉，不同的文明凝聚着不同民族的智慧和贡献。南美洲的安第斯文明是世界多元文化中的一颗绚烂明星。秘鲁位于安第斯文明的核心区域，文化遗存丰厚，在农业、纺织、制陶、金属器制作方面取得了了不起的成就，在艺术、审美、思想等方面形成了独具特色的文化。虽然没有文字可考，但是古代秘鲁人的精神世界通过建筑、陶器、装饰品等存留至今的文物得以重现。

湖南省博物馆的这次“秘鲁古代文明展——探寻印加帝国的源流”，展品繁多，代表了秘鲁不同时期繁荣的文化：从查文文化时期到著名的印加帝国时期。本课从众多展品种类中挑选了陶器作为主要内容，梳理其文化脉络及不同文化时期的特色，把时代背景和地理条件都融入其中，力求多角度展示秘鲁的彩陶艺术魅力和文化特征。笔者希望学生通过本课理解原始美术作品产生的原因和创作动机，理解原始美术作品与原始人生活之间的关系，去探寻原始艺术中体现出的生命与文化的源头。

整课贯穿了秘鲁历史文化和中国历史文化，甚至是世界上其他原始美术作品，让学生清晰地认识到不同地域的不同发展，以及原始美术的共同审美特征，激发学生对异域文化的兴趣，增强学生对本民族的文化自信，尊重世界美术文化的多样性。授课整体体验是一种对神秘的向往，对文化特质的思考，对秘鲁原始生活的好奇，以及对具有多元文化融合的独特艺术风格的向往。

教学分析

本课是从“秘鲁古代文明展——探寻印加帝国的源流”中整合的教学内容，选取秘鲁彩陶作为教学主线，授课对象为高中生，有较强的自学能力。学生根据课前布置的自主学习内容对秘鲁历史和地理及拉美文化进行了初探。课程定位为期待学生能够从外形图案、造型手法、形式美感等方面识别秘鲁不同文化时期彩陶的艺术特征，能在湖南省博物馆内自学纳斯卡文化和

扫一扫，看示范课

瓦里文化的彩陶特征，自主分析并思考总结，以理解原始美术作品产生的原因和创作动机，理解原始美术作品与原始人生活之间的关系，并能够清晰地加以分析和表述。为达到教学目标，湖南省博物馆教育员先给学生进行了部分文物观赏及历史文化脉络的大致介绍（35 分钟左右），现场实地授课 60 分钟左右，包含课程中贯穿的历史知识、地理知识介绍 15 分钟，从开始到结尾以拉美诗歌作为补充点缀。整个过程让学生既有强烈的视觉审美体验，也受到异域文化熏陶。

学情分析

高一学段的学生对拉美文化缺乏深入研究。课前教师布置了对拉美历史、秘鲁地理的初探。课上从秘鲁彩陶入手，分析其不同时期的艺术特色，给学生打开一个全新的世界，让学生了解南美洲主要地域人类居住的踪迹，不同历史时期的社会形态复杂性及区域交流活动，并通过课前准备和现场导赏的过程对秘鲁的历史和发展脉络有了大致的了解。现场授课环节主要从美术和历史角度开展对秘鲁彩陶的美学分析，通过多种鉴赏方式及多种教学手段逐步让学生了解和感受秘鲁艺术及文化。

教学目标

1. 学生综合运用多种鉴赏方法，挖掘秘鲁彩陶不同时期的美学特征及其背后的文化特征。

2. 学生理解彩陶在秘鲁古代社会中所起的重要作用，探究秘鲁原始艺术的“朴拙与神秘”美感产生的根本原因，感知“美”与“真”之间的关系，培养学生纯正的审美趣味，从而提高学生的审美水平和能力。

3. 学生探索原始艺术与原始人思想信仰之间的联系。

核心素养

教学评价从核心素养的图像识读、美术表现、审美判断、创意实践、文化理解五个方面来表述（表 1）。

核心素养	教学评价	占比分值
图像识读	能够从外形图案、造型手法、形式美感等方面识别秘鲁不同文化时期彩陶的艺术特征，能够理解原始美术形式与功能之间的关系，能够分析原始美术作品的内涵和意义。	30
美术表现	能够理解不同时期原始先民创作思维和美术表现形式的特点。	10
审美判断	理解并能分析秘鲁不同时期彩陶蕴含的艺术特征和形式美感，探究原始艺术的朴拙与神秘之美产生的根本原因在于“生命之真”，得出“美”与“真”之间的关系，能够清晰地加以分析和描述。	30
创意实践	能够发挥想象，穿越到秘鲁不同文化时期，设想原始美术作品的身世和故事，并以故事和文字或课堂讲述的形式展示。能够在湖南省博物馆内自学纳斯卡文化和瓦里文化的彩陶特征，自主分析并进行思考总结。	10
文化理解	理解原始美术作品产生的原因和创作动机；理解原始美术作品与原始人生活之间的关系，能够清晰地加以分析和表述；激发学生对异域文化的兴趣，加强学生对本民族的文化自信，尊重世界美术文化多样性。	20

表 1

教学重点与难点

一、教学重点

（一）让学生总结秘鲁古代彩陶艺术特征。

（二）让学生探讨原始艺术与原始人生活、观念之间的联系。

（三）学生运用“异中求同”的形式进行对比鉴赏，通过比较秘鲁不同时期的彩陶，以及对比秘鲁彩陶和世界各国的原始艺术作品得出原始艺术的审美共性。

二、教学难点

学生理解美术在秘鲁古代社会中所起到的重要作用，探究秘鲁原始艺术的“朴拙与神秘”美感产生的根本原因，了解艺术与审美起源，探索原始艺术与思想信仰之间的联系。

育人价值观

本课着重培养学生的观察与感知、欣赏和评述能力，让学生通过观赏、分析、鉴别、评价，感受美术作品的文化内涵，教学过程激发学生对异域文化的兴趣，加强学生对本民族的文化自信，尊重世界美术文化多样性，从而提升学生的审美能力及人文素养。

教学准备

希沃一体机、多媒体课件、平板电脑、手机、导学案、笔。

教学过程

课前跟随湖南省博物馆工作人员参观赏析“秘鲁古代文明展——探寻印加帝国的源流”。

师：同学们好，走进我们的湖南省博物馆，就像坐上了时光机，我们可以去遥远而古老的国度畅游一番，欣赏那独特的文明所绽放的光彩。刚刚大家就坐上了时光机，体验到了秘鲁古代彩陶的独特魅力。（图 1）一方水土养一方人，现在我们一起来看看创造了这样灿烂的彩陶文化的秘鲁大地。智利著名诗人聂鲁达在《马丘比丘之巅》中描述道：“在这里，饱满的玉米粒，升起又落下，仿佛红色的雹子。在这里，骆马的金黄色纤维，给爱人，给坟墓，给母亲，

图 1

给国王，给祈祷，给武士，织成了衣服。”那么这里究竟是怎样一番面貌呢？

一、导入

视频播放：通过特制视频展示安第斯的如高地中心、山中高地，海岸多样性、复杂性和动态性的环境特征，以及文化特色、宗教、风俗习惯等。（图 2）

图2

师：这片遥远而陌生的土地处于南美洲安第斯山脉附近，它与中国的气候、地理等方面存在很大差异。在这种复杂的条件下，秘鲁远古人民创造性地适应和开发当地，造就了他们独特的习俗、行为和信仰。经过漫长的发展历程，最终建立印加帝国，把秘鲁古代文明乃至整个安第斯地区文明，推向发展的最高峰。这节课，让我们穿越时空隧道，借一双秘鲁彩陶的眼睛，一起探索埋藏至深的宝藏，感受原始彩陶的艺术魅力，共同去倾听历史深处深邃无边的人类心灵之声。

教师出示课题：《朴拙与神秘：借一双秘鲁彩陶的眼睛》。

师：每一个秘鲁人都有一双明亮、聪慧、美丽的眼睛，因为这里的云白得耀眼，这里的天蓝得透彻，这里的树绿得发亮，这里的水清澈晶莹，这里的花四季不谢，这里的陶器有质朴别样的美。和恢弘的遗迹、伟大的文明与虔诚的信仰相伴相生的还有人类赋予艺术的意义。

【设计意图】 本环节采用视频导入的方式，让学生现场观展的体验加深，并思考古秘鲁人生活在什么样的环境中，过着怎样的生活，进一步通过视频了解秘鲁地形、气候、思想观念和宗教信仰，为秘鲁古代彩陶艺术特征鉴赏学习营造教学环境。

二、初步感受秘鲁彩陶的朴拙与神秘之美（感悟式鉴赏）

活动一：对比鉴赏两件器物。

师：请看一看下面的两件器物（图 3），说说你更喜欢哪一件，理由是什么？

生甲：喜欢左边的器物，朴素、纯粹、真实。

图3

生乙：喜欢右边的器物，丰富华丽，色彩鲜艳，有创意。

师：同学们的发言体现了不同的审美趣味和细腻感受，都很值得赞赏。其中左边这件陶器，来自秘鲁纳斯卡文化时期，距今千年以上，直到今天，我们依然被它的朴素纯粹和真实打动，由此可见，美是超越时空的。那么，不同时期的秘鲁彩陶，会带给我们怎样不同的美的体验呢？让我们一起来探寻。

教师引导学生深入体验和理解秘鲁彩陶之美。［感悟式鉴赏（主）、形式鉴赏（主）、社会学式鉴赏、对比鉴赏］

【设计意图】美不自美，因人而彰。本环节通过对比鉴赏的方式，引导学生从不同的视角去赏析，让学生自由表达自己的审美喜好，认识到审美的丰富和多样性。

三、欣赏不同时期的秘鲁彩陶

（一）查文文化时期（约公元前900—公元前200年）（对应我国的周—秦）

活动二：欣赏查文文化时期的三件陶器。

陶器的形式美感关键词：粗犷生硬、浓郁厚重、朴拙神秘。

图4

师：看一下和我们周代同一时期的查文文化时期的陶器（图4），说说你们的直观感受。

预设答案：怪物、吓人、色彩单一、惊悚等。教师发现学生回答问题的角度比较单一的时候，可从线条、色彩等角度引导学生回答，基于学生的思考，引出形式鉴赏的相关方法，如：

怪物、神秘——神话中的猫科动物，拥有人和猫的面部特征，象征力量与神圣，用于祭祀（鉴赏角度：题材、功能）；

粗犷、生硬——笨拙（鉴赏角度：线条）；

色彩单一——朴素（鉴赏角度：色彩）。

教师小结：查文文化时期，巫术盛行，仙人掌作为迷幻物质被广泛使用。巫师在致幻剂影响下看到各种神秘的形象。巫师被认为是不同世界的力量的沟通者，可以实现自然和超自然的世界之间的对话。器物出现有巨大的獠牙是猫科动物的象征，特别是美洲虎栖息于安第斯山脉的大部分地区，被认为是可以调节大自然，如同巫师一般的生物。所以这个时期和我们周代社会一样，有浓厚的巫术和神秘色彩，因此陶器也带有神秘与宗教意味。（宗教信仰）

教师板书：猫科动物（虎）——力量——人和猫的形象结合——神圣的力量（自然崇拜）。

师：秘鲁的时代不同，地域不同，彩陶的形式也各有特征。接下来，我们来看看莫切时期的彩陶又是怎样的。

【设计意图】 本环节通过对查文文化时期陶器的观察，培养学生的洞察力、语言表达能力，让学生清晰理解此时期陶器上猫科动物形象的象征手法，感受秘鲁彩陶的神秘性，为莫切文化彩陶赏析做好准备。

（二）莫切文化时期（约公元 250 年—公元 800 年）（对应我国魏晋南北朝—唐中后期）

活动三：欣赏莫切文化时期的三件陶器。

陶器的形式美感关键词：想象力、叙事性、朴拙神秘。

师：莫切文化时期，处于我国的魏晋南北朝到唐中后期，处于秘鲁北部文化区。请同学们

图5

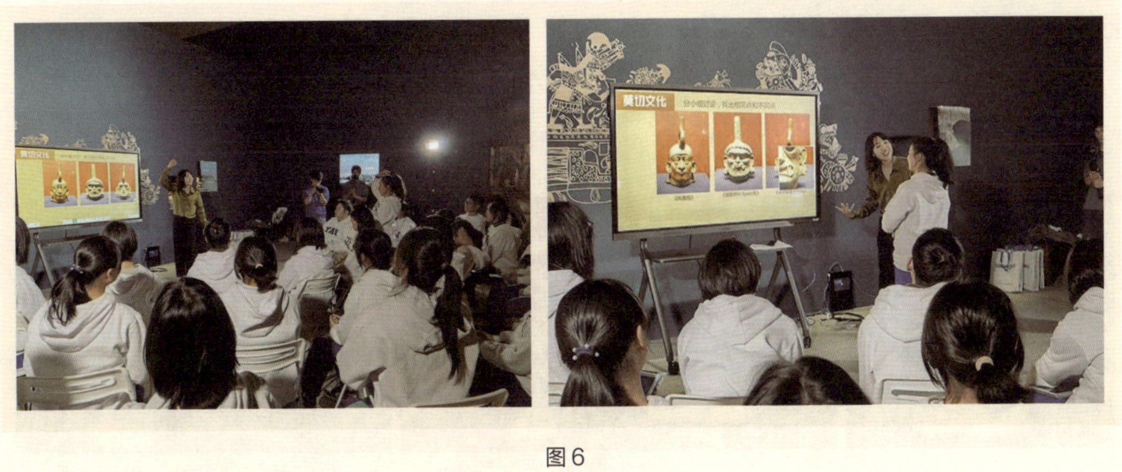

图6

结合我们上一个环节了解到的鉴赏角度，从功能、题材、色彩、造型、线条等角度中选择一到两个角度展开鉴赏。说说这三件陶器（图 5）有什么相同点和不同点。

学生分组合作讨论。（图 6）

预设学生回答：怪人、牙齿、恐怖等。

审美的相同点：色彩——单一、朴素，都是黄褐色，土地的颜色；造型——人的肖像，且头上都有伸出去的一根管子形状的东西（顺势点出马镫形，让学生有更直观的感受）；线条——流畅、光滑、刚劲有力；审美感受——朴拙、神秘。不同点：造型从有眼睛到没有眼睛，从没皱纹到有皱纹；形象从中年人到老年人到死去的人，第三个有独特、大颗、相互交错的牙齿，戴着猫科动物头形的耳饰；审美感受是第一、二个逼真，第三个神秘。

教师小结：

1. 通过线条的变化，注重抓住不同阶段的细节特征，比如中年人的法令纹，老年人的满脸皱纹，死去的人的眼眶、光头，逼真而巧妙地展现了人中年、老年和死去后等不同时期的形象。这些肖像代表他们世界中特别重要的人物，用来表达对这些人的尊重。这种陶器，叫马镫壶，两根管状合二为一成为一个流口，用于倒水或其他液体，两股水汇流成一股，这种奇特造型恰恰反映了我国《道德经》中记载的观念，即"道生一，一生二，二生三，三生万物"。莫切人的马镫口瓶造型丰富，他们把日常生活、人物肖像、动植物融入其中，反映了生活的方方面面。

2. 大獠牙、猫科动物头形的耳饰是勇猛力量的象征，在古代秘鲁，猫科动物为人所顶礼膜拜，被看作是神的化身。

活动四：欣赏莫切文化时期的一件陶器（与生和死观念相关）。

师：莫切文化对生和死有独特的理解，现在我们来看这件陶器。请细致鉴赏下图（图 7），说说你感受到了什么，他们是什么关系，并尝试给这件作品取名。

预设学生回答：父女、夫妻、神灵、巫师、摸胡子……

教师小结：这件作品造型奇特，构思巧妙，形象生动而富于想象力，传达着深沉的寓意和内涵。

从凹陷的双眼、腐蚀的鼻子和暴露的牙齿，可知左边的男子已经死亡，但他依然像生前一样吹着排箫，佩戴着象征身份的头饰和耳饰。右边的女子挽着已经死去的男子，他们可能是生活中相亲相爱的夫妻。秘鲁人民这种把亡人和生者塑造在一起——亡人还像活着一样吹奏乐器——的行为，反映了他们的生死观：死不是亡，而是生的另一种表现形态。

师：大家取的作品名称有"父女情深""团结一心""伉俪情深"等。

教师从屏幕擦除蒙层：生死相依。

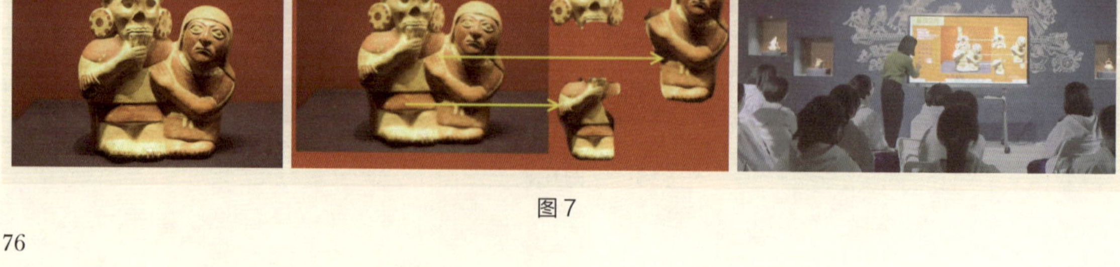

图 7

师：我们感受了莫切文化中生死相依的动人情感，了解了这个时期的社会生活观念。那么他们的自然观念又是怎样的呢？

师：现在请同学们看看下面这幅图（图8），你们看到了什么？

预设学生答案：爬山、晒太阳、围猎、祭祀等。

教师小结：山祭——向崇拜的山神祭祀人类。1. 躺在山脚的尸体是被抛下来的。2. 戴着精致头盔的人可能在监督祭祀仪式。3. 被祭祀的人姿势各异，表情痛苦。整个画面被痛苦而神秘的气息笼罩。莫切文化艺术的一个重要主题就是他们用人类向崇拜或敬畏的神灵祭祀。一方面，我们可以感受到原始文化中用活人祭祀的残忍一面，另一方面，也可看出在生产条件落后的情况下，自然主宰人类的生活，人们因此敬畏自然、感恩自然，所以向山神祭拜。

图8

教师从屏幕擦除蒙层：自然崇拜、生命信仰。

师：讲到自然崇拜和生命信仰，我们最后再来看看莫切时期的一组图片。

活动五：请同学们说说下面图（图9）中让你觉得最特别的地方在哪里。

预设学生答案：杨桃、手拿锤子的鸭等。

板书：人头 + 植物　鸭头 + 人的行为　万物有灵

师：莫切文化时期具有代表性的动物雕塑容器，极富艺术表现力，象征着此时魔幻现实主义脱颖而出。木薯是莫切文化时期的主食之一。作为莫切的主神——文化英雄，这个生物身份清晰，有各种装饰和面部特征，如凸出的眼睛、大尖牙、猫头耳饰。而另一件作品中等待战斗的黑鸭表情坚毅。

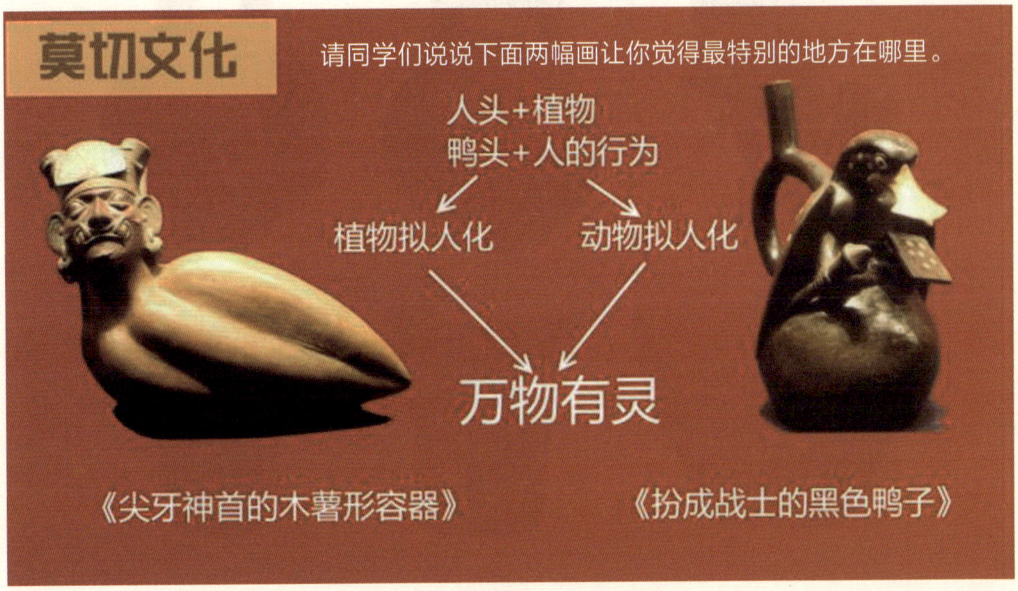

图9

教师从屏幕擦除蒙层：植物拟人化、动物拟人化 下面中间：万物有灵。

师：和莫切文化同期，繁荣的秘鲁南部沿海地区则孕育了纳斯卡文化和瓦里文化。在淡水资源和耕地资源极其匮乏、气候异常干燥的背景下，他们的精美陶器可以让我们了解他们是如何挑战自然，如何历练出百折不挠的忍耐力和毅力。现在，我们一起来感受纳斯卡文化和瓦里文化彩陶的独特魅力。

【设计意图】本环节通过对肖像陶器、动植物结合的不同造型陶器逐步分层教学，让学生感受古代秘鲁人的想象力、创新性、独特性，理解掌握莫切文化时期的彩陶艺术特色，激发学生想象力、观察分析能力，理解古代秘鲁人的万物有灵的思想观、生死观，从而获得深刻的审美情感体验。

（三）纳斯卡文化时期（约公元前 100 年—公元 700 年）（对应我国西汉—唐）和瓦里文化时期（对应我国唐—北宋）

教师引导学生将纳斯卡文化和瓦里文化时期的彩陶与同时期我国的彩陶进行对比，找出不同点。

教师总结陶器的形式美感关键词：繁复多变、寓意深刻、朴拙神秘。

活动六：学生用之前所学的彩陶鉴赏方法自学纳斯卡文化和瓦里文化彩陶（图 10）。

问题 1：纳斯卡文化和瓦里文化的彩陶有何异同?

教师请学生自主完成导学案并讨论，小组派代表上台发言总结。

预设学生答案：方形人、动物、玉米、狗、鹰等；同：图案化、图案丰富、色彩丰富、内容丰富、色彩相似；异：线条曲线，瓦里文化彩陶更突出强调造型。

图 10

图 11

学生们利用平板电脑完成相关主题的分类游戏。

问题 2：纳斯卡文化彩陶、瓦里文化彩陶和莫切文化彩陶有何异同？

【设计意图】自学环节的目的是检验同学们的自学能力及效果，再回展厅感受纳斯卡文化和瓦里文化的特征，概括纳斯卡文化与瓦里文化彩陶的异同，在此基础上进行纳斯卡文化、瓦里文化彩陶和莫切文化彩陶的异同比较，锻炼学生的思维能力，有助于培养学生的团队合作意识和探索欲。自学结束进行师生交谈、小组探讨、派代表陈述观点。没有权威答案。唤起学生的洞察力，激发学生的表达欲。师生平等，课堂交还学生，发现学生更多层次的对彩陶的解读。

（四）印加文化时期（约 13 世纪前期—公元 1535 年）（对应我国元、明代）

师：最后我们来看一下，秘鲁古老文明发展到顶峰形成了印加文明，在克丘亚语中，“印加”的意思是合四为一。在很长一段时间中，安第斯原住民文明的发展不曾中断。而在它的顶点——印加文明时期，彩陶出现了什么变化？它们又展现了怎样的文化和理想？

预设陶器的形式美感关键词：排列有序、几何抽象化、朴拙感、神秘感减弱。

活动七：教师让学生思考印加文化时期的陶器（图 11）和之前见到的陶器相比，最大的不同是什么。

预设学生答案：简化、单一、几何化。

用途：玉米酒容器；

造型：标准化可识别、长而窄的颈部、几何化、有限色调；标志性的图案减少，具有本土装饰风格；

色彩：对称手柄以深红色和棕色为主；

线条：自然纹样、动物纹样、几何纹排列有序；

整体感受：生活化、图案化、朴拙感、神秘感减弱。

文化类型	题材和功能	造型手法	色彩图案	形式美感
查文文化	祭祀 生活	单一 塑形 象征	简单	粗犷生硬 浓郁厚重 朴拙神秘
莫切文化	祭祀 战争 生活	组合 雕塑 拟人化	较丰富	想象力 叙事性 朴拙神秘
纳斯卡文化 瓦里文化	祭祀 战争 生活	绘画性 绘画 + 雕塑 标志性	丰富	繁复多变 寓意深刻 朴拙神秘
印加文化	生活	长窄颈 标准化 概括	趋简	几何抽象化 排列有序

表 2

图 12

图 13

师：无论是画人物还是动物，不拘泥细节的刻画，而是注意对物体基本特征的把握和体现，纹样的种类多种多样，其中抽象图案作为一种有意味的形式，表现得更为深邃，是印加人对现实生活的一种曲折反映，充满了生命的激情和浪漫的遐想。

学生们利用平板电脑完成相关主题的分类游戏。

四、总结秘鲁不同时期的彩陶艺术特征（表 2）

总结秘鲁原始思想信仰、艺术观与审美关键词：

自然崇拜、万物有灵

图腾崇拜、生命信仰

象征拟人、夸张变形

纯粹真实、朴拙神秘

活动八：极速分类挑战游戏。（图 12、图 13）

五、对比鉴赏：秘鲁彩陶 VS 中国原始陶器 VS 世界其他地区原始美术作品，理解原始艺术与思想信仰之间的联系。

活动九：秘鲁古代彩陶与世界各国原始艺术的对话。

图14

师：秘鲁彩陶带有明显的人类早期定居生活的痕迹，又充分体现了人类早期的艺术创造才能和纯真、稚拙、质朴的审美趣味。现在，让我们借秘鲁彩陶的眼睛来看看，世界各地原始时期的艺术是否有共通之处。（图14）

问题1：中国的鹳鱼石斧图和秘鲁纳斯卡时期的彩陶有何相同之处？（学生齐答）

同：祭祀、图案化——朴素、神秘。

问题2：秘鲁不同时期彩陶和世界各地原始美术作品有何相同之处？

【设计意图】通过对不同文化时期秘鲁彩陶艺术特征的总结，加深学生对秘鲁彩陶不同文化的差异性的理解，随后借助两个极速挑战游戏，全员利用平板电脑进行抢答，活跃互动氛围，感受课堂的有趣和奇妙。

六、课堂总结

师：秘鲁彩陶充溢着太多神秘色彩，太多画面背后的故事难以破解。我们只能在浩瀚的彩陶艺术海洋里，找到一些零散的线索，来窥视和感受远古人类丰富多彩的社会信仰、精神寄托和顽强、执着的生活信念。

今天，我们还借了一双秘鲁彩陶的眼睛领略了世界各国原始艺术的神秘与朴拙之美。而这也是我们的寻根之旅。我们从哪里来？我们人类文明是从哪里生长起来的？原始艺术中，有我们生命与文化的源头，蕴含着我们生命的真实，这种真实渗透在人与自然、人与生活的关系之中，渗透在人的灵魂深处。今天，我们在这里，在湖南省博物馆感受到了真实纯粹、朴拙神秘和生生不息的活力，我希望在座的同学们，今天走出湖南省博物馆后，能更好地了解世界，发现世界，追求一种审美的、具有活力的、真实的人生。

师生齐声朗诵诗人聂鲁达诗歌结尾。

【设计意图】通过分层比较，让学生思考原始美术的共通性，建立文化认同。思考原始艺术与原始人思想信仰之间的联系，感知原始艺术的生命信仰和图腾崇拜，形成多元文化的价值观，尊重世界美术文化多样性，从而把教学引入对当下生活的思考。

《朴拙与神秘：借一双秘鲁彩陶的眼睛》导学案（部分）

姓名：　　　　班级：

活动一：请同学们运用不同鉴赏方法，从多角度展开鉴赏，找出这三件陶器有什么相同点和不同点。

	相同点	不同点
功能		
题材		
色彩		
造型		
线条		

活动二：秘鲁莫切文化时期的彩陶对生和死有独特的理解，请仔细观察这件彩陶，思考他们是什么关系，并给彩陶取作品名称，再说说有什么特殊之处。

两者关系：

作品名称：

特殊之处：

活动三：请同学们用之前所学的彩陶鉴赏方法自学纳斯卡文化和瓦里文化彩陶，自主完成导学案并讨论，小组派代表上台发言。

同：

异：

活动四：归纳秘鲁不同时期彩陶艺术特征及思想信仰，完成以下表格内容。

文化类型	题材和功能	造型手法	色彩图案	形式美感	秘鲁不同时期的原始思想信仰、艺术观与审美共同点
查文文化					
莫切文化					
纳斯卡文化 瓦里文化					
印加文化					

活动五：思考中国的鹳鱼石斧图和秘鲁纳斯卡时期的彩陶有何共通之处，秘鲁不同时期的彩陶与世界各地原始美术作品有何共同点。

教学反思

本课是基于“秘鲁古代文明展——探寻印加帝国的源流”而设计的课程，期待课程能激发学生对秘鲁、对安第斯文明的过去与现在、人民与土地的进一步探索。课程选取用精湛技艺制造的秘鲁彩陶，穿越秘鲁众多特色文化，进行取舍，聚焦查文文化、莫切文化、纳斯卡文化、瓦里文化和印加文化，并在授课前对秘鲁古代历史进行了学习，梳理秘鲁文化和中国文化发展脉络。关于秘鲁彩陶的文献资料比较少，秘鲁彩陶艺术特色的概括是贯穿历史始终的，整个过程就像制陶的过程，像时间的艺术。秘鲁人民把对日常生活感悟、宗教信仰、生死观、宇宙观等都体现在各种器物中，我们能想象捏制、晾干、烧制、冷却、勾勒绘色，整个过程需要的是细心和耐心，还有一种纯粹的状态。一堂课的设计我认为也应该有这样的过程，否则你无法给它注入思想。教学内容在上升原始艺术与思想信仰观念的联系上有一点难度，需细致分层引导；让学生去理解原始美术作品产生的原因和创作动机并能加以分析和表述；最后希望能够让学生感受到遥远陌生的土地并不陌生，在对比全世界原始美术作品这个环节上开展寻根之旅，思考我们从哪里来，我们人类文明是从哪里生长起来的，思考我们生命与文化的源头，理解朴拙和神秘的审美，引发自身对当下生活和审美的思考。美人之美，美美与共，湖南省博物馆里的美术课是馆校融合发展的有益尝试，让学生通过观赏、分析、鉴别、评价，感受美术作品的文化内涵，培养学生的观察与感知能力、欣赏和评述能力。整个教学过程激发了学生对异域文化的兴趣，加强了对本民族的文化自信，学会尊重世界文化多样性，从而提升雅礼学子们的人文素养。（图 15）

图 15

参与人员名单

策划：长沙市教育科学研究院詹蓉

项目主要实施者：陶微玲

特别鸣谢：许春阳、罗永恒、李彭超、廖正长、胡金兰、王迎、莫华新、汤灏、长沙市雅礼中学高一年级 27 名学生

项目支持：湖南美术出版社、湖南省博物馆相关工作人员

《发现美丽》教学设计

长沙麓山国际实验小学 **米健**

前言

笔者有幸参加湖南省博物馆秘鲁古代文明展的开幕式，被极具特色的美妙音乐和精美展品吸引，感慨印加帝国的传说和历史，接受不同地域文化艺术洗礼。《发现美丽》是结合湖南省博物馆此次展览主题，并围绕艺术核心素养进行的跨学科融合馆校教育。（图 1）本次课程主要分为两个部分，第一部分是博物馆教育员导赏文物精品，教育员在介绍展品时，学生需结合教师提前发放的《发现美丽》导学案进行参观考察和“预习”。第二部分是授课教师根据导赏内容挖掘秘鲁古代文明展的教育资源，联系学生熟悉的本地艺术资源来设计的课堂教学。以学科核心素养为基准，通过欣赏、观察、分析古老秘鲁艺术品与湖南省博物馆马王堆汉墓帛画的艺术特点，引领学生追求对知识和技能的“深度理解”。同时引导学生以团队形式探寻地方传说故事，通过收集、筛选、创编等方式将“发现美”的知识迁移，解决借鉴艺术创作的路径和方法，从而激发学生的创造性思维，提升学生的综合素养。本课教学融合了语文、地理、历史、信息技术等学科的知识与技能，具有很强的趣味性和艺术性。

扫一扫，看示范课

图1

教学分析

学生学段	课程定位	课时分配	项目化学习分段目标设计和安排
六年级	欣赏评述＋造型表现 与语文、历史、地理、信息技术结合的综合性课程	1 课时	课前：查阅与岳麓山或湘江相关的传说故事，发挥想象猜一猜其神灵形象特点，从形象、色彩等方面写出 3—5 个关键词； 课中：欣赏马王堆汉墓 T 形帛画和古老秘鲁艺术品并完成记录，在展览中找到自己最喜欢的艺术品，结合造型特点，尝试从形象、色彩、组合三个方面运用绘画方式去表现（可以表现局部）。
		1 课时	环节一：结合学习任务单以及第一课时学习内容，欣赏音乐视频，回顾展品的文化内涵； 环节二：欣赏评述秘鲁艺术展品，了解其特点； 环节三：感悟古秘鲁和中国文化也有许多相同点，师生共同探究秘鲁部分艺术品、马王堆汉墓帛画艺术特点，小组合作总结发现美的方法和畅想神灵形象； 环节四：结合地方文学、历史等学科知识分组讨论神灵特点并表达，教师示范板书； 环节五：希沃助手形象初创完成电脑组拼神灵形象电子作品，教师随机抽取 1—2 位学生的作品进行品评； 环节六：设计一幅类似岳麓山神图或湘江水神图的作品，统一汇总粘贴到教师准备了“序言”的《岳麓山神图》和《湘江水神图》的长卷中，形成作品集； 环节七：学生展示、分享创意来源。

学情分析

六年级学生的生活范围和认知领域在不断扩展，欣赏、感悟和模仿的能力也有了进一步提高。学生对博物馆的作用有一定的认知，当确定在湖南省博物馆参观后上美育课，更是充满了期待。课前笔者在班级进行了电子问卷调查，98% 的学生欣赏过马王堆汉墓帛画，55% 的学生能明确马王堆汉墓帛画“引魂升天”的作用，48% 的学生能明确指出作品中辛追夫人形象和表现天上、人间、地下的三个部分，35% 的学生了解天上部分的部分神灵形象来源。而学生对于秘鲁古代文明相关的知识所知甚少。根据美术教学大纲和教材的要求，本着提高学生艺术感知能力和审美辨别能力，使学生了解不同地域文化艺术的差别和共通知识的目的，笔者课前给学生们布置了两个任务：一是课前参观湖南省博物馆马王堆汉墓帛画，通过参观、查询等手段了解帛画神灵形象相关知识，并通过第一课时教育员对秘鲁文物的介绍，以任务单形式引导学生从两个地域的艺术特点初步进行预习；二是提前查阅与岳麓山、湘江相关的知识，并从形象、色彩方面记录关键词语。

教学目标

总体目标：学生通过欣赏、观察、分析古老秘鲁艺术品与中国马王堆汉墓帛画，感受东西方艺术不同的美，寻找其中相似的表现方法。

创意实践：学生运用所学方法结合自然界中物体形象特点，大胆创作自己心目中的艺术形象。

审美体验：学生通过欣赏、类比、感受、体验，在探索中发现艺术共通之处，从文学、历史等素材中积累创作灵感。

文化理解：学生通过设计创作本地山神图或水神图，理解地方文学内涵以及表现形式，激发学生审美创作热情，培养海纳百川的艺术情怀。

教学重点与难点

教学重点：学生通过欣赏、观察、分析古老秘鲁艺术品与中国马王堆汉墓帛画的特点，感受东西方艺术不同的美，寻找其中相似的表现方法。

教学难点：学生将原有物体形象特征结合神话传说，通过联想与变化创造新形象，并赋予新内涵。

思维拓展和文化理解难点：本课最难达到的是类比并理解两个不同国度的艺术作品特点，除了对美术学科知识的认同，还需要对地方文学、地方历史、地方地理等学科知识融合理解，最终能通过美术形象创作表达与呈现。（表1）

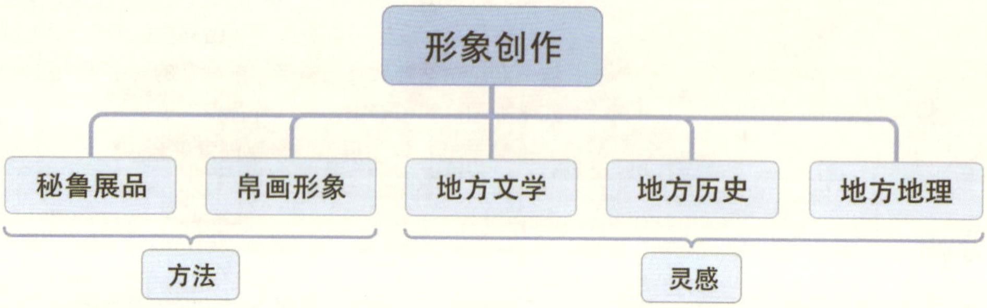

表1

教学过程

一、音乐视频导入，重温文物精品

师：在历史长河的演变中，艺术作为人类智慧的璀璨结晶，不仅映照历史的风貌，也会引领未来的发展。艺术无国界，文化有共识。古文明创造出了无数令人称赞的艺术瑰宝。今天咱们一起以发现美的视角揭秘神秘的艺术世界。（图2）

学生通过视频欣赏展馆的展品，了解其文化内涵。

图2

图 3

图 4

图 5

图 6

师：通过观展和视频回顾，你们对哪些秘鲁艺术展品印象深刻呢？

学生谈观展后对秘鲁艺术品的总印象和感受。

教师肯定学生感受。

【设计意图】学生参观完成后，回到课堂，借助秘鲁极具特色的音乐和根据展品提前做好的微课视频，了解地域，欣赏文物，回顾梳理文物时间和共性特点，再次激发好奇心和求知欲，提升欣赏有效性。

二、欣赏评述，感悟文物特点

（一）引导学生欣赏秘鲁文物，了解古秘鲁与古中国两个地域的文化相似性

师：古秘鲁和古中国在文化方面有许多相同点，比如都使用结绳记事；都崇拜鸟类，特别是虎豹等猫科动物以及蛇或龙等爬行动物；都喜欢用羽毛制品和草编制品；都善于作壁画等等。（图 3、图 4、图 5、图 6）

【设计意图】学生通过文物欣赏环节，了解古秘鲁文化与古中国文化的相似性，激发好奇心，再次拉近与秘鲁文物的距离。

（二）简介秘鲁国宝文物——黄金头饰，引导学生从形象和色彩两个艺术角度感受头饰的精美华贵，并寻找其艺术特点

学生思考并回答：从形象和色彩分析黄金头饰的艺术特色。色彩多以对比色、纯色表现，

同时通过大耳垂猜测戴头饰的人是有身份、有地位的人。（图 7）

教师肯定学生对艺术品的认识和理解，并鼓励学生从西坎神的眼睛联想中国艺术作品中虎的眼睛，感受两个地域相似的艺术表现方式，且及时补充这个黄金头饰是权力和权威的象征。

【设计意图】引导学生通过欣赏、观察文物后从形象和色彩两个艺术角度分析并反馈古老秘鲁艺术品特点，并结合教育员的介绍，再次理解文物的艺术价值和意义。

（三）欣赏秘鲁水神形象，理解形象联想方法

师生共同探究，教师相机解疑，运用希沃白板放大镜功能观看秘鲁水神形象上的细节和组成。（图 8、图 9）学生分析放大的图片，理解水神形象“怪”的原因。古秘鲁部分作品中呈现得更多的是简化、抽象的人物、动物、植物等结合组合形象。

师：这个艺术品上的形象，你们觉得可能是谁？

学生思考，不能确定。

师：形象上都有什么呢？和什么有关？可能是什么形象？

生 A：这可能是秘鲁的水神形象，在人物简化的五官上添加了很多水生动物。

教师肯定学生的猜想，“这是古秘鲁的水神形象”，并用放大镜功能分析其中的青蛙、蝌蚪、鱼等形象。明确水生动物与人结合的艺术形象创作方法，感悟水孕育生命，猜测古秘鲁人创作水神形象时的思考和联想。

教师板书：形象：人与动植物组合、神灵形象、几何简化；色彩：装饰感。

教师总结：古秘鲁人具有虔诚的神灵信仰，通过想象对神灵进行自然提取和艺术加工，组合成了今天所看到的这些形象。这些文物的色彩装饰感很强。

再次欣赏其他的艺术精品。

【设计意图】通过欣赏几个有特点的展品，师生共同探讨，打开神灵形象的创作联想的通道。

图7

图8

图9

图10

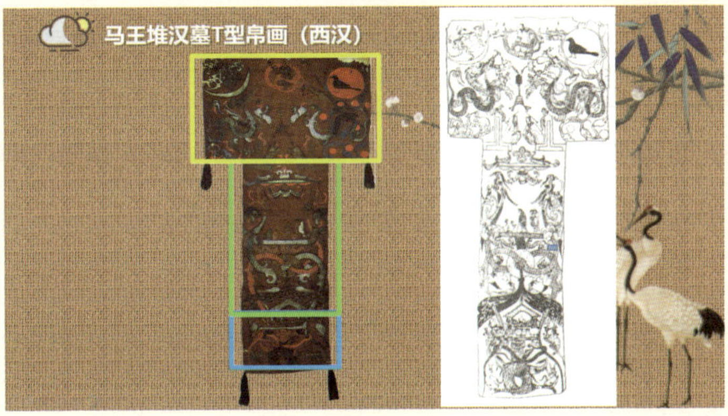

图11

图12

三、类比欣赏，发现美的方法

（一）欣赏湖南省博物馆马王堆汉墓帛画

师：这些古秘鲁文物的形象造型组合方式奇特，颜色表现也非常有意思。而在我们湖南省博物馆也有一幅非常特别的作品，谁认识它？

学生回答：这是马王堆汉墓帛画。

师：谁来介绍它？

学生介绍自己了解的马王堆汉墓帛画相关知识，并从形象和色彩分析艺术品。

【设计意图】对于马王堆汉墓帛画的学习已在课前进行了任务布置，学生已经通过参观展览或自主学习等方式探索新知，对该艺术品有了一定的印象。学生介绍展品，更能在互学中加深知识理解。

（二）欣赏马王堆汉墓帛画天上部分的视频，思考并分析天上部分的艺术形象和色彩的特点（图10、图11、图12）

师：马王堆汉墓T形帛画的构图分为上、中、下三个部分，分别描绘了天上、人间、地下的景象和故事，也体现了对未知世界的想象与创造。那么帛画中的形象和色彩又有什么样的特点呢？让我们带着问题一起来看一段视频。

【设计意图】本环节通过在帛画文物中寻找共性特点，引导学生自主探究并从形象、色彩这两方面归纳艺术品的特点，尝试对艺术形象的创作方法进行理解与思考。

（三）从形象、色彩两方面类比欣赏

类比赏析，师生共同探讨形象中的特点：

古秘鲁部分作品更多的是简化抽象形象，而马王堆汉墓帛画取自古代神话按照现实描绘的景象。色彩方面两者都很鲜艳，但是材料不同，体现的视觉效果也不同，古秘鲁织物用红、黄等纯色较多，陶器上的色彩也以暖色为主，而马王堆汉墓帛画表现的是工笔重彩绘画，多采用矿物质颜料，显得艳丽且沉稳。

PPT展示之前整理的古秘鲁部分艺术品，从形象和色彩特点两方面，对比马王堆汉墓帛画。

师：谁来说一说马王堆汉墓帛画形象和色彩有什么特点？

生：马王堆汉墓帛画里有很多是儿时听过的神话故事形象；里面的形象不再是几何形，而是比较写实的艺术手法，造型比较怪诞，想象力丰富；色彩非常绚丽，偏暖色调。

教师板书：形象——传说故事、写实性、怪诞；色彩——绚丽沉稳。

教师及时补充色彩的特点并介绍马王堆汉墓帛画的材质和颜料特性。

【设计意图】本环节运用类比方式，探索两个地域文物的共性和个性，引导学生自主探究艺术品的形象、色彩特点。

（四）寻找归纳形象创作方法

师：同学们非常棒，那么创作出这么多有意思的形象的方法有哪些呢？

师：右边是大自然中的虎鲸形象，左边是秘鲁古代文明展展品中的虎鲸神灵形象，通过对比，你们觉得运用了哪些方法？（图13、图14）

师生共同探讨分析外形特点，如秘鲁古代文明展展品的头部和尾部比自然界中的虎鲸形象拉得更长，这样是运用了什么方法呢？

生：夸张、变形的方法。

图13

图14

教师板书：夸张、变形。

师生共同探讨，自然界中虎鲸是黑和白两种颜色，但是秘鲁古代文明展展品中的虎鲸神灵色彩绚丽，装饰感强，里面还有人头的图案，这和虎鲸神灵的使命有关。教师简单介绍虎鲸神的相关传说。

【设计意图】本环节通过虎鲸形象理解自然原型与艺术创作之间的关系，以及艺术表现方法里的联系与变化。

图15

图16

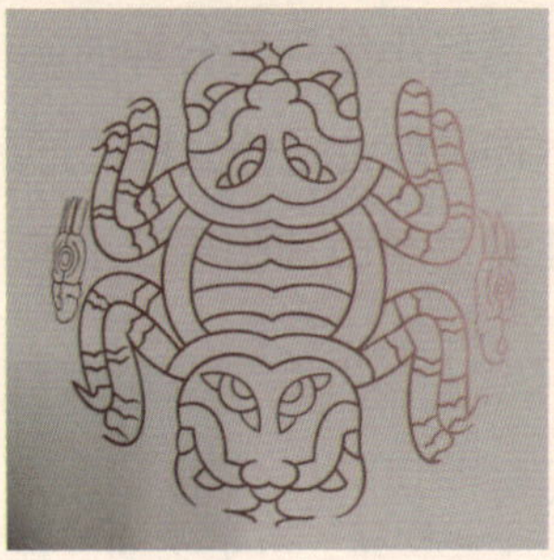

图17

图18

师：回顾秘鲁艺术品中的水神形象，其眼睛和人的眼睛极为相似，但是简化成了菱形。用几何形状来概括表现，更令人有不可思议的神秘感。这样的方法是简化。

教师板书：简化。

欣赏对比，分析马王堆汉墓帛画的艺术形象也运用了夸张、变形、简化的方法。

（五）探究发现美的形象创作方法

欣赏部分展品和帛画形象。

教师提问：猜一猜，这些形象里还运用了哪些方法呢？（图15、图16）

生：这些形象把人和动植物结合了。

教师总结：人头和木薯结合的木薯神，人和植物相结合了，人首和蛇结合的烛龙神，人和动物相结合了。分割后重新组合成新的形象，这样的方法我们称为重组。

教师板书：重组。

学生继续欣赏作品。

教师提问：这些形象除了运用重组，还运用了什么方法呢？（图17、图18）

生：我发现这些形象是对称图形，并且一个部位重复出现多次。

教师画对称轴并总结发现美的形象创作方法——对称、重复，并介绍重复的方法特点。

（六）教师展示板书

作品	秘鲁部分艺术品	马王堆汉墓帛画
形象	怪诞、奇特、几何简化图形	传说故事形象、写实性、怪异
色彩	对比色、纯色	艳丽沉稳
方法	夸张、变形、简化、重组、重复	

【设计意图】将马王堆汉墓帛画形象与秘鲁古代文明展中的艺术形象进行类比，寻求共通的艺术表现方式，国度虽不同，但“艺术无国界，文化有共识”，艺术方法是如此的接近与相似。

四、联想与运用

师：找到了这么多发现美的方法，那我们要怎样运用到作品里去呢？

教师安排小组讨论：现在请各小组用两分钟时间讨论，结合发现美的形象创作方法和传说故事，思考岳麓山神或湘江水神可能会是什么样的形象。（图 19）

讨论结束后，教师请学生说岳麓山神和湘江水神可能会是什么模样，在希沃黑板上画畅想的形象局部特点。

【设计意图】本环节结合地方文学、历史故事、地理特点等明确“岳麓山神”和“湘江水神”形象的创作方向，先以小组讨论的方式分享学生课前查阅的相关知识，进行思维碰撞，然后一起以“猜一猜神灵形象特点”为出发点，在小组交流中拓宽想象的空间，打开思维。讨论完毕后教师及时用希沃板中板通过“学生说教师画”的方法进行现场示范，这既解决学生不敢动笔的问题，同时又一次打开了学生的思维，如：学生说到岳麓山神可能有一对翅膀，教师边画边问，“天鹅的翅膀？老鹰的翅膀？蝙蝠的？蝴蝶的？螳螂的？……”，再次拓宽想象的空间。（图 20）

图 19

图 20

教师结合学生畅想的形象局部，通过信息技术资源整合，让学生体验信息技术的魅力，“小试牛刀”来创作电子作品。

师：咱们一起找到创造独特艺术形象的方法，怎么样用发现美的眼睛寻找这些形象原型并恰当地运用到我们的艺术创作中去呢？老师准备了一些局部图片，请同学们尝试通过组合或者绘画等方式在平板上表现自己畅想的神灵形象。

学生通过希沃助手组拼和绘画神灵形象。（图 21、图 22）

教师使用希沃随机抽取 1—2 个学生的作品进行品评、欣赏。

【设计意图】此时学生们已然迫不

图 21

图 22

及待想要尝试创作神灵形象，但考虑到学生现阶段的创作能力和方法运用还需要加强，于是教师引导学生们利用 PPT 文件中提前备好的各种动物、植物、人物的局部，自由组拼，进行神灵形象的艺术创作，在体验和尝试的过程中第三次拓宽思维和想象。

五、作业布置

要求：以小组合作的方式，运用发现美的形象创作方法，设计一幅类似岳麓山神图或湘江水神图的作品，教师相机指导。（图 23、图 24、图 25、图 26）

【设计意图】请学生结合熟悉的湘江、岳麓山对本土文化中的神灵艺术形象进行创想，并用绘画的方式来表达自己对艺术形象的感悟。

六、作品展示与评价

作品完成后，统一汇总粘贴到老师准备了“序言”的《岳麓山神图》和《湘江水神图》的长卷中，形成作品集，并由小组代表分享形象创意来源。

生生评价，师生评价，颁发奖项，如造型怪诞奖、组合有趣奖、色彩搭配奖（图 27、图 28）。

【设计意图】用传统的长卷形式整体评价学生们的作业，让孩子们在展示与评价中既取长补短，又充分体验作业作品化的乐趣。

七、拓展

这些形象我们可以运用到生活中去，比如卷一卷形成有趣的头饰，还可以当作有个性的皮带，甚至改变材料制作成丝巾等等。秘鲁人将这些艺术品进行艺术加工，制作了很多有意思的生活用品来装扮生活。（图 29）

【设计意图】引导学生关注、感悟、热爱生活，并通过艺术品装点生活。

图 23

图 24

图 25

图 26

图 27

为什么印加帝国被称为失落帝国？（视频邀请博物馆教育员解说介绍）

贪婪的西班牙殖民者为了寻找神话中的“黄金国”，于 16 世纪初，踏上了今天被称为“秘鲁”的这片土地。正值辉煌时期的印加帝国在极短的时间内，为几百名西班牙人所征服。这样惨痛的教训也告诫我们，璀璨的文明需要富强的国家做支撑才能长久地传承发展。

【设计意图】拓展环节中通过视频邀请湖南省博物馆教育员分享秘鲁文明中“失落帝国”的历史故事，升华到爱国情感和中国的强国梦。

图28

图29

《发现美丽》导学案

姓名：　　　班级：

活动一

1. 查阅与岳麓山或湘江相关的知识，发挥想象，猜一猜其神灵形象的特点，从形象或色彩等方面写出 3—5 个关键词。

2. 欣赏马王堆汉墓帛画和古老秘鲁艺术品并完成记录。

作品	形象	色彩	组合
马王堆汉墓帛画			
古老秘鲁艺术品			

活动二

请同学们在展览中找到自己最喜欢的艺术品，结合其造型特点，尝试从形象、色彩、组合三个方面运用绘画方式去表现（可以表现局部）。

教学反思和拓展

一、教学反思

图30

本课结合湖南省博物馆丰富的馆藏资源、美术教材，通过跨学科融合，运用于课堂教学实践，提升学生艺术素养。教师选择了湘美版美术教材六年级下册第八课，属于“欣赏·造型”学习领域，结合博物馆展品与秘鲁展览主题内容，带领学生感受不同地域的艺术之美，寻找其中相似的表现方法，通过类比等方法欣赏中国古代的神话形象的造型特点，并尝试运用夸张、变形、简化、重组、重复等方法结合自然界中物体特点，大胆进行平面绘画的艺术表现活动。

对于展品欣赏教学环节，执教老师提前联系湖南省博物馆教育员确定导赏部分的课程设计内容和方向，进行教学设计参观文案，双方以网上备课形式进行交流与修改。最后教育员与执教老师确定除了介绍秘鲁文化和文物特点外，还适当增添课堂需要的形象相关“故事”，这正是教学设计中需要了解的问题。设计好导赏内容后，在导赏过程中，执教老师全程陪同并时刻关注每位学生在场馆的状况。学生根据教师提前布置的任务和导学案跟随导赏员进行参观学习并记录。参观完成后，及时回到课堂，让孩子们带着好奇心、求知欲。在博物馆场馆维持和谐、融洽、轻松的艺术氛围，借助现代信息技术引导学生自主地学，并在学习过程中展现个性、表现个性、培养个性、塑造个性。（图30）

我的思考和改进设想：

这节课，是从古文明作品中感受、发现艺术家对于形象设计的方法。古画中的色彩以红、褐、黑为主，给人的感觉是严肃而神秘。米罗的画作中色彩以白、蓝、红为主，显得轻快而活泼。在色彩搭配的过程中，可以多引导学生从色彩搭配中考虑情绪的表达。在古画中，我们可以看到很多或蜿蜒或奔腾或鱼跃的形象，充满着动感。因此学生创作岳麓山神和湘江水神形象时，可以进行调整，除了考虑自己心目中的这两个神灵是神秘的，还可能是可爱的，这样在创作的过程中，学生的作品可能会有一些动态的表达，作品效果更加有趣而生动。在古画的创作中，蟾蜍这个角色运用了夸张的手法。夸张更能够突出创作者想表达的意图，在这里突出夸张蟾蜍的生殖能力，代表着古代人对繁衍力的一种崇拜。在引导学生创作的时候，还需要更关注运用夸张的手法，会使形象特征突出。中西方艺术在同一时期，虽然隔着高山河流，却有着同样的对生活美的发现和表达，是如此的艺术相通。所以，艺术是没有地域界限的，东西方文化一样璀璨。

二、线上研讨及评课

长沙市麓山国际实验学校李曙光老师："发现美丽，创造美丽神话形象，米老师利用博物馆资源启发学生对巫术形象的思考，熟练运用现代信息技术给我们展示了一种崭新的教学方式，完美地结合了现代教学媒体，充分挖掘了学生的创造性思维，课堂简洁高效，教学效果好。"

长沙市长郡外国语实验中学王爱华老师："米老师找到了马王堆汉墓陈列展与秘鲁特展中体现的文化共性，并以远古艺术起源之一的巫术作为切入点，与中国经典 T 形帛画所体现的中国文化进行对比分析，既能很好地代入理解外族文化，又能感受文化的多元性和相通性。让艺术无国界自然渗透。而对表达手法的探究和引导学生如何创作的这个难点突破，米老师通过发现美的学习找出形象创作方法，通过头脑风暴开发想象力和为后面创作提供素材，通过运用平板电脑快速组合拼贴，直观感受不同手法带来的神奇魅力，最后再进行创作。这种看似步步尝试，实则层层递进的手法，水到渠成达到了最好的教学效果。整堂课将博物馆资源充分利用起来并切实运用到教学实践中，不仅没有让博物馆研学流于形式，反而更好地让孩子增强了对博物馆、对文物深入探究的兴趣。"

长沙市岳麓区麓山兰亭实验小学何娟老师："博物馆里的美术课，从博物馆特色展出发，深度挖掘美术教材的学习内容，并结合地域资源重新确定学习目标，安排学习活动与创作主题。个人感觉前半段的导览部分能根据小学生特点做好'游''览''集'的设计就更好了。让孩子带着学习的兴趣与问题，用平板电脑去展馆自行观展、拍照收集图样、采集绘制创作素材，'放'手孩子个性学习，教育员在旁随时提供帮助即可。回到课堂，美术老师的课堂教学则'收'拢孩子们的学习资源，基于学情给孩子做梳理与提升，完成学习任务，创作美术作品。"

长沙麓山国际实验小学朱明子老师："米老师的课里用到很多 2.0 的信息技术，微课、希沃白板、同屏等等，形式上充分调动了学生。内容上将遥远的南美洲文物和长沙当地马王堆汉墓里的文物结合对比，既讲文物特点，又突出了传统文化，思考深入。"

长沙市岳麓区濯州实验小学彭佳老师："在《美术教学指南》一书中有一句这样的话，美术老师的职责是创造一种氛围，让你的学生勇于独辟蹊径，并且意识到'旅程即目的'，然后在他们到达时，帮助他们总结知识经验。今天'发现美丽'这节美术课，让我们了解到营造美术的氛围远比只教他们使用美术材料、教他们美术技巧以及美术理论更重要。这节课中，秘鲁文物展给予了学生强烈的视觉冲击和心理感受之后，他们一定跃跃欲试，米老师这节课恰好给了他们这种尝试的机会——设计岳麓山神和湘江水神，将艺术创作与生活经验联系起来，让孩子们在发现美之后再创作属于自己的美，妙不可言！"

长沙市望城区第一中学杨哲老师："米老师的'发现美丽'这节课，几个地方值得我学习：第一是作业设置的内容，岳麓山神和湘江水神，它有地域特色，且有神秘色彩，让学生感觉到神秘、陌生而熟悉，特别利于学生创作；第二是在学生创作的过程中，提供了大量的素材，让学生能够在创作中获得更多的灵感；第三是米老师根据学生设计的神灵形象及时进行创作，能够给学生更多的示范性，米老师的专业功底非常厉害；第四是信息技术的呈现让课堂更是高效，赞；第五是作业的呈现形式用长卷画的形式，可以说让人眼前一亮。"

三、博物馆跨学科融合课程探索新思考

博物馆拥有极其丰富且优质的教育资源，教师抓住博物馆的特色，结合藏品，针对不同年龄的儿童设计跨学科融合的学习，以跨学科思维去解决现阶段对文化传承，甚至是对非遗文化的推广，从科学、技术、工程、艺术、数学等角度展开趣味性和创新性的课程设计，结合现有的艺术资源将现代信息技术特点运用到课堂，为学生创设一个轻松愉悦自由体验的独特环境。以不同课程形式，引导儿童发现艺术家和科学家的相似之处，让儿童感受博物馆里的每一件文物都凝聚着璀璨的历史文化，承载着千百年前工匠或者艺术家的智慧，反映着一段时间的生产力和社会生活情况以及科学技术的进步。任何文物不仅可以从历史人文角度解读，还可以从社会、科学技术等各个角度诠释，这也正是博物馆课程探索的新方向。课程设计中注重培养学生逻辑思维能力、解决问题的能力、团队合作能力以及积极思考的能力。培养儿童创造和创新精神，以适应未来社会的发展需要。

在美育越来越受到重视的今天，如何运用好馆校教学提升学生艺术素养，我们还可以探索更多的方向和方法，博物馆里的美育课或是博物馆知识进校园等美育课程，需要探索更多，我们任重而道远。（图 31、图 32）

参与人员名单

策划：长沙市教育科学研究院詹蓉

项目主持和主要实施者：詹蓉、米健

现场参与人员：米健、湖南省博物馆黄曼琪、长沙麓山国际实验小学六年级学生、湖南美术出版社录制团队

场外支援：长沙麓山国际实验小学美术组老师

图 31

图 32

《时间告诉我——古秘鲁文物之美》教学设计

长沙麓山国际实验小学 **朱明子**

前言

《关于全面加强和改进新时代学校美育工作的意见》中强调了儿童美术教育的重要性，博物馆作为学校教育的重要补充和延伸，也备受重视。本课作为湖南省博物馆第一批馆校合作内容，进行了一系列新的尝试，在博物馆现场录课后于“人人通”平台播出，并有幸在2020年湖南省美育研讨活动中进行了展示（图1）。

图1

教材分析

本课标题灵感来源于湘美版美术教材四年级上册第二课《时间告诉我》，将课程与湖南省博物馆美育资源“秘鲁古代文明展——探寻印加帝国的源流”相结合（图2），以古秘鲁文化时间为主线探索文物的变迁，从早期的查文文化到彩陶盛行的纳斯卡文化，再到拥有复杂纹饰的莫切文化、强大的西坎王国，最后到了安第斯文明的新高峰——印加帝国。这次展览阐述了遥远的安第斯山脉的远古文明的故事，遥远的南美洲居民们，祖先竟然来自亚洲，安第斯文明没有文字流传，用结绳记事的方式记录了

图2

扫一扫，看示范课

他们的文化，如今解读的方式已经失传，我们现在所了解的文明，是靠考古学家们推测而来。这个神秘国度的故事和孩子们又会产生怎样的火花呢？

学情分析

本课的授课对象为五年级学生，在此之前，学生已经有一定美术基础，加上本年龄阶段的特点，有很强的动手能力与好奇心，对美术学科兴趣浓厚，爱绘画、爱制作，可塑性强，思维活跃，喜爱与老师交流。该阶段的学生已经具备一定审美能力、美术常识与技法基础。学习压力适中，家长与班主任、学校等大环境对学生的美术学习非常支持，这些条件都为本课的学习与拓展起着铺垫作用。根据学生情况，课前布置学生去博物馆自行参观“秘鲁古代文明展”（图3），并要求学生在网络上做资料搜索，让学生对秘鲁的风土人情与展览中的文物都有了一定了解。

图3

教学目标

一是让学生基本了解古秘鲁文物的形式美，能够鉴赏其视觉元素。

二是让学生能够鉴赏商代青铜器与古秘鲁文物的造型以及纹样特点，并推断其文化追求。

三是让学生能够总结商代青铜器与古秘鲁文物形式美的异同并创作出新的作品，能够体会漫长历史中文化传播保留文明的意义。

本课通过教学初步培养学生分析问题、解决实际问题、读图分析、收集处理信息、团结协作、语言表达的能力，以及通过师生双边活动，初步培养学生运用知识的能力，提升美术素养。通过“时间告诉我”的教学，引导学生从观展体验出发，激发学生创作兴趣。

教学重点与难点

教学重点：学生总结商代青铜器与古秘鲁文物形式美的异同，并创作出新的作品。

教学难点：学生根据相关知识，选择自己喜欢的材料创作有自己理解的作品。

教法与学法

一、教学方法

为了让学生掌握重点、突破难点、抓住关键点，笔者主要采用项目式教学方法，通过任务驱动的方式，让学生自主探究，掌握重点，理解并抓住古秘鲁文物的形式美。在美术活动中寻

图4

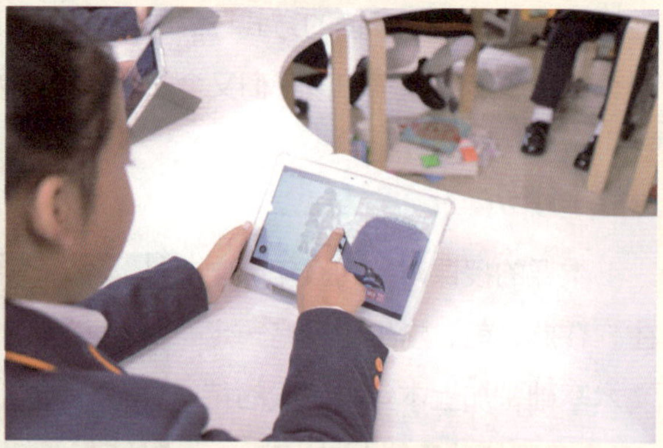

图5

访自然美景，了解社会历史、文化渊源，激发热爱生活、艺术的情感关键点，从而挖掘美术学科融合社会、地理、自然、历史、文学、艺术等学科的深度。

二、学习方法

五年级学生处于人生阶段身心发展最迅速的时期，是具有主观能动性的教育对象，因此在本课的教学中，课前设置导览手册、资料搜索任务、完成任务卡片、现场调研参观任务，让学生自主掌握方法，合作探究学习，在重点处引导、难点处点拨、关键点处强调，从而完成教学任务。

三、板书设计

1. 运用希沃白板教师端推送游戏、互动等环节；
2. 运用希沃平板学生端互动、回收作品；（图4、图5）
3. 班级优化大师随机抽选学生，推送游戏。

四、作品展示设计

1. 个体展示使用希沃白板屏幕同步展示；
2. 团队展示采用演讲形式，介绍本组作品与自己对作品的见解；
3. 作品成品化，将作品按照有一定规律的形式美法则进行排列形成大作品并进行展示。

教学过程

一、课前准备

1. 学生课前观展，了解安第斯文化中具有代表性的文物。
2. 学生完成学习卡片。

学习卡片内容：展品图片与简介；观察古秘鲁文物的造型特征与装饰特征。

二、导入

根据孩童心理，设置游戏导入，使用希沃白板进行游戏推送，让学生先依据常识按照时间顺序将文物排列出来，在玩中学，迅速抓住学生兴趣点并引入课题。

教师播放音乐《老鹰之歌》。学生在音乐中入座。

师：Hola, Buenas tardes! Bienvenidos a Peru! 大家好，欢迎来到古秘鲁文化小课堂。

上课之前我想先请大家跟我一起玩一个热身小游戏。请一位同学上来把这些文物按照时间顺序排列一下。（图6）

图6

师：你能分享一下你的排序理由吗？比如按照工艺、造型或颜色。

师：时间见证事物的成长、文化的延续、艺术的传承，今天我们就一起穿越历史的场合，跨越地域界限，走进“时间告诉我——古秘鲁文物之美”。15000年前，亚洲蒙古人穿过白令海峡，来到美洲大陆，到达安第斯山脉，在此繁衍生息，成为秘鲁最早的居民。漫长的岁月里他们创造了辉煌的文明，有宏伟的巨石建筑，精致的金银器、陶器、纺织品，神秘的地画。他们一直没有文字，像古中国人民一样用结绳记事，用壁画记录生活，直到15世纪哥伦布航海发现新大陆，才给他们带来了文字。

【设计意图】教师让学生在双语的环境下感受到趣味，在游戏中回顾展览的内容，在学生已看完了展览并在课前做了一些功课的基础上，使用精简的语言概括展览内容，直接高效进入课堂。

三、交互 & 新授

根据新课改要求，教师应发挥引导作用，弱化讲解，设计任务，明确任务内容与要求，引导学生自主探索。

师：首先我们来看看早期查文文化时期的石雕，这个造型有什么变化呢？

教师展示微课：人脸变成豹神。学生讨论用到了什么方法。

生：夸张变形。

教师出示图片：人头像石雕榫头。（图7）

教师播放视频，学生观察变化。

师：你看到了它怎样的变化？从人变成獠牙猫首的动物，这是源于他们对当地特有的捕猎者美洲豹的崇拜。

教师板书：夸张、变形。

教师出示图片：湖南怀化高庙遗址出土的陶器上的獠牙兽面神人图像（图8）。

教师总结：其实我们中华文化里也出现过这样的形象，这是我们湖南怀化高庙遗址出土的獠牙兽面图，这是7000多年前人们绘制的神农炎帝氏族，还有獠牙兽面神人，这种突出獠牙

图7

图8

图9

和动物造型的表现方式，也体现了当时的人民对力量的原始崇拜。

教师出示图片：纳斯卡文化——虎鲸形彩陶瓶（图9），莫切文化——祭司骑羊驼形马镫口陶瓶，西坎文化——黄金头饰金冠。

教师出示图片：四羊方尊（图10）、牛形铜觥、马镫口瓶。

图10

【设计意图】本环节在学生已经了解展览内容的基础上，仔细琢磨展览内容后，将比较有代表意义的展品挑选出来做些详细的解读，并将其与国内的文物和生活联系起来，拉近展览和学生的距离，起到承上启下的作用。

四、游戏 & 创作

（一）情景创设，引导学生思考

在讲解的基础上进行游戏实操：使用希沃平板推送游戏，教师给出不同素材集，组织学生在平板上设计造型，学生自行排版并上传至终端进行展示点评，进一步解决难点。（图11）

（二）播放微课视频，教师示范，使用重复、添加、夸张的方法

微课展示线描手绘造型技法，解决造型问题。分发学习卡，组织学生小组开始创作，并给出创作情景，提出创作要求。

图11

师：我国与秘鲁于1971年11月2日正式建交至今，一直都是兄弟国关系，我们今天就用刚学到的方法，做一个建交小礼物吧。

观看微课，总结方法与步骤：确定器型，确定元素，运用方法，选择颜色。学生完成作业，希沃同屏展示作业，教师巡视。

【设计意图】本环节将游戏与创作贯穿课堂内容，激发学生兴趣。

五、展示 & 拓展

为进一步加深对重难点的印象以及加强实际运用知识的能力，本环节中，学生分组展示成品，用演讲的方式进行分享介绍。最后将学生的作品拼凑成一个大型作品，形成成品化作品。并用不同的颜色代表不同的律动，让学生跨学科感受到音乐与美术的联系——形式美之中的韵律。（图 12、图 13）

（一）小组代表讲解自己的作品

自评：我做的礼物是……，我用到了……方法进行创作，给我的作品添加了……。

（二）将作品悬挂，展示成一幅大型壁画

将学生的学习卡片粘贴成长条作品。（图 14、图 15）

展示小游戏：将作品按照数字张贴起来，不同的颜色代表不同音乐节奏，随着音乐节奏组合成一幅大作品。

互评：学生欣赏评价大作品，说一说比较喜欢哪一个作品（从颜色、方法的角度评价）。

教师出示古秘鲁文化中的纺织品：随着时间的推移，纺织品慢慢代替了器物，成为人们身份地位的象征，具有了特别意义。除了运用夸张、变形、重组等方法之外，有规律地排列颜色，

图 12

图 13

图 14

图 15

也能产生富有韵律的形式美感。

最后，教师提问：为何强大的印加帝国最终覆灭？现场连线博物馆教育员，解说印加帝国的故事。

【设计意图】展示学生作品环节是本课的一大亮点。教师应该将课堂交给学生，让学生分享自己的作品，奇思妙想相互碰撞，在每一组学生表达的同时也形成了高效课堂，在自评与互评中分享展示每一件作品。除此之外，展示也是需要梯度的，笔者在展示环节加入了小作品的组合，设计了一件大型作品，让学生的作品完成之后既能够独立展示，又能变成一个大型系列展品，由此也提高了学生的审美情趣。

《时间告诉我——古秘鲁文物之美》导学案

姓名：　　　　班级：

任务一：请你去湖南省博物馆参观“秘鲁古代文明展”，找一找你最感兴趣的作品。

任务二：请你听一听教育员老师的讲解，思考古秘鲁文化中的展品从古至今有什么变化。

教学反思

本课属于“综合 · 探索”领域的课程。本课的教学目标是基本了解古秘鲁文物的形式美，能够鉴赏其视觉元素；能够鉴赏商代青铜器与古秘鲁文物的造型与纹样特点，并推断其文化追求；能够总结商代青铜器与古秘鲁文物形式美的异同并创作出新的作品，能够体会漫长历史中文化传播保留文明的意义。在本课中，学生兴趣高、参与度高、完成度高，从课前资料搜索、观展，到课中创作以及课尾的拓展，学生能够全部参与其中，在教师布置的任务驱动下完成本课的学习，并在课前、课中、课后都有所收获。

在课堂教学上，主要使用任务驱动的方式让学生围绕主题展开小组讨论并完成任务，使用了希沃白板实现高效的师生互动，并巧妙使用微课视频，实现现场连线，体现课堂的未来性。学生在课前的资料搜索，课中的探讨与创作、自主展示，再到课后的总结与拓展，这些是对主题和知识逐渐消化理解的过程。理解后再进行艺术创作，也给了学生更多的时间内化，从而让学生表达得更彻底，强调学生学习的自主性。

本课在播出后参与了 2020 年湖南省美育研讨的展示活动，并引起了很多老师的研讨与传播，也有许多老师给出了建设性的意见。美术学科目前正在发生重大转变，如何培养具备极强的综合能力的学生、了解并接受世界多元文化的人才，如何有效利用社会美育资源，让生活中的美术走进课堂，让博物馆的美育资源走进课堂，在未来的教学中这也是我们应该要学习、探索的方向。

参与人员名单

策划：长沙市教育科学研究院詹蓉

项目主持和主要实施者：朱明子、冯琳、曹健斌

特别鸣谢：冯琳、张红、李爽

《不同的歌声——思想流变与艺术表现》教学设计

长沙市长郡中学 夏欣欣

前言

本节课以湖南省博物馆“我们亚洲——亚细亚古代文明展”为契机，横跨十个国家，纵跨几千年，以历史发展为脉络，美学为入口，带领学生走进过去的时空，探寻文化之旅。从“集体观展”“课程设计”“部门衔接”到“课程实施”“课后论文”“媒体报道”，整个过程既充实又充满挑战。（图 1）

图1

扫一扫，看示范课

在设计课之前，笔者思考了两个问题：怎样发挥在博物馆身临其境的优势？怎样从诸多文物的视觉艺术表现中洞悉大历史观？在与教研组成员多番讨论后，将主题定为“思想流变与艺术表现”，课堂形式则落实到“沉浸”二字。纸面上的文物是平面的、不真实的，如果能够提供恰当的观察和思考角度，帮助同学们面对面地跟文物进行穿越千年的对话，感知先民们的生活样貌，体察当时的感受，亲历当时的思考，无疑是动人的。笔者又想起节目主持人窦文涛在克里特岛观展的视频和艺术家在《局部》中对于艺术作品的解析，那种真诚的心灵对话，真挚的情感交流，是笔者所期待的博物馆美术课互动方式，也是笔者所期待的视频课录制样式。

“部门衔接”与“历史知识储备”是本堂课最艰难的地方。“部门衔接”最能考验老师的综合协调、协商能力。需要学校、学生、博物馆、拍摄组四个团队的衔接调度，细致到联系大巴、拍摄镜头的衔接、学生请假等。“历史知识储备”的欠缺可以和历史老师进行跨学科教学，也可以自己阅读文献资料整理归纳。本堂课是笔者自行担任历史部分，虽然能与美术学科更为自然地融合，但需涉猎大量文献资料，需补齐历史方面欠缺的知识，难度不小。总体来说这次课程是一次有意义的尝试，希望可以给诸位提供一点融合美术、历史的高中美术鉴赏博物馆现场教学的参考。

教学分析

授课年级：高二年级。

课程定位：以历史发展为脉络，美学为入口，从文物的视觉艺术表现中洞悉大历史观。

学情分析

高二学生具备一定的历史知识储备及相关哲学基础，对于教学中所需要探寻的大历史观有一定的思想基础。学生前期组织了博物馆观展活动，对于在博物馆开展美术课程充满期待和展望。

高二学生具备一定的抽象思维能力，在教学中多采用“问答”形式，可以从思维角度进行启发式教学。

教学目标

1. 学生体验、欣赏、学习“我们亚洲——亚细亚古代文明展”相关展品的艺术特点。
2. 学生辨析思想流变与艺术表现之间的关系。
3. 学生思考现实生活、思想观念、艺术表现之间的关系。
4. 学生感受亚洲文化的魅力，增强对亚洲文化的热爱和亚洲文化的自信。

教学重点与难点

教学重点：让学生理解不同时期的思想观念与美术表现之间的关系。

教学难点：教师敏感捕捉现场教学中学生的思维特性，牢牢围绕“思想流变与艺术表现”之间的关联加以引领、总结、提升。

教学准备

导学案、PPT 等。

教学过程

一、引入（场景：博物馆入口）

带着导学案上的问题欣赏“我们亚洲——亚细亚古代文明展”相关展品。

师：在广袤的亚洲土地上，孕育着众多古老的文明，这里是民族的汇聚交融之地，亚洲文明多彩、平等、包容，和而不同，美美与共，谱写了激动人心的华美篇章。今天我们带着导学案上的几个问题，先跟随博物馆导览员进行导赏，之后我再带领大家一起从视觉语言表现的角度与文物进行深度的对话。

【设计意图】本环节让学生带着问题观展，主动思考，通过博物馆导览员的介绍和帮助，让学生能够在欣赏过程中及时解惑，从而达到更好的参观学习效果。

二、面对面深度解读作品（场景：博物馆“我们亚洲——亚细亚古代文明展”相关展柜）

（一）地母神像部分

师：刚刚我们已经跟随博物馆导览员观看展览，对整个展区的展品有了大致的了解。透过文物，我们跨越时间洪流，得见历史本身，似乎能够感受到文物在低声向我们诉说着什么。我们应该如何观看艺术作品？从哪个角度观看？请跟随老师直面展柜，一起完成穿越千年的对话，仔细观察这几尊塑像并思考导学案上的问题。

探究活动一：为什么已发现的原始造像中，多以女性雕像为主？这些雕像的造型有什么特点？你认为远古先民这样创造的目的是什么？（图 2）

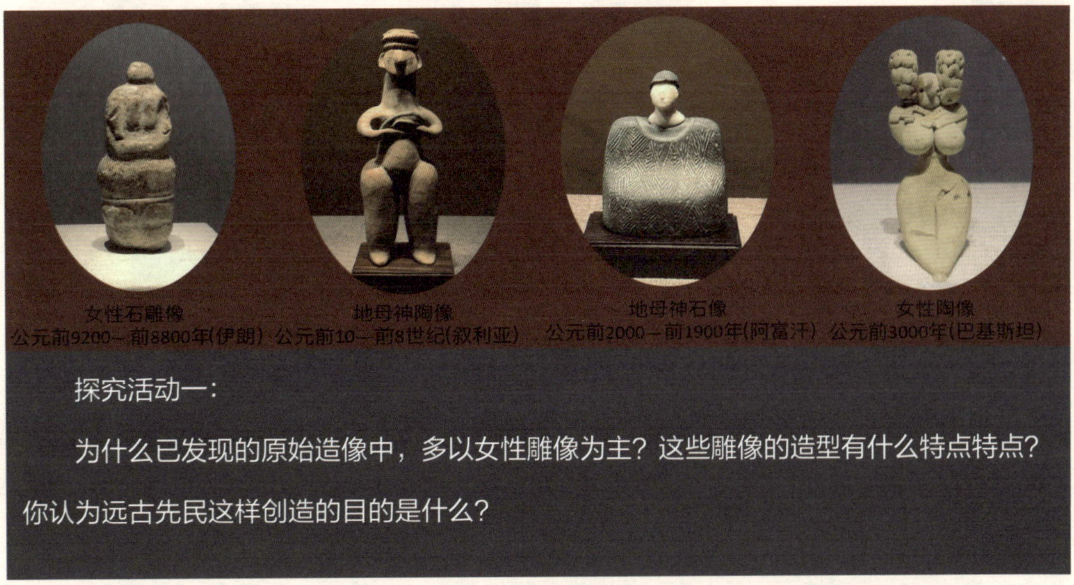

图2

生 1：我猜测当时可能是处于一种母系氏族社会，女性采摘是当时获取生存资料的重要来源，因此这里的雕像多以女性为主。（教师根据学生的回答进行引导和启发，如：这一位同学的发言从“采摘的角度”对于此时女性雕像的造型特征的表现证据还稍显不足，则可引导“那是不是动作以采摘为主更能体现你所表述的观点……”，让学生从猜测转向雕像的视觉表现本身，形成观察优先、理性跟进的整体思考方式。）

生 2：当时生产力水平低下，人们的生活水平不高，从雕像的艺术特点能够看到夸大了生殖的部分，对于当时的人们来说，具有生育能力的女性是族群得以繁衍、生命得以延续的重要保障，因此出现了多以女性造型为主的雕像。（学生思路较为缜密，这时老师可进一步挖掘雕像的特性，如其中有一尊雕像并没有特别明显的女性生殖特征，出现了极为现代的造型，小小的脑袋，庞大的身子，身躯上还出现了十分规范和整齐的几何纹饰，教师此时可再进行拓展提升：“你认为此时先民们对于女神像的精神寄托发生了怎样的改变？”）

教师总结：1. 原因：女性具备延续后代的生育能力。2. 特点：夸大臀部、乳房的特点，弱化面部等特征。3. 目的：对于女性生殖的崇拜、生存延续的渴望。

【设计意图】本环节引导学生形成思想观念与艺术表现之间的关系的思维模式，在教学过程中牢牢围绕学生的思维特点，进行启发、引导、梳理、提升。

（二）动物造型来通部分

公元前 10 世纪到前 8 世纪的来通，出现了多种动物造型，它们的形态各有特点，不尽相同。

探究活动二：最早用于血祭的来通，多以牛、羊动物造型为主，这些造型有何共同特点？你认为这样创作的目的是凸显什么？（图 3、图 4、图 5）

图 3

图 4

图 5

（教师根据学生的回答进行引导和启发、灵活把控，师生的思想交流是这堂课的重点！教师引导要根据学生的思维表现，对问题进行拆解和整合或者提升。如：进入思维状态较慢可设置一些故事情境帮助学生进入，思维表现较为活跃则可将简单问题进行整合、提升。）

教师总结：1. 造型特点：多以牛、羊这类动物造型为主；头小，身子大。肚子越大肉越多、越肥美，若是雌性还具备生育能力，能够获得源源不断的食物。2. 来通最早用于血祭是否也能够大胆地推测，通过血祭寄托着先民对于食物的美好祈愿，凸显着对于富足食物的渴望？强调的是这件器物造型上也达到了实用功能与精神寄托的完美结合，也是现代设计所追求的实用与审美高度统一的典范。

要点归纳：夸张的造型（艺术表现）；对女性生殖的崇拜、富足食物的愿景、生存延续的渴望（思想观念）。

【设计意图】探究活动二的两个问题是属于同类问题、同层级思考层次，教学初期对于同类型的设定，有助于学生适应教学节奏和思维模式。

（三）原始宗教“鹰头有翼神像”部分

探究活动三：众多原始宗教中，出现了多种以动物和人或植物结合的造型，你认为存在的原因是什么？为什么在这些形象上都凸显出刻意写实的追求？（图6）

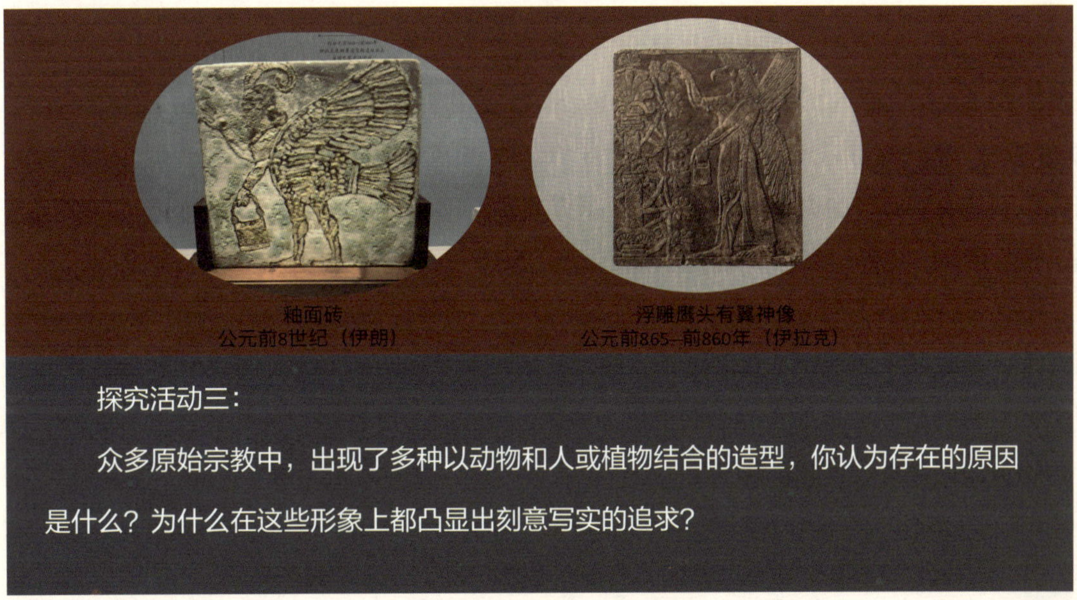

图6

教师总结：1. 通过动植物结合的造型，希望获得与其他动物一样的能力，可以想象先民们此时对自身强大的希望、超强能力的追求。2. 通过写实的造型达到对自身祈愿灵验的精准映射。

要点归纳：写实的追求（艺术表现）；自身强大的希望、超强能力的追求、无比精准的映射（思想观念）。

【设计意图】本环节引导学生形成思想观念与艺术表现之间的关系的思维模式，在教学过程中牢牢围绕学生的思维特点，进行启发、引导、梳理、提升。

（四）佛教造像艺术：不同地区的佛雕像

探究活动四：从犍陀罗雕像艺术到阿富汗雕像、柬埔寨雕像、中国的塑像，它们之间有何相似之处，又有哪些明显的不同？你认为产生这些异同的原因是什么？（图7）

探究活动四：

从犍陀罗雕像艺术到阿富汗雕像、柬埔寨雕像、中国的雕像，它们之间有何相似之处，又有哪些明显的不同？你认为产生这些异同的原因是什么？

图7

教师总结：1. 相似：犍陀罗时期服饰（希腊式长袍）、身形（健美）、发型（西方人的头发特点）都与希腊时期的雕塑风格类似。不同：随着佛教的东传，头发（柬埔寨卷曲，中原式发髻）、身形（当地人特点）、面容、服饰都发生的本土化的变化。2. 造型变化的趋势：由庄重到慈眉善目，由具有一定范式到百花齐放。3. 造型变化的原因：（1）不同地区艺术风格的相互影响；（2）佛教与本土宗教的结合；（3）当地环境和自然的影响。

【设计意图】此时学生已基本形成"思想流变与艺术表现"之间关系的思维模式，加大雕塑范围的对比，让学生自由发言，产生思维上的激荡。鼓励学生引起思想上的争论，甚至可以主动发起争论，教师中间不做太多结论性的表述，引导思维自由发散生成。

（五）佛教造像艺术：柬埔寨石狮子与狮形来通

探究活动五：与之前极尽能力凸显动物凶猛的特征相比，柬埔寨神庙前的这尊狮子有什么不同特点？你认为导致这种变化的主要原因是什么？（图8、图9）

教师总结：从历史线索来看，此时人们生活富足，对自我能力高度肯定，对现实生活认同，不必通过凶猛的动物去获得能量，动物在人们眼中也变得十分可爱，张开的嘴巴呈现和蔼的微笑，狮子身上出现了诸多的装饰纹，呈现最为均衡的美感。

要点归纳：多样的风格（艺术表现）；历史衍化的印记、自身能力的认同、世俗生活的转变（思想观念）。（图10）

【设计意图】这个问题是"思想流变与艺术表现"相关思考的学习检测，将两个时空线索的展品资料进行交叉对比，同一类型不同年代的文物具有不同表征，只有牢牢抓住了教学主线，学生才会看到文物之后有自然而然的思考，真正做到与文物的深度对话。

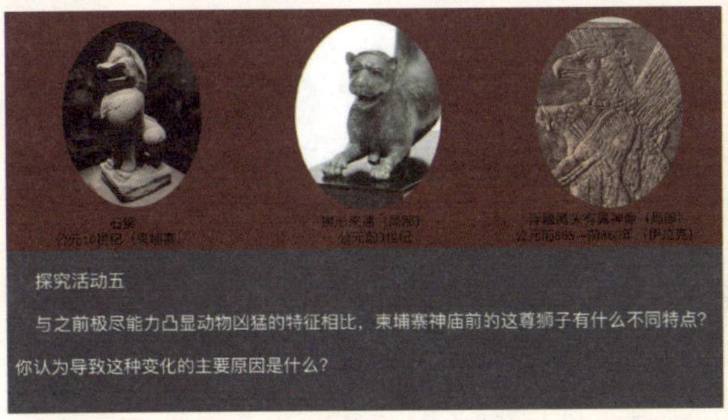

图 8

图 9

图 10

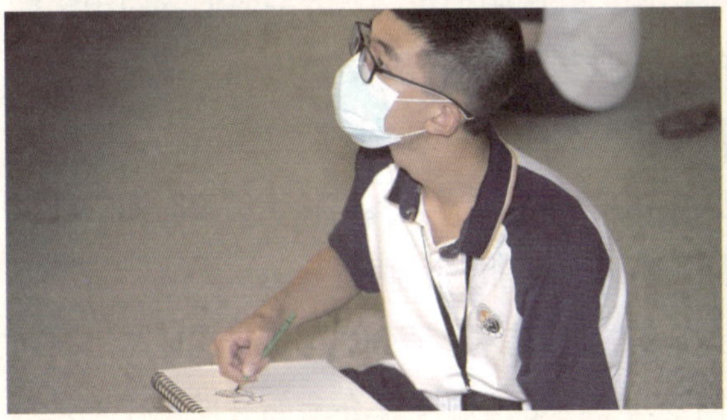

图 11

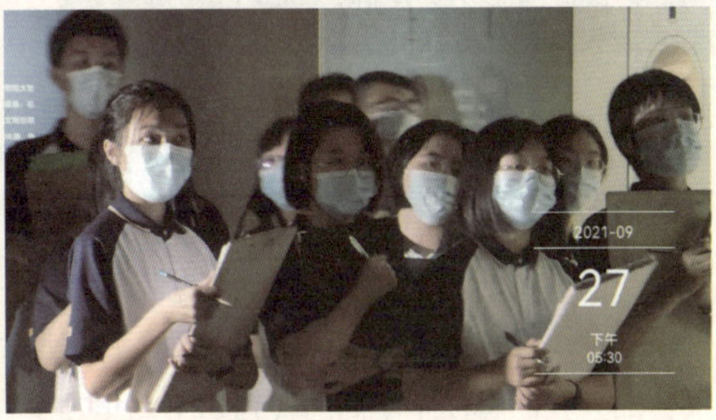

图 12

三、绘画表现与理论辨析

（一）绘画实践

师：请在展厅中任选一件雕塑作品，运用你所熟悉的工具在速写本上进行 20 分钟的速写练习，注意强化对对象特征的感受。

学生结束速写练习后回到展厅，教师进行点评。（图 11、图 12）

【设计意图】前来观展的学生均为美术生，这个环节的设计将课堂从理论层次延展到创作者的角度，让学生理解就算是最为基础的写生训练，也是带有“创作者对视觉形象特征感受”来表现对象。教师点评应着重突出“形象特征感受”的表达这一点。

（二）艺术模仿说：理论辨析

师：柏拉图曾在他的著作《理想国》中提出“艺术是对现实世界的模仿”，并以“理念世界的床——现实世界的床——画家笔下的床”进行说明，柏拉图的这一理论听起来与今天的写实艺术产生了对应联系，对此你们怎么看？

生1：我认同柏拉图的看法，但仅仅是部分认同，我认为艺术是起源于对现实世界的模仿，但并不呈现一一对应关系，中间还需要加上作者的主观思想的部分。

生2：我认为柏拉图的“三张床”犯了主观唯心主义的错误，物质与现实是相互映照的关系，并不单独存在，它们相互依存，相融相依。（图13、图14）

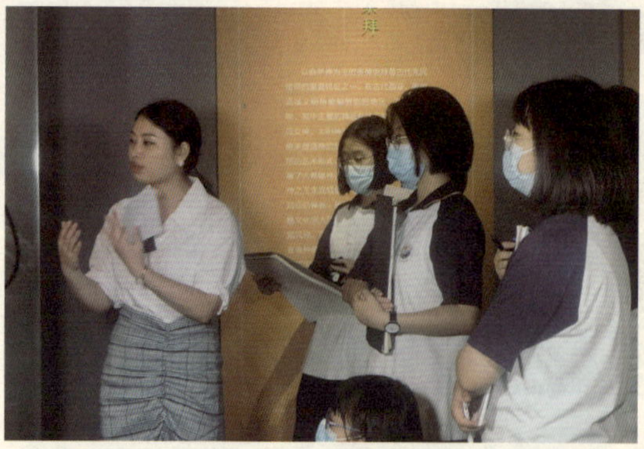

图13

图14

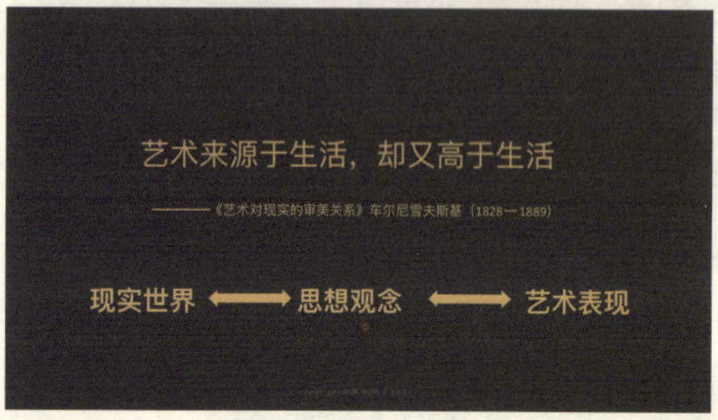

图15

（教师引导学生辩证地认知柏拉图的艺术模仿说，并说明柏拉图认为当时追求自由生动的古希腊艺术，违背了更靠近他“理念世界”描绘“存在的人”的古埃及绘画法则，所以才贬低艺术，认为艺术只是简单的模仿，需要逐出他描绘的理想世界，具有特定历史时期的局限性。同时，教师阐明现代艺术理论家贡布里希对于这个概念的批驳和阐述。）

师：不管是远古夸张的女性雕塑，还是原始的写实宗教艺术，再到风格多样的成熟宗教艺术，都为我们展现了不同时代背景下思想观念对于艺术表现的影响。车尔尼雪夫斯基在《艺术对现实的审美关系》中写道：“艺术来源于生活，却又高于生活。”这一朴素的艺术思想，道出了现实世界、思想观念、艺术表现的对应关系。对于这一句耳熟能详的话，在今天之后，我想我们应该有更为深刻的感受！（图15）

【设计意图】该环节通过先辈们对于艺术的见解，让学生明白作为一个创作者关注的不应仅仅是绘画技巧，而应该站在创作思维的高度引领创作，引导学生思考现实世界、思想观念和艺术表现之间的关系，让学生能够大胆坚定自己的艺术创作思维。

《不同的歌声——思想流变与艺术表现》导学案

姓名：　　　　班级：

文物名称	年代	发掘地

探究活动 1：

为什么已发现的原始造像中，多以女性雕像为主？这些雕像的造型有什么特点？你认为远古先民这样创造的目的是什么？

答：（请写下你的关键词）

文物名称	年代	发掘地

探究活动 2：

最早用于血祭的来通，多以牛、羊动物造型为主，这些造型有何共同特点？你认为这样创作的目的是凸显什么？

答：（请写下你的关键词）

文物名称	年代	发掘地

探究活动 3：

众多原始宗教中，出现了多种以动物和人或植物结合的造型，你认为存在的原因是什么？为什么在这些形象上都凸显出刻意写实的追求？

答：（请写下你的关键词）

探究活动 4：

从犍陀罗雕像艺术到阿富汗雕像、柬埔寨雕像、中国的塑像，它们之间有何相似之处，又有哪些明显的不同？你认为产生这些异同的原因是什么？

答：（请写下你的关键词）

面容：	服饰：	身形：	佛像组合特点：

探究活动 5：

与之前极尽能力凸显动物凶猛的特征相比，柬埔寨神庙前的这尊狮子有什么不同特点？你认为导致这种变化的主要原因是什么？

答：（请写下你的关键词）

教学反思

因前期与博物馆导览员衔接时间过长，现场课程部分时间有限，尤为匆忙，也留下了诸多遗憾！一是在引领学生发言这一块没有走得更为彻底，错失掉了很多引领、提升、总结的部分，但在课堂中同学们也呈现了如“物质与意识互为关照”、“人类认知的狭隘性”、“视觉图形对于抽象情感的表达”等这一类思维闪光点。二是由于对后半段主要的教学设计环节进行了删减，支撑学生自我觉察力的视觉图形表达没有走得更为彻底，导致在最后“柏拉图艺术模仿说”未出现大面积的思维碰撞和共振，实属可惜！

此次课程的收获是方方面面的：一是备课之时阅读了大量文史类的书籍、论文，丰富了个人的认知；二是各部门之间的综合协商能力的提升；三是强化了自己课堂的调整和应变能力；四是对于学生而言是一次终生难忘的美学之旅；五是课堂结束之后受到了学校、长沙教育等官方媒体的报道和表彰，为新时期美术教育积蓄了力量。（图 16 至图 18）

出发之前笔者交代学生两个任务：1. 以作文的形式回顾本次博物馆美学之旅，表达对此次研学之行的收获与感悟及对美的思考；2. 撰写“对古代亚洲文化的理解和艺术发展脉络的思考”小论文。听到这两个任务之后，同学们纷纷表示压力太大不想去了。回程笔者问道：“现在能写不？”学生回：“3000 字不在话下。”现在想来，从接到任务时的忐忑到最后完成的收获，一切都明朗可爱了起来！

图 16

图 17

图 18

参与人员名单

策划：长沙市教育科学研究院詹蓉

授课教师：夏欣欣

现场专家：刘晓军

参与人员：黄彦宗、缪雨芃、刘媛、沈博、高欣蕊、高静雯、罗熙雯、姜瑞欣、杨瑞琪、邓之暄、陈显巍、谢语瞳

3

跨学科融合的
公共美育课

经典传承

经典传承

《戏画西游》——传统文化进校园跨学科融合教学述例

詹蓉

艺术新课标下，艺术课程“变大”了，义务教育阶段在开好音乐、美术、书法课程的基础上，将要逐步开设舞蹈、戏剧、戏曲、影视等艺术课程。而我们两年前的长沙市“课后三点半”活动一开始就与之不谋而合。在启动仪式上是传统文化进校园之“戏画西游”活动，围绕这一活动，我们提前进入了跨学科融合的特色课程设计。坚持跨学科融合理念，加强美育与德育、智育、体育、劳动教育相融合，把戏曲、音乐、国画、书法等等，融入课程教学、社会实践和校园文化建设。（图1、图2）

跨学科学习与旧有教学模式出入很大，做好课程任务设计是抓住其“牛鼻子”；发现可操作、有价值、有意思的学习任务，就推开了跨学科学习的“大门”。一个好的跨学科学习任务，应该具有三个显著特征。一是有意思，这个任务能够激发学习者的兴趣，让学生觉得好玩。老

图1

图2

图3

图4

图5

师与学生都觉得有趣、有意思的任务，既富有挑战性，又处于学习者最近发展区，并与其真实生活相联系，这样的任务才会让他们更有投入的兴趣。二是有意义，即这个任务能解决学习者可能面对的真实问题，学习成果“有市场”，并能提升学习者的创意思维、审美体验、价值认知，促进其社会化发展。三是有可能，即这个任务可以让学习者发现并确认自身的艺术及多方面潜能，获得有意愿尝试的经验（图3）。

与湖南省京剧保护传承中心的负责人沟通的时候，我们就提出了一些适合今后作跨学科融合课程设计的要求。在活动开始前我们分析了学生的实际情况，他们对京剧艺术的兴趣点，演员现场演出和师生互动的最佳效果设定，与京剧团的演员、老师和学生做了多轮沟通，在明晰了各自的需求后，再安排他们分别去设计课程内容和任务目标。

鉴于小学生对《西游记》内容特别熟悉，而孙悟空又是他们喜爱的角色，所以在开幕式后，我们安排了面向全体师生的京剧《大闹天宫》展演和赏析。

1. 京剧演员表演《大闹天宫》片段，湖南省京剧团戏曲老师黄帅现场讲解，四、五年级学生观摩京剧并参与互动。（图4）

2. 精心设计互动环节，让学生参与进来。我们与传承中心的演员和化装老师商量，在京剧表演之前给演员化装时，增加一个让化装师给我们的学生现场化装的环节，学校的美术老师们也参与其中。为学生化完装后，演员们还要教学生们简单的京剧角色表演动作和唱腔。

这一环节又为我们活动结束后设计“京剧脸谱——唱大戏”等课程提供了现场素材，有利于实现以美术学科为主，融合戏曲、音乐及舞台美术等姊妹艺术学科的知识课程（图5）。

3. 给到场的每一位学生布置任务：让他们带上自己的速写本和绘画工具，把他们现场最感兴趣的素材描绘下来（图 6）。

图6

首次活动除了现场精彩的艺术表演外，又利用现场活动本身收集好相关的素材内容，为之后的课程设计打下了扎实的基础——不单是学生手绘，还包括摄影等形式。

例如上《摄影的构图艺术——布局京剧之美》的陈艳老师，在活动现场要带领学生拿着相机、平板电脑等器材满场奔跑，寻找每一个精彩的瞬间，捕捉每一个传神的表情……而现场的素材将服务于下一次的课堂。

我们利用传统文化进校园之“戏画西游”这一现场京剧展演活动（图 7、图 8），分别设计了一系列课程。有的课程与义务教育阶段教材内容紧密结合，如《京剧脸谱——唱大戏》这一课，就在活动现场收集到了丰富的第一手资料，不但有演员们精彩的京剧表演，而且有主持老师对各种京剧角色特征的介绍，更让学生们感兴趣的是让他们登上舞台与演员和老师们一起体会在脸上勾画脸谱的全过程。画完脸谱后，演员老师再教学生们简单的角色唱腔与动作，让学生们过了一把戏曲的瘾。学生们首先觉得很好玩，有意思，有挑战性，觉得平时离自己很远的京剧，通过现场参与活动，一下子拉近了距离，很感兴趣，并且与自己所学的美术、音乐等学科关联密切。

接下来，我们顺势围绕现场的活动设计了一系列学生感兴趣、有挑战性、综合拓展学生思维的课程。

1. 第 1 课《摄影的构图艺术——布局京剧之美》（湖南师大附中梅溪湖小学 陈艳），12 月 3 日下午 3:30（长沙麓山国际实验学校录播）。

2. 第 2 课《京剧脸谱——唱大戏》（长沙麓山国际实验小学 周瑛），12 月 10 日下午 3:30

图7

图8

（长沙麓山国际实验小学录播）。

3. 第 3 课《戏曲水墨漫画》（长沙麓山国际实验小学 唐光雨），12 月 17 日下午 3:30。

我们还特别邀请湖南省著名的水墨漫画大家俞成林老师在他的工作室为我们录制创作水墨人物漫画的短视频，让学生们更清晰地掌握水墨漫画的创作技法。学生们线上观看视频激发了动手动笔的兴趣，他们创作了一系列有笔墨趣味的作品，并通过扫码上传到“人人通”学习空间，老师与学生也能很好地交流互动。

4. 第 4 课《图画书——西游记绘本制作》（长沙麓山国际实验小学 冯琳），12 月 24 日下午 3:30（长沙麓山国际实验小学录播）。《图画书——西游记绘本制作》这堂课，放在活动的最后一节，作为前三堂课的总结，因为长沙麓山国际实验小学（简称“麓小”）美术组的老师们对绘本和插画都很感兴趣，他们出版过一套《西游记》的绘本，有着扎实的基础。活动当天，麓小校园内还同期举办了《西游记》绘本及学生主题画展，气氛很浓（图 9、图 10）。老师们感兴趣的事情，自然而然会感染到学生。通过上课学习，老师很大程度地激发了学生的潜能。学生创作绘本的形式多种多样，有立体的，有水墨形式表现的，还有根据自己的创新，把文字脚本写得非常有意思的……

图 9

图 10

图 11

图 12

图 13

图 14

所有围绕活动设计的课程，我们全部请专业的录制、剪辑团队制作，课程全部内容也在长沙教育“人人通”云平台上线，让更多学校的学生和老师都能观看到我们的课程。为了做到传统文化进校园保持其美育公共性，我们还设计了上传作品的二维码，学生可以扫码上传自己的观后感和创作的作品（图 11 至图 19）。

图 15

“课后三点半”是“双减”政策的实施抓手，我们要让学生全面发展，成为德智体美劳全面发展的人，需要更多启智增慧、培根铸魂的人文课程，尤其是开设多样化艺术课程，增加艺术课程的可选择性和对广大师生的开放性。学校要坚持面向全体学生、服务每个学生的美育目标，通过网络平台赋能和补强让在校学生都享有接受美育的机会，不让一个学生被抛下，这也是教育公平的需要，要用具体的项目稳步推进公共美育的发展。

中华文化源远流长，拥有许多像孙悟空一样的文化大 IP，它包含着丰富的精神价值和人格力量，是我们的文化基因。亲近传统文化、学习优秀传统文化、领悟中华文化的精髓，不仅可以促进完美人格的养成，还可以激发学生的文化自豪感、历史使命感，增强立志报效祖国的精神动力，凝聚致力实现中国梦的共同意志和强大力量。

移动互联网时代，随着 VR、AR、MR 等新媒体技术和 AI 人工智能的迅猛发展，5G 技

图16

图17

图18

图19

术的高速迭代进步，立足人类感知和体验的艺术将会有更大的拓展空间，网络和 IT 技术将为公共美育课程发展提供更多便利，让传统文化与美育的跨学科融合大有文章可做，跨学科学习将是全新的探索之旅。

《摄影的构图艺术——布局京剧之美》教学设计

湖南师大附中梅溪湖中学 **陈艳**

前言

中国文化博大精深，文化内涵深厚。国家近几年一直在提倡“建设优秀传统文化传承体系，弘扬中华优秀传统文化”，中国优秀传统文化也是中小学美术学科核心素养不可或缺的重要组成部分。孩子们是祖国未来的建设者，更应该继承和弘扬中国优秀的传统文化。京剧是我国传统戏剧中的瑰宝，是中国的国粹，是我国第一批国家级非物质文化遗产。而摄影的出现，使人类感知世间万物的方式又多了一种，并且相较于文字和画面，摄影在光影定格的一瞬间，拥有保留永恒般的功用和意义。本课将现代技术——摄影和京剧相联系，一是让孩子们紧跟时代的浪潮，掌握最基本的摄影知识，二是让孩子们在构图艺术里感受传统文化京剧的魅力，一举两得。

教学分析

此课例是传统文化进校园之“戏画西游”系列课程第一节，是美术学科拓展与摄影相结合的项目式教学。定位为摄影类实践课程，语文、信息技术为从属学科。课程时长为 40 分钟。在课程中主要带领学生参与活动拍摄，并将摄影图片进行二次构图，在实践中学习摄影相关构图方法。

当今社会，传统文化与现代技术激烈碰撞，逐步融合，而在这碰撞与融合中，各自焕发出新的生机。故步自封则会被时代淘汰，在科技条件下，优秀传统文化经过现代科技的陶冶和兼容，具有了新的创造活力，它既蕴含了现代科技的新成果，又指导着现代科技条件下的民族文化不断创新和发展，永葆生机和活力。发挥科技优势，改造传统文化，是保持传统文化生机的不二法则。

在学习摄影构图的同时，学生也了解了我国国粹，对中华优秀传统文化是一种很好的宣传。

扫一扫，看示范课

学情分析

小学四年级的学生已经能用手机或家中的相机进行简单的拍照，具有一定的摄影知识与艺术素养，在自主拍摄时也有自己的想法。但大部分学生对摄影拍照只停留在自己觉得好看的层面，对摄影构图缺乏认识，摄影构图形式单一。而京剧，大家接触的机会少，并且部分学生觉得京剧枯燥无味，所以要用富有趣味性、观赏性的环节来呈现国粹。用摄影课堂结合京剧，可以让学生在了解构图形式的同时也感受到传统文化的魅力。

通过动手尝试、小组合作、图片比对等方式，学生能更好地融入课堂，充分感受到摄影及京剧的魅力。

教学目标

总体目标：注重学生的摄影构图体验，了解摄影的构图方法，掌握拍摄京剧人物的基本技能。

创意实践：与信息学科相结合，融入新媒体元素，让学生了解构图在摄影中的作用。

审美体验：让学生通过自主拍摄，感受摄影构图的魅力，能够在摄影作品中准确表现京剧人物之美。

文化理解：学生通过对传统文化的了解学习，提高对摄影作品的鉴赏能力，建立起关于摄影构图的基本美学观念。

教学重点与难点

教学重点：学生学习摄影构图的基本方法。

教学难点：学生结合摄影的构图方法，完成一幅展现京剧之美的摄影作品。

教学过程

一、课前准备

教师带领学生到剧院观看京剧表演，并进行拍摄。

教师将全班分为 6 个小组。

二、导入

师：自我介绍一下，同学们可以叫我陈老师。上课前我想问几个问题：平时生活之中你们喜欢去旅游吗？旅途中我们可以看见许许多多美丽的风景，当我们看到美丽的风景，可以怎么去记录下来呢？

生：画画、拍照……

师：热爱旅游也喜欢拍照的陈老师今天就带着大家用相机去记录下生活中的美好瞬间。同学们还记得我们前些天一起去剧院，在那里看了一场非常精彩的京剧表演吗？

生：记得。

师：那我们一起来回忆回忆吧！（播放活动现场视频）同学们那天是不是看了很有趣的京剧表演呀？是不是还意犹未尽呀？那天老师也和大家一样用相机拍摄了几张照片（杂乱，主体很小，中央构图），同学们觉得哪张照片最吸引你们呀？

学生回答。

师：对了，这张照片是不是把画面的人物放在了最引人注意的位置呀？今天陈老师就来教大家怎么利用好构图，拍摄一张吸引人的照片。（引出主题：“摄影的构图艺术——布局京剧之美”）

【设计意图】教师设置情境引出记录美好时光的方式——摄影，再和学生把当时拍的照片进行展示，让学生有亲切感，激发学习兴趣，为接下来学习摄影构图作铺垫。

三、新授

（一）中央构图

1. 记忆风暴：教师展示三张中央构图作品，每张展示五秒钟，让学生们说出图片中令人印象最深刻的地方，引出中央构图。

2. 教师小结：中央构图——把被摄主体放置于画面中央。

【设计意图】锻炼了学生的记忆能力，通过对比不同构图，引出中央构图（图1）。

图1

（二）九宫格构图

1. 贴图游戏：教师展示三张有京剧背景的图片，给小组30秒讨论时间，每个小组派一个代表上台，将主体合理地放置在画面中。

2. 教师将背景原图片展示出来，分析九宫格构图。

3. 教师小结：九宫格构图是将画面横向和竖向三等分，将拍摄主体放在九宫格四个交叉点的任意一个点上。（图2）

4. 教师展示多张九宫格构图摄影作品，巩固知识点。

5. 拓展：教师进一步说明九宫格构图的意义，以及在什么情况下使用九宫格构图。

【设计意图】本环节用贴图游戏增进学生的兴趣，通过思考和分析九宫格构图，锻炼学生的思维能力。

（三）其他新颖的构图

师：除了上述两种最常见的构图方法，我们还会用到的构图有对称构图、均衡构图、线性构图（斜线、曲线、引导线构图）、前景式构图、框架构图等。（图3至图6）

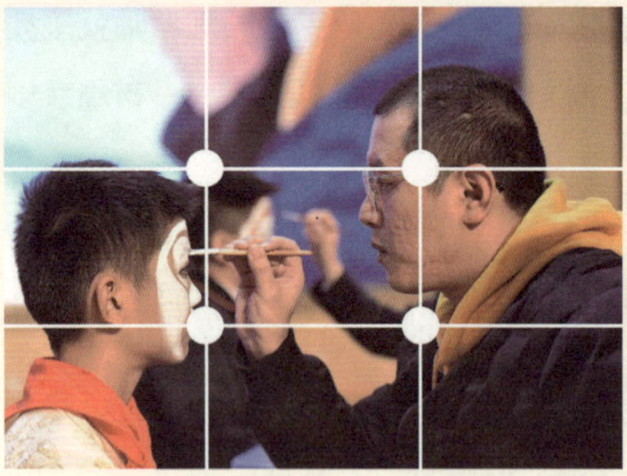

图2

图3

图4

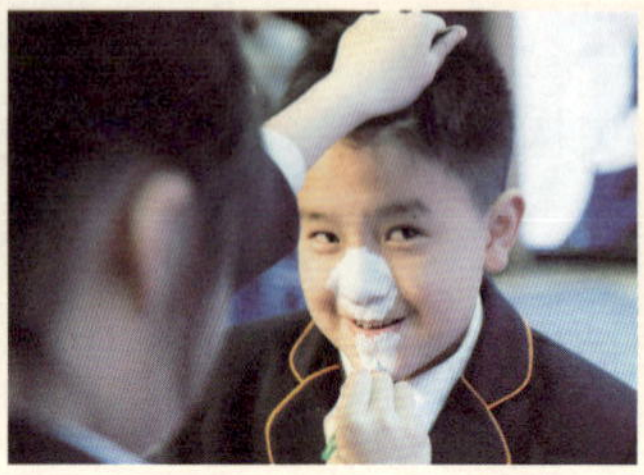

图5

图6

【设计意图】教师补充一些新颖的构图方式，拓展学生摄影构图的知识面，为后续学生自己动手将之前拍摄的照片的构图进行修改打下基础。

（四）二次构图

师：现在请同学们将那天在活动现场拍摄的照片拿出来，结合我们前面所学的构图知识，对你们的照片进行构图的修改。

【设计意图】本课始终以学生探索为主，将之前拍摄的构图进行修改，让学生学以致用。

四、情境创设、学生作业

回归生活：教师请学生以小组的形式分工合作，模仿京剧演员的动作，创作一张单人或多人的摄影照片，再让学生们按组展示摄影作品，并说说自己摄影作品中运用到的摄影构图方法。

1. 学生分组展示摄影作品，并说说自己摄影作品中运用到的摄影构图方法。

2. 小组投票：评选出最具创意构图奖、最佳摄影师奖、最美模特奖。

【设计意图】突破难点，本环节用小组合作的方式拍一组摄影作品，之后采用对比、知识迁移的方式对各小组作品进行评选，使学生更加深刻地理解摄影构图知识。

五、拓展

教师总结并颁奖，邀请“最佳摄影师”获奖者来拍摄颁奖照片并作留念（图7）。

师：其实在我们的日常生活中，构图取景处处可见，可以运用在今天的拍照之中，在美术课堂的画画之中实际上也是存在的。同学们如果有兴趣，可以尝试拿起你的画笔将大自然的美景运用合适的构图方法表现出来。习爷爷说，优秀的传统文化是一个国家、一个民族传承和发展的根本，如果丢掉了就如割断了精神命脉。我们要尊重、热爱、传承中国优秀的传统文化。

【设计意图】教师要让学生明白，构图可以运用到生活各个地方，平时没有相机也可以用画笔将其表现出来；并且进一步强调我们的国粹是我国优秀的传统文化，学生作为我国未来的建设者，要继承和弘扬我国优秀传统文化。

六、作业布置

1. 课堂练习：完成摄影作品。

2. 课外作业：参照摄影照片画一张画。

【设计意图】教师引导学生进一步掌握摄影知识，并且将摄影作品绘制成一幅画，锻炼学生的造型表现和创新能力，使学生真正做到学以致用。

图7

《摄影的构图艺术——布局京剧之美》导学案

姓名：　　　班级：

学习活动一

根据自己所拍摄的京剧表演现场照片，从拍摄视角、色彩、创意等方面写出你对所拍摄照片构图的想法。

照片名称	拍摄视角	色彩	创意

学习活动二

用简单的几何图形画一个你认为美的构图。

教学反思

一、教学研讨

本课属于“造型 · 表现”领域的课程。本课的教学目标是让学生通过本课的学习，对于摄影的构图有所了解。在这节摄影构图课中，学生对于教师设置的知识构建、游戏环节都表现出了超高的热情，在学生重新模仿的时候，应适当在教学中带着学生进行构图的实拍练习。

在这节摄影构图课中，从教学素材的准备到课程的游戏以及作业环节，学生全部参与其中，这是本节课的一个亮点。学生兴趣极高，在兴趣的驱动下，积极投入课程之中，把参与的一次活动作为这节课的上课元素。小学四年级的孩子正是好动的时候，对于未知的知识充满了好奇心，他们十分愿意去探索，因此在课程的每一环节，好奇心的驱动使得他们想要参与其中。

美术教学应注重对学生的审美能力的培养。在教学中应主动制造机会让学生更多地感悟摄影构图对照片的影响，并引导学生对此展开想象，进行分析，通过比较、讨论等方法，引导他们在理解知识点的同时，体验、思考、鉴别及判断，以提高他们对摄影构图的认识。

在课堂教学上，主要采用引导和小组合作结合的方式，比如在构图知识讲述中，先观察比较图片给大家造成的视觉感受，接着加入拼图游戏，使学生们在课堂上寻找自我价值，同时也打破了传统的以讲课为主的教育模式，激发了学生的学习兴趣。学生的主动性和学习的兴趣被调动起来，在学习摄影构图知识的过程中，培养了学生的团队意识，增强了与人交流和自我表达的能力，也提升了学生自主学习的能力。

在本节课中，学生对课程表现出了超高的热情与兴趣，但是鉴于小学四年级的学生对于新媒体设备以及单反等相机的接触较少，虽然他们掌握了构图知识，但对于摄影方面的感受是少之又少的，所以在完成作业阶段即使按照教师的要求完成了对应的构图拍摄，也较缺乏美感，不懂得摄影之中的“减法艺术”，这是在接下来的教学中需要去培养的。

二、相关可拓展的其他学科项目主题拟议

在新媒体高速发展的如今，如何将优秀的传统文化发扬光大，摄影摄像等新媒体手段应该是一个极好的手段。在后期我将以摄影摄像作为切入点展开相关研究，如语文学科与摄像相结合的相关课题，探究摄影中的诗情画意。

参与人员名单

策划：长沙市教育科学研究院詹蓉

项目主持和主要实施者：詹蓉、陈艳、胡海军、贺娟、唐高丽、张娟、石晶

现场参与人员：湖南师大附中梅溪湖中学美术组老师、湖南美术出版社录制团队、长沙市麓山国际实验小学美术组老师

现场支援：湖南师大附中梅溪湖中学美术组老师、湖南师大附中梅溪湖中学信息中心老师

特别鸣谢：彭伟、李新国、李慧敏、李稀、欧阳曦

《京剧脸谱——唱大戏》教学设计

长沙麓山国际实验小学 周瑛

前言

受长沙市教育科学研究院委托，我校于2020年10月26日承办了“戏画西游”主题活动，五年级的学生现场观看了京剧艺术家的表演，跟着艺术家学习京剧脸谱的妆容，被深深地吸引。本课由此出发，通过对学生的现场观察、采访，了解学生对传统京剧文化的兴趣程度以及对脸谱的了解程度等来进行教学设计。在设计课程时，笔者了解到学生已在语文课文中对京剧有了一定的了解，又因京剧文化是一种给人视听享受的戏曲文化，在服饰妆面造型、戏曲表演等方面独树一帜，因此在设计课程前，笔者结合语文的文化基础，与音乐老师就京剧戏曲在唱腔、舞台魅力和表演上的独特之处进行了交流讨论，再利用现代化的信息技术手段，如希沃白板、投屏展示等，最终确定了“看戏——听戏——赏戏——画戏——演戏”的教学活动流程。学生在看中听、听时赏、赏后画、画完演，达到会赏京剧、能画脸谱、敢演京剧的学习目标。

教学分析

针对的学生学段	小学高年级学段
课程定位	与音乐、语文相结合的综合性课程
课时及在各学科的课时分配	均为一节课45分钟
项目化学习分段目标设计和安排	环节一“看戏曲”：播放艺术家表演视频，激发学生兴趣，加深学生记忆。 环节二“说戏曲”：引导学生欣赏脸谱。 环节三“耍戏招”：展示脸谱样式图片，学生观察、思考并讨论脸谱样式的种类以及特点。 环节四“变戏法”：通过教师示范，学生总结脸谱绘制的步骤方法，尝试进行独特的脸谱设计和创作。 环节五“演戏剧”：将画好的脸谱戴上并尝试表演。

学情分析

笔者通过课前采访得知，大部分学生对于京剧很好奇，有些对京剧的历史文化感兴趣，有些对京剧的服饰脸谱感兴趣，还有一部分对其舞台表演感兴趣，小部分学生缺乏对京剧文化的了解，但也表示愿意参与到京剧艺术的课堂中，感受其独特的魅力。在制订教学设计时，考虑学生的需求，笔者加入了更多有意思的京剧人物故事等文化元素以及京剧表演的展示环节，结

扫一扫，看示范课

合信息技术手段，让学生都能参与到课堂中，在学习知识的同时展示自己。

图1

教学目标

1. 总体目标：

（1）使学生掌握画脸谱的基本方法和步骤，并从纹样和色彩这两方面分析脸谱。

（2）通过学习，学生能绘制出富有京剧韵味和个性的脸谱。

（3）激发学生对中国传统京剧文化的兴趣。

2. 创意实践：通过本课教学，学生能在感受京剧脸谱艺术的同时，发挥自己的想法，为京剧人物设计一张新面具。

3. 审美体验：设置一系列学习活动，让学生感受京剧脸谱的色彩、纹样美以及京剧本身的舞台表演魅力。

4. 文化理解：通过学习，学生能对京剧脸谱艺术以及京剧产生浓厚的兴趣，对京剧文化有更深的了解。

教学重点与难点

教学重点：使学生了解画脸谱的基本方法和步骤，并从纹样和色彩两方面来分析脸谱。

教学难点：主要体现在课堂实操环节，学生能否绘制出富有京剧韵味和个性的脸谱。

思维拓展和文化理解难点：在“脸谱连连看”环节，学生对于不同颜色的脸谱所代表的人物个性特点较难理解。

图2

图3

教学过程

一、导入（看戏曲）

师：今天老师想请大家来欣赏一出好戏（图1）。（播放京剧演出 PPT）

师：你们知道这是什么艺术吗？

生：京剧。（图2）

师：为什么孙悟空脸上有许多的图案和颜色？

学生自由回答。

教师引出主题“京剧脸谱——唱大戏”。

【设计意图】本环节用暗示“看戏”的方式建立起无意识的心理倾向，引发强烈的学习动机。创设看戏剧的情境，激发学生的学习需要和兴趣，充分发挥学生的潜力，使学生在轻松愉快的学习中获得更好的学习效果。

二、说戏曲

师：同学们，京剧是我国传统艺术，京剧有四大行当——生、旦、净、丑，你们知道哪个行当中人物的脸上有图案和颜色吗？（图3）

学生举手回答：净行。

师：没错，就是净行。这种画在脸上的图案和颜色在京剧中叫脸谱，是京剧特有的舞台化装艺术。那么，你们知道脸谱有什么作用吗？

生：表示人物的不同身份和性格。

教师小结：是的，它运用夸张和变形的图形展示角色的性格特征。脸谱的特别之处在哪？

学生小组观察、讨论回答：纹样特别，色彩特别。

（教师板书：纹样、色彩）

【设计意图】教师通过提问法让学生思考讨论，激活学生的艺术思维，让学生一步步地感受脸谱独特的美和意义。

图4

三、耍戏招

师：京剧脸谱的纹样和着色究竟有什么特点呢？脸谱又是如何通过纹样和着色去展示角色性格特征的呢？请听：蓝脸的窦尔敦……（播放京剧歌曲《说唱脸谱》）

师：同学们，看！每种颜色的脸谱都代表不同性格的角色，猜一猜，哪种颜色象征正直？（黑色）哪种颜色象征忠勇？（红色）哪种颜色象征奸诈？（白色）……（脸谱连连看：希沃白板出示性格特征词）

学生举手回答并到电脑屏幕前拖动词语到相应颜色的脸谱下。

师：除了颜色，脸谱的纹样在表现角色性格特征时也帮了大忙。根据不同性格的角色，脸谱造型大致可分为整脸、歪脸、三块瓦脸、十字门脸等。这些人是什么脸型？有什么特点呢？这里老师先卖个关子，我们先一起来玩一个小游戏。（脸谱对对碰：将脸谱图案放入相应的脸型中，脸谱图案见图4）

学生举手回答并到电脑屏幕前完成游戏。

师：除了上面五组脸谱，我们还有一种无固定谱式的脸谱，叫象形脸。刚刚京剧片段中的孙悟空就属于象形脸。什么是象形脸呢？你们搜集到这类知识了吗？请来说一说。

学生举手回答。（知识大考验：通过课前收集的脸谱相关知识进行回答）

教师总结：大家都知道孙悟空有火眼金睛，能七十二般变化，是一只神猴，因此孙悟空是象征神怪的金银色脸谱。他顽皮、机智，故用桃心形的猴脸纹样。而他又有火眼金睛，所以在眼圈用的是金色或黄色。孙悟空不止一种脸谱造型，有的脸谱在额头上面勾画着佛珠，代表孙悟空是佛门弟子，还有的在勾画孙悟空脸谱的时候使用金色和黑色的线条，以显示出孙悟空的神圣和威严（图5）。

图5

师：你们看，京剧中的脸谱纹样可都是有讲究的，是根据不同角色的特征来画的，现在老师想请大家讨论一分钟，说一说二郎神的脸谱特征，并上来画一画。

学生讨论回答，举手，在屏幕前作画。

【设计意图】学习的起因是学习者对外部刺激的反应（学习行为）。通过合理的“刺激”，如知识大考验——“你搜集到什么知识，能不能和大家分享？”，促使学生深度探究；利用“脸谱连连看”和“脸谱对对碰”两个互动环节活跃课堂。

四、变戏法

师“变戏法”：京剧脸谱是不是十分有趣呀？通过大家的共同探索，现在我们对京剧脸谱的纹样与着色特点有了一定的了解，你们想不想一起来变个戏法，跟老师一起勾画京剧脸谱呢？（图6）

生“变戏法”：学生小组合作讨论本组要设计的几个脸谱形象，分工合作进行脸谱创作。

【设计意图】教师要明确学习任务，通过微课视频示范让学生了解脸谱设计的方法和步骤。合作共赢，让学生小组合作画一组脸谱，为后续唱戏曲打下基础。

五、唱戏曲

图6

教师运用希沃的同屏技术将学生作品投到 PPT 上，进行评价：“老师发现大家的脸谱都很有特色，请小作者上来说一说你设计的是什么脸谱。”（图7为教师随机采访学生）

教师将学生作品进行展示（图8），然后让学生分小组将自己的脸谱戴在脸上，进行说和演。

【设计意图】本环节通过“同屏技术”直观展示并即时评价学生作品，反馈学习效果，提出改进意见，达到精准教学、有效突破的目的。

图7

图8

《京剧脸谱——唱大戏》导学案

姓名：　　　班级：

一、脸谱色彩美

问题思考 1：脸谱着色有什么规律？
答：（请写下你的关键词）

问题思考 2：脸谱上最常用的色彩有哪些？
答：（请写下你的关键词）

问题思考 3：为什么京剧人物的脸谱颜色不一样？
答：（请写下你的关键词）

二、脸谱纹样美

问题思考 1：脸谱上的纹样一般画在什么部位？
答：（请写下你的关键词）

问题思考 2：什么部位的纹样最多，什么部位的纹样最少？
答：（请写下你的关键词）

问题思考 3：不同人物的脸谱纹样有什么样的特点？请以你喜欢的一位京剧人物的脸谱为例说一说。
答：（请写下你的关键词）

三、脸谱设计美

请学生分组合作讨论本组要设计的几个脸谱形象，分工合作进行脸谱创作，并上讲台来说一说、演一演，让其他学生猜猜设计的是谁的脸谱。

要求：1. 分工明确，充分发挥团队的力量；
　　　2. 色彩以及纹样等设计符合人物特点。

教学反思

笔者对课前分析做了较充分的准备，适时运用媒体，培养学生从课本和网络资源中获取知识信息的能力。采取平面和立体不同的绘画表现形式绘制脸谱，给学生更多的选择，多样地展示自己的艺术成果。在教学中笔者尽量调动全体学生的积极性，让每个孩子都有机会参与，让学生对京剧脸谱有了更深层的了解，激发了学生对中华传统文化的热爱之情。运用希沃超级分类、投屏等功能，使信息技术与美术课程实现了较为深度的融合。本课分团队开展教学活动，学生通过团队研讨、团队合作参与本课的学习，遵循了面向全体学生的教学原则。在课堂活动中，孩子们积极讨论、用心思考，甚至有学生做了很多课前准备，如认识了很多京剧人物，了解他们的生平故事，还在网上搜看京剧的表演等，这些学生也一定程度上带动了全班的学习热情，对本课的内容有着浓厚的学习兴趣，能以更好的状态参与到课堂学习中来。

笔者很感谢给这堂课提出宝贵意见的长沙麓山国际实验小学的老师们。有老师认为这堂课还可以更加有趣，知识点的讲解可以更加巧妙地引导学生去发现和探索，拓展的环节也可以更精彩，将学生表演的内容拍下来制作成花絮视频，也可以对京剧这一艺术继续延伸，如加入川剧、越剧等知识，让学生在传统的戏剧艺术文化上有更大的探索欲望。新的艺术课程标准将影视戏剧纳入义务教育阶段的艺术课程中，如果本课能按此调整，也能更好地做到美术与影视戏剧相结合，让学生更好地感受戏剧艺术的魅力。在研讨过程以及他人评价中，笔者还找出以下需改进之处：不同种类不同纹样的脸谱还可以精讲，将脸谱纹样的特殊含义讲得更深更透一些，让学生对脸谱纹样有更深的了解，针对六年级学生的学习以及身心发展特点，本课的文化内涵可以更多一点；教师评价语言缺乏激励性，评价语言单调，当学生表达语言非常单一时，教师应想办法激发学生的思维，引导学生适当表达自己的看法。

参与人员名单

策划：长沙市教育科学研究院詹蓉

项目主持和主要实施者：詹蓉、周瑛

现场参与人员：周瑛、长沙麓山国际实验小学 1606 班学生、湖南美术出版社录制团队

场外支援：长沙麓山国际实验小学美术组老师

特别鸣谢人员：希沃公司技术人员

《戏曲水墨漫画》教学设计

长沙麓山国际实验小学 **唐光雨**

前言

美术课对人的全面发展具有独特的影响，传统文化进校园也是势在必行。

漫画是学生们喜爱的艺术形式，以传统漫画为切入点带入传统戏曲知识，用传统的水墨表现形式来进行创作呈现，一定能碰撞出不一样的火花。

无论表现对象如何，绘画材料如何，核心还是漫画。所以本次课笔者想在最短的时间内，首先解决什么是漫画、漫画怎么画的问题。了解了漫画的基本特征，掌握了漫画思维的训练方法，面对戏曲素材我们就有了创作的方向和手段。

教学分析

学生学段	课程定位	课时分配	项目化学习分段目标设计和安排
五年级	漫画创作思维训练	1 课时	了解漫画的基本特征和戏曲水墨漫画的创作方法
		2 课时	戏曲水墨漫画创作实践

学情分析

长沙麓山国际实验小学（后文简称麓小）五年级的学生已经具备一定的水墨技法经验，为这堂课奠定了技法基础。学生们对漫画并不陌生，但他们更喜欢的是长篇故事漫画以及单纯的漫画人物造型，对于传统漫画的特点知之甚少，对于如何创作传统漫画更是没有经验。所以，借传统文化进校园的契机，在校园里传授传统漫画、戏曲知识很有意义。

扫一扫，看示范课

教学目标

1. 总体目标：让学生了解漫画的基本特征，掌握戏曲水墨漫画的创作方法，创作一幅戏曲水墨漫画。培养学生对传统文化的兴趣和热爱。

2. 创意实践：让学生学会运用两种思维方式，创作一幅戏曲水墨漫画。

3. 审美判断：让学生在欣赏、表现、创作、练习的过程中，感受戏曲水墨漫画的艺术性与趣味性。

4. 文化理解：让学生体会戏曲水墨漫画的趣味，感受中国画与戏曲艺术的独特魅力。

教学重点与难点

教学重点：让学生了解传统漫画的基本特征，掌握戏曲水墨漫画的创作方法。

教学难点：让学生将学习到的传统漫画基本特征和创作方法运用在实践中。

思维拓展和文化理解难点：让学生学会运用发散思维和聚合思维展开头脑风暴，寻找创作灵感，并能够把这些方法迁移到其他创作中。了解中国水墨画的特点，其用笔用墨及题跋是独一无二、区别于西方画作的。作为中华文化瑰宝的戏曲艺术是高度综合的传统艺术，融合文学、表演、美术、服化、音乐等艺术门类。体会戏曲人物作为漫画创作题材的趣味。

教具学具准备

多媒体课件、宣纸、毛笔、国画颜料、水、桶、画碟、微课视频等。

教学过程

一、导入

师：相信大家平时都很喜欢看漫画、画漫画。但是什么是真正的漫画，同学们不一定知道。课堂上我们要了解的第一个问题是漫画的基本特征，第二个问题是戏曲水墨漫画的创作方法。我们知道了什么是漫画，如果自己能够动笔画一幅漫画，那就更好了。所以今天要重点解决这两个问题。

【设计意图】教师激发学生兴趣，直接导入教学内容。

二、初步探究：学习漫画的三个特征

（一）设疑激趣，展示图片

教师提问：屏幕上展示了两张画（图1），画的是哪一出戏？

生A：《三岔口》。

师：两幅水墨画，哪一幅是戏曲水墨漫画呢？

生B：第一张。

教师小结：到底是不是？接着往下看。

图1 唐光雨的两张《三岔口》

图2 匹诺曹（网络图片）

图3 唐光雨《匹诺曹漫画》

我们判断一张画到底是不是漫画，要考虑它是不是具备三个特征之一。哪三个特征呢？第一个是奇趣，第二个是幽默，第三个是讽刺。只要具备这三个特征之一，我们就可以认定它是一幅漫画。

（二）引导学生了解漫画特征

1. 引导学生了解漫画特征——奇趣，展示匹诺曹图片（图2）

师：这幅画是不是漫画？这是一个什么人物？

生：匹诺曹。

师：大家都很熟悉，匹诺曹本身是用木头做的，当他撒谎的时候，鼻子会变得很长。匹诺曹本身有“奇”的元素，很奇特。但是它不是真正意义上的漫画。到底怎样才是？老师画了一张漫画（图3）。看一看，看明白没有？

生：匹诺曹在用自己的鼻子钓鱼。

教师小结：这样的话，就在“奇”的基础上有了趣味。

2. 引导学生了解漫画特征——幽默，展示图片（图4）

教师提问：这张画表达的是什么意思？

图4 无题

生：第三名被打得很惨。

师：从哪儿看出来被打得很惨？

生：头上有三个包。

师：第三名头上有三个包，第二名头上有两个包。在有趣的基础上，我们还要动脑筋想一想，有趣在哪个地方，为什么有趣，这样的画我们称作幽默画。

3. 引导学生了解漫画特征——讽刺，展示图片（图5）

图 5 叶春阳《关公耍大刀》

图 6 饰华《景阳冈老虎训武松》

师：这张画是关公，关公耍大刀，但是刀飞了。本来关羽的刀是很厉害的，叫青龙偃月刀，但是为什么刀飞了？

生：假的刀。

师：不仅是假的，上面还挂了一个“优”，根本就是名不副实。所以这张画不仅有趣，还讽刺了很多假冒伪劣产品。这幅画是一幅讽刺漫画。

（三）当堂检测

师：刚才我们把漫画的三个特点——奇趣、幽默、讽刺——都讲完了。所以我们检查一幅画到底是不是漫画，就用这三个特点去检验它。

师：现在屏幕上又出现了一幅画（图 6），运用我们刚才所学的知识点，来检验一下这张画到底是不是漫画，同时它具备漫画的哪些特征。

生：是漫画，有奇趣、幽默、讽刺三个特征。

师：它是一幅漫画，同时具备漫画的三个特征。刚才说了，只要具备其中一个就是漫画。这幅画具备三个特征。奇，奇在哪儿？

生：虎变成了人的样子，还会说话。

师：幽默在哪儿？本来是武松要打老虎，现在反过来，老虎指责武松。

师：它讽刺了什么现象呢？有些人违法捕杀珍稀动物。这幅画讽刺了这个现象。这幅画具备三个特点，所以它是一幅很好的漫画，而且是戏曲水墨漫画。武松打虎本身也是一出戏。

【设计意图】师生互动间认识漫画的三个特征，结合文学与已有认知思考怎么样用美术的方式来表现，以及怎么样使表现出的形象更有意境与韵味。

三、深入探究

（一）学习戏曲水墨漫画的创作方法

师：同学们会想，我们已经掌握了什么是漫画，如果自己能画一张戏曲水墨漫画该有多好。不用着急，今天老师告诉大家两个方法。第一个是发散思维。第二个是聚合思维。发散思维也叫联想思维。看到某人、某事或某物，我们进行联想，从 a 想到 b，从 b 想到 c，可以一直想下去。

（二）引导学生了解并运用发散思维

教师展示图片（图 7）。

师：现在屏幕上展现的是大家熟悉的哪个人物形象？

生：哪吒。

师：电影《哪吒》我也看了，我特别喜欢。这是一个新时代的哪吒的新形象。这张画是我们学校学生自己画的，画得很可爱。我们今天就以哪吒为例，进行一次思维发散。大家看过动画片《哪吒》，知道哪吒自杀之后，太乙真人用什么给他重塑身躯吗？

生：莲花和莲藕。

师：我这里写了答案。我们围绕哪吒的方方面面去想，他的再生利用的是莲花和藕。他擅长使用的兵器是火尖枪、混天绫、乾坤圈和风火轮。那么他有什么特殊的本领呢？能变出三头六臂。方方面面地围绕着哪吒去想。然后我们以“三头六臂”展开联想，可以想到流水线上的工人，他们平时是不是很累呀？假如能够有几双手该有多好。守门员最担心的就是球进了，怕自己手不够用，所以他也想拥有这种特殊的本领。除了对人的联想，还可以想到动物，章鱼的腕足就很多。那么章鱼还可以联想下去，如墨水，墨水再联想下去……（图 8）

生：笔。

师：这就是典型的发散思维。同学们空闲时可以进行这样的练习，这是有好处的，掌握了这样的方法，马上就可以创作出漫画来。

（三）展示并分析运用发散思维创作的作品图片

师：这是一位学生创作的，表现的是守门员，这个守门员不是别人，正是哪吒，对他来说守门简直是轻而易举。（图 9）

师：这也是围绕着哪吒的三头六臂进行的一个创作，表现的是学习。（图 10）这个哪吒

图 7 学生创作的哪吒

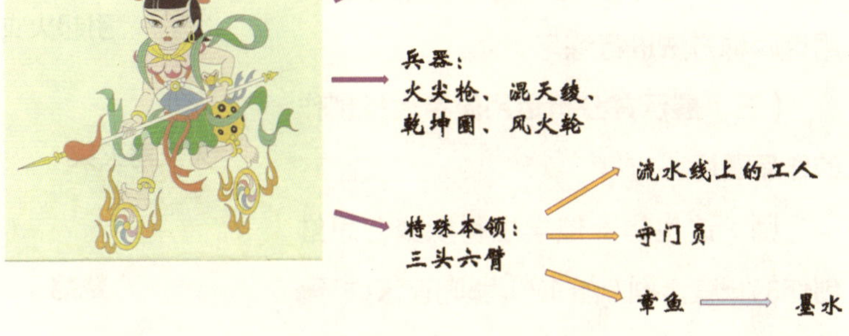

图 8 教师出示 PPT

图 9 潘雨彤（学生）《哪吒》

图 10 张浩（学生）《难倒哪吒》

太贪心了，什么都想学，又想拉小提琴，又想学外语，又想练书法，忙不过来。你们平时有没有这种现象？我们平时学习的时候最好不要同时进行太多的事项，应该选择自己喜欢的、擅长的。所以这是一幅讽刺漫画。

（四）引导学生了解并运用聚合思维

教师展示风火轮脑暴图（图 11）。

师：刚才讲了发散思维，接下来讲第二个很重要的方法，和发散相反的聚合。聚合是什么意思？仍然以哪吒为例。刚刚讲到哪吒的兵器风火轮，我们紧紧地围绕这个风火轮去进行联想。老师举个例子，比如说烧烤，有一个吃货看见了哪吒，就说：“哪吒啊，下个星期我们要搞个烧烤 party，你的风火轮能不能借我用两天？”这样的一个对白是不是可以构成一幅漫画？就很有趣。风火轮上面有火，围绕这个去想，灭火器灭火，怎么去给这幅漫画设计情节呢？比如哪吒有一天到了南天门，守南天门的门卫有点死心眼儿，看着哪吒的风火轮冒着火，不管三七二十一，拿着灭火器就把火灭了。这也是一个很有趣的点。除了刚才老师讲的那两个点以外，你围绕这个风火轮能想到什么呢？

学生上台写下关键词：溜冰鞋、汽车轮、充满火的风扇、热水澡。教师分析学生的答案，组织成简短小故事。

师：通过刚才的例子，我们能明白，已经有了哪吒这个素材，在发散思维的同时，还可以想一想他的某样兵器、某个特长，围绕着特长或者是兵器来进行思考。把你想到的答案都写出来，然后在脑海里进行碰撞，一定能碰撞出漫画的点子。同学们平时就可以利用这两种方法进行练习。

（五）展示并分析运用聚合思维创作的作品图片

师：这也是一位学生利用聚合思维创作的一幅漫画（图 12），哪吒在滚铁环，铁环就是风火轮。除了风火轮变成铁环

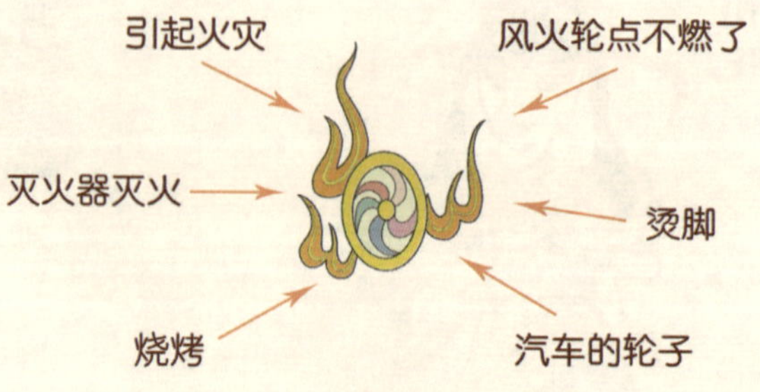

图 11 风火轮脑暴图

以外，乾坤圈变成了呼啦圈，混天绫变成了体操带，火尖枪变成了标枪。利用哪吒的兵器创作的有趣漫画，得益于发散思维和聚合思维的结合。

图 12 池聘（学生）《哪吒》

教师引导学生赏析作品（图 13）。

师：接下来展示的是老师平时创作的戏曲水墨漫画。第一幅作品，这个京剧人物是一个大花脸，是生旦净丑里的哪个角色？

生：净。

师：他后面插着的旗子叫靠旗，靠旗是用来下达命令的，说明这个人很有权力。但是这个人虽然有那么多权力，他自己的那把刀也生锈了。“刀钝久不磨，靠旗背负多”，就是讽刺这个大将军，身上背负着很多权力，自己却不练功，很懒。

图 13 唐光雨《刀钝久不磨，靠旗背负多》

教师展示作品图片（图 14）。

师：这个是大家熟悉的孙悟空。如果不看旁边的字，大家可能觉得没有什么有趣的地方，但是你把旁边的题跋念出来，“天生我材必有用，至今不知怎么用”，什么意思呢？因为孙悟空在遇到唐僧之前，无法无天，没有人约束他，大闹天宫，闯下了很多祸。他本身是很有才华、很有本领的，但是找不到人生的方向，所以旁边就题了这样一句话。在座的学生也是一样的，现在有很多的本领，但是要早一点找到自己的方向。

教师展示作品图片（图 15）。

图 14 唐光雨《天生我材必有用，至今不知怎么用》

图 15 唐光雨《猪八戒》

师：这是大家熟悉的猪八戒。上面的题跋是繁体字，“幸福是啥，幸福就是能吃能睡不遭罪”。这个是猪八戒的人生格言，怎么舒服怎么来。所以你们看，这么一幅画，如果写上很有趣的一句话，也能够变成很好的漫画。所以等一下同学们在创作的时候，也可以运用这种方法。

教师小结：刚才讲了那么多，回到我们今天这堂课的标题，“戏曲水墨漫画”，要想学好戏曲水墨漫画的创作，要注意四点：第一，平时可以多看一些戏曲，多了解其中的历史典故、人物关系等；第二，注意观察、体验生活，发现生活中的美与丑、善与恶；第三，勇敢地表达自己的想法；第四，发散思维、聚合思维的灵活运用。这四点希望大家能够记在脑海里。特别是第三点，要勇敢地表达自己的想法，不能够别人画什么你也画什么，要有自己的思考，漫画创作更注重这方面的锻炼。

【设计意图】引导学生知晓影响漫画创作意图的因素有现实生活情况和美术思维方式，以及知道艺术形象的设计不是一蹴而就的，它需要深厚的文化底蕴和形象内涵来支撑。

四、创作示范与作业

（一）播放视频

教师播放水墨漫画家俞成林老师的绘画视频，提醒学生注意观察并思考水墨漫画用笔用墨的趣味。

师：大家觉得俞老师的这幅画画得棒不棒？钟馗形象非常生动，好像喝醉了酒，用笔用墨也非常有趣味性，这个是中国画独有的。题跋的意思是酒还没怎么喝就已经醉了。为什么醉了呢，给我们留下很多的想象空间，所以这是一幅非常耐人寻味的戏曲水墨漫画作品。（图16）

【设计意图】教师引导学生回忆水墨形象的用笔用墨，感受水墨形象的创作过程，结合前面环节所学知识，理解作品形象所表达的思想。

（二）课堂实践

联想接龙小游戏。（教师解释游戏规则）

师：黑熊精。

生：蜜蜂、蜂蜜、烤串、野狗、黑毛……

师：今天的小游戏是为接下来的创作作准备。今天我们重点学习了发散思维和聚合思维，刚才我们玩的游戏是在发散思维，其实这两种思维方式有时候是同时起作用的。

教师布置课堂作业。

要求：从黑熊精、哪吒、二郎神中选一个形象进行创作，画面要富有创意。

教师示范。

师：目前来看，老师的这张画好像没有什么特别之处，不奇趣，不幽默，不讽刺，好像只画了一个二郎神在打招呼。看老师怎么样让这幅画变成水墨漫画。不要着急，先画一块红布，蒙上二郎神的一双眼睛，写上题跋“太白金星你藏好了吗？”，他在和太白金星玩捉迷藏。有趣的地方在哪里呢？二郎神还有一只眼睛。所以老师添加了一个小小的道具，再写上一句话，就让一张水墨画变成了有趣的水墨漫画。写上落款、时间，盖上印章，这幅画就完成了。（图17至图19）

图16 俞成林《钟馗》

【设计意图】实践感受形象创作过程，并结合所画形象的文化内涵，用美术的方式

图 17 步骤一

图 18 步骤二

图 19 步骤三

呈现形象文学特征。

五、展示与拓展

（一）展示评价

自评，互评，师评。

师：激动人心的时刻要到了，我要评出两张最具创意的作品，把礼物送给作者，同学们也可以自我推荐，你觉得自己的创意最棒，就大胆展示出来给我们看看。

教师巡视查看，评选出最具创意的作品以及优秀作品，展示评析。把礼物奖励给最具创意作品的作者。

（二）总结回顾

教师小结：今天这堂课重点讲了两个问题，第一个问题是，什么是漫画？漫画的基本特征，大家再回忆一下，是哪三个基本特征？今天讲的第二个问题就是我们在创作构思的时候，要学会两种思维方式：第一个是发散思维，第二个是聚合思维。

【设计意图】教师总结并拓展思维，巩固所学内容，引导学生思考如何用水墨漫画的方式表现戏曲形象。

六、板书

戏曲水墨漫画

特征：奇趣　　　　思维方式：发散思维

幽默　　　　　　　　聚合思维

讽刺

《戏曲水墨漫画》导学案

姓名：　　　班级：

学习活动一

班级学生通过网络搜索“水墨漫画”作品，选出五到十张大家喜爱的水墨漫画作品进行展示。大家可以针对作品是不是一幅漫画进行讨论。如果是漫画作品，那该作品具备奇趣、幽默、讽刺三者中的哪一个特点或多个特点？作品运用了什么样的创作手法？

学习活动二

1. 班级学生通过网络观赏三到五部戏曲影片或经典片段，了解影片故事的历史背景、人物身份、人物之间的关系等。

2. 每位同学从戏曲影片或经典片段中选定一位人物，为其绘制发散或聚合思维导图。

3. 每位同学根据思维导图进行素材的思维碰撞，找到有趣的创意点，班级同学相互之间对各自写出的创意点进行讨论。每位同学根据各自的创意点画出漫画创意草图。

教学反思

本次教学是比较成功的教学案例。笔者本着活动系列课设计的初衷，也是期望学生能结合平常生活中认识的传统戏曲形象，用水墨的、漫画的艺术形式来创作作品。首先，通过问题来导入本课，让学生们集体思考什么是真正的传统漫画；然后，通过互动欣赏、观察漫画，了解漫画的基本特征与其中的含义。课程的重点在于后面的漫画思维训练方法，因授课时间所限，对于戏曲题材如何进行选择、提取、加工没有过多涉及。此次课理论铺垫充分，互动到位，加上老师的现场创作示范等等，整堂课学生积极性都非常高，课堂气氛非常活跃。

参与人员名单

策划：长沙市教育科学研究院詹蓉

项目主持和主要实施者：詹蓉、唐光雨

现场参与人员：唐光雨、长沙麓山国际实验小学 1612 班学生、湖南美术出版社录制团队

场外支援：长沙麓山国际实验小学美术组老师

特别鸣谢人员：黄斌、龚拥军、戴伍军、聂琴、向春芳、邹玲静、瞿新国、沈毅、叶俊、杨霖、熊奕、曹健斌、成艳、谢军、李恋、柳刚永（湖南美术出版社）、刘谦（湖南日报社）、湖南美术出版社录制团队

《图画书——西游记绘本制作》教学设计

长沙麓山国际实验小学 **冯琳**

前言

本节课是依托“传统文化进校园”系列活动开展的活动化教学设计，融合了文学、美术、表演等不同学科知识，以培养学生综合探索、造型表现与设计应用能力为主。传统美术教育大多是围绕“看画”或“临画”为主要内容展开的，最终都是大同小异。想象力和创造思维的培养和开发，是现代美术教育最主要的特征之一。本课主要借助学生喜欢的《西游记——大闹天宫》故事作为表现内容，加入折纸立体小机关来制作绘本，作为活动内容，让学生全程探索、体验并亲身感受制作绘本的整个过程，打消学生的畏难情绪，在提升创造力和想象力的同时，增强民族自豪感，形成举一反三的能力。同时以此课展开思考：美术学科如何与传统文化融合，以助推语文、音乐等学科对于传统文化的研究，提升学科融合意识。

教学分析

学生学段	课程定位	课时分配	项目化学习分段目标设计和安排
六年级	造型表现 + 设计应用	1 课时	课前：独立完成学习任务单学习。 课中：了解绘本“图画语言”功能，掌握特写等画面构图的方式。结合语文中提取关键词的能力，从脚本文字中提取表现内容，并根据提取的表现内容，小组合作思考什么样的构图方式更能体现画面故事性。
		2 课时	结合学习任务单以及第一课时学习内容，使用希沃同屏的方式，小组分享折纸立体小机关的制作方法，并根据折纸立体小机关的功能提出相关设计建议。 根据脚本提取关键内容，小组合作完成单幅绘本作品。 师生互动合作完成整本绘本制作，结合文学、影视、音乐等形式，分组分享、展示。

扫一扫，看示范课

本课为湘美版美术教材六年级下册内容，为造型表现与设计应用类型相结合的课程。本次教学结合“传统文化进校园”活动，以四大名著之一《西游记》为表现题材，利用多媒材为表现手段设计立体绘本。教学中展示了一些中西不同的绘本和故事书题材，也简单地在构图、色彩方面对绘本、故事书知识点做了概括。课前师生一起搜集了关于《西游记——大闹天宫》不同版本的绘本类书籍等资料，作为校本教材资料，结合原教材内容完成本次教学。

学情分析

六年级的学生对于绘本已有一定认知，对于用纸材制作出立体效果是非常感兴趣的。课前教师将立体小机关的制作方法录制成视频，让学生选择自己感兴趣的小机关制作方法进行学习，在认识《西游记》中的形象的同时完成学习卡任务，并带着学习卡任务完成本次教学。

教学目标

总体目标：使学生认识立体绘本，学习使用手工和绘画的方式制作立体绘本，学习绘本中画面组合的方法。

创意实践：让学生结合《西游记——大闹天宫》故事，利用折纸立体小机关与绘画组合等方式，创作有意思的绘本作品。

审美判断：通过绘本设计与制作，让儿童动脑思考、动手操作，培养听、说、读、写、画等多种能力，从“做一本书”去认识书、爱上书，爱上阅读。

文化理解：通过立体绘本制作学习，让学生理解立体绘本的文化内涵以及表现形式，关注传统文学并增强民族自豪感。

教学重点与难点

教学重点：培养学生单幅故事创作、对多幅场景的设计以及合作共创的能力。

教学难点：使学生理解立体小机关的制作与表现，让学生使用多种方式制作立体绘本，并统一整本书的风格。

思维拓展和文化理解难点：本课最难实现的部分是要在保持美术学科特色的同时，找到多学科融合的平衡点；以及怎么样在那么多同题材的绘本中，引导学生打破已有认知去重新解读《西游记——大闹天宫》的故事，并克服畏难情绪，用自己的方式“趣”表达、善表达。

教具学具准备

多媒体课件、多种装饰材料、纸、笔、彩色材料、希沃白板等。

教学过程

一、导入

平面视频导入：播放《西游记——大闹天宫》视频。

师：这个动画片主要讲了什么故事？片中的主角是谁？今天我们以一种新的方式——立体

绘本的表现方式来创作《大闹天宫》的故事。

提出目标：以《西游记——大闹天宫》的故事为脚本设计制作立体绘本。

师：为什么绘本被称为无字书？

生A：是因为它不用文字。

生B：是因为它的图片也可以讲述故事。

教师总结：是的，人类所有的文明都具有图画叙事的传统，文字也起源于图画。绘本可以给人一种精致细腻的艺术感觉，并且具有独特性。它的“图画语言”功能，让“画”成为它的生命线，其内涵甚至比文字讲述得更丰富，有些绘本甚至被称为“无字书”。

教师板书：《图画书——西游记绘本制作》。

【设计意图】：本环节的作用在于激发兴趣，明确本课表现内容。

二、出示范本，猜读激趣

师：设计绘本，我们首先要确定表现内容，将故事简化为提纲式要点，也就是我们所说的找需要表现的关键内容。先请大家和我一起欣赏《西游记》的完整脚本。

师：谁能分享一下当中你最喜欢的场景？你能说一说它的故事吗？

学生团队派发言人简单讲一讲自己感兴趣的故事。

师：刚刚你们对于故事内容简单分享的方式，在绘本设计中叫内容提取。同学们，你们觉得哪些是绘本中需要表现出来的内容呢？

生A：我觉得人物和事件都是关键内容。

生B：我觉得背景也应该是画面的一部分。

教师及时鼓励并板书：

提取内容：主要人物、场景（背景）、色彩。

小练习：以《龙宫借宝》一节为例，用希沃选图形元素拼摆，进行构图练习。

在明确故事大纲后，小组根据需要设计的场景明确基本的表现内容。

学生互动：短时间内确立表现内容，将故事简化为提纲式要点，明确出现的文字内容。

【设计意图】该环节结合语文中口语交际的能力点，训练学生的语言概括能力，解决造型与镜头语言设计衔接的问题。采用讨论的方式，要求学生独自将故事讲述清楚，其余学生可以提出对脚本的意见，每位学生都可以听取别人的建议，集体参与的课程设计可以活跃气氛，启发学生的思考。

三、角色造型与画面组合

（一）师生互动，分析画面组合的方式（构图）——特写

师：绘本强调画面的连贯，也就是画与画之间的衔接、故事的连续。这种衔接，起着推进

图1

图2

图3

图4

故事的作用，可以将读者带入情节发展中。同时，要不断展开故事，就需要不断地保持和发展形象。绘画要能表情丰富地讲故事、生动地展开情节，还必须具有动感和节奏，也就是一个故事层次。（希沃擦除）

师：这个时候，我们就可以模仿动画片或者镜头中画面的转变方式，运用到我们的绘本画面中。比如说，屏幕上的这两幅绘本的单幅作品，它们有什么共同点？（图1、图2）

师：在这种组合方式的画面中，你看到了什么内容？

生：我看到了夸张的表情、动作。

师：你在生活中看到过类似的组合方式吗？

学生根据生活经验回答。

教师小结：实际上，这种画面表现的就是对形象的特写，当一幅图要表现的情节非常多，或者作者想着重表现某个形象的表情或动作的时候，就会加入这种特写的画面。有时，我们还会采用画中画的构图来表现多个场景。

教师板书：

画面组合（构图）：特写。

（二）画面组合的方式（构图）——全景、近景（图3、图4）

师：除了特写，我们还会使用到全景、近景的构图，这三种画面组合方式都适用于表现什么场景呢？

教师小结：

特写：要突出主要人物形象的动作或表情时，可以采用画中画的画面构图方式。

全景：平视时的全景，俯视时的大全景，适合表现大场景画面。

近景：起到突出故事情节的作用，一般会加入环境来烘托气氛。

（三）视角

师：在构图的过程中还可以注意它的视角，使用平视、仰视、俯视三种角度来配合表现出画面的效果。

师：请一位同学来说一说，这三种视角可以给人带来什么样的不同感受？

教师请学生分析画作（图5）。

师：平视的角度比较常见，近景的画面也会比较多，对于仰视和俯视这两个角度我们可以进行一些艺术化的处理，比如这幅作品，孙悟空和马天官之间，一个俯视一个仰视，作者为什么这样来表现？

生A：因为孙悟空是主角，要突出孙悟空的主角地位。

生B：情感方面，孙悟空得知自己被骗，努力不被认可，所以非常生气，在气势上会比马天官更强。

教师小结：我们在创作绘本正稿时，也可以这样思考、构图。

【设计意图】该环节使学生明确故事内容可以用什么组合方式，选取的内容如何才能更好地体现画面的整体风格。确定内容和组合方式后，教师依据故事内容引导学生分析画面组合和设计问题，通过比较来引导学生大胆改进造型，避免雷同和单一的画面场景设计。教师要鼓励学生尝试多种造型风格。

图5

四、主体设计阶段

（一）教师引导学生思考怎样制作

师：考虑好画面，咱们还得将平面的绘本变成立体的形式，这个时候，可以加入一些小机关。那么，有意思的小机关要怎么制作呢？请根据课前布置的小任务，每组派两名同学，按照我们导学案中的课前互动内容来总结，并派出组内代表解说你们所选择的小机关的制作步骤，以及制作过程中需要注意的地方是什么，并说一说这种小机关适合表现哪种故事内容或场景。（小机关：书本式、滑道式、围绕式、开合式、螺旋式、转盘式）现在给大家一分钟的时间，组织一下解说的语言。

图6

学生分成若干小组，每组 1 人示范，1 人讲解绘本小机关的制作步骤。（利用希沃同屏，图 6）。

教师小结：同学们的讲解非常棒，不但能借用小道具让大家一目了然地知道制作步骤，解决重难点，还能给出小机关适合制作的场景建议，这样就让大家创作立体绘本有了更多的选择。

学生可以互赠课前制作的机关卡。教师准备的机关卡可以做奖品。

（二）合作互动解决问题

1. 教师讲解绘本着色设计与立体绘本制作方法

（1）制作立体形象：（板书方法：剪、折、刻、涂色、粘贴）人物、关键物品；

（2）装饰背景：勾画、涂色；

（3）训练学生镜头与色彩综合表现能力。

教师小结：小机关的加入，实际上是为了配合故事展示呈现更有趣的效果，除了单个的小机关，大家还可以尝试着将小机关制作方法进行组合，说不定就会有新的小机关出现。

2. 抽脚本（导学案内），填写设计导学案中的设计思路（用希沃抽小组分享自己团队的学习卡内容）

3. 学生合作完成《西游记——大闹天宫》绘本制作（图 7 至图 10）

制作内容：以组为单位，根据选择的脚本进行《西游记——大闹天宫》故事单个正稿设计，并组合小机关进行创作与绘制。

小组合作制作场景，最后合成一个完整的《西游记——大闹天宫》故事绘本。小组派发言人利用希沃同屏的方式展示、分享。

【设计意图】学生在前期各项准备工作完成后开始创作设计。这个阶段开始绘本单个正稿的绘制工作，对于正稿的绘制也采取“集体讨论——各自实施” 的方式，在讨论中分析不

图7

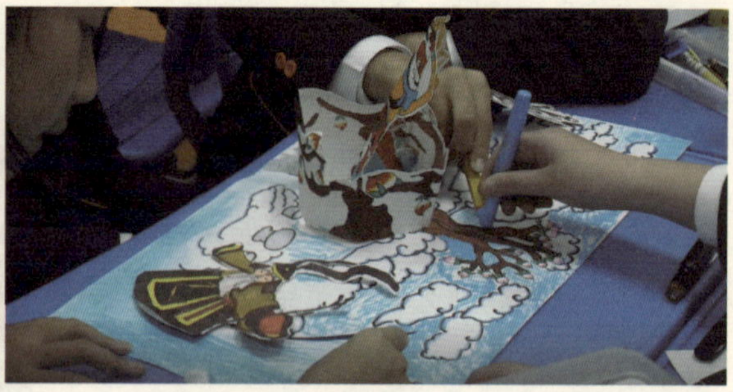

图8

图9

图10

同绘制方法中的问题，对绘制的效果做出正确的预见。整体色彩风格的把握也是这个阶段要解决的问题，及时讨论可以解决最终色调不一的问题。根据各自的设计能力，在此阶段，学生基本可以完成所有绘本设计八成左右的工作。

五、后期设计

师：除了这样的绘本，还有许多不同形式的，有横开本、竖开本，材料也不同哟，有布料的、木材的，有蒙古包式的，有册页式的，表现的内容也更多。生活中还有很多的立体绘本，我们可以课后找一找这些绘本里面还有什么有趣的小机关，同时，根据整体阅读时出现的问题，包括造型、色彩、文字等，调整绘本的色彩表现与文字设计，注重绘本的整体设计。

师：一个角色的创作，从无到有，需要很多的生活积累和知识沉淀。“灵感”，不是招之即来，挥之即去的东西，有时候一个随意的效果便能形成视觉的刺激。寻找“一个点”，不要浪费了它，赶紧记录下来，不管是文字的东西还是图像，也许它最后就可以变得像立体绘本一样，给人带来美好愉悦的视觉享受。

教师布置拓展活动：在课后，请同学们将自己对本课的学习感悟填写到导学案中。在今后生活中，同学们也可以运用咱们今天学习的小机关给家人、朋友制作一张不一样的惊喜贺卡。

六、板书

《图画书——西游记绘本制作》

提取内容：主要人物、场景（背景）、彩色

画面组合（构图）：特写、全景、近景

方法：剪、折、刻、涂色、粘贴

《图画书——西游记绘本制作》导学案

姓名：　　　班级：

一、课前互动

请在课前以组为单位学习 1—2 个立体小机关的制作方法，并填写以下内容：

1. 请简单总结你所选择的绘本立体小机关制作步骤：

2. 难点（制作过程中需要注意到的地方）：

3. 这种机关适合表现哪些场景：

二、设计思路

脚本	场景设计思路
	1. 使用什么立体小机关来丰富故事场景？
	2. 准备使用什么样的构图方式？（全景、特写、近景）

三、熟悉脚本

龙宫借宝：悟空统治着山上的猴子猴孙，因为没有一件称手的兵器，所以孤身闯入东海，向东海龙王借兵器，本想敷衍悟空的龙王不得已提出去探一探镇海之宝，没承想，镇海之宝却被悟空给收服了。

初上天庭：龙王心有不甘，去天庭告状，玉皇大帝让太白金星将孙悟空骗到天庭当弼马温。悟空在知道了弼马温是不入流的小官后，打下界去，回归花果山，自封“齐天大圣”。

二次招安：玉帝在太白金星的建议下，第二次招安孙悟空，封他为有名无实的齐天大圣，并让他去管理蟠桃园。

蟠桃盛会：没过多久，王母娘娘让七仙女到蟠桃园摘取仙桃，孙悟空在得知蟠桃会没请自己后，盗桃偷丹，扰乱蟠桃会，酒醒后自知闯下大祸，再次逃下界。

围剿花果山：天庭派天兵天将围剿花果山，孙悟空因被金刚琢打中头，被二郎神率领众兵擒拿，押上天庭。

大反天宫：斩妖台各种刑罚都无法伤到孙悟空分毫，于是太上老君将孙悟空带回兜率宫，放进八卦炉里烧炼，孙悟空因此反而炼出火眼金睛，四十九天后逃出八卦炉，大反天宫。

四、课后感悟

教学反思

一、个人反思

本课是依托传统文化进校园之“戏画西游”活动开展的一堂美术实践课。《西游记》是中国传统文学著作，内容奇幻有趣，学生非常感兴趣。因此，可以表现的经典主题场景是非常多的。本次借助《西游记——大闹天宫》片段作为表现主题，也是考虑与传统文化进校园活动之“戏画西游”内容相结合，做活动系列课中的结束课。在最初试课过程中，考虑引导学生单独创作平面类型绘本作品，但发现学生作品故事性不强、表现出的效果不佳或最终制作的绘本作品风格不够统一等问题。因此，在后面的教学中，调整为 6 人一组，加入立体小机关设计，小组合作完成单幅作品的设计创作，再由师生合作将单幅作品组合变成完整绘本。作品中表现的形象，也采用中国第一部水墨动画《大闹天宫》中水墨形象的风格，这样做的目的：一是结合前面唐光雨老师《戏曲水墨漫画》一课的学习；二是统一绘本作品中的人物形象风格。在整堂课的学习过程中，为引导学生将原本平面的形象设计出立体的造型，让作品更具趣味性与故事性，课前布置了一张学习任务卡，学生需要在课前就对立体小机关进行独立学习，目的是在课堂中能以组为单位完成 1—2 个立体机关的制作。本课采用了翻转课堂的模式，让学生参与小机关制作的这个教学难点得以解决。在课堂中，设计了一个让学生来讲解小机关怎么制作的分享环节，由学生思考并提出此类小机关适合在哪些环节表现，既培养了学生的责任感，又能让学生真实感受发现问题、解决问题的过程，最后内化成自己的实践知识。这一环节设计是美术与语文的结合，希望在提高学生设计应用能力的同时，提高“语言建构与运用”“言语交流”的能力；也希望学生能够通过“做一本书”，在学习更多的优秀传统文化的同时感受到自己动手劳动的喜悦。对于学生以及传统文化方面，本课的设计不仅仅是解决一个制作立体绘本的问题，更多的是让学生感受中华传统文化，传承经典，提升民族自信心，培养爱国主义情怀。

课程播出后，长塘里阳光小学姚叶老师观课后是这样评价的：“今天听了长沙麓山国际实验小学冯老师的《图画书——西游记绘本制作》一课，这是一堂现代美术课堂与传统文化深度融合的自主研发课，教学中突出了学生的主体地位，与学生的交流更是让课堂充满趣味和自由轻松的氛围，富有活力。这是一节让学生感兴趣的美术课。冯老师在课前作了充分准备，从教学用具的准备，到教学材料的收集，还有亲自绘制的示范，从认识立体绘本，到学习使用多媒材、多方法组合实践的方式制作立体绘本，学习绘本中多种画面组合的构图方法，通过绘本设计与制作，培养了学生动脑思考、动手操作，以及听、说、读、写、画等多种能力，也加深了学生对于传统文化的了解与热情。是一节非常精彩的美术课！”

长沙麓山国际实验小学张红老师观课后有这样的思考：“冯琳老师执教的《图画书——西游记绘本制作》是一节蕴含深厚中华优秀传统文化的美术课。课题取材于文学名著《西游记》，可见教师对于学科融合的尝试与探究，是一节非常值得大家学习的好课。教师利用翻转课堂式教学，在课前布置任务，由学生根据其感兴趣的内容进行个性化学习，体现了教学的差异化。在课堂中，学习氛围活跃，学生参与度极高，冯老师稍加点拨，就充分调动了学生的自主积极性，让学生以自己讲解的方式解决知识中的重点、难点，同时将课堂还给学生，以教为学，让学生化被动学习为主动学习，更好地掌握本课的知识。本课的亮点在于作品展示环节，冯老师将学生分成不同的团队，各自完成自己的作品，然后让其整合成一整个立体的故事绘本并由学生再展演出来，视觉效果极其令人震撼。学生在快乐的展示中不仅提升了个人的语言表达能力，对美术学习更是有了长久的兴趣。总之，《图画书——西游记绘本创作》一课中，教师进行了积极的探索与实践创新，这些尝试都是非常成功的。本课学生参与度极高，学生作品效果好，不论课程设计还是课堂把控都展现了冯琳老师超强的个人素质。”

二、关于优秀传统文化与美术课程融合的未来思考

美术课堂这方滋润孩子生命、陶冶孩子心灵的沃土，搭配上优秀传统文化的养料，对孩子们形成健全而优秀的人格至关重要。“戏画西游”系列课程进校园活动坚持了面向全体学生、服务每个学生的美育目标，让所有在校学生都享有接受美育的机会，整体推进学校美育发展，形成“人人有特长”“一校多品”的美育格局，为学生终身发展奠基。

一是把握现在：利用常规课堂助力传承；借助优秀传统文化升华课堂。

二是思考未来：一个民族的生命力展现在其文化的传承和发展上，对于优秀传统文化与美术课堂未来的融合方向该如何把握，以促使双方迸发出更大的价值与活力，实现“一加一大于二”，仍值得我们思考。

本课的整体特色是：（一）巧设情境，在趣味中欣赏和了解文化；（二）体验实践，在实践中感受文化的魅力；（三）现代技术，在微课中开阔视野与眼界。

中华文化博大精深，我们还要不断优化方法，筛选更多的优秀传统文化渗入美术课堂，并不断思索如何将文化与美术结合的课程形成体系，才能持续输出并加以推广，让更多的孩子在了解传统文化、爱上传统文化的同时，通过他们的传承与发扬，让我们古老而璀璨的民族文化焕发新的生机。

参与人员名单

策划：长沙市教育科学研究院詹蓉

项目主持和主要实施者：詹蓉、冯琳

现场参与人员：冯琳，长沙麓山国际实验小学1508班、1509班、1510班、1511班学生，湖南美术出版社录制团队

场外支援：长沙麓山国际实验小学美术组老师

特别鸣谢人员：黄斌、龚拥军、戴伍军、聂琴、向春芳、邹玲静、瞿新国、沈毅、叶俊、杨霖、熊奕、曹健斌、成艳、谢军、彭海英、李恋、陈光华、李天骄、尹蕾、陈建安（湖南希望校园影视文化有限责任公司）、柳刚永（湖南美术出版社）、刘谦（湖南日报社）、湖南美术出版社录制团队

《钟鸣鼎食——商周青铜那些事》文物欣赏、传承教学设计

长沙市第十一中学 **游瑞阳**

前言

青铜文化是中华传统文化的重要组成部分，在传统文化的发展及其壮大过程中，它有着举足轻重的地位。本课以湖南省博物馆中的青铜藏品为依托，让学生走进博物馆近距离地欣赏、感受青铜器的大小、质感、颜色等。在教学中，本课以“欣赏”与“传承”为主题，结合美术学科的视觉性与历史学科的时间脉络，教师让学生运用比较的方式，观察理解不同时期青铜器的形象特征。用简单的化学原理告诉学生青铜的组成元素，共同探究青铜器在时间沉淀下产生不同锈色的变化的原因。

学生通过本课学习了青铜器的纹饰、形制特点，理解了青铜文明与所在社会背景之间的联系。本课由长沙市第十一中学美术教师游瑞阳讲解其中的“纹饰之谜”以及湖南本土名器——皿方罍的“回归之誉”，由湖南省博物馆教育员杜佳莹讲解馆内的动物形酒器的“形制之美”（表1）。课程的最后一部分由教师带领学生了解拓印青铜画的创作过程，熟悉基本的创作技法，使学生在艺术创作过程中潜移默化地传承中华优秀传统文化；通过创意实践活动增强学生的文化自信，也激发学生的文物保护意识。

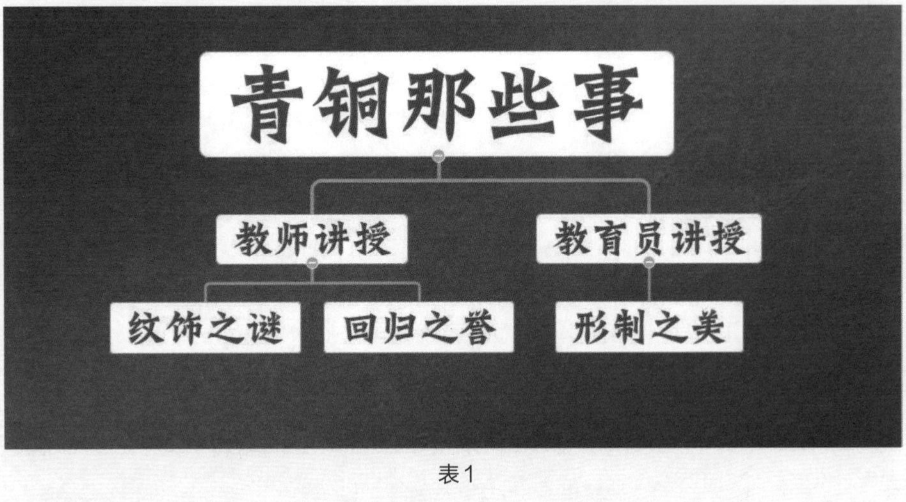

扫一扫，看示范课

表1

学情分析

初中阶段的学生已经具备一些美术基础技能和审美素养，对于青铜器的了解更多的是从历史学科中得到的。而中学生对于美术课的期待已经不限于单纯的手工制作或绘画类活动，他们更愿意从美术中学习到相关的人文科学知识。所以本课以青铜器形象特征为切入点，融合历史背景知识来丰富中学美术课的文化内涵，在新课标的要求下鼓励学生在欣赏活动中开展探究性的创意实践活动。美术学习从单纯的技能、技巧学习层面螺旋式上升到美术融合文化学习的层面。在课堂中创设相应的问题情境，使学生通过美术课的学习加深对中华优秀传统文化的认识。

教学分析

一、学段年级

本课的教授对象为初中学段的学生。

二、课程定位

本课以青铜器的发展脉络为主线，着重解析它的造型之美、纹饰之美，让学生了解青铜器的功能以及它背后的故事，同时以探究核心素养为主要导向，加深学生对中华优秀传统文化的理解与感悟，为继承和发扬中华优秀传统文化做好铺垫。

三、课时及在各学科的课时分配

新课标要求下的美术教学，既要重视学生对艺术的感受、表现和创造力的培养，还要注重美术与历史文化相联系。本课美术学科占比七成，历史学科占比三成，并加入少量化学知识点，通过馆内观展、教师授课与教育员解说相结合的方式加以创新，形成一种有利于学生自主学习的教学组织形式。

四、项目化学习分段目标设计和安排

本课全程引导学生从形象、形式，到材料选取以及制作手法等方面了解青铜工艺品，引导学生从人文内涵和审美价值取向上进行赏析，这是一个由理性到感性逐步深化的过程。教师最初让学生观赏纹饰的特点，设计青铜动物纹，在实践中寻找规律，最后利用卡纸表现青铜器器型与纹饰，并用丙烯“还原”青铜之色，在创作过程中感受青铜器的变化与统一。

教学目标

一、总体目标

让学生了解商周时期具有代表性的青铜器的基本史实和特点，感受青铜器的造型美、纹样美、实用美。

二、审美体验

让学生通过解析器型之美、纹饰之美，感受青铜工艺带来的审美愉悦。

三、创意实践

让学生通过小组合作，学习青铜拓印版画的制作过程，培养观察、想象、归纳概括能力。

图7

翅、足，而且它们的角、鼻、目大小形状也不同。

师：所以饕餮纹可以通过置换的方式进行改造，例如图中的角，有外卷角、牛头角、曲折角等不同的表现，因此学者们通常以不同器官为依据对饕餮纹进行分类，其性质也随之发生改变。

师：大家知道为什么要选取这些动物来组成饕餮纹吗？

【设计意图】老师引导学生想象古人献祭拜神的场景，解释饕餮纹中的各种动物形象是以“祭品”的形式来充当人神沟通的媒介。

（三）青铜动物纹设计

师：像这种牛角形饕餮纹（图8），古人是怎么将牛的形象转变成青铜器上的饕餮纹呢？

师生总结：通过线条的描绘将动物形象进行简化、夸张，使其具有几何抽象化的特点，再用几何纹样对青铜器进行装饰。古人从自然界的动物造型特征中提取元素，又因受到技术条件的限制，最终呈现的动物纹形式既具有动物本身独特的形象特征，也具备当时的人类对动物形象的抽象化与几何化理解。

师：除了饕餮纹，常见的还有夔龙纹、凤鸟纹，观察一下，这些纹饰与之前的饕餮纹在表现的角度上有何不同？

生：饕餮纹是正面，夔龙纹和凤鸟纹都是正侧面。

师追问：为什么会这样呢？

师生总结：因为饕餮大多为有首无身的形象，所以采用正面角度更能完整地表现其形象，而夔龙、凤鸟等这些有身体的动物通过正侧面角度的描绘才会更加突出体形特征。

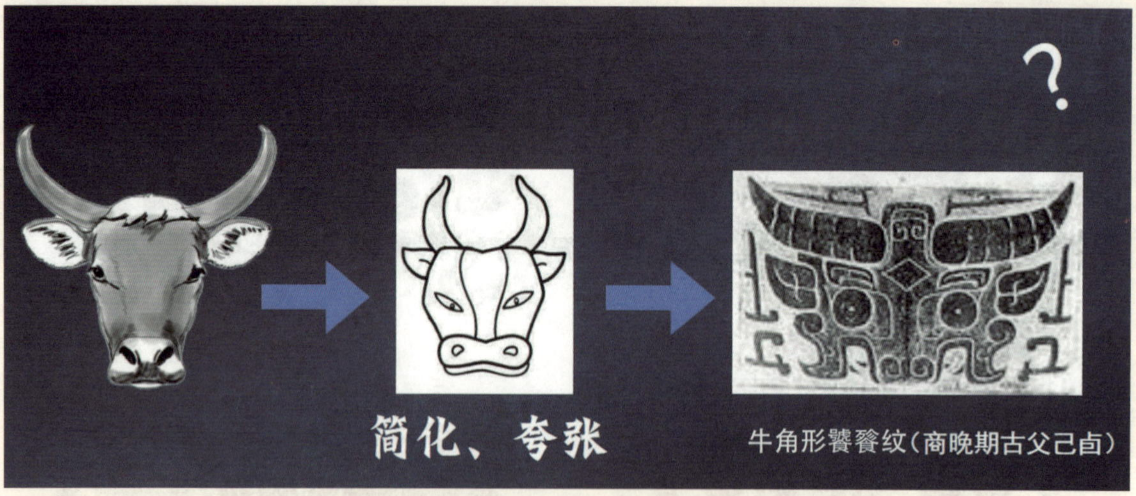

图8

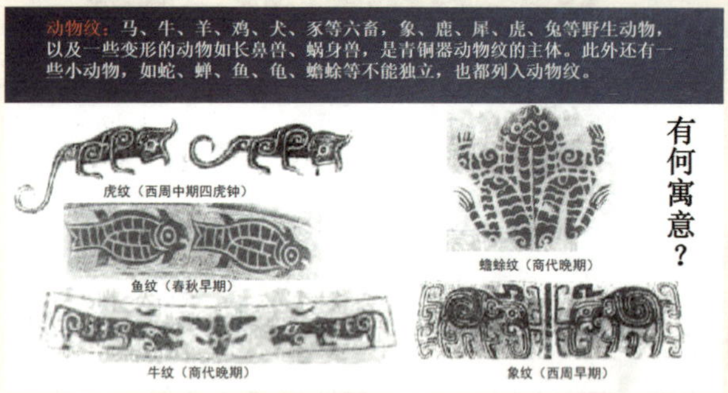

图9

图10

师：饕餮、夔龙、凤鸟都是先秦最常见的非现实动物题材，其实古人还常常在青铜器上记录一些现实中的动物形象，这些动物有时是饲养的家畜，有时是野游路途中所见的，有时是古人打猎围捕所获的。

师：我们中国人比较讲究寓意，你们认为这些动物纹（图 9）有何寓意？

生：像“蛙”，因为它繁殖能力非常强，所以应该象征着繁衍不息，“鱼”就和我们现在所说的“年年有余”应该是有异曲同工之妙。

师：接下来我们一起尝试用古人的方式来设计一个青铜器动物纹，除了参考老师所给的动物图片（图 10），自己也可以画其他的动物。

（学生创作，教师选取优秀作品进行展示，并予以表扬。）

教师请学生自我评价，请同学们根据以下几个问题将自己的设计进行说明：

1. 为什么选择这个动物？有何寓意？

2. 描绘的是动物的哪一面？（正面、侧面、顶面等）

3. 采用了哪些几何元素来概括动物形象？

师：了解完这些动物纹，我们再来看看别的，在我们湖南宁乡出土了一个唯一以“人面”形象来装饰的青铜器——人面纹方鼎（图 11）。你们知道“人面”到底是谁的吗？

生：应该是人类的祖先。

师：你很有想象力。还有一种解释说它是人形饕餮，因为它的头上长着犄角，两侧有爪子，所以可能也是饕餮纹中的一种，但学术界尚未定论。

师：你们知道这些造型独特、纹饰精美的青铜器是怎么制作出来的吗？一起随着我们的“人面使者”去了解一下吧！（播放湖南省博物馆内关于青铜器制作的相关视频）

师：原来我们所知道的“一模一样”和“模范”这两个词就是来源于青铜器的陶范法制作工艺，看来我们不得不佩服古人当时的智慧与巧手神工！

三、找酒器

师：了解这么多食器后，说一说重视饮食的华夏人民平时在日常的宴会除了吃，一般还会干什么。没错，就是喝酒。酒文化一直在我们中国人的生活中占重要地位，古人也乐于在酒器上下功夫。接下来我们玩一个找酒器的游戏（游戏规则：在规定的时间内，双方选出酒器类的青铜器图片，如图 12）。

【设计意图】本环节让学生观察青铜器造型来判断其用途，用游戏的方式激发学生兴趣。

师：我觉得能找出来还不算，要拿一件“真”家伙来给你们看看会不会用。（图 13）

师：请一位同学来说说青铜爵的造型特点。

图 11

图 12

生：尾部尖形，口沿外撇，中间有伞形柱一对，圆底、直腹，腹部带有纹饰，三足呈刀形尖状，有鋬。

师：除了它的造型优美外，这三只足与我们刚刚所学的鼎足相似，同样具备一定的实用功能。因为大多数古人不喜欢喝凉酒，所以它是用来温酒的。

（这一环节围绕爵的造型与功能展开探讨。）

图13

四、回归之誉

师：除了饮酒器还有盛酒器，其中有一件大型的盛酒器出土于我们湖南常德桃源县，它造型非常精美，曾创下青铜器全球拍卖史上最高价格（924.6 万美元，当时折合人民币 9000 万元），它就是皿方罍，号称“方罍之王”。

师：请一位同学根据纹饰与外形特点的联系，来将皿方罍的纹饰（图 14）添加至它的器型当中。

【设计意图】让学生通过还原的方式找出青铜器造型与纹饰形状的联系。

师总结：平面的兽面纹占据在器型的中心处并且面积最大，而夔龙与凤鸟则是左右各一只，呈现轴对称形式，纹饰的造型、大小都是根据器物的造型、大小和特点进行安排与设计。

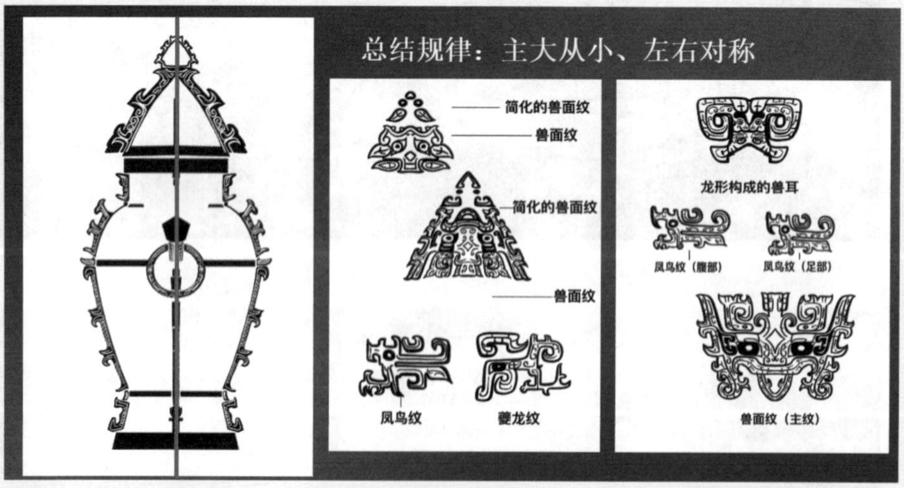

图14

【设计意图】教师引导学生感受青铜器造型特点，根据器型的变化来安排纹饰的大小与位置，并总结青铜器纹饰分布的大致规律，为最后的作业环节做练习。

师：皿方罍曾经流失在海外近一个世纪，它又是如何回归故土湖南的？我们一起来看看它坎坷的回国“旅程”吧！（观看视频了解皿方罍的“归湘之路”）

五、形制之美

师：湖南还出土了一件著名盛酒器——四羊方尊，它与皿方罍在造型上有何不同？

生：上面出现了四只羊的动物造型。

师：没错，比皿方罍多了一份动物的气息，老师在展厅内也发现了很多有着动物造型的青铜酒器（图 15），一起去看看吧。

（该环节在展厅内完成学习，教育员重点讲述四羊方尊的造型与功能，如图 16。）

师：前面我们说到“方罍之王”皿方罍，本次“王者归来”的展厅里可不止一件“王者”，还有其他几位神秘的“天王”，一起去找找看。

湖南省博物馆《王者归来》观展导学案

姓名：　　　班级：

器型（剪影）	时期	功能	纹饰（文字简单描述并选取最感兴趣的部分进行描绘）
 卣王			
 铙王			
 瓿王			

表 2

（这一环节学生需完成教师所给出的观展导学案，如表 2、图 17、图 18。）

六、拓展总结，情感升华

师：今天我们看到的这些青铜器都是庄严肃穆的，充满历史的沉淀感，看上去全都是一片绿油油的颜色，但是青铜器在古代都是王公贵族们使用的，难道是因为他们喜欢这种暗绿色的青铜器吗？

图 15

图 16

图 17

图 18

师总结：其实青铜器在当时被称为“金”或“吉金”，青铜器是我们现代人给它取的名字。刚刚铸造完成的青铜器其实是金色（图 19），但因为出土的青铜器随着时间流逝产生铜锈后变为青绿色，所以被称为青铜器。

小结：氧化之前的青铜器看上去是华贵、典雅的，我们似乎看到了古代王公贵族们奢华的生活。但是随着时间的流逝，岁月的洗礼，青铜器慢慢变成了一个历史长河中的老智者，蕴含着华夏千古文明的璀璨光辉。它似乎把这几千年的故事都沉淀其中。这是时间给予我们的礼物，也是属于世界的文明之光！

图 19

七、故事演绎，传承体验

师：今天了解了青铜器后，我们一起来玩玩“穿越”剧，编写故事并画下古人的一天，让我们看看古人们会要用到哪些青铜器。我们也可以将所用到的青铜器做成青铜拓印画，并且来介绍这些青铜器的功能以及艺术特色（造型、纹饰）。

【设计意图】教师巧用绘本故事的方式演绎作品，在课堂的结尾再次激发学生的兴趣，让学生主动去探索，并动手制作拓印作品，在过程中感受青铜器的纹饰、造型特点与规律。

（一）教师出示青铜拓印画制作步骤

1. 准备材料：卡纸、黑色宣纸、剪刀、金色丙烯颜料、青绿色丙烯颜料、海绵、喷壶。

2. 学生分组收集所要表现的青铜器图片以及相关信息。

（二）学生观看制作视频并总结步骤

1. 首先在卡纸纸板上画出需要制作的青铜器造型与纹饰。

2. 将该青铜器上的纹饰剪下来并贴在器型纸板上。

3. 将黑色宣纸贴上去并用喷壶淋湿，再用海绵压实，使表面形成凹凸的效果（类似于凸版表面）。

4. 用海绵将青绿色丙烯颜料对黑色宣纸进行颜色的渲染。

5. 最后再用金色丙烯颜料进行颜色的补充，提升青铜器的颜色层次。

（三）小组演绎与展示

学生分组通过绘本故事的方式呈现“古人”的一天，在演绎过程中展示所做的青铜拓印画（图 20 至图 24），并介绍它的功能、背景和艺术特色（造型、纹饰）。

（四）拓展思路，创意探索

展示青铜器与现代产品的结合与衍生品（图 25）。

【设计意图】教师带领学生发散思维，了解文创产品的设计与应用，形成对中华优秀传统文化的创新与传承意识。

教师总结：今天我们欣赏了青铜器，感受了青铜时代的辉煌，本节课老师带着大家一起打开了一扇历史的大窗，透过窗户，我们看到的不仅仅是青铜器的故事，更是古代的工匠精神。我希望大家能够走出课堂，走进博物馆，也去一睹我国其他传统工艺文明不朽的风采，记住历史，让我们一起将这幅时光的画卷保护、传承下去！

【设计意图】教师引导学生将文化兴趣蔓延到其他优秀传统文化作品上，与后续的漆器、长沙窑等课程（图 26）衔接起来。最后师生在展厅合影（图 27），完美结束该课。

图20

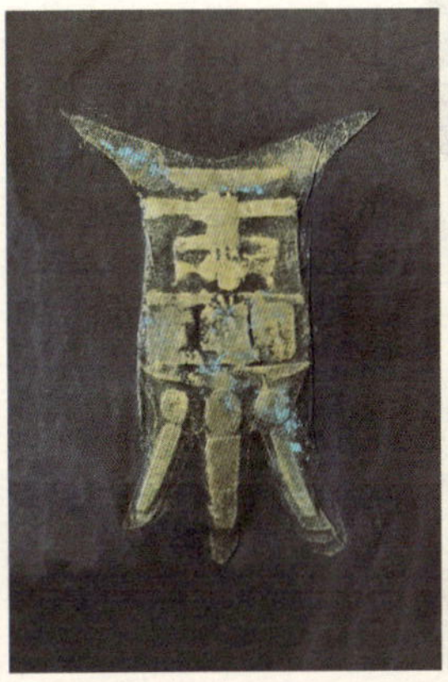
图21

图22

图23

图24

图25

图26

图27

湖南省博物馆《王者归来》观展导学案

姓名：　　　班级：

器型（剪影）	时期	功能	纹饰 （文字简单描述并选取最感兴趣的部分进行描绘）
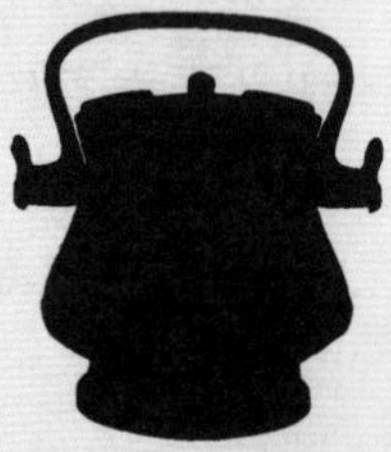 卣王			
 铙王			
 瓿王			

教学反思

一、课的由来

本课是根据湖南省博物馆的展览“王者归来——中国古代青铜器巡礼”而设计的一堂馆校合作美育课，让历史悠久的青铜文化通过美育课堂走进校园，与学生们进行“零距离”的时空互动。

二、设计构想

在设计课程前期，笔者多次前往湖南省博物馆考察馆内的青铜器，并整理资料，与美术组老师一同研讨。本课初始设计的重点在于探寻商—西周—东周（春秋、战国）这一条历史的时间线中青铜器的发展与变化，并以“礼”为线索，讲述纹饰之“礼”、身份之“礼”、形制之“礼”、回归之“礼”（表3）。但由于“礼”的意义在这四个部分较难统一，并且准确性还有待考证，故而此设计止步于此。

于是笔者结合初中学段的特点，从兴趣出发，以纹饰为主要依据，发挥博物馆深厚的文化教育功能，请湖南省博物馆杜老师做青铜造型的主要讲解。我们分工合作，最后设计为教师讲授纹饰之谜、回归之誉，杜老师讲授形制之美（表4）。

表3

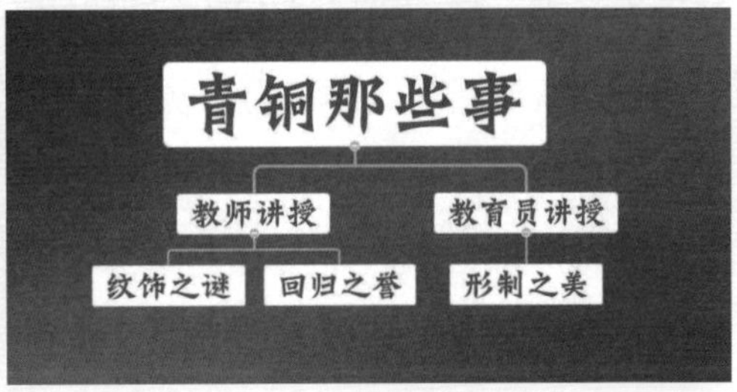

表4

三、官方发布

这次馆校合作备受学校关注与重视，录制完后，学校在官方公众号上即时进行播报。（报道网址：https://mp.weixin.qq.com/s/h6TkBqfFCek9mOIgsj543A）

四、总结反思

明德洞井中学黄盼：在设计美术课程内容的时候，我们作为教师，考虑最多的首先是教学目标是否能达到，其次就是课堂是否有趣。游老师在这一点上花了不少工夫，从王室餐具到青铜器动物纹的设计，再到找酒器游戏，以及最后的活动“青铜拓印画”，可谓推陈出新，不断刺激着学生的兴趣点。趣味是手段，不是目的，趣味性的活动不是为了取悦学生，而是让学生在更为轻松愉悦的环境下，不自觉地学习更高难度的美术学科知识，从而获得艺术能力的螺旋式提升。

听完这堂课，我总结了以下三点教学经验：

1. 艺术教师对课堂要有实打实的控制权。从课堂纪律到整体学情把握，再到个体学情，方方面面，教师要了解并牢牢掌控。

2. 用系统化的眼光看待美术教学：美术核心素养的提升需要一个整体的过程，而不只是靠每天的课堂 45 分钟，因此，教师应该考虑如何让课堂产生延伸性，比如，学生的审美提升，培养绘画习惯、艺术语言的表达能力等等。

3. 课堂的趣味性要基于学情，基于学生的年龄特点、兴趣爱好，在设置课堂活动时，最好能服务于知识，并保持活动难度逐级递增。

长沙高新区雅礼麓谷中学卜静雯：以美食街“簋街”导入，巧妙引申出了食物和青铜器的关系，概括出青铜器中食器的概念；关于饕餮纹的动物元素剖析得很细致，“纹样表”很有引导性。但是否可以考虑先请同学们观察饕餮纹中有哪些动物特征，再发“纹样表”？这样会更凸显学生主体性。“对称性”出现在了教师的总结里，它是否可以前置到饕餮纹的探究中去？饕餮纹是以俯视、剖面展开的方式创造出来的，这样能更充分地体现纹饰完整性，如果关于“对称性”的内容前置的话，会使饕餮纹的探究更全面。我们由此再去拓展出正侧面的夔龙纹和凤鸟纹以及其他动物纹，延展出更丰富的视觉形象。整堂课以动物纹饰为教学重点，串联起食器、酒具及展厅内的各式青铜器，先教学后参观，学生能更主动地将所学知识映射到对实物的欣赏中，从纹饰、功能等方面更细致、全面地了解青铜器，教师的构思很用心。

长沙市第十一中学陈素：这堂课给人的整体感觉很好，是历史、人文、宗教的跨学科融合。课程设计上，教师引导学生对青铜器的历史、器型、用途、纹样、寓意等进行了探索。该课的重点是对青铜器的纹样和器型展开教学。其中又重点分析“饕餮纹”的形象特点与造型结构，并引出其他纹样的特征和寓意，使学生理解了青铜器实用功能与审美意义的结合。

教师深入挖掘教学内容中多领域、多层次的内在联系，我发现有几大亮点：一是游老师通过北京“簋街”的引入自然地过渡到“青铜器”的学习，激发学生探索兴趣；二是对饕餮纹样的分析，让学生体会到现实生活与历史息息相关；三是播放青铜器的制作视频，并讲述了皿方罍的“归湘之路”，介绍湖南宁乡出土“人面纹方鼎”“四羊方尊”，充分让学生了解青铜器的同时又增强了对本土文化的自信，让学生产生对中华优秀传统文化的认同感。

建议：本课可将青铜器的历史背景、世界声誉融合进去，对青铜器不同发展时期的造型特点、纹样、铭文等多个维度进行赏析。

参与人员名单

策划：长沙市教育科学研究院詹蓉

授课教师：游瑞阳

湖南省博物馆负责人：薛超

湖南省博物馆教育员：杜佳莹

现场参与人员

长郡雨花外国语学校初一 2101 班：陈瀚轩、陈俊驰、陈麒睿、陈思怡、邓雨寒、胡睿欣、黄铉益、李宝乐、刘子洋、罗尧、谭哲文、仝佳妮、王希晨、王昕童、王雅暄、王艺蓉、谢显成、俞赍浚、张嘉媛、郑祖伶；2101 班班主任：罗进

教学指导：詹蓉、何嘉僖、刘夕来、钟敬君、曹慧、董佩、卜静雯、黄盼

特别鸣谢人员

长沙市第十一中学 书记：刘炼；校长：张桂元；副校长：赵昌盛、彭光治；艺教处主任：彭红军

长沙市长郡雨花外国语学校 书记：张国军；校长：罗浩；副校长：李君、潘德慧、谭海梅

摄影：巩玮、梁捷、彭思宇

后期：马江、许佳芩、刘愈

剧本：邓雨寒

绘本：李宝乐

视频配音：宋兆原、刘正华、张问难

问鼎寻美：《青铜之美》教学设计

长沙市雅礼洋湖实验中学 陈磊

前言

灿烂的青铜文明，是古代中国跨越历史长河的一大证明。随着历史演进，青铜器的功能逐渐从礼制的象征过渡到实用。它在中华文明中留下了不可磨灭的印记。湖南省博物馆举办的“王者归来——中国古代青铜器巡礼”展览，为我们展示了青铜器珍品，带我们深入历史的长河，认识青铜文明，感受青铜之美。本次馆校合作课是由湖南省博物馆、长沙市教育科学研究院、长沙市雅礼洋湖实验中学联合举行，意在通过这一活动进一步加强博物馆的美育功能和社会教育功能，进一步促进新课标下的美术教育教学研究，提高美术学科与其他学科的融合水平，扩大学校的社会美育资源。拿到本次活动方案时，笔者通过搜索发现大多数青铜器的课程主要是围绕青铜器的纹样设计。本课的设计聚焦于如何区别于其他青铜器课程，如何体现新课标的要求，如何符合学生的知识储备和生活经验，如何创设真实的情境，如何将美术学科与其他学科进行有机融合。笔者通过多次的修改最终形成本次课程。（图 1）课程从青铜器的美感方面着手，立足于高中生的学段特征，通过四个方面体现青铜之美，融合了历史、化学、绘画等学科知识，让学生了解不同时代青铜器的特点，感受青铜器的历史美；了解青铜器颜色变化的化学原理，感受青铜器的色彩美；结合美术的绘画语言感受青铜器的艺术美。在课程实施中，笔者借助展览上的展品和情境，让学生从课堂有所学，到现实有所感，通过观察、研究、探讨、实践等方面感受青铜之美，教学设计思维导图如表 1。

扫一扫，看示范课

图1

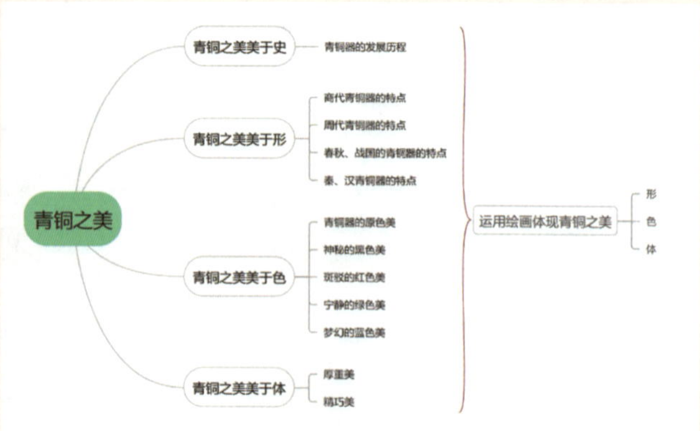

表1

具体设计思路

课前任务：教师让学生带着活动一的任务观展（图 2）→问题导入：教师引导学生对比分析两件青铜器分别属于哪个朝代→青铜之美美于史：教师讲述青铜器发展的历史过程，让学生感受青铜器的历史之美→青铜之美美于形：教师引导学生从器型和纹饰两方面感受从商到秦汉时期的青铜器之美→青铜之美美于色：教师引导学生从原色、黑色、红色、绿色、蓝色等方面感受青铜器的锈色之美→青铜之美美于体：教师引导学生从厚重和精巧两方面感受青铜器的形体之美→表现青铜之美：结合青铜器的历史背景，从形、色、体三个方面运用绘画去表现青铜

图 2

之美→观看教师绘画示范→学生作品展示和评价→总结和升华，本课程结束。

教学分析

湖南省博物馆举办的“王者归来——中国古代青铜器巡礼”展览，从王的时代、国之大事、庙堂之下、古典余辉四个主题展示了从商代到明清的青铜器物，有礼器、食器、酒器、兵器、车马器和其他生活器物共 280 余件，器型多样，造型优美，为我们的学习和研究提供了宝贵的材料。其中，从商代到秦汉时期的器物最多，也是本次展览的精品器物。本课程选取了这一阶段的青铜器，从青铜器的历史、器型、锈色和体积四个方面去分析，让学生感受青铜之美。

本次授课对象为高一学生，让学生在观察、感受青铜之美的同时，通过实践完成一幅青铜器的绘画作品，提高学生观察和表现美的能力。课程中融合了历史、化学等学科，各学科时间分配为历史 10%，化学 15%，让学生通过课程的学习了解不同时代青铜器的特点、青铜颜色变化的化学原理，从而感受青铜之美。

学情分析

高一年级学生在初中阶段学过青铜器，对青铜器的历史有一些了解，但要完全依靠学生的绘画意识和现有技能水平进行表现还存在一定的难度，这就要求教师在本课程的重点、难点的突破上寻找更好的方法，如：要做好导学案。在示范时，更应该做到精讲善练，让学生在教师引导、师生互动和大胆实践中完成学习任务。高一学生已经具备了一定的自主思维能力，这种能力往往在其作品中有较好的体现，教师在评价中应善于把握学生的“闪光点”，鼓励学生大胆创新，不仅要对过程、方法进行评价，还要对创新意识和情感表达进行评价。

教学目标

一、知识和技能

通过本课学习，学生能够了解青铜器的发展历史；通过观看示范和教师讲解，学生能形成基本造型意识和色彩处理意识；感受青铜器的造型、色彩、体积、空间等形式特征。（图像识读、美术表现）

二、过程与方法

通过教师的讲解、示范以及学生对青铜器的绘画体验，学生能用绘画表现一个青铜器或局部，体现青铜器的器型美、颜色美、体积美。（美术表现、创意实践）

通过对青铜器的鉴赏，学生能分辨出不同时代青铜器的器型和纹饰等审美特质。（审美判断）

三、情感态度和价值观

通过本课程的学习，学生能逐渐形成从文化的角度观察和理解美术作品的习惯，了解青铜器与传统文化的关系；认识中国青铜器的文化内涵及独特艺术魅力，坚守中华文化立场，坚定文化自信；继承和发展优秀传统文化。（文化理解）

教学重点与难点

教学重点：学生通过观察、分析掌握商周青铜器的特点和区别，理解青铜器锈色的形成原理，通过观看教师示范，能运用色粉绘画出一个青铜器或局部。

在教学实施过程中，教师需要准备丰富的素材，结合鉴赏、体验、分析等多种教学形式，让理论化的概念变得可视、可感，尤其要充分发挥技法体验的价值，让学生在实践中感受、感知，为后续的课程学习奠定基础。

教学难点：学生通过观看教师示范微课，了解色粉的使用方法，运用绘画表现青铜器。

从色粉画效果来看，它兼有油画和水彩的艺术效果，具有独特的艺术魅力。在塑造和晕染方面，色粉画有独到之处，且色彩变化丰富、绚丽、典雅，它最宜表现变幻多、细腻的物体，它的调色只需不同色粉互相混合即可，易于得到理想的色彩。所以我选用色粉作为本次学生活动的绘画材料。在绘画活动中最难掌握的是形色结合，因为我们既要表现体积又要表现颜色，还要加入细节的刻画。利用微课，能很好地突破这一难点。

教具学具准备

多媒体课件、导学案、48 色色粉、炭笔、纸擦笔、8 开素描纸、速写板等。

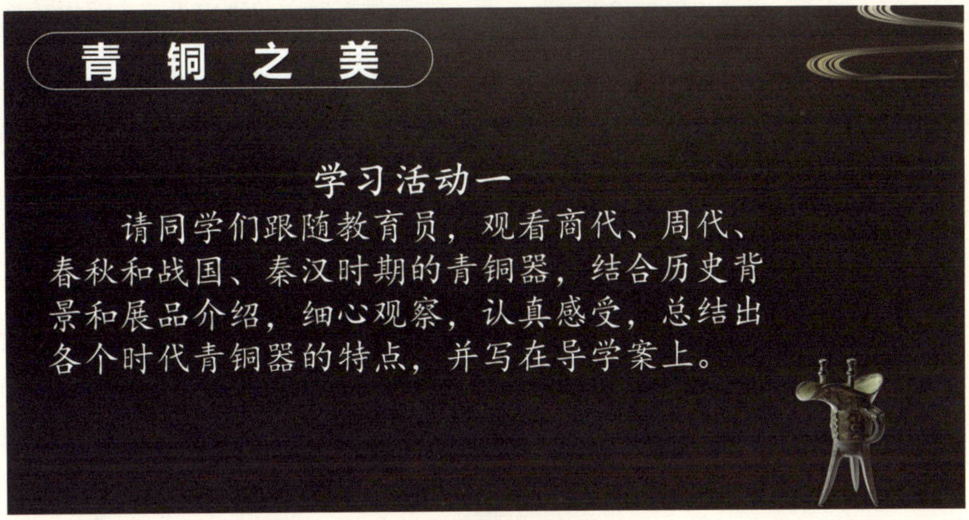

图3

图4

教学过程

一、课前任务

见学习活动一（图3），布置观展时的学习任务，跟随教育员一起观展（图4）。

【设计意图】结合馆校合作课程现在的范式，本环节先由博物馆教育员带领师生参观并讲解展品。在观展之前，教师给学生布置任务，有助于学生有目的、有思

图5

图6

考地观展，为后续的教学做好铺垫。

二、导入

判断两张图片中的青铜器（图5、图6）分别属于哪个朝代，并说出判断依据。

师：同学们，我们回到课堂上，通过博物馆教育员的讲解和同学们的参观，应该都完成了老师布置的任务。现在，我请一位同学来判断一下，这两件青铜器分别属于哪个朝代，并说出你的判断依据。

生：我觉得，第一件应该是周朝的，第二件是商朝的，因为……

师：分析得很不错，答案也是对的，我们先不评价他的判断依据是否准确，我们先来了解一下青铜器发展历史。

【设计意图】教师采用问题导入，学生通过观展和教育员的解说已经形成了初步的判断依据，教师留下伏笔，通过后面的学习来验证学生分析的准确性。

三、新授

（一）青铜之美美于史：通过图文结合分析青铜器的发展历程（图7）

师：青铜器最早产生于新石器时代晚期，它最初为生活用品。在扑朔迷离的夏朝，器型较简单。到商代，青铜器高度发展，器型丰富多样，纹饰繁杂，青铜器作为礼器的地位凸显，人们赋予了青铜器能通神的力量，青铜器是权力和地位的象征。发展到西周时期，器物造型简化、典雅，兽面纹饰减少，食器和礼器增多，青铜器由“神化”向“人化”转变，出现了用器。再到春秋战国时期，器物造型轻灵，装饰注重写实，礼器减少，出现大量的生活器物，出现这种变化跟春秋战国的历史背景有关，春秋时期诸侯争霸，战国时期战争连年，各诸侯王不再奉行周礼，这一时期“礼崩乐坏”，青铜器作为礼器的地位衰落，作为生活器物的地位凸显。发展到秦汉时期，青铜器彻底走向衰落，主要是生活器物。秦汉之后，青铜器退出了历史舞台。了

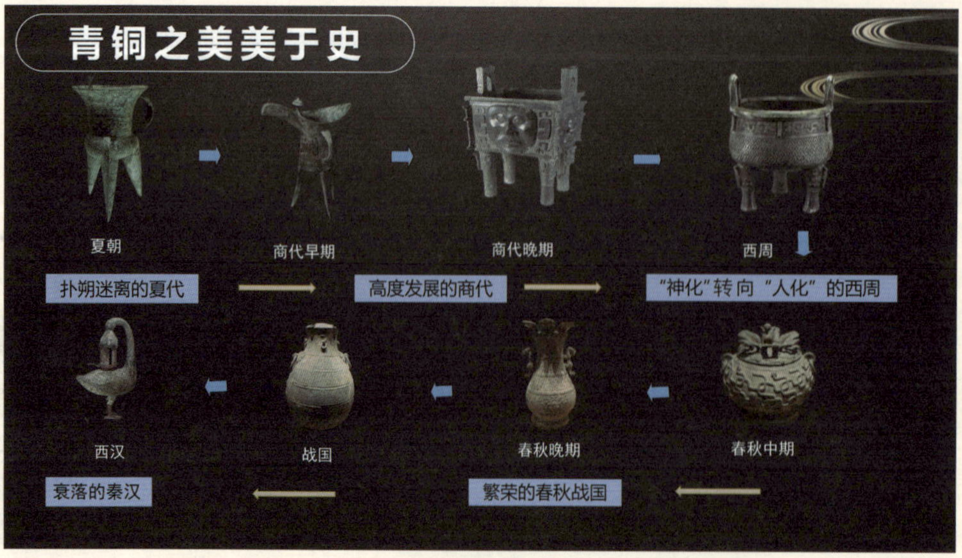

图7

图8

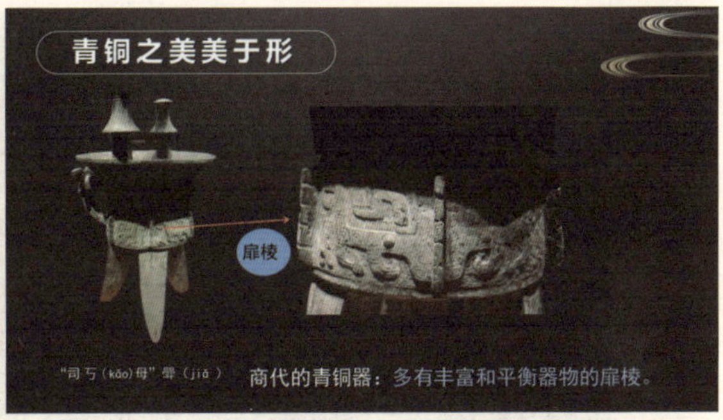

图9

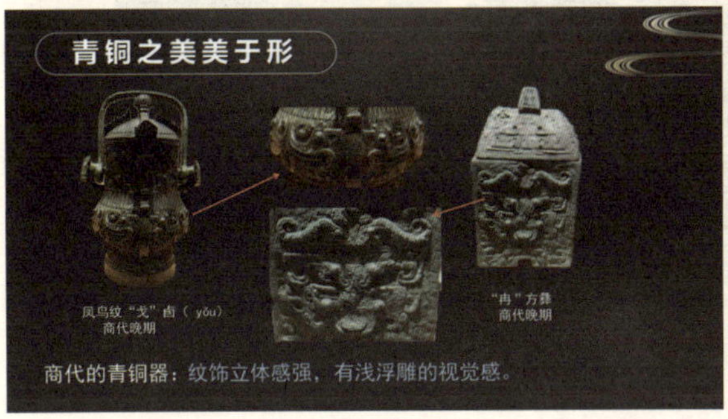

图10

图11

解了青铜器的发展史之后，我们再来总结一下各个时代青铜器的主要特点。

【设计意图】通过图片学生能很直观地看出不同时代青铜器的变化，再加上教师的讲解和分析，学生能很好地理解青铜器的发展历史。

（二）青铜之美美于形

1. 商代青铜器：从商代青铜器的纹饰、造型、器型等方面分析其特点，最后总结商代青铜器的整体特点。

师：首先看商代青铜器（图8），我请一个同学来说说你的感受。（生：恐怖吓人。）没错，这是兽面纹，也叫饕餮纹，我们来看一下，这是它的鼻子，这是它的眼睛，这是它的耳朵，这是它的爪子，这是它的牙齿，这是它的角，这是它的下颚。所以总结一下：商代青铜器以兽面纹为主，给人一种恐怖吓人的感觉。

师：再看下一组图（图9），商代青铜器多扉棱，用来丰富和平衡器物。

师：再往下看，我们在观展的时候，看到商代器物的纹饰造型除恐怖以外，还有另外一个特点（图10），我请一个同学回答一下。（生：立体感强。）

师：我们看了这些器物（图11），同学们知道这些器物是用来干什么的吗？（生：它们是用来盛酒、喝酒的。）商代人好酒，祭祀也好用酒器，商纣王还修了著名的“酒池肉林”，所以商代酒器较多，而且造型各异。

教师和学生总结：商代青铜器器型多样，酒器居多，纹饰以兽面纹为主，整体感觉厚重华丽，充满神秘、威慑的色彩。它是权力和礼仪的象征。

图12

师：之前同学判断的理由也基本准确。

【设计意图】本环节通过将商代青铜器的特点进行分解，结合之前教育员的讲解，运用图片让学生观察总结，实现学生对商代青铜器多方面的了解，通过分析验证了之前同学判断青铜器属于哪个朝代的理由是否正确，从而加深学生的理解，也让学生感受商代青铜器的独特美感。

2. 周代青铜器：周代青铜器分西周早期、西周中期、西周晚期三个时期，从器型和纹饰两方面分析，最后总结西周青铜器的整体特点。

师：我们再来看看周代的青铜器，从三个时期来分析周代青铜器。大家先看西周早期（图12），西周早期的青铜器器型沿袭了商代，由于统治阶级的统治思想发生了改变，提倡“明德慎罚，敬德保民”，所以在纹饰上出现了一些变化，兽面纹减少，团龙纹和凤鸟纹增多，青铜器恐怖的气息减弱。

师：再到周代中期（图13），器型上也发生了变化，周人认为，商人“好酒而亡”，所以周代酒器减少，食器增多，纹样出现简化抽象的窃曲纹和几何纹。随着时代的发展，人们的生产力不断提高，生产工具不断改进，认识自然的能力也在加强，人们不再惧怕恐怖吓人的野兽，所以器物上动物纹饰减少，变为简单轻盈的抽象纹饰和几何纹饰，纹饰也趋于平面化，立体感减弱。

师：到西周晚期（图14），统治阶级“敬德保民”的思想加强，重视民心，器型也更加简练，生活用器增多，纹饰更加简化、抽象，以曲波纹和环带纹为主。

师：周代的青铜器还有一个统一的特点就是有大量的铭文（图15），这些铭文内容多为记事，用来纪念和弘扬功绩。

师：最后，我们通过对比从西周早期到西周晚期的食器“簋”的变化来总结周代青铜器的

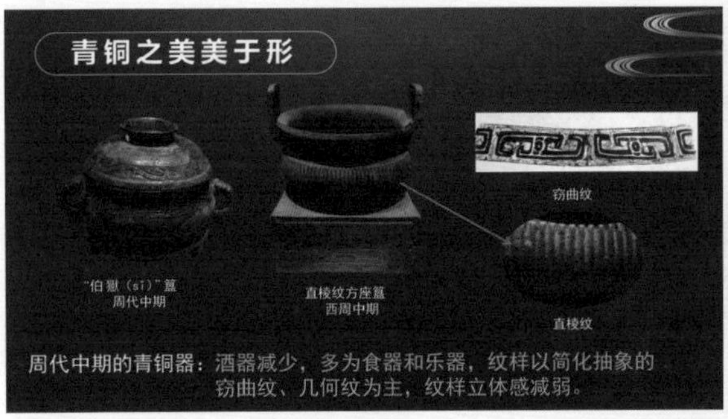

图13

图14

图15

图16

特点（图16）。

学生总结：周代青铜器，食器和礼器居多，有铭文，纹饰趋于简化、抽象化、几何化，神秘色彩淡化，风格趋向简朴、典雅之美，其所具有的礼仪纪念性质更加明显。

师：之前同学分析的判断依据也基本准确。

【设计意图】西周时期的青铜器是对商代青铜器的继承和发展，随着时间的变化，受商代青铜器范式的影响减弱，周代自己的特点凸显，所以笔者将周代青铜器的特点分三个时期来讲述，而且三个时期各自的特点比较明显，这样能更好地加深学生对周代青铜器特点的理解；最后，再通过观察同一类器物在三个不同时期的造型和纹饰，总结出周代青铜器的整体特点。这些讲解和分析也验证了之前同学在判断青铜器属于哪个朝代的理由是否正确。

3. 春秋战国时期青铜器

师：接下来再来看春秋战国时期的青铜器（图17），我请一个同学来说说你在导学案上总结的春秋战国时期青铜器的特点。

生：主要是生活器物，纹饰简单，以蟠螭纹为主，有一些写实的动物形象在器物上。

师：很好，春秋时期诸侯争霸，战国时期大小诸侯国连年战争，这一时期"礼崩乐坏"，礼器减少，主要为生活器物，器物上多有写实的动植物形象，纹饰以蟠螭纹和蟠虺纹为主，体现了那个时代的精神。

4. 秦、汉时期的青铜器

师：再来看看秦汉时期的青铜器（图18），我请一个同学来说说你在导学案上总结的特点。

图17

图18

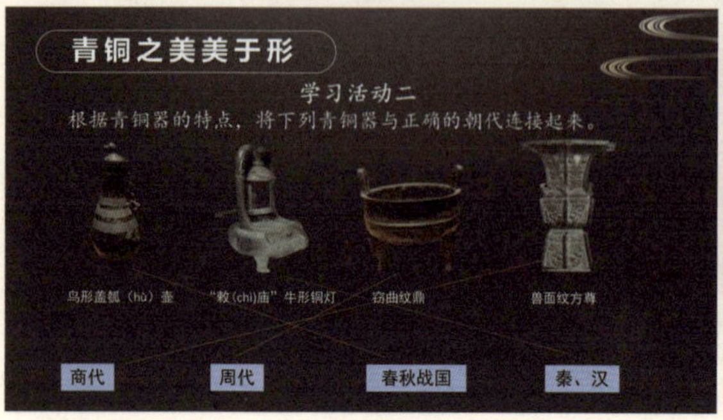

图19

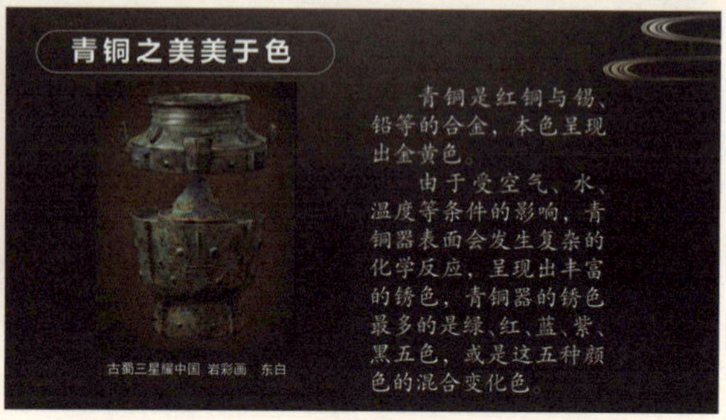

图20

生：造型精巧，主要是生活器物。

师：秦汉青铜器，主要向轻便、精巧、实用的生活用具和观赏器发展。

【设计意图】春秋战国的青铜器和秦汉时期的青铜器特点采用学生总结、教师补充的方式。在之前观展时教师发的导学案上就有对各个时期青铜器特点进行总结的任务设计，学生通过观察和教育员的讲解进行思考和总结，通过这一教学设置，也可检验学生自主学习的成果。

接下来是学习活动二。

师：通过前面的学习，我们了解了各个时期的青铜器的器型和纹饰特点，接下来通过一道题目来检测一下我们掌握得怎么样。我请一个同学上台来完成这个活动。（图19）

【设计意图】通过活动二，学生能把这一节所学的知识进行巩固和运用，加深理解，从而突破重难点。

（三）青铜之美美于色

师：我们感受了青铜器的器型美和纹饰美，接下来我们再来欣赏青铜器的颜色美。请同学们先看这张画（图20），从中我们能看出有哪些颜色？（生：黄色、蓝色、黑色、绿色、红色。）我们在参观的时候是不是也发现了青铜器有各种不同的颜色？这是为什么呢？那我们就一起来探究一下其背后的原因，并感受青铜器的颜色魅力。

图 21

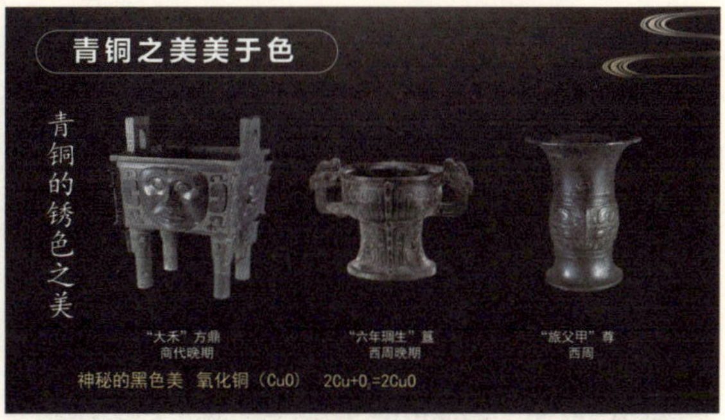

图 22

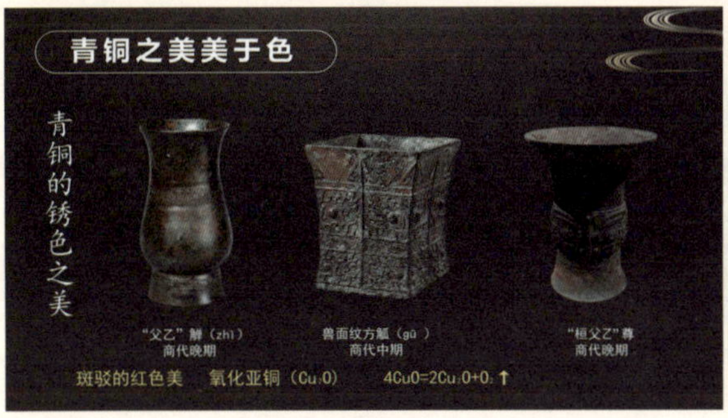

图 23

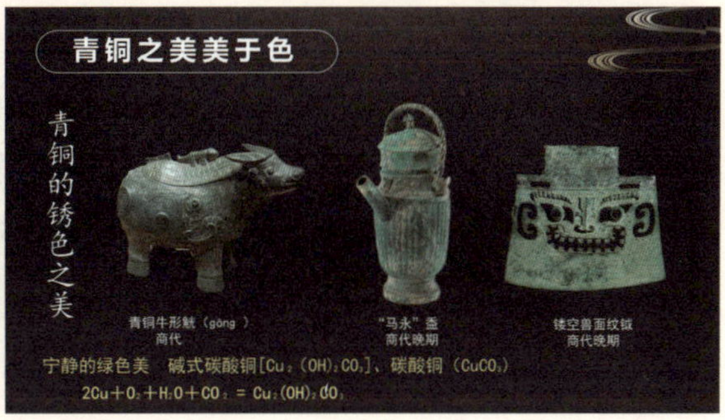

图 24

【设计意图】通过欣赏青铜器的绘画作品，让学生能直观地提炼出青铜器表面的颜色，并与观展中所发现的青铜器的颜色形成呼应，让学生肯定自己的认识，并为接下来的讲解做好铺垫。

师：青铜器是红铜与锡、铅等的合金制成的，本色呈现出金黄色。由于受空气、水、温度等条件的影响，青铜器表面会发生复杂的化学反应，呈现出丰富的锈色。青铜器的锈色最多的是绿、红、蓝、紫、黑五色，或是这五种颜色的混合变化色。

师：我们先来感受一下青铜的原色美（图 21）。这是复原的四羊方尊，它华丽而富有光泽，再看看 2500 多年前的秦公壶，放在现在我们依然能看到它那金黄的光泽，再看看 2800 多年前的令簋，我们依然能看到它金色的光泽。

师：再来感受青铜器的锈色美。有些青铜器为什么是黑色的（图 22）？我请一个同学回答。

生：因为它器物表面发生了氧化，生成了氧化铜，氧化铜是黑色的。

师：很好，同学们试着写出它的化学反应方程式，铜和空气中的氧气发生氧化反应，生成氧化铜，这是铜表面的第一层化学反应。

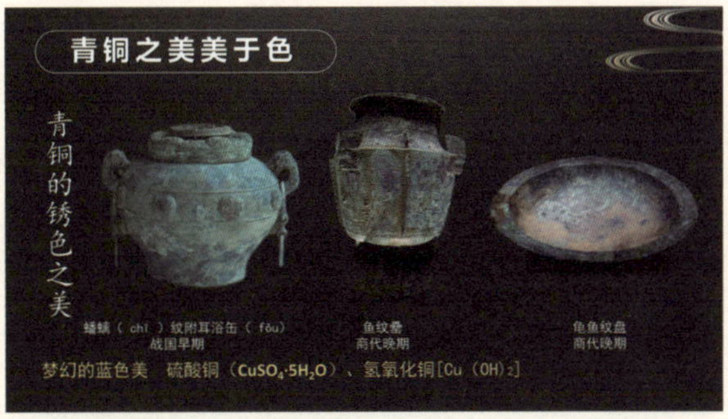

图 25

师：再看看红色美（图 23）。铜的哪一种化合物是红色的？我请一个同学回答。（生：氧化亚铜。）对，氧化亚铜呈红色，是氧化铜发生了分解形成氧化亚铜。我们看看器物，在黑色的表面透出那斑驳的红色，另有一种独特的美感。

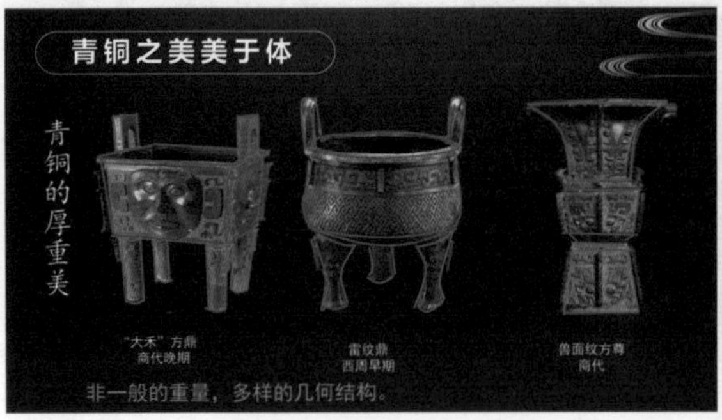

图26

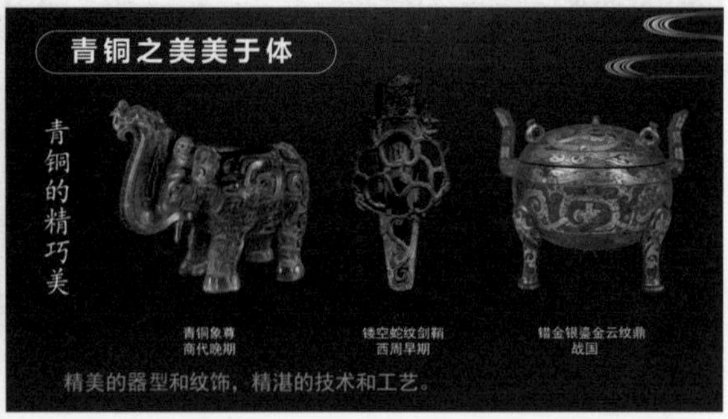

图27

师：我们看到比较多的或者大多数青铜器都有的颜色是绿色（图24），铜的哪种化合物是绿色的呢？我请一个同学回答。（生：碱式碳酸铜。）那你能说说怎么形成的吗？（生：是铜和地下的水、二氧化碳和氧气发生了化学反应，生成的碱式碳酸铜。）很好，我们看看器物，这绿色就像在青铜器表面长了一层绿苔藓，让它又焕发出新的魅力。

师：我们还发现有些器物表面呈蓝色(图25)，或者有些地方出现蓝色，这又是怎么来的呢？它的化学成分是什么呢？我请一个同学来回答：蓝色的铜的化合物是什么呢？（生：是硫酸铜，还有氢氧化铜。）我们来看器物，在灰色和绿色的周围分布着一些宝石般的蓝色，让人赏心悦目。

【设计意图】通过师生对话解释了青铜器表面颜色变化的原因，高中学生的化学知识足以解答这些问题，学生的回答和教师的讲解逐步深入。通过青铜器表面从原色到黑、红、绿、蓝的颜色变化的讲解，也让学生将所学的化学知识与现实生活结合起来，体现了跨学科的运用。

（四）青铜之美美于体

师： 我们感受了青铜器的颜色美，再来感受一下它的形体美。在看到商周时期大型的鼎和尊时，我感受到了它的分量，“鼎立”“一言九鼎”等自青铜器引申而来的词也恰好说明了它的重量。在这些青铜器上还有独特的几何组合结构，也构成了其厚重立体感（图26）。

师：在观展中，我们除了看到了一些大型的青铜器，也有一些小而精的器物，我们一起来感受一下它们的美感——精美的外形，精致的纹饰，那个时候独特的错金银鎏金工艺，无不体现出青铜器的精巧美（图27）。

【设计意图】通过对比观察，让学生既能感受青铜器的厚重，也能感受青铜器的精巧。我们除了欣赏青铜器外在的形、色，也可以通过分析其内部结构来了解它的形体，这样，能让学生更全面地去欣赏青铜器。

（五）表现青铜之美

接着开展学习活动三。

图 28

师：我们从青铜器的历史发展，青铜器的形、色、体几个方面感受了青铜器的美感，接下来请同学们从青铜器形、色、体三个方面，利用绘画去体现青铜器的美感。在绘画之前先看看老师是怎么表现的（教师示范微课），请同学们认真观察，总结方法（图 28、图 29、图 30）。

师：示范看完了，接下来请同学们到展览上找到自己最喜欢的青铜器进行表现，可以表现局部。时间 15 分钟，15 分钟后我们回到课堂上。

【设计意图】通过活动三，学生将前面所学的知识串联起来进行综合表现，通过绘画去

图 29

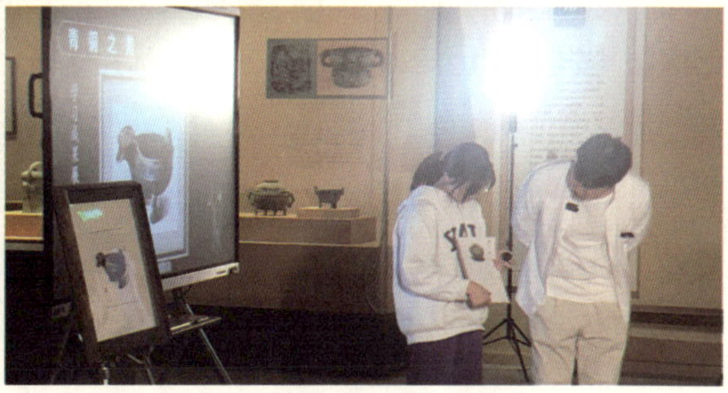

图 30

图 31

图 32

感受青铜器形、色、体的美。活动三是本节课的难点，所以笔者将示范和讲解运用微课进行呈现，学生可以反复观看，从而突破难点。

（六）学习成果展示和评价

师：在活动过程中同学们都很积极，也很认真，来看看同学们画的吧（图31、图32）。请这位同学自己分析为什么要画这个青铜器，你画这个器物想表现青铜器的哪些方面。

生：我主要对它的形状感兴趣，它比较小，但很精致，盖子上面还有一只鹤，器身表面还有一些蟠螭纹，颜色也很有特点。

师：这位同学选择的器物是哪个时代的？（生：春秋战国。）你为什么这么认为呢？

生：因为这件器物上的装饰鹤和蟠螭纹都是运用写实的手法。

师：这个同学画的这件作品体积感强，运用了西洋画的明暗光影，很好地体现了青铜器的分量。我们再请一位同学来展示和讲解自己的作品……

【设计意图】通过自评、互评、师评的方式可以让学生从多方面了解自己的作品，也能让学生将自己的想法通过自评环节表现出来，还可激发其他学生的思考。

四、拓展和升华

师：通过今天的学习，我们了解了不同时代青铜器的特点，也通过绘画从形、色、体三个方面去感受了青铜器的魅力，青铜器历史悠久，中华文化博大精深，请同学们课后继续去学习、去研究。

师：青铜器，跨越千年，曾填满陈年的情感，握住命运的风骨，辗转了千年，请同学们铭记这段青铜器的历史。好的，这节课就到这里，请同学们课后将本节课的收获和感悟写在导学案上。

【设计意图】通过本课程的学习，学生能逐渐形成从文化的角度观察和理解美术作品、美术现象和观念的习惯，了解美术与文化的关系，认识中华优秀传统美术的文化内涵及独特艺术魅力，坚守中华文化立场，坚定文化自信。

问鼎寻美：《青铜之美》导学案

姓名：　　　班级：

一、青铜之美美于形

活动一：在展览现场细心观察，总结各个时代青铜器给你的感受和特点。

1. 商代的青铜器：

2. 周代的青铜器：

3. 春秋、战国的青铜器：

4. 秦、汉的青铜器：

活动二：根据青铜器的特点，将下列青铜器与正确的朝代连接起来。

鸟形盖瓠（hù）壶

“敕庙”牛形铜灯

窃曲纹鼎

兽面纹方尊

商代	周代	春秋战国	秦、汉

二、青铜之美美于色

青铜器由于受到空气、水、温度等条件的影响，表面呈现出不同的锈色，请写出每个颜色的铜的化合物，试着写出其生成的化学反应方程式。

黑色：　　　方程式：

红色：　　　方程式：

绿色：　　　方程式：

蓝色：　　　方程式：

学习活动三

请同学们在展览中找到自己最喜欢的青铜器，结合青铜器的历史背景，尝试从形、色、体三个方面运用绘画去表现（可以表现局部）。

收获和感悟：

教学反思

一、课的由来

本课设计源自湖南省博物馆举办的“王者归来——中国古代青铜器巡礼”展览，是湖南省博物馆和长沙市教育科学研究院联合推出的馆校合作课程。我校举行此次馆校合作课程活动，旨在通过这一活动进一步加强博物馆的美育功能和社会教育功能，进一步加强新课标下的美术教育教学研究，提升美术学科与其他学科的融合水平，扩大学校的社会美育资源。

二、设计构想

在接到这个任务后，我校美术组多次组织研讨，确定课程框架，制订课程方案，讨论课程内容，研究课程要点（图 33、图 34）。经过多次听课、评课，我们最终选择从青铜器的美感方面着手，针对高中学段学生，本课融合了历史、化学、绘画等学科知识，让学生了解不同时代青铜器的特点，感受青铜器的历史美；了解青铜器颜色变化的化学原理，感受青铜器的色彩美；结合美术的绘画语言感受青铜器的艺术美。在课程实施中，借助展览上的展品和情境，让学生通过观察、研究、探讨、实践等方面感受青铜之美。

图 33

图 34

三、场地的选择

在接到任务后，我多次前往博物馆进行实地考察，与博物馆的工作人员进行沟通，最终选择在青铜器展厅里进行授课，这样能很好地利用真实情境，也方便后续教学活动的实施。

四、流程记事

本课录制时间为 2022 年 5 月 16 日 9:30—13:00。

学校教育处和总务处积极配合，多次向学生强调防疫意识和安全意识，协调好往返车辆后，全体师生于 5 月 16 日早上 8:00 出发，上午 9:00 顺利到达省博物馆。

上午 9:30 课程录制正式开始。先是录制观展环节，在博物馆教育员刘晨老师的带领下，我校师生仔细观看，认真听讲，积极配合。

本次活动的授课环节是在展厅里面进行，学生排列整齐，端坐在展厅中间，中午 11:30 授课开始，学生认真听讲，踊跃发言。

在课程的活动环节，学生回到展厅，用绘画表现青铜之美。这对学生而言，是头一次在博物馆内画画。那些曾经在书本上、电视上才能看到的青铜器，现在就在眼前。他们认真观察，大胆表现，从形、色、体三方面去表现青铜之美。

在录制工作完成后，我将本次课程创作的青铜器绘画作品赠给了省博物馆，现场举行了赠送仪式。（图 35 至图 40）

虽然本次活动录制时间长达三个半小时，但大家并不觉得辛苦。下午 2:30 ，师生安全返回学校，本次活动圆满结束。

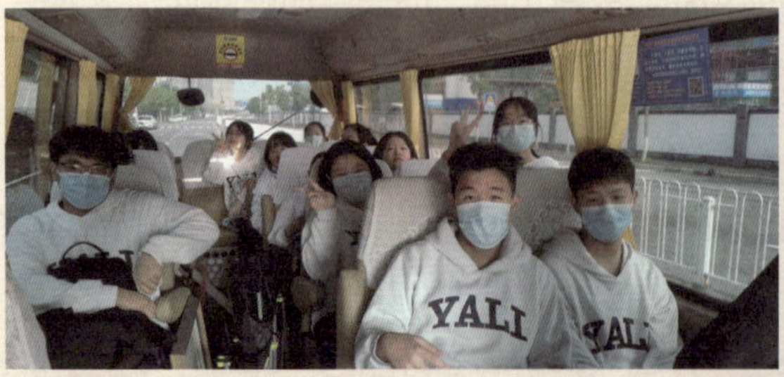

图 35

图 36

图 37

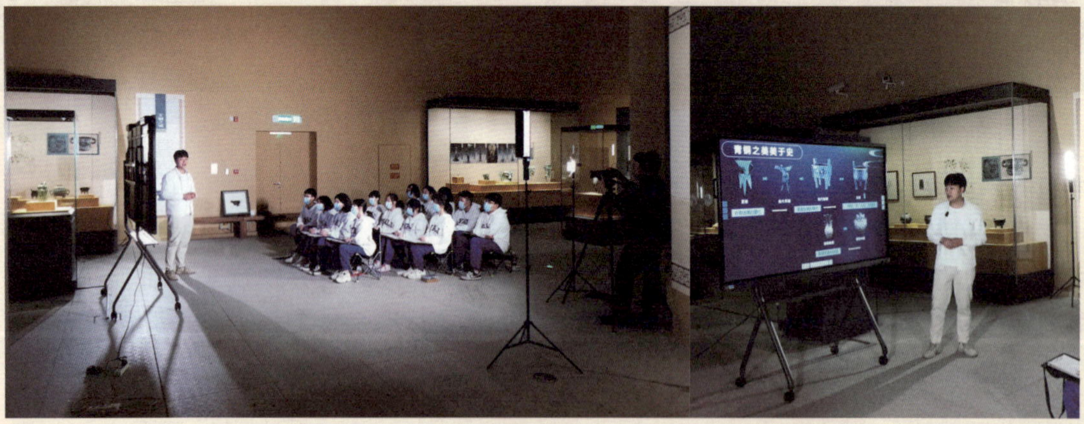

图 38

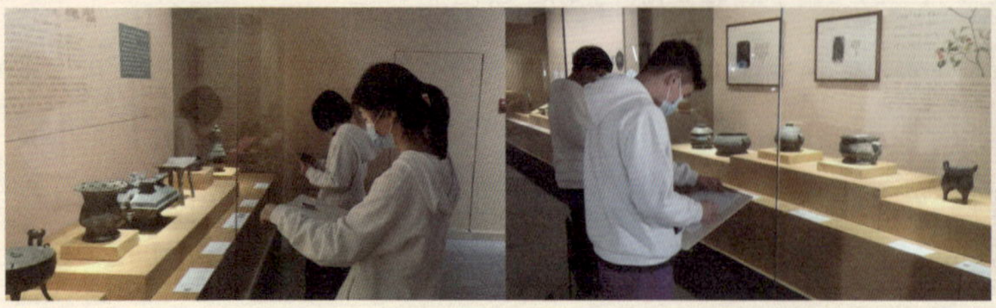

图 39

图 40

五、网络推送

本次活动受到学校的高度重视，在活动结束后，学校官微第一时间进行报道（图 41）。学校官微报道网址：https://mp.weixin.qq.com/s/8Ah7Gx5pfAr5pEBXAw8CEg。

图 41

六、教学研讨

优点：本课的教学目标明确，思路清晰，重难点突出，构思巧妙。教学内容立足于青铜之美，从四个方面展开介绍，最后通过活动将四个方面联系起来，落实的效果也还可以。本课融合了历史、化学等学科知识。陈老师想法大胆，敢于突破常规，课程体现青铜之美的四个方面且各有侧重，学科融合到位。教师的教态、语言把握恰当，课堂互动较多，问题设置具体。一些内容的学习都在师生互动中完成，陈老师选择在展厅里上课，情境、氛围烘托得很好。教师的绘画能力强，在短时间内画出了不错的效果。课前，教师让学生带着导学案去看展，学生有任务驱动，他们会思考会总结，这样为后续的学习做好了铺垫，也培养了学生独立思考、归纳总结的能力。教学评价的部分也设计巧妙，评价方式多样。

缺点：课程的设计中四个方面的联系并不紧密，四个方面在知识点上和引导学生思考方面没有层层递进的关系。本课如果落实到常规教学可能还需要进一步调整，因为学生的绘画基础不一，虽然通过微课的方式呈现教师示范，但一些学生还是难以理解，教学设计可以多向一些绘画基础弱的学生倾斜。有一些知识点可以讲得更深入一些，比如说周代纹饰变化的原因是什么，商代纹饰的特点是怎样形成的。在教师示范视频中虽然有步骤，但具体的技法没有做介绍，一般的学生可能会难以理解。在学生在绘画表现的要求上，教师可以让他们自由发挥，这样学生的收获可能会不一样。

改进建议：课程设计的各个环节一定要贯通，联系紧密，知识点难度要层层递进；有些知识点要讲具体、讲深入，不要简单呈现；要考虑问题情境，结合学生生活经验进行设问；教师示范在关键步骤、具体技法上要详尽讲解，争取让每个学生都能看得懂、学得会。

未来设想：如果在未来还有机会开展类似活动，定将本次课程的优点继续保持，缺点和建议结合课程实际问题进行改正和调整，总结经验，争取做得更好。

参与人员名单

策划：长沙市教育科学研究院詹蓉

长沙市雅礼洋湖实验中学：

高一 2102 班：于至凰、段思成、赵希蕊

高一 2103 班：裴子炫、易楚锐、吴佳、曾钰

高一 2105 班：黄钰懿

高一 2107 班：刘馨语、唐瑜轩

高一 2108 班：何沐佳

高一 2109 班：周苗

高一 2111 班：刘沫晗

校长：帅亮

书记：张锡

副校长：李军、陈良根

教务处：刘清

教育处主任：杜毅、李艳

总务处主任：姚绪刚

湖南省博物馆：薛超

湖南省博物馆教育员：刘晨

指导：詹蓉、王菁

授课教师：陈磊

雅洋美术组：王菁、陈磊、郭丰、胡晓蓓、全伟

《博物馆之旅——探秘青铜器》教学设计

长沙市天心区仰天湖赤岭小学 雷佳

前言

青铜器，有着古朴、凝重、雄浑、典雅的气质，它外表闪耀着金属质地的冷峻，内里却蕴含着人文的温度。中国古代青铜器源远流长，绚丽璀璨，有着重大的历史价值与艺术价值，享誉世界久矣。中国青铜时代是一个辉煌而独特的时代，为我们留下了大量精美绝伦的青铜瑰宝，它们是古代物质文化和精神文化的重要载体。《博物馆之旅——探秘青铜器》一课是结合湖南省博物馆"王者归来——中国古代青铜器巡礼"展览而设计开展的一堂跨学科融合的公共美育课。

此课教学设计围绕艺术课程标准和学科核心素养，巧妙地融合美术、语文、历史、物理等多个学科，进行多元化引导教学。以博物馆教育员导赏为基底，学生探秘任务为先导，教师引导，以学生为主体，自主合作探究，从青铜器的起源、造型、用途、纹饰、铭文等不同侧面探究青铜器的艺术魅力，让学生在感受中华文化艺术魅力的同时提升对青铜作品的鉴赏能力。

教学设计

见表1。

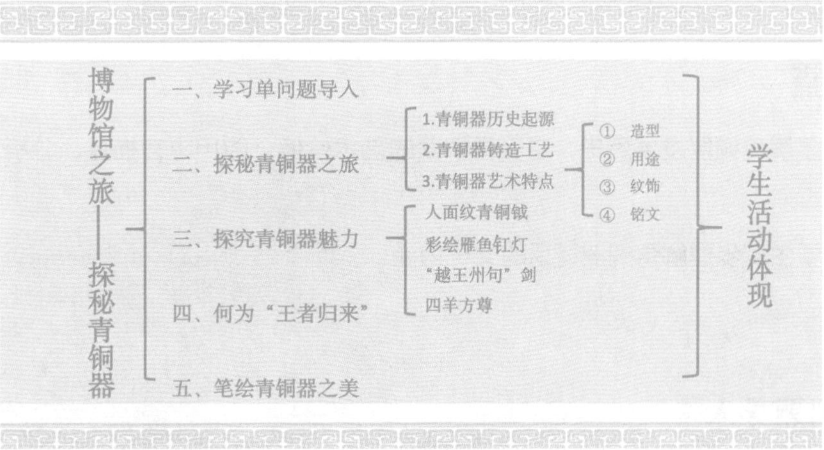

表1

扫一扫，看示范课

教学分析

此课例是结合湖南省博物馆“王者归来——中国古代青铜器巡礼”展览而设计开展的一堂跨学科融合的公共美育课。是基于小学五年级美术课程进行的跨学科项目化教学案例，定位为美术鉴赏课，语文、历史、物理等课程为从属学科。从属学科内容与主学科共同融合为一个有机整体，实现了学科间融合与统一。课例涵盖“学习单问题导入”“探秘青铜器之旅”“探究青铜器魅力”“何为‘王者归来’”“笔绘青铜器之美”几个板块。通过导赏与学习单，使学生带着目的去欣赏，用大量的问题不断地引导学生自主挖掘青铜器之美。在引导学生对青铜器的色彩、纹饰、铭文、造型等进行图像识读、审美判断的基础上，逐步探究其背后支撑造物与造型活动的文化根基和精神追求。课例通过结合湖南省博物馆参观展览和课堂互动探究，充分发挥了博物馆资源的优势，让学生可以近距离欣赏青铜器；打破课堂在教室内的束缚，促使学生自发地去了解和学习。

学情分析

本次授课的对象是小学五年级学生，该年级学生乐于参与教学，善于想象，有一定自主学习的能力和合作探究的精神，且具备了对绘画作品的基本欣赏能力，能够用“美术的眼光”来欣赏、评判周边的事物，并且有强烈表现自己所思所想的欲望。但是他们对青铜器相关知识储备不足，全面赏析青铜器难度较大。本次展览中青铜器展品较多，如何从中确定教学目标及教学重难点，是一种挑战。为了迎接这次挑战，课前笔者做了大量的准备和梳理工作，带领同学段的学生提前参观，咨询同学们的兴趣点。通过充分的前期准备，教师的教学设计紧紧围绕学生对青铜器的兴趣点来进行。

教学目标

1. 学生初步了解中国古代青铜器的相关知识，学会欣赏青铜器的造型、纹饰等。
2. 学生多角度欣赏、感受青铜器之美，能用语言描述、分析青铜器作品。
3. 学生领略古代青铜文明之美，增强文化自信，弘扬中华优秀传统文化。

教学重点难点

教学重点：了解青铜器发展历史，感受青铜器的艺术价值，能用语言描述、分析青铜器的艺术特点。

教学难点：学生初步理解青铜器背后的文化内涵。

教学过程

一、学习单问题导入

师：今天雷老师特别开心能与同学们一起来到省博，共赏王者风采。感谢省博为我们提供宝贵的学习机会，感谢教育员的精彩导读。课前雷老师发布了一张自主探究学习单（图1、图2），大家都解决了吗？

生：解决啦……

师：接下来就让我们开启博物馆之旅，一起探寻青铜器的秘密。

教师揭示课题——《博物馆之旅——探秘青铜器》（图3）。

【设计意图】在博物馆教育员导赏过程中，教师引导学生有目的、有针对性地进行参观，做到观有所感，为接下来的教学做铺垫。

二、探秘青铜器之旅

（一）青铜器历史起源

师：迄今为止，考古发现世界上最早的青铜器出现在哪里？中国最早的青铜器又出现在哪里呢？

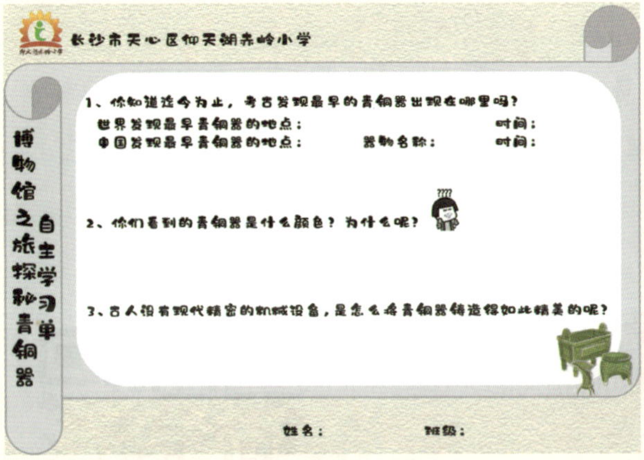

图1

图2

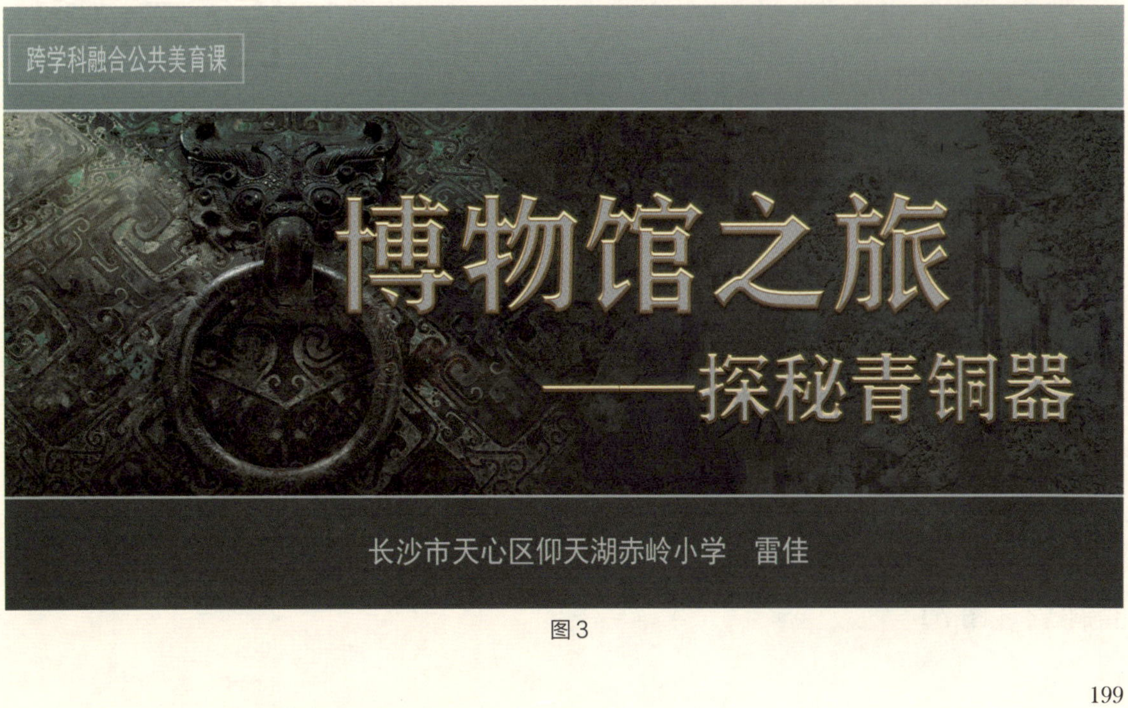

图3

学生回答：……（图 4）

图 4

师：看来大家都有仔细聆听讲解，其实世界上考古发现最早的青铜器出现在土耳其小亚细亚半岛，距今已有 6000 多年。我国目前发现的最古老的青铜器是甘肃出土的一把青铜刀，已经有 5000 年的历史。

师：原来青铜器在历史的长河中早就占据了一席之地！不过雷老师有点疑惑，你们看！老师练习书法用的铜（合金）镇纸是……（实物展示，为黄色），可刚才看到青铜器却是……？这是为什么呢？

生：用的绿色材料、氧化了……

师：青铜在我国古代被称为“金”或“吉金”，是红铜与锡、铅等的合金，刚刚铸造完成的青铜器是金色的，但出土的青铜器因埋藏在地下，随着时间的流逝，表面发生复杂的化学反应而呈青绿色，故被称为青铜。（教师相机点拨，这部分做预设。）

【设计意图】本环节考查同学们在听教育员讲解过程中，是否找到了学习单上问题的答案，通过学习单问题的设置，了解青铜器历史起源，感受中国传统文化的源远流长。

（二）青铜器铸造工艺

师：青铜器埋藏千年，依旧繁复精美。古代没有现代精密的机械设备，我们的祖先是怎样将青铜器铸造得如此精美的？

生：陶范法……

师：陶范法的制作流程又是怎样的？我们从视频中来寻找答案。（扫码观看，图 5）

图 5

师：青铜器的铸造过程可真不简单，在我们这个什么都可以复制粘贴的信息时代，每一件青铜器都是无法复制的国宝。同学们可能不知道，陶范法还是成语“一模一样”的由来哦。

【设计意图】学生通过欣赏视频，了解青铜器的主要铸造方法陶范法的具体步骤。引出陶范法还是成语“一模一样”的由来，以成语为切入点，使学生了解成语与青铜器之间的联系。

（三）青铜器艺术特点

师：说到成语，你能说出哪些与青铜器有关的成语呢？（图 6）

师：你自信地回答，可见你是一个知识积累丰富的孩子。那谁能根据这些成语找到相应的青铜器？（图 7）

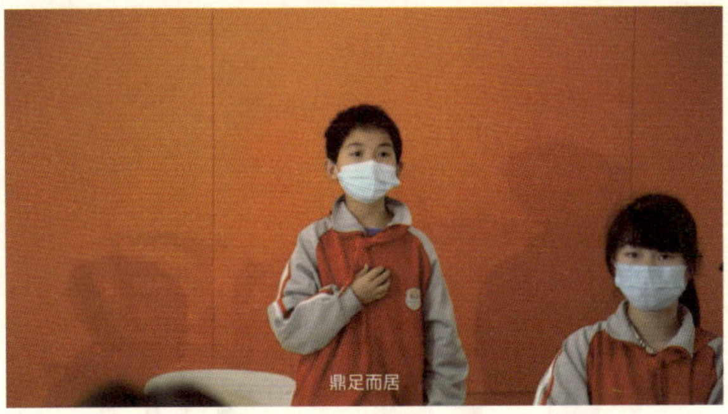

图 6

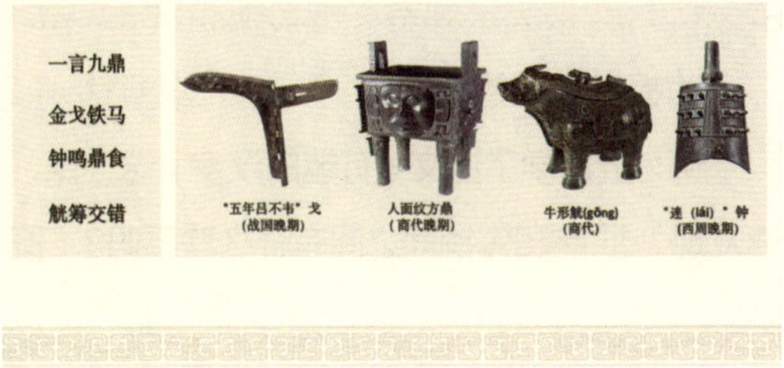

图 7

（连一连成语：一言九鼎、金戈铁马、钟鸣鼎食、觥筹交错 ）

学生依次介绍（教师相继补充）。

一言九鼎：分量可不轻呀！

金戈铁马：让我们想到了在沙场英勇善战的将军、战士。

钟鸣鼎食：祖先吃饭时还听着动人的音乐，是多么享受呀！

觥筹交错：祖先巧妙利用了牛的脖子的弧形，真是极具巧思。

【设计意图】学生通过教师引导，知道与青铜器有关成语的意思，了解成语中相关青铜器的功能。

师：传说古代夏禹收九牧之金，铸九鼎，象征九州。请观察鼎的样子，在生活中哪里看到过？

生：祭祀、烧香……

师：你看！这些鼎它们在造型上有什么共同特征呢？

（板书：造型）

生：造型上相同，都有像提手的耳朵，不同之处是方鼎是长方体，有四个脚，圆鼎是圆形，有三个脚，让我想到了成语“三足鼎立”。

【设计意图】学生通过观察对比，总结青铜鼎的造型特点，且能区别圆鼎及方鼎的造型特征。

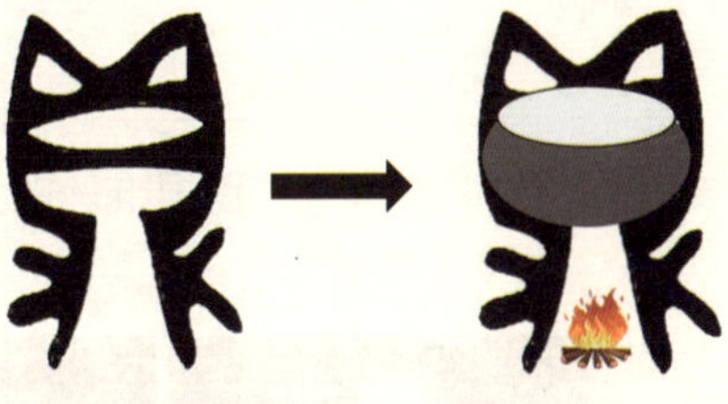

图 8

师：你观察仔细，表述准确，总结到位，并且还能通过青铜器形状联想到成语，做到了融会贯通。根据鼎的造型特点，猜一猜鼎在古代用来干什么呢。（图 8，出示鼎的金文）

师：是的，鼎在古代是煮肉的器具，后成为祭祀神灵的礼器，是王权至高无上的象征。你看我们祖先真是充满智慧，根据用途来设计器形。

【设计意图】本环节以“鼎”的金文为切入点，让学生观察“鼎”的金文这一生动有趣的形象，大胆猜测青铜鼎的用途。

（板书：用途）

师：近期学了语文《有趣的汉字》这一课，你发现“鼎”字和青铜鼎之间有什么联系吗？（图9）

【设计意图】结合学生近期所学语文《有趣的汉字》一课，总结汉字“鼎”结构与青铜鼎器形状上的共同点，有效融合语文学科知识。

图9

图10

教师小结：“鼎”字依然保留着“鼎”这一器物的大气风范和庄重造型特点，物与字融为一体，蕴含着丰富的文化内涵。

师：现在请同学们将目光聚焦人面纹方鼎，它可是宁乡人的骄傲，它和许多青铜鼎相比显得与众不同，特殊在哪里呢？

生：因为在它的四周是以人面纹做装饰……

（板书：纹饰）

师：请观察人面纹有什么特点。（图10）

生：鼎的器身周围都装饰了一个又大又醒目的对称人脸。人脸方中带圆、颧骨高、嘴巴宽，耳朵上有角、下有爪，形象奇异。

【设计意图】这个环节主要引导学生观察器身上有什么纹饰—纹饰像什么—纹饰的排列方式如何。

师：这件被称为“我国唯一的人面纹方鼎”，你知道它为什么用人面纹进行装饰吗？

图11

师：人面纹引发了许多考古学家的思考，其中有专家认为：人面纹有爪无身，和传说中“有首无身”贪吃的凶兽饕餮是一类。究竟为何采用写实的人面纹作装饰，仍是个谜，期待你们课后去挖掘。

师：我们把目光转移到鼎腹内壁，这两个铭文，你们认识是什么字吗？（图11）

师：没错，是“大禾”。“禾”字的刻画尤其形象生动，禾穗丰硕下垂等待收割。请同学们根据铭文大胆猜测，古人铸造此鼎有什么意图？

师：有专家通过铭文推测，古人铸造此鼎是用于农业祭祀，祈求农作物丰收。从古至今，丰收一直是中国人世世代代的“金色梦想”。

【设计意图】教师引导学生观察人面纹方鼎内壁上的铭文，大胆猜测铭文是什么字，进而根据“大禾”字形猜测此鼎的用途，让学生了解青铜器铭文所传递的含义。

（板书：铭文）

教师小结：我们通过探究人面纹方鼎的造型、用途、纹饰、铭文，了解了这件青铜器的基本文化内涵。

三、探究青铜器魅力（20分钟）

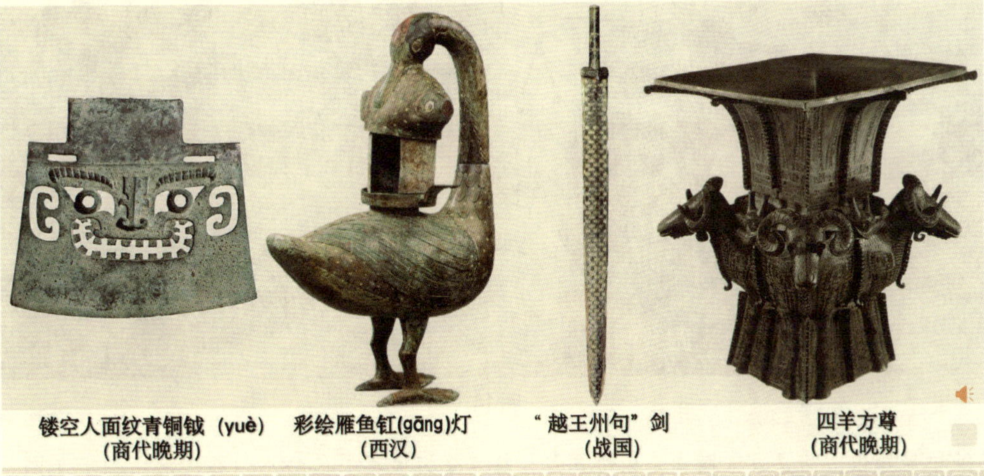

图12

师：在刚才同学参观的过程中，老师发现在几件青铜宝贝周围，有同学久久没有离开，左看看、右看看，似乎对这些宝贝充满好奇与疑问。老师将一些宝贝搬上了屏幕（图12），请同学们以小组为单位选择其中一件青铜器，讨论探究其魅力，并完成学习单。

师：请每小组组长上台领取学习单及学习资料。

（一）学生自主合作探究，讨论且完成四张学习单（图13）

【设计意图】在小组探究环节中，学生结合教师之前探究青铜器的过程及学习包中的学习资料展开讨论。组长将学习单上的问题整合，小组内选择一位或者两位代表分享。整个过程，学生不再

图 13

图 14

是被动地接受知识，而是自主探索，积极参与，分享学习成果，体验小组合作的乐趣。（图 14）

（二）分小组汇报

此教学环节中，学习单问题的解答均为教师预设，学生现场回答在完整视频中呈现。（教师相继点评）

1．第一小组探究：商代晚期镂空人面纹青铜钺（图 15）

嗨！同学们，我身上的秘密可多了，如果想知道，这些线索可以帮助你们哦。

图 15

学习单一问题一：大家都称我为“远古威严的表情包”，我的表情有什么特点呢？

教师预设：青铜钺造型方正，采用了透雕形式，人面兽相，五官均突起，怒目圆睁，看起来很冷酷，让人害怕，因此被称为“远古威严的表情包”。

学习单一问题二：都说我地位可尊贵了，一般的人还用不了，那都是谁用的呢？用来干什么呢？

教师预设：钺是古代贵族使用的一种兵器，钺在古代是权威和武力的象征，在不同场合有不同用途：在军事活动中，作为兵器象征军事统率权；在礼仪活动中，作仪仗之用。

【设计意图】学生通过发布的学习资料，了解“王”字的演变过程，探究青铜钺在古代的功能及地位。（图 16）

图 16

图 17

师问：既然钺是兵器，在战场上砍杀敌人，有必要制作得这么精美吗？

教师小结：钺是代表王权的兵器，精美的外观当然是必要的，在钺上雕刻精美繁复、威严的纹饰，可以给敌人、民众以强大的威慑力，证明拥有神钺的王者神圣不可侵犯（图 17）。

2．第二小组探究：西汉彩绘雁鱼釭（gāng）灯（图 18）

嗨！同学们，我身上的秘密可多了，如果想知道，这些线索可以帮助你们哦。

图 18

学习单二问题一：祖先在铸造“我”时，将头转向后看，是不能往前看吗？难道是和我被称为“2000 多年前的环保灯”有关系？

通过视频了解一下。（扫码观看，图 19）

图 19

教师小结：我们祖先的环保意识，居然就这样举重若轻地体现在了小小的灯具上。

图 20

【设计意图】学生从学习资料袋中彩绘雁鱼釭灯使用示意图，了解到灯造型的设计体现了力学原理。环保的秘密其实是运用了物理学科中的虹吸原理。在赞叹中国古人制作手艺精湛、心思巧妙的同时，也希望学生增强环保意识。

学习单二问题二：听说祖先好喜欢用我“衔鱼”的造型来铸造灯具，来表达美好寓意，到底有什么寓意你可以告诉我吗？那我身上的颜色和其他青铜器的颜色有什么不一样？

教师预设：在汉代，鸿雁是传递思念和祝福的吉祥鸟，鱼是“余”的谐音，“衔鱼”有“获胜”之意。鸿雁衔鱼的造型体现了我们祖先对生活富足有余的美好愿望。

【设计意图】学生通过联系之前美术课中物体所蕴含的文化寓意，探究“鸿雁衔鱼”造型所传递的美好寓意，理解人们巧借谐音寄寓深意，表达对未来美好生活的祈求。而关于器身上色彩，请学生观察图片，随机回答。

教师小结：彩绘雁鱼釭灯真是一盏集美观、实用、环保功能于一身的宝藏灯具。

3. 第三小组探究：战国“越王州句（gōu）”剑（图 21）

嗨！同学们，我猜你们肯定很喜欢我，我不仅颜值高，还非常有内涵的哦。不信你找找？

学习单三问题一：我身上的纹饰是我本身自带的吗？这种纹饰有什么特点？猜一猜这种纹饰是怎样形成的呢？

教师预设：这种暗花纹是嵌在剑体内的几何纹饰，抚摸表面无凹凸感，就像金属的天然纹理，你们要知道，这样的工艺即便放到科技发达的今天，也至少需要数年的工夫才有可能铸成。这些暗花纹我们的祖先是怎么铸造出来的，至今是谜。

图 21

学习单三问题二：告诉你们一件神奇的事，埋藏千年的我现在还可以轻易划破数十张纸哦！是用了什么“黑”科技吗？

我们的祖先在剑的表面采用了加铬技术，铬是一种非常硬的金属，加到青铜剑的表面和刃部，使剑更加锋利，还有防腐作用。

图22

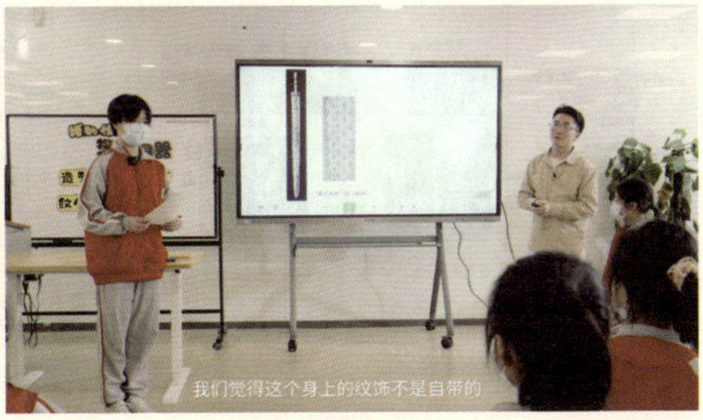

图23

【设计意图】本环节让学生知道中国古人早就开始使用复合材料且防腐的效果极佳，了解古人精湛的技艺及智慧。

图24

师：同学们有所不知——战国时期尤其越国的剑闻名天下，为什么越国铸造的剑如此精湛呢？

教师预设：一方面春秋战国时期，诸侯争霸，连年征战，只有铸造精良锋利的兵器，打仗的胜算才会更高。另一方面，铸剑也是国力强盛的体现。

教师小结：一把剑让我们想到了金戈铁马、战火纷飞的春秋战国时期，不得不赞叹我们祖先精湛的铸造技术。（图22、图23）

4．第四小组探究：商代晚期四羊方尊（图24）

各位小老乡们，我身上的秘密太多了哦，快来了解我吧！

学习单四问题一：猜一猜我在古代是用来干什么的？为什么我的身上是四羊，不是四狗、四猪呢？（图25）

教师预设：器身上的四羊，有学者猜测：因为羊可以提供优质的皮毛，帮助人类御寒，更重要的是，羊的肉质鲜美，非常适于食用。有学者认为，从甲骨文的字形来判断，“美”字的字形，应该为上“羊”下“人”，有可能是戴着羊头装饰的巫师，与早期的宗教信仰有关。

【设计意图】教师提出趣味问题：四羊方尊为什么是用“四羊”呢？请学生大胆展开想象。

图25

图 26

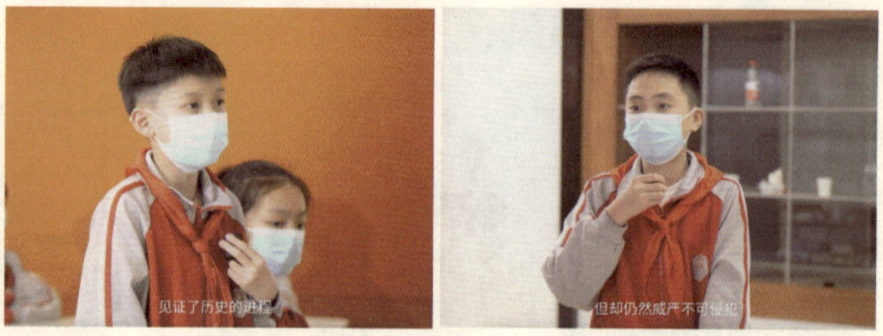
图 27

学习单四问题二：我身上有好多的纹饰，你找到了哪些？（图 26）这些纹饰有什么特点呢？（图 27）

图 28

教师预设：器身上以云雷纹为辅纹，颈部有蕉叶纹和夔龙纹。肩部四角是四个卷角羊头，羊头伸到器外，羊身羊腿附在器身及足上。羊的前胸及颈背部饰鳞纹，两侧饰有美丽的长冠凤鸟纹。青铜器上的动物相当一部分是不存在的，它们是将很多动物特征融合在一起创造的新形象。羊的造型给人一种动感，而方尊给人一种稳重感，在视觉上形成动与静的对比。

教师小结：四羊方尊也是在宁乡出土的哦，考古发现它是现存商代最大的酒尊，四羊方尊以四羊相对的造型展示了青铜酒器的至尊气象，因此还被称为“臻于极致的青铜典范”。

四、何为“王者归来”

师：它拂尽万里尘埃，踏过山海，气势磅礴而来。我们今天来到湖南省博物馆参观打卡了“王者归来——中国古代青铜器巡礼展”，同学们，你对“王者归来”青铜器展又有怎样新的认识呢？（图 28）

师：每位同学对青铜器的喜好有着不同的见解，每种见解各有千秋，无对错之分。

【设计意图】通过现场导赏及授课，相信学生对本次青铜展名为“王者归来”会有更深层次的解读，真正理解什么是“王者归来”。

教师小结：“博物馆之旅——探秘青铜器”，今天这节课，我们走进博物馆，在近距离感受青铜器艺术美的同时，深感中国传统文化的厚重。它们是青铜，也是王者；似归来，却未曾远离……

五、笔绘青铜器之美（5 分钟）

师：通过刚才的学习，相信你们对青铜器肯定有了新的认识和了解，我们重返展厅，再次感受王者风采，接下来的 5 分钟，同学们可以选择最喜欢的一件青铜器，将它的外形或者一处精美的纹饰描绘下来，把你对青铜器的喜爱分享给家人、朋友……（图 29、图 30）

【设计意图】学生经现场导赏及授课后，重返展厅欣赏喜欢的青铜器，又会和青铜器产生怎样的“对话”？这些“对话”或许藏在了同学们的心中，或许表现在同学们的画笔下。

图 29

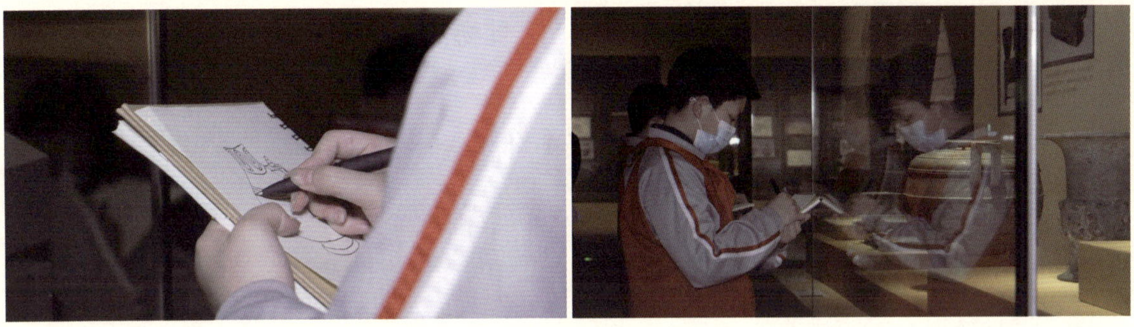
图 30

学生小组合作探究学习单

见图 31。

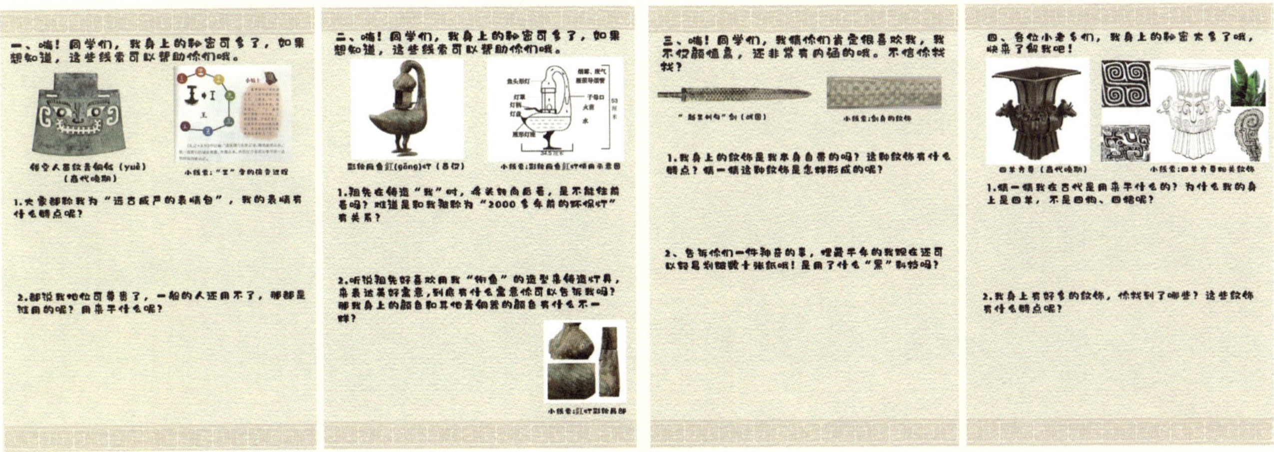
一、嗨！同学们，我身上的秘密可多了，如果想知道，这些线索可以帮助你们哦。

铭文人面纹青铜钺（yuè）（商代晚期）

小线索：“王”字的演变过程

1.大家都称我为“远古威严的表情包”，我的表情有什么特点呢？

2.都说我地位可尊贵了，一般的人还用不了，那都是谁用的呢？用来干什么呢？

二、嗨！同学们，我身上的秘密可多了，如果想知道，这些线索可以帮助你们哦。

彩绘雁鱼釭(gōng)灯（西汉）

小线索：彩绘雁鱼釭灯结构示意图

1.祖先在铸造“我”时，为何头转向后看，是不能往前看吗？难道是和我被称为“2000多年前的环保灯”有关系？

2.听说祖先好喜欢用我“衔鱼”的造型来铸造灯具，来表达美好寓意，到底有什么寓意你可以告诉我吗？那我身上的颜色和其他青铜器的颜色有什么不一样？

小线索：釭灯彩绘局部

三、嗨！同学们，我猜你们肯定很喜欢我，我不仅颜值高，还非常有内涵的哦。不信你找找？

“越王州句”剑（战国）

小线索：剑身的纹饰

1.我身上的纹饰是我本身自带的吗？这种纹饰有什么特点？猜一猜这种纹饰是怎样形成的呢？

2、告诉你们一件神奇的事，埋藏千年的我现在还可以轻易划破数十张纸哦！是用了什么“黑”科技吗？

四、各位小老乡们，我身上的秘密太多了哦，快来了解我吧！

四羊方尊（商代晚期）

小线索：四羊方尊相关纹饰

1.猜一猜我在古代是用来干什么的？为什么我的身上是四羊，不是四狗、四猪呢？

2.我身上有好多的纹饰，你找到了哪些？这些纹饰有什么特点呢？

图 31

《博物馆之旅——探秘青铜器》导学案

姓名：　　　班级：

1. 你知道迄今为止，考古发现最早的青铜器在哪里出土吗？

世界发现最早青铜器出土的地点________时间________

中国发现最早青铜器出土的地点________器物名称________时间________

2. 你们看到的青铜器是什么颜色？为什么呢？

____

____

____

3. 古人没有现代精密的机器设备，是怎么将青铜器铸造得如此精美的呢？

____

____

____

教学反思和拓展

当接到需要准备这样一堂课任务的时候，笔者是毫无头绪的，感觉充满挑战。由于笔者平时对于青铜器的关注度不够，而且此次展览的青铜器年代跨度较大，展品数量达二百多件，从中选取授课的主题，确定教学目标及教学难点重点是有困难的。在设计教学之前，笔者做了大量的准备和梳理工作，多次走进展厅参观，挖掘青铜器背后的内涵，并带领同学段学生前往博物馆参观考察，观察学生们的兴趣点，紧紧围绕学生对青铜器的兴趣点进行教学设计。

图32

课例录制在馆内进行，共分为两部分。第一部分由博物馆教育员先带学生导赏，在导赏过程中学生需要完成课前学习单的任务。有目的、有针对性的参观让学生更好地融入博物馆这个特定的环境，和青铜器直接“对话”，零距离感受青铜器之美，感受中国文化的独特魅力。第二部分由教师进行授课，学生分享导赏时的学习成果，更加自信主动地参与到课堂中。如：“陶范法”从造型到制作，深入浅出引出成语“一模一样”，让学生再说出其他与青铜器有关的成语，用成语连线导出青铜器的多种用途，由浅入深，水到渠成；融合语文学科“析字品图”，加深学生对青铜器的理解，凸显了中国传统文化在多领域的融会贯通和深厚底蕴。

整节课用大量的问题不断地引导学生自主地发现青铜器的美，从造型、用途、纹饰、铭文等方面对青铜器进行鉴赏。通过小组合作探究、学习单的妙用，使学生得以内化知识。在这一环节，学生自主思考并解决问题，正是当下美术课程的重要体现。一组组学生的探究汇报，展示了学生自身的潜力，一个个奇思妙想的问题、一个个有理有据的解答，让人耳目一新，在这基础上教师再通过视频、文字等丰富的资料进行补充，让学生更有收获。最后学生重返展厅与青铜器“对话”，感受王者风采，用手中的画笔描绘青铜器之美，整节课可以说是一次难得的启发式、自主探究式的跨学科融合的公共美育课。

当然，这次馆校美育课得到了许多支持，感谢长沙市教育科学研究院詹蓉老师的整体策划，感谢天心区美术教研员邓军老师、陈适老师对课例的不断打磨，让我在较短的时间内能够在这次馆校合作的美育课中获得飞速的成长。

拓展

青铜器的出现，是人类进入文明社会的标志之一，这些文物闪耀着数千年中华文明的光辉，铭刻在每一个中国人的心中。青铜器种类繁多，虽然有些物品今天人们很难叫出名字，也很难分清它的用途，但其身上都有着精美的纹饰。

第二课时：选择自己喜欢的青铜器纹饰，采用提取、简化、重组其元素等形式，尝试将它融入生活类文创产品中。

宣传推广

为了更好地落实中共中央办公厅、国务院办公厅《关于全面加强和改进新时代学校美育工作的意见》，响应艺术新课标倡导的跨学科融合的美育新理念、新要求，长沙市教育局主办，长沙市教育科学研究院与湖南美术出版社承办，湖南省博物馆、长沙博物馆、长沙铜官窑博物馆等单位协办，联合策划制作的线上课程——《跨学科融合的公共美育课》已经在长沙教育服务平台上线。

笔者有幸参与录制授课的《博物馆之旅——探秘青铜器》跨学科融合的公共美育课，通过线上研讨收到许多教师的宝贵意见及学生的课后反馈。

《博物馆之旅——探秘青铜器》教学视频链接：

https://zhsj.csedu.gov.cn/html/bwghd/kxkrhdggmyk.html

学生课后反馈如图 33。

参与人员名单

策划：长沙市教育科学研究院詹蓉

仰天湖赤岭小学 书记兼校长：张文

副书记：曹莹

副校长：谭满连

1705 班班主任：童彬

1705 班学生名单：秦瑾萱、王艺馨、肖贞羽、夏尔蝶、段语馨、黄子彧、肖果昕、梁渝函、叶诗雨、周书涵、徐紫欣、李浅予、李张驰、徐悦程、张紫轩、游子涵、巫与梁、彭弈博、冯睿杰、葛峻希、杨峻滔、徐晟喆、钟知辰、钟知恩、李杨文廷、欧阳小野

授课教师：雷佳

指导教师：邓军、陈适

湖南省博物馆负责人：薛超

湖南省博物馆教育员：刘亭轩

特别鸣谢：雷明、覃英、戴拥华、孙伟埌、长沙县中南小学唐柳、幼幼小学肖虹

场外支援：肖玮、王松海、马江

图33

《礼仪之美——华夏青铜时代》教学设计

长沙麓山国际实验学校 周品

前言

中国历史上的青铜时代是一个辉煌而独特的时代。于这一历史时期，青铜器在社会生活的方方面面都得到了广泛的运用，跟社会发展也产生了密切的联系。青铜器种类丰富多样，或庄重朴拙，或典雅生动，或瑰丽大方，体现出独有的视觉魅力和精神内涵。“国之大事，在祀与戎”，我们从中也可以看到青铜器直接应用于商周各类礼制之中，可见其重要的承载作用。青铜器是中华文明之初秩序大构建的重要体现，也奠定了此后三千年中国皇权社会的礼制根基。

为进一步落实立德树人根本任务，充分发挥馆校协同、学科融合的全方位育人作用，本课将结合历史、政治等人文学科，让孩子们在学科的深度融合中充分感知中国传统器物之美，理解青铜器及其礼制之于中华民族的文化意义。

教学分析

此课例针对的是我校初中学段的学生，是美术学科与历史等学科的融合教学，课程时长为40 分钟。在教学过程中，教师引导学生对代表性青铜器进行赏析解读，并在实践中探究传统器物与当下生活的美学对话，给学生以美的感官体验和人文思考。

在对青铜器进行全方位的综合探究过程中，将作品置于社会历史文化背景之中加以理解，让学生通过作品汲取其中蕴含的人文精神，通过更为多元的认知方法提升看待问题和事物的能力。

在学习青铜器知识的同时，学生深刻感受中国传统文化之美，提升了根植于内心的文化自信和民族自信。

学情分析

我校初中学生已具备基本的审美素养，并形成了一定的鉴赏能力。但大部分同学在对美术

扫一扫，看示范课

作品进行评价时依旧停留在较为单一的维度，无法从更为综合全面的角度去理解作品，以形成较为立体的认知。同时青铜器与其他美术作品不同，因为其具有鲜明的时代性并不为绝大多数学生所熟知，因此在教学过程中会有一定的难度。所以在课堂教学时应充分调动学生的积极性，挖掘学生的兴趣点，并激发学生的学习热情。

课堂的互动环节也是极为重要的教学方式，通过提升学生的主动性使之能更好地融入教学并产生对话，让学生感受青铜文化独有的视觉和文化之美。

教学目标

总体目标：在与学生进行教学交互过程中，让学生感受中华优秀传统文化之美，理解青铜器背后的精神图腾，激发学习热情。

创意实践：与历史学科融合，让学生理解青铜器与社会生活之间的关系。

审美体验：学生通过对代表性作品的赏析探究，感受青铜器独特的视觉魅力，理解中华民族的礼仪之美；结合实践操作，与当下的生活方式产生对话，进一步加深学生对于青铜器的认知。

文化理解：学生能够联系时代与社会生活，运用相关美术知识和历史知识赏析青铜器；提高审美能力，进一步激发创作热情，并大胆表达自己的体验和感受。

教学重点与难点

教学重点：使学生理解青铜器与传统礼制之间的关系。

教学难点：使学生能结合时代背景对青铜器物形成较为清晰的认知和审美理解。

教学过程

一、课前准备

教师让学生提前通过网络了解青铜器的相关知识，找出自己最感兴趣的问题。

教师让学生带好绘画工具、材料并将全班同学分为 4 个小组，分组合作讨论。

二、导入

师：很高兴能与同学们一起开启这段神奇的博物馆之旅。

师：相信同学们看过很多描述女性英雄的影视或者文学作品，在大家心目中有哪些印象特别深刻的女性英雄形象？她们身上有哪些特质深深影响到了你？

生：花木兰、神奇女侠、杨门女将……

师：通过同学们的回答，老师感受到大家知识的涉猎确实非常广泛，同学们提到了国外的电影银幕形象，也提到了中国文学作品中的经典人物，那么今天在周老师的美术课上，我想要给大家介绍这么一位“女战神”，请同学们观看屏幕（播放《国家宝藏》中有关妇好的桥段，简述妇好及妇好墓）。

师：通过刚才的观看，相信同学们应该对三千多年前这位英勇善战的女英雄形象有了特别直观的认识，那么接下来就请同学们跟着周老师的节奏，一起走进三千多年前的华夏荣光与历史回响。

【设计意图】本环节通过贴近学生兴趣和生活的对话，激发学生对于本堂课教学内容的探知欲，调动学生的学习兴趣，进一步激发学生对商朝历史及青铜器的学习热情，为接下来的授课做好铺垫。

三、新授

（一）厘清基本概念

教师引导学生了解青铜器的概念、发展及分类，认识到青铜器的造型、纹饰、铭文体现了高度的艺术成就。

教师引导学生熟悉青铜器的基本类别：礼器、乐器、兵器、工具和车马器。

教师小结：青铜时代是以使用青铜器为标志的人类物质文化发展阶段。青铜的出现对提高社会生产力起到了划时代的作用。青铜器的造型、纹饰、铭文体现了高度的艺术成就。

【设计意图】本环节通过更为直接的教学方式使学生了解青铜器的概念、分类及基本特点（图1）。

图1

（二）欣赏妇好鸮尊

教师提问：妇好鸮尊这件青铜器有什么特征？表达的是什么形象？教师展示该器物不同角度的两组图片，给小组20秒讨论时间并作简要回答。

教师结合动画造型“愤怒的小鸟”，使学生进一步感受三千多年前的“网红IP”形象“妇

图 2

图 3

好鸮尊”（图 2）。

教师小结：生动的造型配以繁缛的纹饰，融入先民丰富的想象力，妇好鸮尊堪称我国古代青铜艺术品中的上乘佳作，向人们讲述着早已被湮没的商朝神话。

教师通过展示青铜器的图片引导学生思考其功能用途。

教师拓展小结：《左传 · 成公十三年》中记载“国之大事，在祀与戎”。“礼”是一个国家的制度，是一个国家的规范，一个秩序的体现。这个“礼”靠什么承载？靠的就是礼器。祭祀在当时是非常重要的，特别是酒祭，酒祭是中华文明十分重要的一种祭祀礼仪。

【设计意图】通过动画造型引出鸮尊，感受其造型上的特点，在此基础上讲述当时的酒器造型，理解“礼”的概念。

（三）赏析利簋（图 3）

教师引导：请跟着周老师的节奏，我们继续揭开下一件作品的神秘面纱。请同学们思考，这一件器物由哪几个部分构成？其使用功能是什么？

教师讲述利簋的造型结构特点，并与今天的生活用具进行关联比较，说明中国食器的传承性，同时就利簋的铭文进行深入介绍。

师：请描述你看到的这个形象，并谈谈你的感受。

学生回答。

教师小结：商周统治者用青铜器纹饰的“狰狞恐怖”来表达王权的“神秘威严”，以彰显其对政治权力、地位与财富的占有，让人望而生畏。统治阶级在这些恐怖狰狞的纹饰中寄托了他们全部的威严、意志、荣贵、幻想和希望。

微课展示。

【设计意图】教师设置教学情境，通过师生互动引领学生不断探究青铜器特有的视觉特点与文化内涵。

（四）沃盥之礼

教师提问：请同学们思考，这一件器物（图 4）的独特之处在哪里？其使用功能是什么？

图 4

学生回答。

教师小结：古代在祭祀和燕飨之前，都要先行沃盥之礼，即参与祭祀和宴会的贵族用专门的礼器来洗手。古人洗手是非常讲究的，先用青铜匜装水，再泻水于手，底下用青铜盘承接用过的污水。盘一般有双耳三足（或圈足），匜则与觥非常相似，只是没有盖。

学生赏析子仲姜盘，感受工艺匠心与作品背后的温情。

微课展示。

【设计意图】教学始终在师生互动中不断向前推进，学生通过对子仲姜盘的赏析，感受青铜作品的匠心独运。

（五）欣赏莲鹤方壶

教师提问：请同学们描述这一件青铜器的特点，并思考它和之前几件器物的区别在哪里。

图 5

学生回答。

教师小结并通过微课展示莲鹤方壶的独特美感。

比较分析：比较莲鹤方壶和利簋

两件器物，它们分别给你什么样的视觉感受和文化认知？（图5）

四、情境创设、学生作业

回归生活：教师请同学们进行分组并合作讨论，参考所给素材及写生资料，尝试设计一件带有青铜纹样的文创作品（书签、马克杯、手提袋等）。

1. 学生分组展示设计作品，并说说自己作品设计的理念及功能。

2. 小组投票：评选出最佳设计奖、最佳理念奖。

【设计意图】突破难点，教师引导学生用小组合作的方式设计一件带有青铜纹样，并与当下生活产生对话和联系的作品。

五、拓展

师：通过学习，你对中国传统器物青铜器有什么新的了解？青铜器的出现为社会进步带来了哪些变化？

教师小结：金戈铁马已成昨日，王宴盛会已成过往，中国青铜时代虽已远去，但我们期待能通过这节课的讲述向同学们诠释青铜器对于中国传统文化的重要意义，体会中国文化的厚重，借此回望中国文化的起源，唤醒同学们骨子里的礼乐文化记忆，与华夏儿女的“初心”再度相逢。

【设计意图】通过设问使学生结合其他学科对作品进行更为全面的解读，互相融通，彼此联系，培养学生综合解决问题的能力。

六、作业布置

1. 课堂练习：进一步完善作品。

2. 课外作业：结合其他学科知识，综合立体地理解青铜作品的时代背景和历史意义。

【设计意图】使学生进一步掌握青铜器的纹样及造型设计，锻炼了造型表现和创新能力，并在此基础上形成多维度的学科知识体系。

《礼仪之美——华夏青铜时代》导学案

姓名：　　班级：

学习活动一：

1. 提前通过网络等渠道了解青铜器的相关知识，找出自己最感兴趣的问题。

2. 结合博物馆讲解员的介绍，请在展览中找到自己最喜爱的一件青铜器，用草图写生其造型或者纹饰特点（可表现局部）。

3. 通过教师的讲解和同学们的探究，对比欣赏利簋和莲鹤方壶，完成以下内容。

	利簋	莲鹤方壶
时代		
器型		
主要纹饰		
和当时社会的关系		

学习活动二：

请同学们以小组合作的方式，参考所给素材及写生资料，尝试设计一件带有青铜纹样的文创作品（书签、马克杯、手提袋等）。

教学反思和拓展

在美术课堂教学形式中，我试图扮演的是主导和引领的角色，充分调动学生的积极性，鼓励学生去发现问题、解决问题。课堂活动的设置注重学生自主探究能力的培养，以小组协作等多种方式，进一步激发学生对于问题的解决能力，提升学生的综合素养。课堂教学内容的设计也注重内在的逻辑结构的严谨性，层层递进，从而使教学结构更加清晰合理，学生也易于理解接受，形成多维互动的教学氛围，激发学生的潜力。

在本节课的教学设计中，我以极具代表性的青铜作品为线索，连续地采用欣赏、探讨、启发、归纳相结合的教学方法。在实例的引导下，课堂强化教学的直观性，调动学生的积极性和自觉性，使每个学生都参与到头脑风暴的积极思维中。最后通过实践进行综合表现练习，试图达到整体良好的教学效果。

教育的任务是让每个学生发挥自己的创造潜能，让学生有更多的时间和机会去思考，为学生创设一个自由开放的学习环境。学生在自主的空间里放飞想象，驰骋思想，这也是我在进行课程设计时所希冀的。

参与人员名单

策划：长沙市教育科学研究院詹蓉

长沙麓山国际实验学校

校长：邓智刚

党委书记：杨革非

授课教师：周品

初一学生：黄依涵、戴晋昶、陈湘、朱钰灿、郭欣彤、刘辰辰、何家怡、易嘉欢、谭卓、蒋宏璟、李敏莎、刘思源、吴浩铭、杨雯珺、张泽俊、何沐蓉、杨婉靓

指导教师：刘清峨、李曙光、马文军

课件制作：陈刚、杨名

《爱国主义徽章设计》美育课教学设计

长沙铁路第一中学 **刘晓枫**

前言

本课教学内容紧密结合湖南省博物馆举办的“大爱·大美——徐悲鸿与周令钊、戴泽艺术成就展”（图1），以著名艺术家、中央美术学院教授周令钊老先生的徽章设计为主线，让学生了解“国家形象设计者”周令钊先生的艺术贡献，了解国徽设计的过程并探究徽章设计的方法。本课以学生能够运用所学知识设计徽章作品为教学目标，着重提高学生创意思维能力和造型表现能力。本课通过引导学生欣赏国家机构徽章，以及链接新中国成立70周年国庆阅兵典礼上关于国旗、国徽方阵的介绍，使学生加深文化理解，提高审美鉴赏水平，增强爱国主义情感和民族自豪感，最终实现提升学生美术学科核心素养的目标。课程内容以美术学科中的设计领域为主，融合了历史、政治等多个学科内容，并结合博物馆相关陈列，巧妙地将公共资源融入美术教学中，让展品“活”起来，引导学生进行了一场沉浸式的学习。

作为典型的设计应用类学习内容，本课在设计时融入了更多现代文化元素，如现场观展、

图1

扫一扫，看示范课

时事链接、微课示范等，使用了最新的教育信息技术辅助教学，例如：Focusky动画演示大师、希沃授课助手（课件演示、手机同屏、课堂拍照传送），演示课件，进行炫酷的页面切换。极简的图文排版、和谐的色彩搭配牢牢吸引着学生的眼球。微课《护旗手徽章设计》示范视频的播放，以极短的时间充分展示了护旗手徽章从构思到设计完成的全部过程，轻松化解了本课的难点。希沃授课助手等软件的使用，让学生作品可以实时在大屏幕上进行展示，促进交流，使课堂互动更加活泼有趣。“新中国70华诞纪念徽章”的设计实践，以及末尾大合唱《今天是你的生日，我的中国》这两个环节，也让此课堂升华成一次积极而有意义的爱国主义教育活动。整堂课的设计充分体现了“做学生喜欢的时尚、新颖、有科技含量的立体课堂”这一理念。

图2

刘老师根据本教学设计在湖南省博物馆、长沙市教育科学研究院联合举办的“美美与共·馆校合作”美术教育公开课展示与观摩活动中进行了现场授课，对于更深层次的馆校合作课程开发与研究，具有重要的参考价值。（图2）

教学分析

目前，抖音、快手、微视、美拍等短视频平台或已成为现代人闲暇的娱乐方式。VR虚拟现实技术越来越成熟，并且已经运用到了游戏、展览等各方面。学生获取信息的渠道越来越多，如“译学馆”“网易公开课”，甚至“B站”等网络平台涉及的知识与技术领域都已经非常广泛。当今课堂，单一的书本知识和毫无新意的讲解说教已经不能满足学生的求知欲。时代的变化，也对老师提出了更高、更全面的要求。未来教师不仅要有过硬的专业知识，还要熟练掌握更多信息化的教学设备，精通多媒体的演示设计、视频拍摄与制作，并具备较高的审美能力。本课作为设计类型课，从教学设计到演示课件、从示范微课到教学互动、从实践练习到展示研讨，无不体现一个“新”字。教学过程充分利用信息技术手段，让课堂生动又高效。同时，时而温润、时而激昂的教学语言也调动了学生的爱国情怀和设计冲

图3

动（图3），让学生感受到参与本课的意义。

学情分析

本课主要是面向高中学段高一、高二年级的学生，包括参观展览、正式授课及成果展示等，预计需要两到三个课时。高中生已经具有了一定的知识储备和相对系统的审美鉴赏能力，设计思维也更加开阔。基于这个阶段的学生情况，设计本课时笔者考虑在不喧宾夺主的情况下，使用更多当前最新的教育教学信息技术手段，以达到令“身经百战”的高中生耳目一新的效果。同时结合美术学科核心素养，本课在文化理解、图像识读、审美判断、美术表现、创意实践方面，均有相关要求与体现。图像社会或视觉文化时代的来临，已经成为当今一种主导性的、全面覆盖性的文化景观。图像承载了更多信息的传达，因此，笔者仍然在思考和探索如何将教学内容通过图像的方式更全面、多维地传递给学生。（图4）

图4

教学目标

总目标：学生养成设计思维，掌握创作技能，加深文化理解，提高审美鉴赏水平，增强爱国主义情感和民族自豪感，最终实现提升美术学科核心素养的目标。

文化理解：让学生了解“国家形象设计者”周令钊先生的艺术贡献，了解国徽和国家机构徽章的含义与象征。

美术表现：让学生了解国徽设计的过程并探究徽章设计的方法。

创意实践：学生能够运用所学知识设计有文化内涵、美观又简洁醒目的徽章作品，提高创意思维能力和造型表现能力。

审美体验：学生通过欣赏国家机构徽章，提高审美能力，增强爱国主义情感、文化认同感和民族自豪感。

教学重点与难点

教学重点：学生能运用所学知识设计主题鲜明、内涵丰富、巧妙美观的徽章作品。

教学难点：学生能进行徽章作品的审美鉴赏，能对徽章进行构思和构图。

教学过程

一、导入：爱国主义活动及本次展览的相关情况介绍（2分钟）

在上这节课之前，刘老师联合校团委组织部分学生参观了一个非常特别而有意义的展览（图

图 5

图 6

图 7

5 至图 7），长铁一中校园电视台也做了跟踪报道，大家一起来看一下，究竟是什么样的展览呢？对！这就是湖南省博物馆“大爱 · 大美——徐悲鸿与周令钊、戴泽艺术成就展”。通过这个展览，我们了解到了一些鲜为人知的故事和一段珍贵的往事，还记住了一个名字——“周令钊”。

【设计意图】考虑到对学生爱国主义情感的培养，并且要跨学科开展本次活动，课前我们联合了校团委、学生会，在湖南省博物馆教育中心的帮助下安排学生参观了这次展览。导入部分的设计意图是对参观过程进行一个简单回顾，将学生在短时间内拉回展览的内容和情景中去，也为后面更深入地了解与探究做铺垫。

二、了解周令钊和国家徽章的设计过程（6 分钟）

师：这节课我们要了解的，就是将战争洗礼与艺术创作完美结合的周令钊先生和他的徽章设计作品。大家看我们胸前的共青团团徽上面的“团旗”就是 1950 年由周令钊先生主笔设计的。接下来我们就通过一个视频，来了解一下这位老先生的艺术贡献。

师：这位伟大的艺术家，是当之无愧的国家形象设计者。其中，有关国徽的设计过程，就发生了很多动人的故事。1949 年 10 月 1 日开国大典，天安门城楼上并没有悬挂国徽。考虑

图 8

图 9

到国徽事关重大，新中国成立后才正式开始设计国徽。为了保证质量，周恩来总理指示，由马叙伦担任国徽审查组组长。北平艺专（也就是现在的中央美院）和清华大学营建系都成立设计组设计国徽。北平艺专设计组由张仃、张光宇、周令钊组成，清华大学以梁思成、林徽因为主。（图 8）两个小组最后拿出了几种方案。

师：梁思成和林徽因对中国传统艺术很有研究，他们的设计以玉璧为图案的主体，以国名、五星、齿轮、嘉禾为主要题材，以红绶穿瑗的结衬托成图案的整体。北平艺专的图案经过几次修正，后采用天安门为主体元素，周围是齿轮、麦穗，上面有一颗五角星。同时也突出了色彩鲜艳、写实朴素的风格。周令钊提出了五颗星下面是天安门的构想。最后国徽审查组确定的方案是：天安门、五星、齿轮、麦稻穗。下一步又由清华大学设计出了最终的平面图案。同年，在中国人民政治协商会议第一届全国委员会第二次会议上，由毛主席主持通过了国徽图案及对该图案的说明。后将平面图案交给清华大学著名雕塑家高庄老师制作国徽浮雕。在成型过程中，高庄还做了改动：把原来的麦稻穗须改成了环状块形的，并用中国式的绶带把齿轮和麦稻穗缠绕起来。如此一来，造型更完善，更具民族性与装饰性，就是我们现在看到的国徽了。（图 9）

图 10

师：齿轮和麦稻穗象征着工人阶级领导下的工农联盟；四颗小五角星环绕一颗大五角星，象征着中国共产党领导下的全国人民大团结；天安门作为五四运动的策源地、新中国的诞生地，同时也是我们伟大祖国首都北京的象征，表明中国人民自五四运动以来的新民主主义革命斗争取得的胜利。“中华人民共和国是工人阶级领导的、以工农联盟为基础的人民民主专政的社会主义国家”，在国徽上，此国家性质得到了完美的体现。（图 10）

【设计意图】这个环节的设计主要是为了让学生了解周令钊先生参与国家层面设计工作的突出贡献，例如主笔团徽的设计，并重点了解和熟悉国徽的整个设计过程和主要参与人员。学生对国徽背后所代表的国家意志进行了深刻的理解，增强了爱国情感，培养了文化认同感，同时借此掌握徽章设计的基本思路，为后面的徽章设计做铺垫。本环节体现的是对学生美术学科核心素养中图像识读与审美判断方面的要求。

三、有关徽章设计方法的探究（4 分钟）

师：了解了国徽设计的全部过程，我想请同学们思考以下问题，并将你们的结论写在作业纸上。我们知道，国徽作为徽章的一种，是国家的标志和象征，而普通的徽章很多是佩戴在身上，用来表明身份、职业、荣誉。

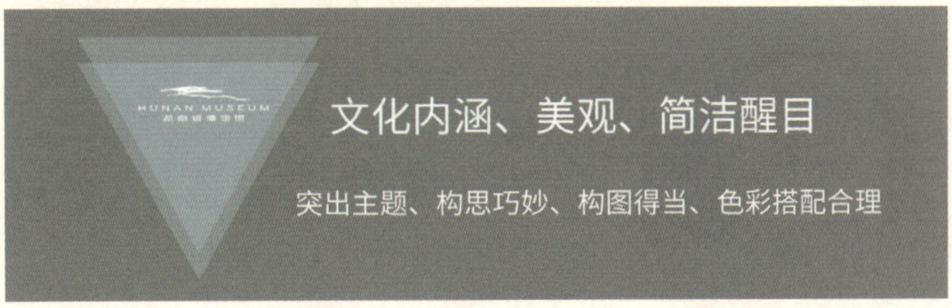

图 11

师：徽章的设计需要考虑什么？（文化内涵、美观、简洁醒目）

师：如何实现？（通过突出主题和巧妙的构思来让它有文化内涵；通过构图得当和色彩搭配合理来实现它的美观、简洁和醒目，图 11）

【设计意图】本环节引导学生对徽章设计的方法进行探究，让学生明白我们在设计时需要考虑的问题和解决方法。课堂分发了作业纸，学生可以将自己的理解写在作业纸上。课件方面，笔者尽量以最简洁的知识结构传递多元的信息。

四、欣赏国家机构徽章并尝试进行解读（5分钟）

师：我们一起欣赏一下国家机构徽章，看是否符合我们刚刚得出的结论。

师：周令钊先生还主笔设计了八一勋章、独立自由勋章、解放勋章。

师：在国徽设计的基础上诞生了警徽、检徽、法院徽、海陆空军徽。

教师引导学生思考并填写作业纸：警徽是由哪些元素组成的？这些元素象征了什么？

教师预设：中国的警徽是人民警察的标志和象征，由国徽、盾牌、长城、松枝组成。国徽是国家的标志和象征，表明人民警察是国家法律的捍卫者；盾牌是人民警察的象征，表明人民警察保卫人民的神圣职责；长城表明人民警察是维护社会秩序和国家安全的钢铁长城；松枝象征人民警察的品质和战斗意志。

教师总结：国徽和国家机构徽章的设计创作，不是某个人或某个单位单独完成的，而是集体智慧的结晶，是人民意志的体现。它凝结着设计者的心血，饱含着对中国共产党的爱戴，对社会主义的向往，对新中国的一往情深。

【设计意图】国家机构徽章的图案在生活中十分常见，但很多同学并不完全理解其象征意义，本环节通过欣赏国家机构徽章，提高学生对徽章设计作品的审美能力，同时结合国徽的设计过程进行同一类型徽章设计作品的比较，强化设计意识，拓宽设计思路。该环节不仅引导学生对国家机构徽章进行分析和欣赏，也是一次美术与思想政治教育学科融合的很好的尝试。本环节体现的是对学生美术学科核心素养中图像识读、文化理解、审美判断方面的要求。（图12、图13）

图12

图13

图14

五、热点时事链接与《护旗手徽章设计》（5分钟）

师：在新中国成立70周年国庆阅兵典礼上，就有这样一个特别的方阵走过天安门广场，仿佛穿越了70年的时光，走进了我们的心中，让每一个中国人感受到了祖国的强大和自信！这就是国旗、国徽方阵。（图14）那一刻，我感受到了作为一个中国人的自豪感。于是我为自己设计了一枚五

图 15

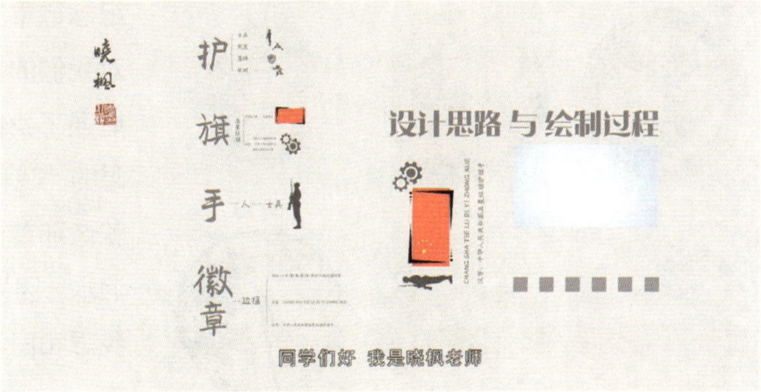

图 16

星红旗护旗手徽章，来表达我对祖国的热爱，并且拍摄了我从构思到完成的全过程。

师：（播放《护旗手徽章设计》视频）看完老师的设计过程，相信大家已经对徽章的设计有了一个清晰的思路。

【设计意图】该环节通过时事链接新中国成立 70 周年国庆阅兵典礼国旗、国徽方阵的介绍，增强学生爱国主义情感和民族自豪感。视频辅助教学，让知识与技能更易于理解。教师播放亲自制作的《护旗手徽章设计》微课，让学生掌握具体的设计方法。微课视频采用比较新的制作方式，让学生对学习产生了浓厚兴趣。（图 15、图 16）

六、“新中国 70 华诞纪念徽章”的设计任务（23 分钟）

师：2019 年是新中国成立 70 周年，借此机会，今天我们就利用这节课所学的知识，设计一枚新中国 70 华诞纪念徽章。大家思考一下，为新中国庆祝生日，我们可以用到哪些元素呢？小组讨论一分钟，代表或组长发言。

【设计意图】本环节是要进行正式的徽章作品设计，在设计之前采用学生分组合作讨论的方式确定设计方案的基本方向。然后就是 20 分钟的实践时间，每个同学有自己单独的作业纸进行徽章设计，学生也可以小组合作完成一个集思广益的设计作品。前面几个环节学习的内容对本环节具有重要的实践指导意义，本环节最终呈现的作品效果也是对前面几个环节的学习反馈。

七、设计理念的交流、分享与总结（2 分钟）

展示学生徽章设计作品，并由两位学生分享设计理念。听完两位同学的分享，大家深受启发。（图 17 至图 23）

教师总结：今天，我们了解了周令钊老先生和他的徽章设计作品，知道了国徽及国家机构徽章的设计理念与丰富内涵，探究了徽章设计的方法，并且亲自设计了一枚“新中国 70 华诞纪念徽章”。通过这节课，相信大家一定对我们的祖国有了一个更加深刻的认识，增强了我们对祖国的热爱。就像那首歌里唱的“我和我的祖国，一刻也不能分割”；就像那首诗里写的“为什么我的眼里常含泪水，因为我对这土地爱得深沉”。最后，我想和同学们合唱一首歌来结束我们的课程。

图17

图18

图19

图20

图21

图22

【设计意图】本环节是作品展示、交流、分享环节，让学生对自己的设计作品有一个更全面的认识，通过交流找到设计中的不足，通过分享找到设计中的亮点。

八、合唱《今天是你的生日，我的中国》（3分钟）

教师让学生举起五星红旗，合唱《今天是你的生日，我的中国》。展示对联“省博来客齐颂祖国七十华诞，湖湘学子共绘中华千年神威”与横批“美在设计”（图24）。

【设计意图】课程的结尾，全场合唱一首歌《今天是你的生日，我的中国》，点燃同学们的爱国情怀。尾声部分学生高举的一副对联“省博来客齐颂祖国七十华诞，湖湘学子共绘中华千年神威”与横批“美在设计”，再次将课堂气氛推向高潮，为本节课画上一个圆满的句号，起到首尾呼应、言有尽而意无穷的作用。

图23

图24

《爱国主义徽章设计》导学案

姓名：　　　班级：

一、展览参观 · 笔记（文化理解）

1. 我看到了什么?	
2. 我了解了什么?	
3. 我的感受是什么?	

表1

图1

二、国徽及国家机构徽章的欣赏 · 评价（审美感知）

1. 国徽由哪些元素组成?	
2. 国徽的各元素都象征了什么?	
3. 警徽由哪些元素组成?	
4. 警徽的各元素都象征了什么?	
5. 我的感受是什么?	

表2

三、探究徽章的设计方法 · 思维（创意实践）

1. 徽章设计需要考虑什么?	
2. 如何实现?	

表3

四、设计“新中国 70 华诞纪念徽章”· 表现（艺术表现）

1. 作品名称		
2. 作者姓名		
3. 设计理念		

表 4

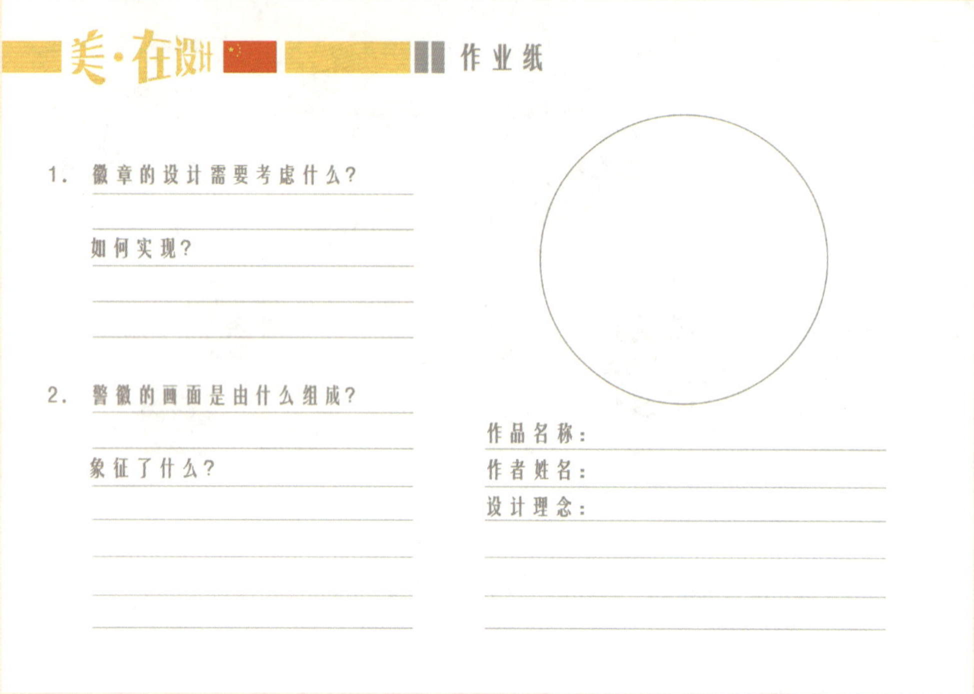

美·在设计 作业纸

1. 徽章的设计需要考虑什么？

如何实现？

2. 警徽的画面是由什么组成？

象征了什么？

作品名称：

作者姓名：

设计理念：

图 2

教学反思和拓展

一、美的力量——一堂关于美的课

这是基于湖南省博物馆举办的“大爱·大美——徐悲鸿与周令钊、戴泽艺术成就展”而开发的一堂博物馆现场美术课。当我带着自己的学生踏入展厅，看到徐悲鸿、周令钊、戴泽三位伟大的美术教育工作者精彩的原作时，我感受到了一种力量，一种决心要上好这节课的力量。我觉得那是美的力量，也是美术课的力量。我一定要把这种力量传递给我的学生，甚至传递到更远的地方。带着这种使命感，我开始了本课教学内容的构思和设计。（图 25）

图 25

二、美的追求——打磨出耀眼光芒

图 26

图 27

磨课，磨的不只是课，更是心。第一次磨课问题很多，比如教学环节的设计缺乏逻辑、教学难点难以突破等。经过不断的修改，我们迎来了第二次磨课，美术组老师悉数到场，有雅礼洋湖中学王菁老师、陈磊老师，长沙市教育科学研究院美术教研员詹蓉老师，专家阵容强大，堪比市级教学竞赛评审现场。真的，那一刻我特别感动，为了能让我上好这堂课，他们听得非常认真，给的建议那么真诚！（图 26）五分钟的《护旗手徽章设计》微课需要再浓缩到三分钟；徽章设计活动环节还需要再给学生一个具体的范围；课件的字体还要再大再醒目一点……如果你问我长沙的基础美术教育为什么能够发展得那么好，我想这就是其中一项答案。

三、美的设计——课堂活动与你环环相扣

本堂课在教学环节的设计上，利用博物馆的场地及问题情境，以参观“大爱·大美——徐悲鸿与周令钊、戴泽艺术成就展”的展览为起点，充分激起学生对徽章的兴趣；从湖南著名艺术家周令钊先生参与设计国徽的历史背景，深入挖掘国徽及国家机构徽章中的图像元素及象征意义，将美育、家国情怀与民族认同感融合在一起；《护旗手徽章设计》微课，把庄严肃穆的

红色经典内容与现代文化及信息技术结合，微课内容不仅是方法和流程的指导，更是把爱国情怀注入孩子们的思想和价值观里，从而让本节课后面的设计环节也水到渠成；徽章设计实践环节，让学生从元素的选取、字体的设计、色彩的搭配等多方面感受一枚徽章的设计过程，在实践中理解和掌握基本的徽章设计技巧与方法。

整堂课设计思路比较清晰，各环节以问题为导向，又有针对性的解决策略，做到了环环相扣、层层递进，节奏紧凑而饱满。学生参与度极高，思维紧紧围绕着课堂内容有序展开（图27）。

四、美的技术——有互联网加持的高效

本课课件采用Focusky动画演示大师制作，页面切换流畅、炫酷；微课采用单反相机拍摄，配合Focusky动画演示大师制作护旗手徽章设计思维导图，用Adobe Audition录制语音讲解，用 Adobe Premiere 进行微视频的制作与剪辑；在授课环节，用希沃授课助手操作课件进行演示，用手机同屏功能进行学生练习实况直播，用拍照传送功能直接展示学生设计作业等。巧妙利用现有的信息技术服务于教学，课堂新颖、时尚又高效！当然，这对我们老师的个人综合素养要求就比较高，需要掌握更多的软件和信息技术。

一堂微课，从构思写文案到录制剪辑，再到最终的完成，必然耗费大量的时间和精力，但对于辅助课堂教学的意义却是非常重大的，解决了很多常规课堂上很难解决或者没有时间解决的问题。这对教学目标的达成起到了非常关键的作用。同时，这些微课采用的都是相对专业的音视频处理技术，高清晰的画面录制，节奏感很强的背景音乐和老师亲自录音的教学讲解，给学生带来了极大的新鲜感，提升了学生的学习兴趣和积极性。微课的制作对学生的重要性不言而喻，对老师的个人能力提升也有非常大的帮助。当然，给学生一个更加优化的课堂，其实也是我们不断学习的动力。

有特点的课堂是易于理解的知识型课堂、易于操作的趣味性课堂、精美前卫的技术型课堂、打动人心的情感型课堂，以及同时承载了知识、审美、情感的智慧型课堂。需要注意的是，一堂课的优秀最根本的还是教学内容的丰富和情感的充沛，所以我们不能过于依赖技术。好的教育不仅是传授知识，还是启迪智慧，因此，既有技术支持又有人文关怀的智慧型课堂才应该是我们最理想的课堂，也是我一直以来努力的方向。

五、美的情感——美育与德育相伴而行

本课在传授技能技巧的同时，更注重在教学过程中对学生的思想品德、审美能力、爱国情怀的培养。致力于实现美育与德育的相互融合，关注学生的学情，培养学生成为自立自强、正直勇敢、明礼诚信、热爱学习、乐于奉献、热爱祖国的新时代好少年，这种理念在本课中一直贯穿始终。在最后一个环节，全班合唱《今天是你的生日，我的中国》，再次点燃了同学们的爱国热情，继而将课堂气氛推向高潮。

“让美术教育深入人心，让每个孩子能感知美、欣赏美、创造美，从而热爱生活，热爱学习，追求高尚的精神世界和道德情操，为社会培养高素质创新人才”是我一直以来的教育理想。探索到现在，我依然觉得还有很大的挖掘空间，所以还需要大量学习，且不能只把眼光放在本

学科范围内，应该博采众长，形成多样的教学风格，永远不能止于当下！

优秀的教学设计没有固定的套路，最根本的还是一个“人”字。只要用心，就没有掌握不了的教学方法；只要专注，就没有解决不了的教学难题；只要有情怀，就没有坚持不了的教育探索；只要有决心，就没有实现不了的教育理想！

六、美的传播——媒体报道与宣传

湖南省博物馆官方公众号以及我校官方公众号重点报道了《爱国主义徽章设计》馆校合作美育课的情况。本人先后在长沙市美术教研活动、湖南省博物馆教育员培训会、长铁一中校本培训会、长沙市小学美术教师研修班、望城区中小学美术教师培训会、长沙县乡村美术骨干教师培训会上做了相关主题分享，进一步发挥了教学成功案例的辐射作用。最后，用审美的眼光看待艺术、看待生活，美总能给我们带来极大的情感抚慰，我们也能从美的事物上收获更多的智慧，产生更多的思考。我们的美术教育也要为人指明美之所在，让人能在生活中善于发现美好、传播美好，并能够通过艺术作品创造美好！（图 28 至图 29）

图 28

图 29

参与人员名单

策划：长沙市教育科学研究院詹蓉

主持：湖南省博物馆教育中心主任及相关工作人员

主要实施者：刘晓枫

现场参与人员：长铁一中 K1911 班全体学生

场外支援：刘百兵、金映辰、朱佳佳

特别鸣谢人员：湖南美术出版社现代美术教育研究所副所长及副编审唐杰、长铁一中副校长邹阳、长铁一中教师发展中心主任周静、长铁一中学生发展中心主任卢喜琼、长铁一中办公室副主任郑胜红、长铁一中课程发展中心副主任金奎、长铁一中美术教研组组长刘百兵、K1911 班班主任熊坚、长铁一中胡秀红老师与彭玲华老师。

感谢各单位各部门领导、老师对本课的大力支持及提供的帮助！

《壶趣》教学设计

长沙市天心区曙光小学 **刘霖君**

前言

湖南省博物馆“闲来弄风雅——宋朝人慢生活镜像”主题展以精致的展品、雅致的陈列再现了宋朝人悠闲自得的慢生活。本课以展品中来自宋代的四把壶为切入点，结合湘美版美术教材六年级下册第4课《壶趣》进行了跨学科融合教学。

中国的壶文化历史悠久，源远流长，一把看似简单的壶却烙着鲜明的时代印记，向世人展现它独特的魅力。此课以美术学科为主，渗透了语文、历史学科知识，将壶文化与中国画巧妙结合起来，对陶冶学生的情操，提高学生对传统艺术的审美鉴赏能力意义非凡。其中，学生需要了解壶的结构、材质、生活用途、审美趣味，还要学会赏析艺术家作品，并用中国画的笔墨技法创作以壶为主体的作品，做到物品选择有情趣，构图布局有疏密。

这种以馆校合作的方式开展的跨学科融合的公共美育课，不仅让学生了解了中华文化的博大精深，体会了宋人优雅的生活方式，更在当中建立起了一种文化自信。

教学分析

《壶趣》一课是针对小学六年级学生开展的。对中国人来说，“壶”不仅是一种实用的器皿，还是一种文化艺术。此课依托湖南省博物馆的文化底蕴展开教学，通过赏壶、说壶、画壶，让大家体会了宋朝人悠闲雅致的生活，领略了宋代祖先们高超的智慧、高雅的审美情趣。

学情分析

六年级学生随着年龄和经验的增长，身心都得到了很大的发展，他们的表现能力有所加强。对学生而言，博物馆是一座庞大的文物之城，在馆校合作这种体验式、沉浸式的教学环境中，学生能通过欣赏实物、图片、作品去找寻壶文化中的趣味。而中国画的表现方式对学生来说是轻松愉快的，学生因此能更加积极主动地参与到课堂活动中来。

扫一扫，看示范课

教学目标

1. 学生初步知道壶的结构、材质、造型、装饰及生活用途。

2. 学生初步理解壶的设计源于生活；不同历史时代、艺术审美的壶有着不同的趣味；中国画作品中的壶与相关物品的选择、构图能表达作者的情趣。

3. 学生能通过文字、图片、视频，了解壶的相关知识及中国画中体现的壶文化；用中国画创作以壶为主体的作品。

教学重点与难点

教学重点：学生用中国画的笔墨技法创作以壶为主体的作品。

教学难点：学习画面的构图布局及情趣表达。

教学过程

一、课前任务

参观湖南省博物馆“闲来弄风雅——宋朝人慢生活镜像”主题展，利用湖南省博物馆的文化内涵及雅致的环境提出相关学习问题，激发学生学习兴趣。（图 1、图 2）

图1

图2

二、导入

师：欢迎大家回到课堂，刚才我们有幸目睹了来自宋代的壶，了解了它们的历史文化，来，大家再来看一看，你对其中哪一把壶的材质或造型更加感兴趣呢？（图 3）

生：瓜棱形银壶，壶身仿瓜形……

教师小结：我们的祖先多高明呀，设计的壶既实用又美观。

【设计意图】利用展厅里来自宋代的四把壶导入，带领学生进入壶的赏析环节。学生感知壶的材质与造型，了解壶的组成结构，分析壶的设计灵感，理解其实用、美观的设计智慧。

图3

三、新授

（一）赏壶之趣

1. 赏析不同时期的壶

师：其实呀，在我国不同的历史朝代都有着不同材质和造型的名壶，让我们一睹它们的风采。哪一把壶的形、色或纹饰更吸引你呢？（图 4）

图 4

生 A：唐三彩贴龙手持壶……

生 B：雍正款青花提梁壶……

生 C：现代竹节壶……

教师小结：不管你们喜欢哪一把壶，都要知道每一把壶均代表着不同朝代的审美追求和趣味。

2. 壶的实物展示与品茶

师：我今天特地带来了家里收藏的几把壶，这些壶可都是我的宝贝。我还提前为大家沏了一壶茶，请同学们品茶赏壶，壶、茶叶和水交融，令这杯茶芳香四溢，让人回味无穷。

【设计意图】学生通过赏析不同时期的壶，从而了解到它们的形、色、纹饰都符合当时的审美趣味。教师再结合现场展示个人收藏的不同材质、造型的壶，让学生可以直观欣赏。课堂中渗透一些茶道知识，学生便更容易体会到壶在人们生活中的作用与内涵。该环节为绘画创作做了铺垫。

（二）读画之趣

师：就在茶文化、酒文化日益盛行的同时，各种有趣的壶也走进了文人、艺术家的视野，“壶”也因此新增了一个角色，成为艺术家们笔下创作的对象。那么艺术家笔下的壶又有怎样的趣味呢？

1. 赏析吴昌硕作品《茗具梅花》

师：首先来看看《茗具梅花》（图 5）这幅作品，画面上有什么内容？

生：壶、茶杯、梅花、题字、印章……

师：我们把这些统称为中国画的四大构成：诗、书、画、印。世上那么多漂亮的花，为什么作者唯独选择了梅花？

生：……（开放性答案）

师：其实呀，我们学过一首王安石的《梅花》：“墙角数枝梅，凌寒独自开。遥知不是雪，为有暗香来。”梅花代表着怎样的品格？

生：……（开放性答案）

教师小结：这幅画的作者是吴昌硕，他一辈子对梅花情有独钟，他种梅、赏梅、咏梅、画梅。梅花不惧风雪，凌寒独开，吴老先生通过梅花来表达自己高尚的君子品格，正所谓“茶者誉清廉，梅者号君子”。

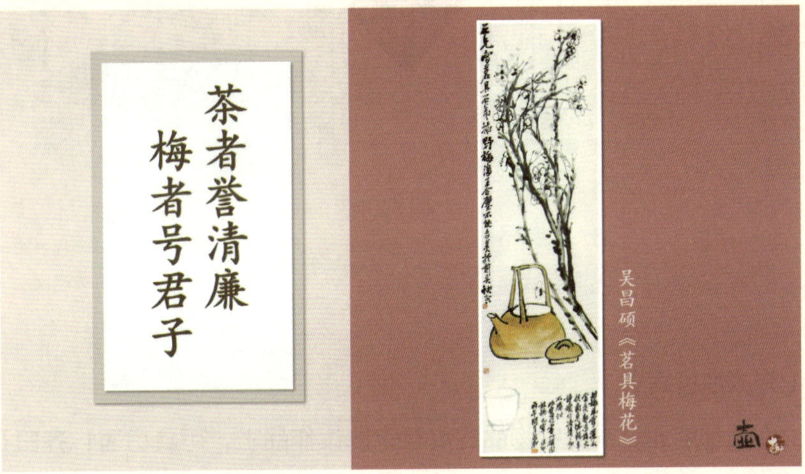

图 5

2. 赏析齐白石系列作品

师：我们的湖南老乡齐白石被国家授予了“人民艺术家”的称号呢！那齐白石的作品又有怎样的一番趣味呢？让我们一起来瞧瞧。（图 6）画中的壶有什么特点？作品中除了壶还有什么呢？

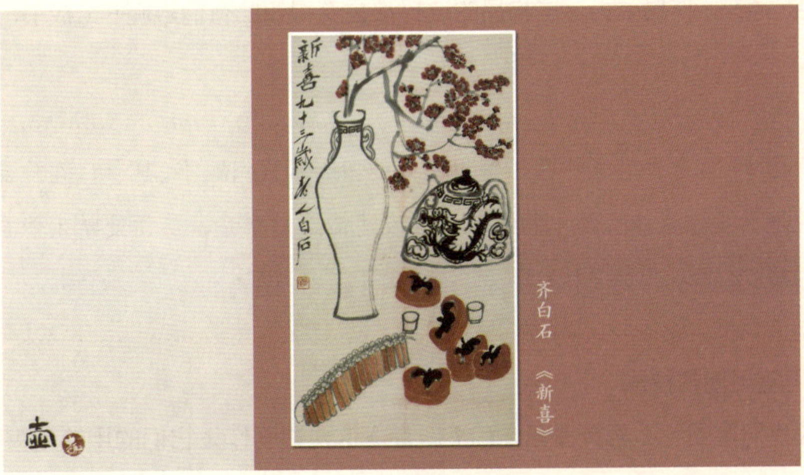

图 6

生：柿子、梅花、鞭炮……

师：作品为何取名为《新喜》？

图 7

生：……（开放性答案）

师：是啊，你们都能通过画面中物品的寓意来解读作品啦，可真厉害！齐白石是一位非常高产的画家，你看，这里还有很多作品！（图 7）你又能从画面的物件中解读出作者在表达怎样的情趣呢？

生：桃子又称寿桃，有高寿的寓意，表达了他祝福祖国万寿无疆；莲藕出淤泥而不染，代表清廉的品格；菊花有傲骨、脱俗，有“花中隐士”的称号；砚台、毛笔代表了齐爷爷作为文人雅士对书画的热爱……

教师小结：原来，作品因为这些物品的选择都会变得如此有情趣呢！（板书：物品选择——有情趣）

【设计意图】学生通过名家作品了解中国画的四大构成：诗、书、画、印。在作品赏析环节中，教师循序渐进地引导学生体会画中物品与作者表达情感的联系，从而使学生能自主赏析画作，理解其作品情感。

3. 回顾用笔用墨的技法

师：那么我们再回到《茗具梅花》和《新喜》这两幅画作，它们的用笔用墨又有什么共同的特征呢？

生：……（合理即可）

师：两幅作品中壶的轮廓都是中锋用笔，中锋用笔是指毛笔和纸面是垂直的，行笔时笔尖在线条的中间；《新喜》作品中的柿子以及《茗具梅花》作品中壶身的色彩则是使用的侧锋，这样画出来的笔触圆润饱满。这两张作品都体现了干湿浓淡的墨色变化。

（三）画壶之趣

1. 教师示范

师：品读了大师的作品，此时此刻，我也想尝试创作一幅画来表现我的情趣。首先，我要画上一把我最爱的提梁壶（教师示范画壶）。

2. 构图布局

师：那么画中的壶与其他物品的组合及摆放究竟有什么讲究呢？来，我们一起体验体验。我想跟同学们一同完成这幅作品。我们不如就给这把提梁壶配上两个柿子和一个茶杯吧！在物品的选择上我们不仅要注意所要传达的情趣，同时也要注意物体大小的搭配。（图 8）请大家观察，哪一个是主要物体？我们可以一眼看出这把提梁壶是画中的主要物体，因为它的形体比较大。主要物体放在画面中的什么位置合适？茶杯和柿子又放在哪里合适呢？注意它们的疏密和前后关系。下面我就请一位同学上前来摆一摆。（教师的评价以鼓励为主。提示：字、印是最后添加的，应注意正确的作画顺序。）

师：同学们，你们看，我稍微调整一下构图，是不是就展现了不同的构图美？只要物品的选择有情趣，构图布局有疏密，物品高低错落有层次，画面就具有美感。（板书：构图布局——有疏密）

教师小结：这些以壶为题材的中国画向读者传递了生活的情趣，同时也体现了中国的书画艺术与生活的紧密联系。

【设计意图】教师的范画为学生画壶提供示范引领作用。拼摆游戏使学生能按正确顺序作画，并能合理安排构图布局。

3. 作业要求

师：今天，我们一同把文人雅士的宠儿请到我们的画纸上来，创作一幅以壶为主题的中国

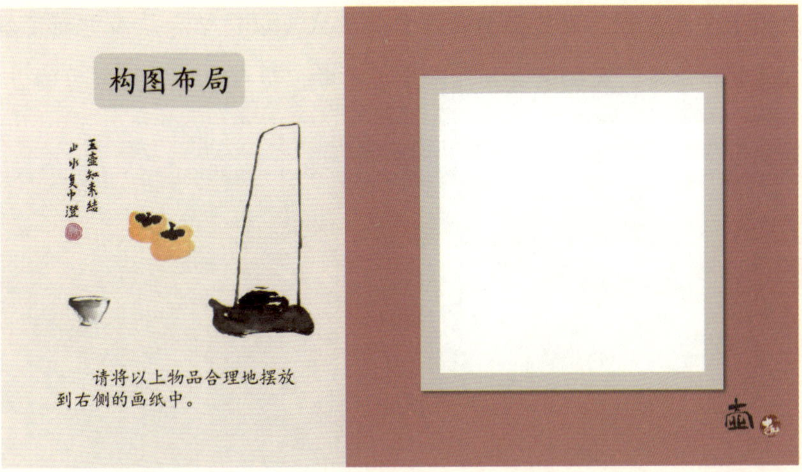

图 8

图9

图10

画。画之前，请你们想一想，除了壶你还想画什么？注意：物品选择——有情趣；画面布局——有疏密。让我们边听音乐边动手创作吧！我相信有想法的作品一定是闪光的！

4. 学习成果展示和评价

采用学生自评、互评及教师评价等方式进行。（图9、图10）

【设计意图】学生自评、互评及教师评价等方式可以让学生从多方面了解自己的作品，既能表达个人的创作思路，又能激发其他学生去思考，明白今后需要努力的方向。

《壶趣》导学案

姓名：　　　班级：

文物名称	年代	收藏博物馆

思考问题 1：仔细观察这把壶，请你说一说壶的组成部分。

答：（请写下你的关键词）

文物名称	年代	收藏博物馆

思考问题 2：这把壶的设计灵感来源于什么？你怎样理解它的造型特点？

答：（请写下你的关键词）

文物名称	年代	收藏博物馆

思考问题 3：这把壶的设计灵感来源于什么？你怎样理解它的造型特点？

答：（请写下你的关键词）

文物名称	年代	收藏博物馆

思考问题 4：这把壶从造型上来看与其他壶最大的不同之处在哪里？为何这样设计？

答：（请写下你的关键词）

思考问题 5：中国的壶文化历史悠久，源远流长，一把看似简单的壶却烙着鲜明的时代印记，向世人展现它独特的魅力。通过观察以上四把来自宋代的壶，说一说，它们反映出了怎样的时代审美趣味？

答：（请写下你的关键词）

教学反思和拓展

回顾整个教学过程，我积极创设每一个环节，坚持以美育人，重视艺术体验，突出跨学科融合，采用有效的教学策略落实核心素养。在欣赏图片时，我除了让学生了解壶的材质、造型、纹饰，还引导他们赏析名家以壶为题材的画作，并试着解读作品所传达的情趣。思维的窗口被打开后，学生的想法异常活跃。孩子们争先恐后地说着自己所观察到的、所联想到的，把壶与人联系起来。想必此时，学生们内心已经产生了“借物抒情”的冲动。有了这样的启发引导，我在合适的时机给予学生最需要的工具——“水墨技巧”，孩子们便大胆开展创作，描绘出一幅幅精彩的作品。

《壶趣》一课取得的成功让我对馆校合作模式下的跨学科融合的公共美育课有了更多的思考：如何让博物馆里的展品活起来，如何结合专题展提高国民素养，是一个很好的课题。我也将在跨学科融合的公共美育课的探究道路上不断前行！

参与人员名单

策划：长沙市教育科学研究院詹蓉

项目主持和主要实施者：天心区美术教研员邓军、曙光小学刘霖君

现场参与人员：曙光小学 2015 级学生

场外支援：曙光小学黎玲、梁燕

特别鸣谢人员：一师一附小陈适、湘府英才小学蒋燕平、幼幼小学肖虹

《闲来弄风雅：宋人慢生活艺术品赏析》教学设计

长沙麓山国际实验学校 李曙光

前言

本课是利用湖南省博物馆的优质资源开发出来的馆校结合校本课。课程中跨学科关联的学科有语文、历史、信息技术、茶艺等，以美术鉴赏为主。课程由美术老师具体实施。

当今社会生活节奏快，很多人追求物质享受，疲于奔命，生活品质堪忧。而千年前的宋朝，宋人在艺术上追求极简的审美方式，热衷于从生活中探求生命的真谛，对我们有很大的启发。笔者选择这个项目进行跨学科融合教学，希望通过课堂使学生了解艺术与政治、经济、文化密不可分的关系，帮助学生更好地感受艺术之美，找寻生命的真谛。本堂课将多学科的知识融入美术课堂，用知识抢答、播放微课和微视频等方式，使学生了解宋朝艺术的审美特征与文化内涵。（表 1）

实施简案：一、设置问题情境，教师问学生最喜欢哪个朝代的妆容，最愿意穿越到哪个朝代。二、教师引导学生进行知识回顾，课堂中融入历史、文学等学科知识，让学生进行趣味抢答。三、学生通过微课、微视频了解宋朝的经济、文化。四、学生通过作品赏析了解宋人的雅趣生活。五、学生分析宋画作品的文化内涵与审美特点。六、学生进行雅集生活体验。

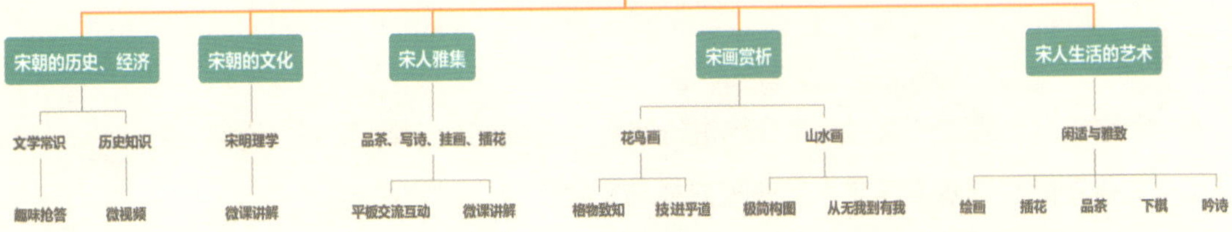

扫一扫，看示范课

表 1

教学分析

本课为高中“欣赏·评述”领域的鉴赏课，面向高中一年级学生。课程借助于湖南省博物馆的宋朝艺术品展览，让学生置身真实的艺术场景，引导学生感悟艺术精品，理解艺术作品与生活的关系，弘扬中国传统文化，提升美术核心素养。课时为两课时，第一课时分段目标：学生对宋朝社会背景及宋朝艺术进行分析和了解，教学中跨学科融合了语文、历史、信息技术等方面的知识；第二课时分段目标：学生进行雅趣生活体验、分享和评述，教学中融入现代信息技术、茶艺文化、插花艺术等学科内容。

学情分析

高一学生有较好的知识储备，对宋朝的社会有较深入的了解，对宋朝艺术有浓厚的兴趣，了解美术鉴赏的基本步骤，能初步从文化的角度去理解美术作品。但他们在进行美术鉴赏时，对艺术审美现象产生的原因理解有限，很难主动地将艺术与生活相联系，他们很期待通过本课的学习，能够体验宋朝雅趣生活，学习宋人慢生活的方式，进而改善自己的心境，提高生活品质。

本课的教学目标是提升学生美术核心素养，预设通过欣赏作品来提高学生图像识读能力，使学生通过对宋朝社会背景的了解，提升对艺术文化的理解能力；通过对作品的感受分析，提升审美判断能力；通过雅趣生活体验，提升美术表现和创意实践能力。

教学目标

1. 学生通过对宋朝艺术品的鉴赏和评述，初步了解宋朝的审美趣味和生活态度。（图像识读、文化理解）

2. 学生通过对艺术品的分析、讨论、临摹，结合信息技术手段，理解宋朝绘画的特点，能较为准确地分析宋画的文化内涵。（美术表现、创意实践）

3. 弘扬传统文化，提升美术核心素养，反思现代生活。（审美判断）

教学重点

1. 理解宋朝绘画中“格物致知”及“技进乎道”的艺术追求与人生态度。

2. 评述不同历史时期宋朝山水画的表达内涵的异同。

3. 体验宋朝雅集生活。

教学难点

1. 思维拓展：通过分组对美术作品进行赏析，总结归纳宋朝艺术的审美特色。

2. 文化理解：理解宋朝艺术品表现方式与文化追求之间的关系。

教学准备

教师：多媒体课件、教学平板、绘画工具等。

学生：绘画工具。

教学过程

（第一课时）

一、宋朝艺术作品导读

由博物馆工作人员对作品进行导读讲解。**（图1）**

图1

图2

二、导入

播放视频“不同朝代女子妆容”。（图2）

教师提问：如果能穿越到古代，你最愿意到哪个朝代生活？为什么？

学生回答：战国古朴简约，晋朝高雅清丽，唐朝华丽开放，宋朝秀美雅致，明朝保守端庄。

【设计意图】营造传统文化的情景，帮助学生体会传统美学，激发学生学习兴趣。

三、知识回顾（语文、历史、信息技术学科融合）

学生活动一：挑战游戏（图3、图4）

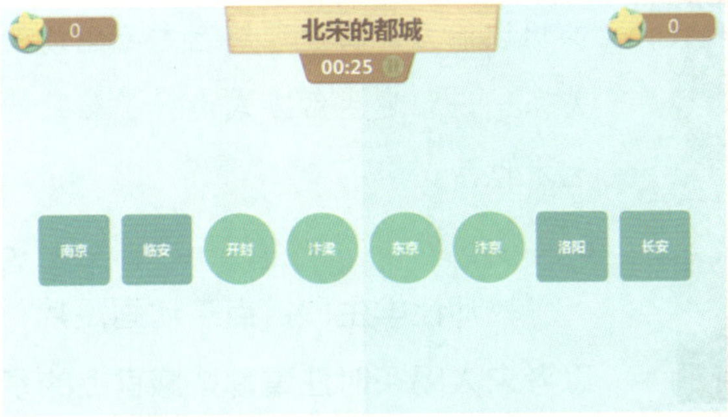

图3

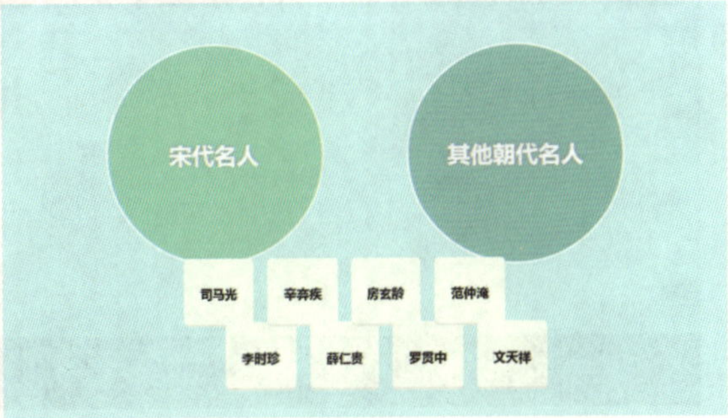

图4

1. 哪些是北宋都城的称谓?

A. 南京 B. 临安 C. 开封 D. 汴梁

2. 宋朝有哪些发明?

A. 火药箭 B. 指南针 C. 造船术 D. 纺织 E. 地动仪 F. 造纸术 G. 活字印刷

3. 宋代的名窑有哪些?

A. 汝窑 B. 越州窑 C. 景德镇窑 D. 定窑 E. 铜官窑 F. 洪州窑 G. 哥窑 H. 钧窑

4. 宋代的名人有哪些?

A. 司马光 B. 辛弃疾 C. 房玄龄 D. 范仲淹 E. 李时珍 F. 薛仁贵 G. 文天祥 H. 罗贯中

【设计意图】该环节充分利用希沃课件的游戏工具,激活课堂氛围,检测学生文化常识。

四、了解宋朝经济文化

播放微视频(历史学科融合,图5)。

教师提问:宋朝的经济情况怎样?视频中哪些场景和现代生活相似?

学生观察后回答:宋朝社会相对稳定,经济繁荣,科技发达。视频中小吃、闹市、刷牙、看新闻、踢球等与现代生活极为相似。

【设计意图】通过微视频,快速、高效地了解宋朝的社会背景、生活方式等方面的知识,学生思考宋朝人的生活,进而理解宋人艺术产生的背景及形成原因。

五、探寻宋人雅趣生活

学生活动二:教师请学生思考并回答以下问题(图6)

1. 展示绘画作品,学生思考画中情景涉及哪些活动。

2. 对比今天我们的生活方式,谈谈你的感想。

学生回答:挂画、吟诗、点茶、插花,生活闲适雅致,品质高。

我们一部分家长的闲暇:去KTV唱歌、打牌、逛街,生活忙碌,品质低。

图5

【设计意图】本环节培养学生图像识读能力,初步理解艺术与生活的关系——雅趣生活方式造就了雅致的艺术作品。

教师让学生欣赏点茶动画短片,思考宋人喝茶时注重哪些感官上的享受(茶艺欣赏,图7)

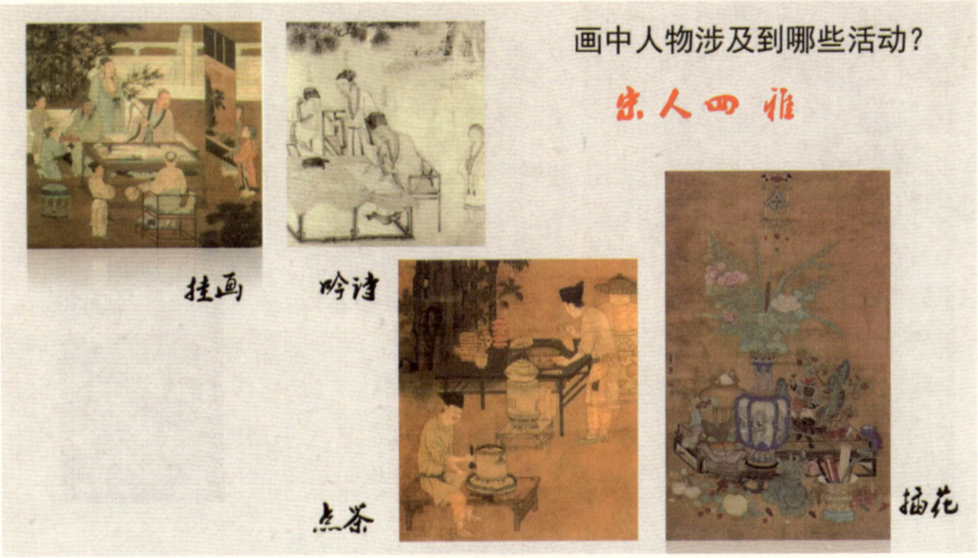

图6

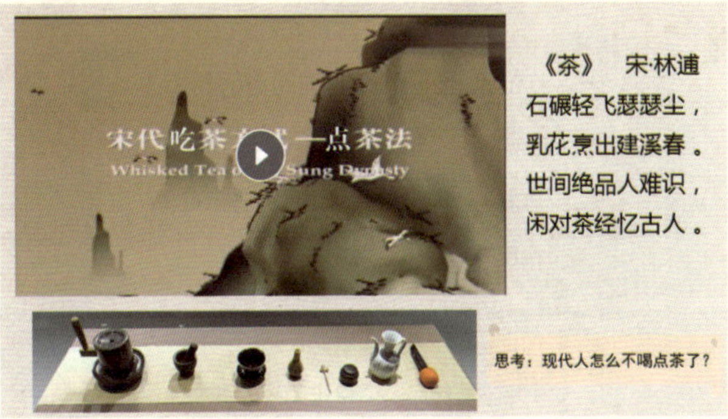

图7

学生回答：味觉、视觉、嗅觉。

【设计意图】本环节通过对宋人点茶的了解，结合对博物馆中展出的精美茶具的欣赏，使学生了解宋人的慢生活特征，以及对生活感受的极致追求。

教师展示宋人插花绘画作品，让学生用一个字概括宋人插花的特点。学生使用平板答题，实现师生互动。（插花艺术、现代信息技术学科融合，图8）

学生回答：清、疏、雅。

【设计意图】学生用平板电脑交流互动，准确理解宋朝艺术的美学特征，增强学生对艺术作品的分析和概括归纳能力。

六、宋朝绘画作品赏析

学生活动三：分小组进行鉴赏活动

第一小组：

教师展示北宋赵佶《花鸟图》扇面，让学生观看图片及展馆真品，讨论后回答下面问题。（图9）

1. 作品造型、色彩、构图有何特点？

小组代表回答：造型精致细腻；色彩清新雅致；构图简洁奇巧。

2. 画家是怎样来表现生活情趣的？

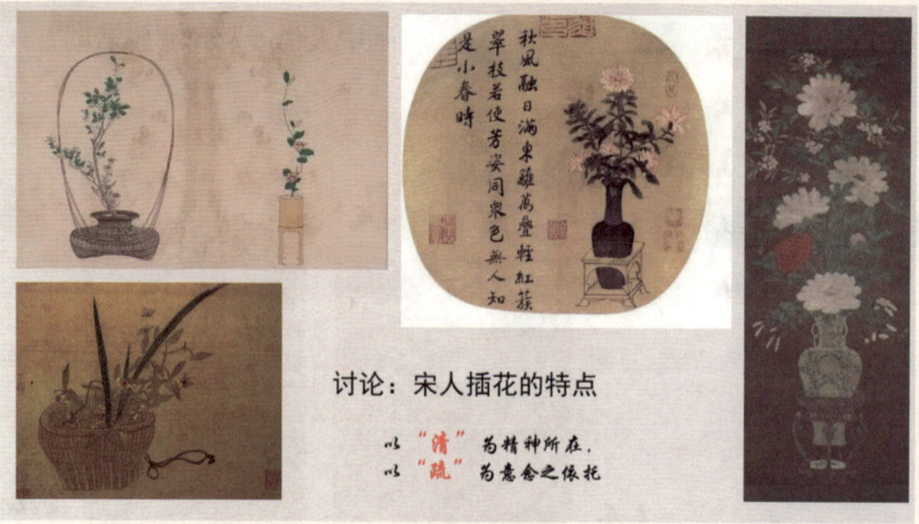

图 8

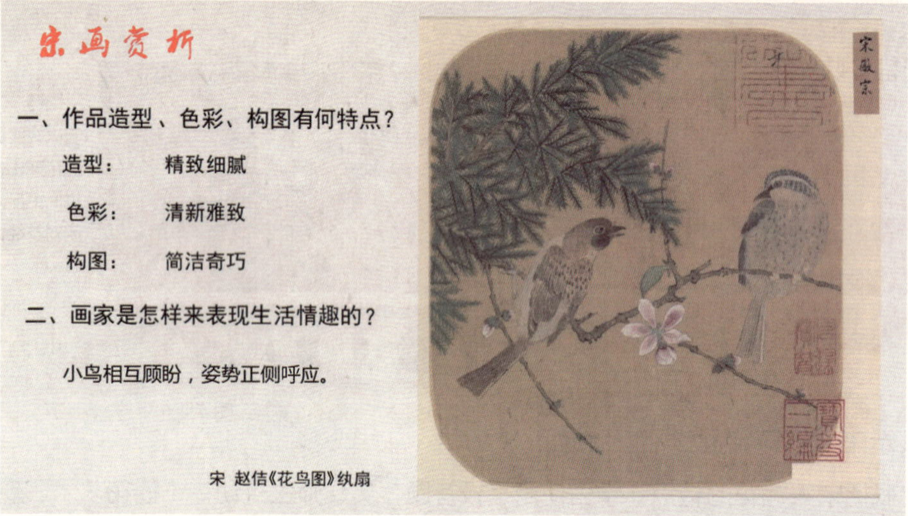

图 9

小组代表回答：小鸟相互顾盼，姿势正侧呼应，情感融入其中。

第二小组：

花鸟画视频欣赏（微课讲解花鸟画的特点），教师让学生讨论宋朝花鸟画为何能达到如此写实的高度。（图 10）

小组代表回答：影响因素有宋代理学，格物致知的认知方式。

【设计意图】通过对具体作品多方面的分析、讨论，使学生深刻领会美术作品的形式美感和思想内涵，提升美术核心素养中图像识读、审美判断、文化理解的能力。

第三小组：

教师展示马远《梅溪放艇图》和夏圭《临流抚琴图》（图 11），请学生回答：1. 画面给你怎样的感觉？ 2. 作品传达了怎样的审美观念？

学生回答：极简、极素、极拙……

图 10

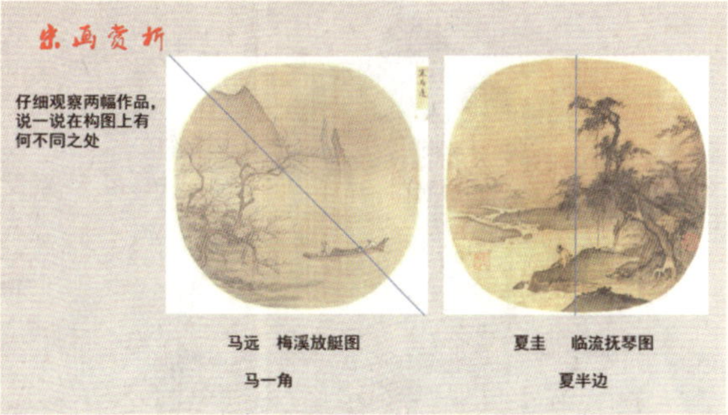

图 11

图 12

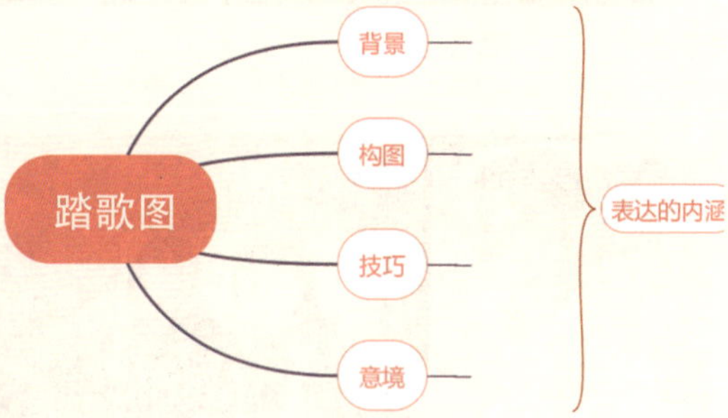

表 2

接着，教师继续让学生回答二者在构图上有何不同。

学生回答：马一角，夏半边，表现了对南宋偏安一隅的感怀。

学生活动四：教师展示作品《踏歌图》，让学生从背景、构图、技巧、意境等方面完成思维导图，对作品进行评述。（图 12）

运用平板电脑完成作品鉴赏思维导图。（表 2）

学生总结：南宋偏安一隅，画家山水画创作趋向于边角构图，画面注重自由精神和意境趣味，将北宋的“无我之境”推向了“有我之境”。

【设计意图】学生总结归纳所学的知识，进行总体评述，提升审美判断能力。

（第二课时）

七、文人雅集活动体验

学生活动五：大家在展厅里分组进行临画、插花、下棋、品茶等活动，感悟宋人艺术，体验宋人精致优雅的慢生活方式。（图 13 至图 16）

【设计意图】本环节通过临摹与创作实践，创设真实情境，使学生进一步理解宋人艺术的美学特征，感受慢生活方式。

八、作品展示

学生展示插花、绘画作品，谈创作感想。

图 13

图 14

图 15

图 16

【设计意图】学生自评、互评，感悟雅集之趣。

九、课堂总结

无论是千年前的宋朝还是时光流转的现世，“雅”都是永不褪色的美，因为懂得感受和体验生活，才是一个生命的最高境界。如今面对生活节奏的加快，我们不妨也时常像宋人一样慢下来，去发现生活中的美物、美景，也许会有不一样的心境和感悟。

《闲来弄风雅：宋人慢生活艺术品赏析》导学案

姓名：　　　班级：

一、了解宋朝文化

学生活动一：挑战游戏

1. 哪些是北宋都城的称谓？（　）

A. 南京 B. 临安 C. 开封 D. 汴梁

2. 宋朝有哪些发明？（　）

A. 火药箭 B. 指南针 C. 造船术 D. 纺织 E. 地动仪 F. 造纸术 G. 活字印刷

3. 宋代的名窑有哪些？（　）

A. 汝窑 B. 越州窑 C. 景德镇窑 D. 定窑 E. 铜官窑 F. 洪州窑 G. 哥窑 H. 钧窑

4. 宋代的名人有哪些？（　）

A. 司马光 B. 辛弃疾 C. 房玄龄 D. 范仲淹 E. 李时珍 F. 薛仁贵 G. 文天祥 H. 罗贯中

二、宋人雅趣生活

学生活动二：观察下面绘画作品，思考画中情景涉及哪些雅趣活动

图1（　）　图2（　）　图3（　）　图4（　）

图1

图2

图3

图4

三、宋画赏析

学生活动三：分小组进行作品赏析

第一小组：赏析北宋赵佶《花鸟图》扇面（图5）。

1. 作品造型、色彩、构图有何特点？

2. 画家是怎样来表现生活情趣的？

第二小组：结合宋朝文化特点，讨论宋朝绘画（图6）为何能达到如此写实的高度。

图 5

图 6

第三小组：观看作品《梅溪放艇图》与《临流抚琴图》

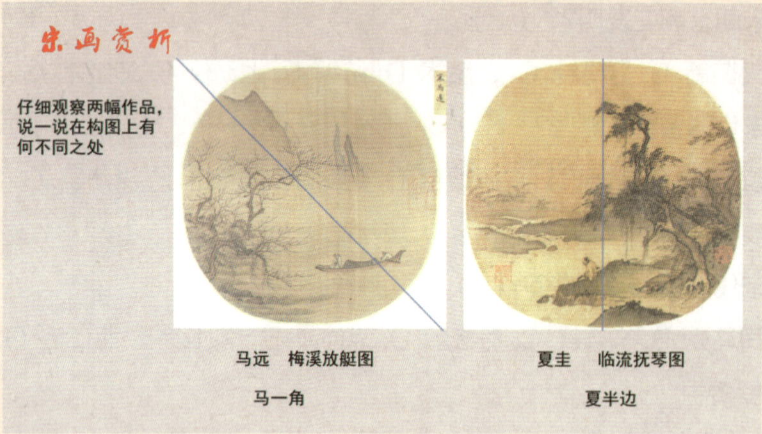

图 7

1. 画面给你怎样的感觉？

2. 作品传达了怎样的审美观念？

3. 构图上有何特点？

四、欣赏评述

学生活动四：欣赏作品《踏歌图》，从作品的背景、构图、技巧、意境等方面运用思维导图进行评述。（运用平板电脑进行要点记载）

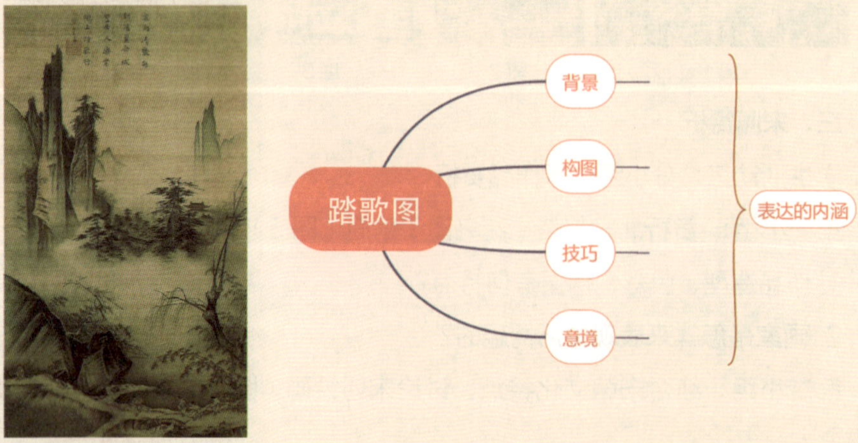

图 8

五、雅集体验

学生活动五：在展厅里分组进行临画、插花、下棋、品茶等活动，感悟宋人艺术，体验宋人精致优雅的慢生活方式。

教学反思和拓展

一、教学研讨

长沙市长雅中学陈品辉：李老师的《闲来弄风雅：宋人慢生活艺术品赏析》，让学生通过宋代人物画了解宋人的生活场景，同学们更直观地感受到宋代文人的雅致，宋人生活里有琴棋书画诗酒茶，展现出他们栖霞品茗、焚香候月、听泉抚琴的闲适生活；通过宋代花鸟小品，同学们感悟到宋时兴格物、重态度，把握对象的"情态形色"的严谨治学态度；通过宋代山水感受宋人极简、至素的心境。本课融文学、历史、艺术、科技于一体，让学生感知、理解、参与、评价，从而反思我们现代人的生活状态和态度。

长沙市周南中学李斌：李老师的博物馆美术课《闲来弄风雅：宋人慢生活艺术品赏析》在长沙市网络学习空间播放，美术组老师在网上观看了上课视频并进行网络评课。馆校合作课依托博物馆的高平台，为学生提供了最佳的艺术体验场所，也为美术课的设计提供了多种可能性，多学科融合让美术课堂更为精彩。

长沙市周南梅溪湖中学陈元：认真学习了李老师的课，收获颇多。李老师的课设计巧妙，从问题导入入手，激发学生探索宋朝艺术的兴趣；授课中通过动与静相结合的教学方式，进一步激发学生探寻宋朝艺术的好奇心。李老师从宋朝人生活的多个方面进行讲解、挖掘，让学生体会到宋朝人在慢生活的节奏中，让生活适时地慢下来，去品味艺术。这或许也是我们现代人应该追寻的一种生活方式。

长沙麓山国际实验学校陈刚：就教材来说，长沙的学生算是很幸运的，书中出现的博物馆资料就在家门口。从书本上感受图文信息与身临其境感受相比，差别不小。而且这种博物馆记忆可能会永久性存在，那是一生的故事。这也许是博物馆的魅力，也是美育的力量。书本给我们打开了窗口，提供了选择，博物馆助力深化认知。这种课程设置不是学生走出教室那么简单，认知的提高与知识架构的形成才是精彩部分。一堂课可能让他（她）、你、我爱上艺术课程，爱上博物馆，爱上一座城、一个国家文化，赞！

长沙市第一中学陈建新：李老师运用多学科的融合、艺术珍品的现场感受、雅集生活的体验、现代信息技术手段，为我们呈现了精彩的美术课堂。宋朝艺术的审美特征我们都能感受到，然而，美的背后是宋人超然物外的生活哲学和格物致知的理学精神。学生在感受美的同时，也领略到中华传统文化的博大精深，精神上得到愉悦，思想上受到震撼，很好地做到了立德树人、弘扬中华文化这一美育宗旨。

二、教学反思

本节课在湖南省博物馆"闲来弄风雅——宋朝人慢生活镜像"主题展展厅授课，学生置身真实的艺术场景，感受艺术原作带来的巨大冲击，体验传统文化的魅力，充分调动了他们的艺术感知力，激发了他们的艺术热情，课堂气氛活跃。通过学习与探讨，学生对宋朝作品的艺术形式、审美特色和文化背景有了深入的理解，较好地实现了课程目标。在授课过程中利用现代信息手段提高教学效率，拓展了课堂的深度和广度，取得了较好的效果。

（一）实施跨学科融合，增强学生综合理解艺术的能力

本节课，笔者在鉴赏教学中跨学科融合了文学、历史、经济、哲学、茶艺、花艺等相关的知识，引导学生多角度地对艺术作品进行感悟与分析，理解艺术作品与传统文化、时代发展的联系，培养审美判断力。在导入阶段，笔者剪辑了不同朝代女性妆容的微视频，从历史发展和设计学的角度，使学生感受不同时代的审美风尚，以辩证的历史的眼光看待艺术作品。在学习新知之前，笔者从文学和政治的角度考查学生对宋朝文化的理解，为学生深入、全面地欣赏作品做好铺垫。在新授环节，笔者从宋朝的经济发展水平和人们日常生活入手，将宋人雅趣“琴棋书画乐，诗酒茶花香”所对应的艺术成就进行展示与分析，使学生明白艺术与经济水平、文化环境、生活方式是密不可分的，引导学生探讨宋朝的理学思想和格物致知的认知方式对艺术的影响，尝试从哲学的角度反思今天人们的生活与艺术状态。

（二）充分运用现代技术手段，拓展课堂的广度和深度

本节课运用希沃平台进行备课与授课，课堂教学中运用了微课、微视频、趣味抢答、同屏互动等现代信息技术，使课堂简洁高效，信息量大，学生呈现方式多样，课堂氛围非常活跃，有助于学生进行深度思考。如在总结宋朝人插花艺术的特点时，我要学生将自己感受最深的一个字写在各自平板上，然后在大屏幕上展示学生答案，45% 的学生写的是“雅”，23% 写的是“清”，11% 写的是“疏”，宋人插花艺术的特点瞬间总结了出来。在对《踏歌图》作品赏析时，学生可以上网搜索相关资料，对作品进行更深入的了解。

（三）创设多角度问题情境，实现美术鉴赏学用结合

本堂课的教学过程分为感悟、分析、理解、评述、体验等步骤，为了使学生正确理解千年前的艺术作品，笔者在设计问题情境时，多从学生的现实生活入手，引导他们学用结合。导入环节，笔者播放不同时代女性妆容时提问：如果能穿越到古代，你最愿意到哪个朝代生活？为什么？激发学生想象力的同时，也使学生能发现自我的审美倾向，激发学习兴趣。在了解了宋朝人的雅趣生活后，笔者让学生对比古人与现代人打发闲暇时光的方式，谈一谈有什么启发。现实性的问题使学生开始审视自己的生活状态，自觉寻找与古人在精神领域的差异。在对宋人绘画作品进行评述时，笔者让学生讨论：这幅作品最适合挂在家中哪个房间？为什么？学生开始从文学、历史等多个角度结合当今的审美习惯、装修风格，对作品进行深入的分析。

（四）不足之处

首先，本堂课的内容较多，稍显繁杂，宋人雅趣环节的点茶、烧香等活动可以再简练一些，无须赘述，将时间更多地分配到绘画赏析的环节，使学生进行更加深入的思考。其次，学生艺术体验后可以安排更多小组分享，将学习成果进行呈现。

参与人员名单（图 17、图 18）

策划：詹蓉、邓智刚

项目主持和主要实施者：胡勇辉、李曙光

现场参与人员：刘清峨、马文军、周品、陈刚、扬名、潘欣睿、何雨婷、徐润田、周妍孜、谭静怡、肖沁、汤雨欣、曹秋实、欧阳景姿、周圆元、刘子云、曹鹏涯、李雅淇、刘冉旭、向紫维、黄思雅、李逸飞、朱振宇、杨承羽、邓瀚萱

场外支援：刘智、高海波、李国生、鲁霞、杨洁琼、欧庭良、杨松、李建华、陈凯、黄颖、谭永祥

特别鸣谢人员：朱建国、朱宏伟、刘飞、叶修刚、吕佑祥、李梅芳

图 17

图 18

《树可传情》教学设计

长沙市第十一中学 邓军

前言

这堂课的设计灵感来自湖南美术出版社高中《美术鉴赏（必修）》教材第三单元“美术的世界”，本单元从艺术家表现世界的独特方式、自画像中的自我表现、美术作品与艺术家人生经历的关系三个角度分别叙述艺术家在创作过程中呈现出来的各种差异，本课是根据其中的第三课《托物寄情——美术作品与艺术家人生经历的关系》改编而来，要求学生掌握视觉艺术作品中象征和隐喻手法，也就是美术家间接或含蓄地表达自我的方式，让学生明白画面上的形象不是单纯地描写某一物品，而是要表达某种观念，而这些观念在很大程度上是与美术家的自我相关的。本课内容涉及两个方面：一是美术作品中象征、隐喻手法的运用，二是这种手法跟艺术家生平的关系。隐喻之所以会跟艺术家的生平发生关系，是因为艺术家需要借助艺术形象把自己体验过的情感经历表达出来，艺术家的生平经历不同，使用隐喻时要达到的目的也不一样。中国画作品中有题跋，观者可以根据这些题跋来更好地理解画面内容。

笔者根据教材内容自编了《树可传情》，将单元学习内容聚焦在通过“树”的姿态和笔墨，让学生去发现、提炼、变化，以表达自己情感。学生通过自主尝试，培养创作意识，从而理解松树如何作为具体意象去表达不同画家的深层自我，进而表达自己的个性和思想情感。

学情分析

作为“岁寒三友”之一的松树，是学生在日常生活中接触过的，学生对它有一定的认识和了解。但学生要通过松树来表达自己的情感，还是会有一定的难度，他们对松树的基本特征和生长规律还只是一些浅层次的理解，对松树枝干的出枝规律和松针的特点还了解得不够。本课运用多学科知识，对松树的笔墨表现展开教学设计，通过任务的驱动，使学生主动、积极地参与到教学中，在自主尝试的创作中进行沉浸式学习，感受中国山水画的魅力，在潜移默化中提高艺术素养，增强热爱传统文化和爱国的情感。

扫一扫，看示范课

教学目标

图像识读：学生能以比较的方式进行整体观察，解读作品中松树的内涵和作者的情感。

创意实践：学生能通过树的姿态、笔墨等表达思想情感。

文化理解：通过学习，学生能逐渐形成从文化的角度观察和理解美术作品的习惯，培养热爱祖国和本民族优秀文化的情感。

教学重点与难点

教学重点：学生能体会如何借松树表达个性和情感。

教学难点：学生能通过树的姿态和笔墨去发现、提炼、变化，来表达自己情感。

教学准备

PPT、教案、教具、微课、宣卡纸、毛笔、笔洗、墨水、墨碟等。

教学过程

一、情境导入

师：欣赏倪瓒《六君子图》中的树（图1），思考：作者想借这六棵树表达什么？树的姿态、笔墨分别给了你什么感受？

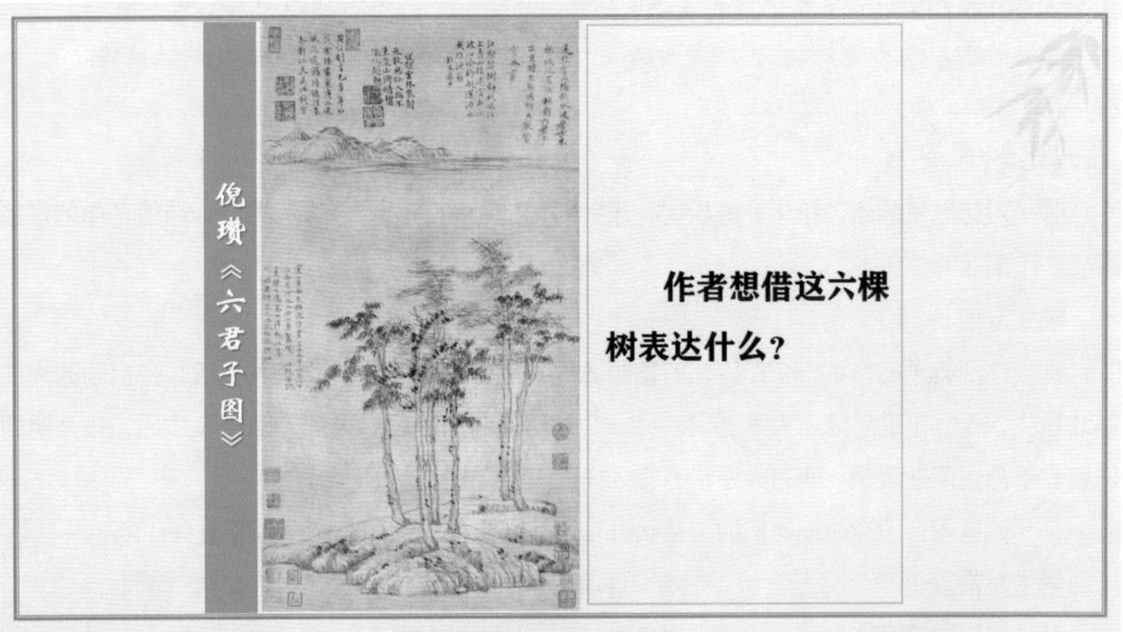

图1

学生发言。

教师引导学生带着问题观看视频短片。

小结：在古代画家笔下，这些树都是有生命的，这六棵树是中国文人气概的表达，倪瓒借

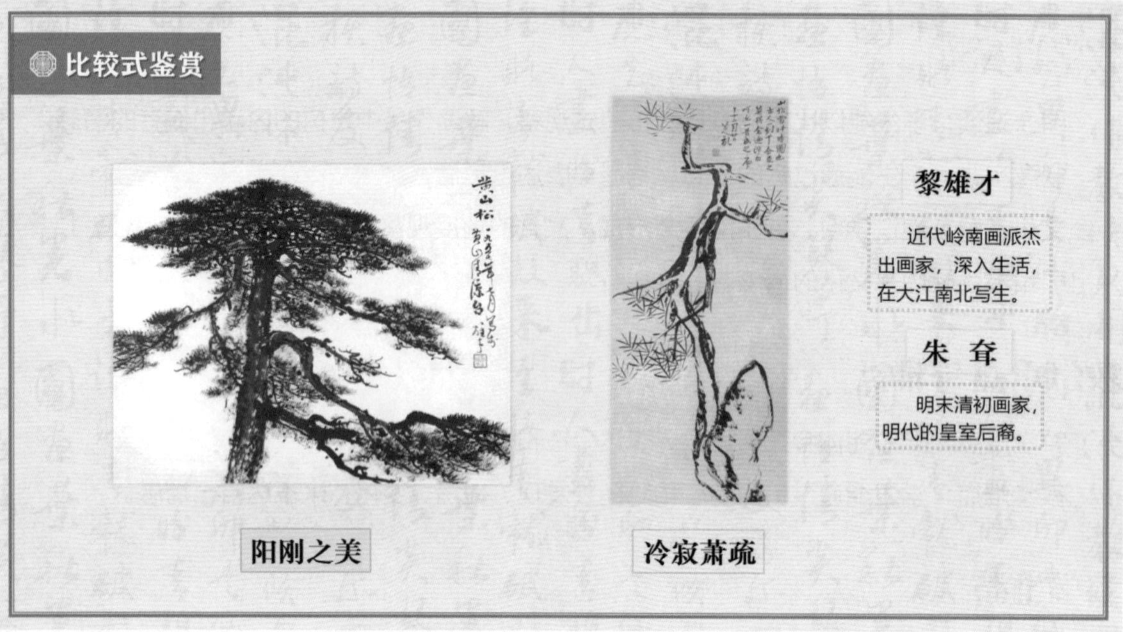

图2

树表现了自己的个性，也表达了自己的人生态度。

引出课题：树可传情，通过树来感悟画家与作品之间的关系。

【设计意图】教师引导学生通过感悟式鉴赏，理解艺术家是如何通过“树”表达个人情感与精神追求，激发学生好奇心和学习兴趣，为更好地学习创作有情感的松树做铺垫。

二、比较式鉴赏

师：对比欣赏黎雄才和朱耷的松树，思考：同样画的是松树，这两幅画分别给了你怎样的感受？（图2）

学生发言。

师：这两幅画的作者一个是近代岭南画派的杰出画家黎雄才，他深入生活，在祖国的大江南北写生，作品雄健老辣、大气磅礴。另一个是明代的皇室后裔朱耷，明朝灭亡后，作为明朝的皇室王孙生活在清朝，他的人生状态怎么样？

师：这些画有没有体现他们的生活状态和性格特点呢？这两幅画分别是谁创作的？

学生发言。

师：松树表现了作者的个性和人生状态。

【设计意图】教师引导学生理解艺术家的作品与他的生活、个性是有关联的，美术作品能反映出艺术家的人生经历。

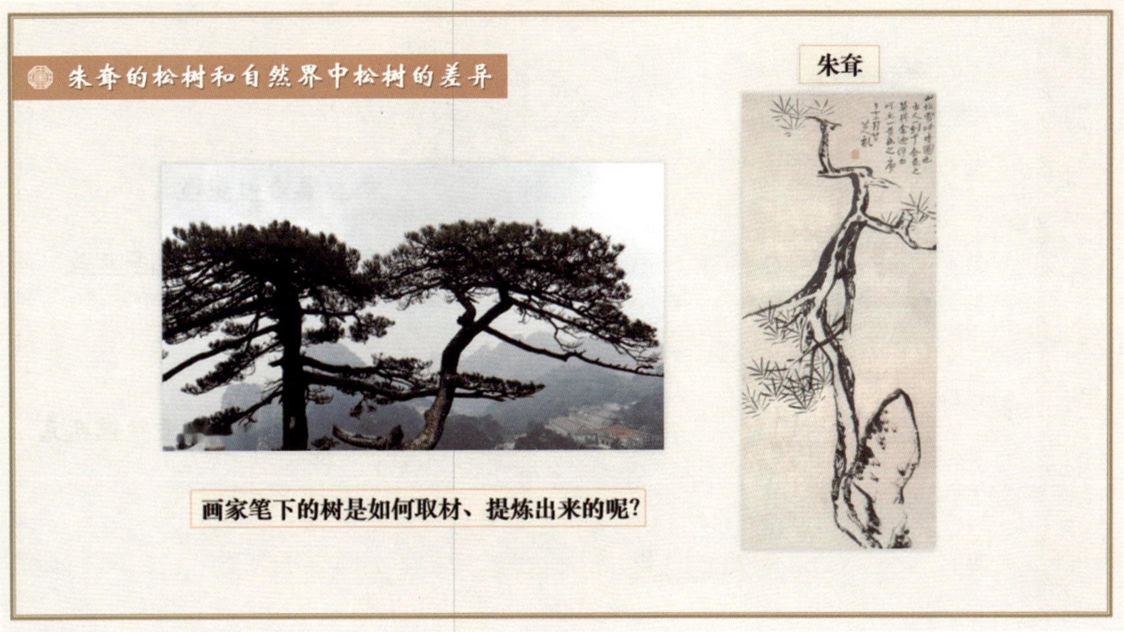

图3

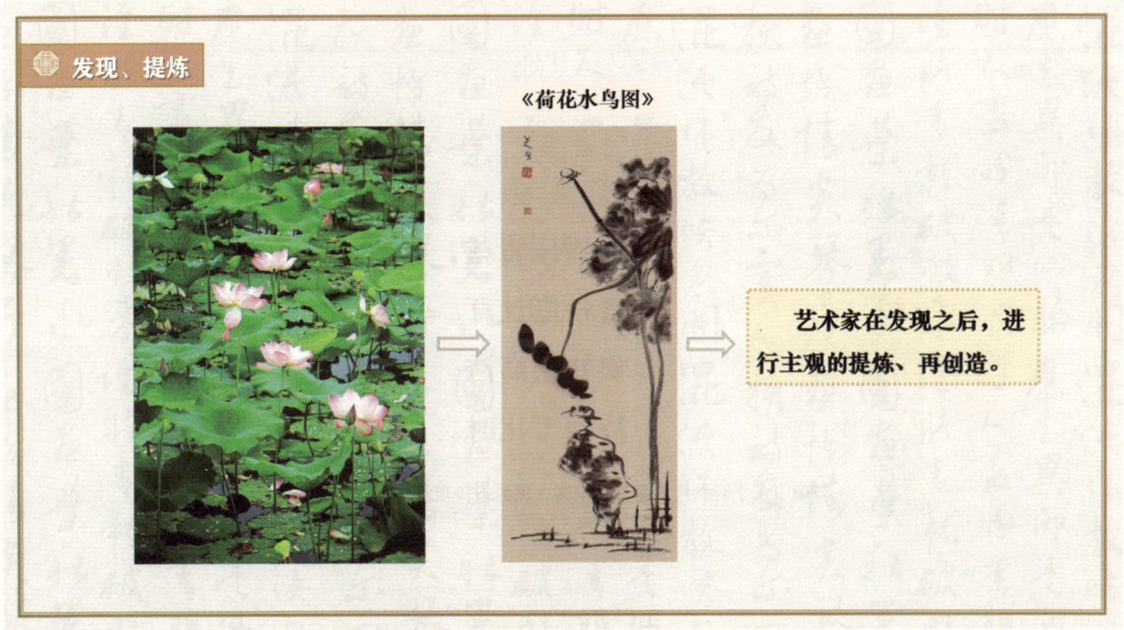

图4

三、方法探究

教师引导学生对比朱耷《快雪时晴图》中的松树和自然界中松树的差异（图3），结合朱耷的《荷花水鸟图》分析艺术家是如何取舍、提炼、再创造出来的。（图4）

教师小结：画家笔下的树是画家通过主观的取舍与提炼，再创造出来的。

【设计意图】教师引导学生理解艺术家是如何对大自然中的树进行取舍与变化来表达自我的。探究分析作品，了解艺术家取材、提炼、再创造的过程，以及他们根据内心的感受进行主观的取舍、变化等处理，作品风格各异的原因正在于此。

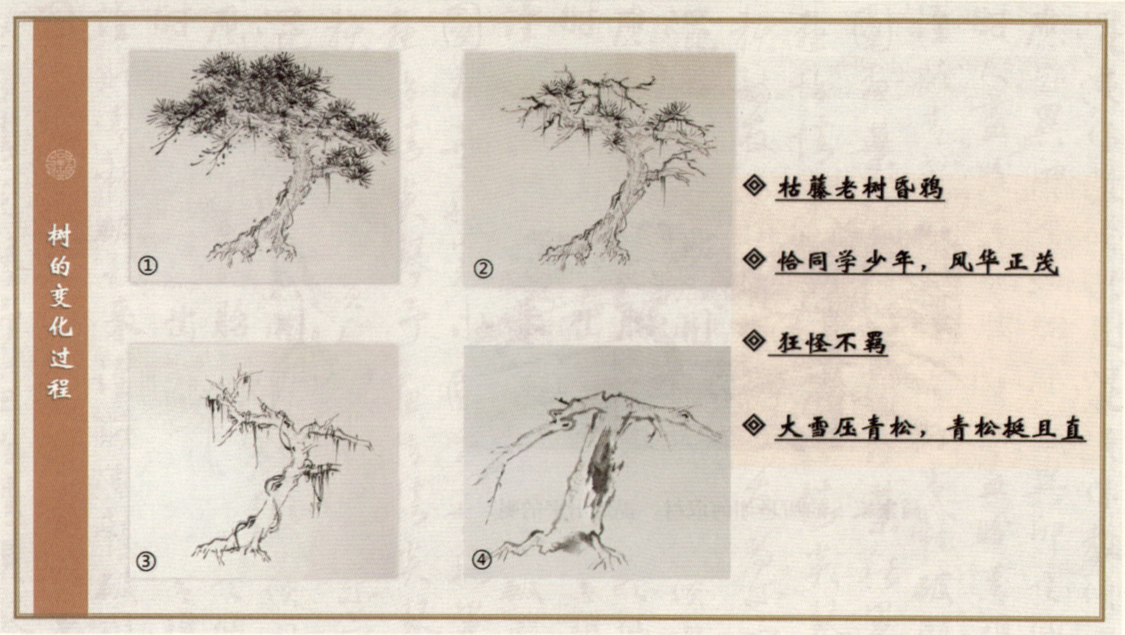

图5

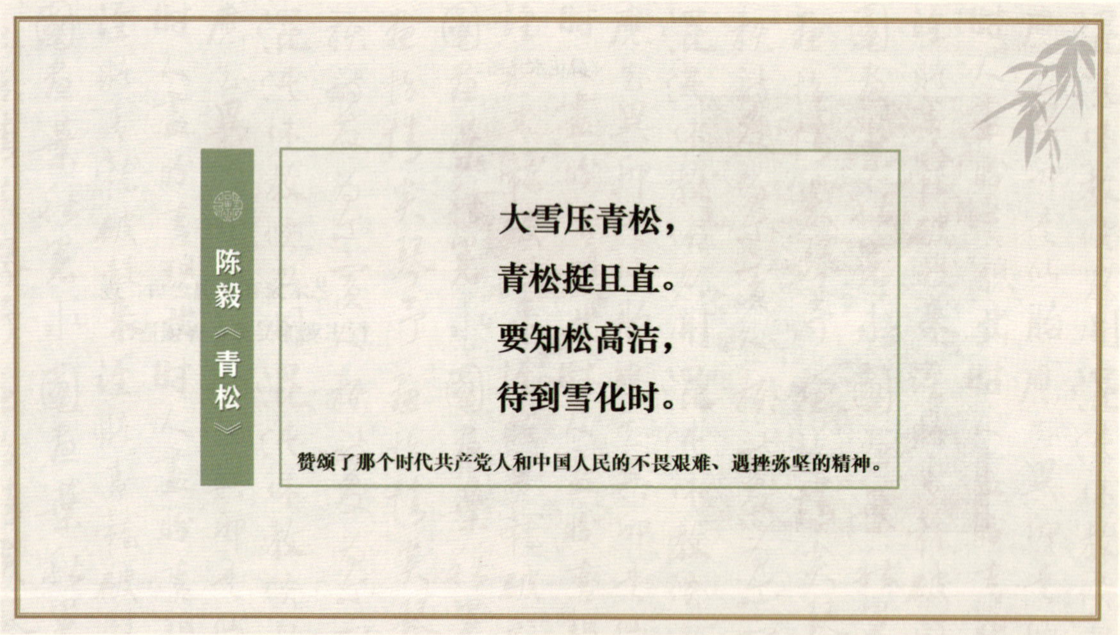

图6

教师播放动画演示树的变化，学生分组合作讨论。

教师出示四组诗词句，让学生分别选出与之相对应的画面（图5）。

教师小结：生活中有很多的美需要我们用心去观察和发现，在艺术创作中，懂得提炼与取舍才能更好地表现自己的精神状态和个人追求。

【设计意图】本环节通过树的不同姿态和状态，引导学生发现同一棵树的不同变化会产生不一样的感受，从而找到与之相对应的诗词来表达或解读。在课堂中跨学科融合古典诗词的学习，能够引导学生站在传统文化的视角去寻找中国风格的美术作品的价值和意义，适应

图7

了新时代教育发展的趋势和要求，有利于实现学科间的相互融合和渗透。以诗解画，诗画互解，有利于理解、拓展画作主题，这样的创作和欣赏训练，为特定主题的“二次飞跃”提供了可能。在高中美术学习中融合古典诗词的学习，既符合教育科学，又有利于唤醒知识与教学的价值属性。同时，这种教育也是践行新课标理念和学生全面健康成长的需要，更是实现学生深刻理解并传承中华优秀传统文化的需要。

教师引导学生探究松树的表现。

师：在中国传统绘画和文学作品中，作者喜欢把松树人格化，有特别的寓意。请解析陈毅的《青松》以及背后的精神（图6）。

学生发言。

教师示范画一棵松树。

【设计意图】根据陈毅《青松》的寓意，教师现场演示，让学生初步体会如何通过笔墨借松树表达情感。

教师给予创意启示。

师：近年我们国家发生了哪些大事？请谈一谈你的感受。你会用什么样的松树来表达呢？（图7）

学生发言分析树的表现方式。

【设计意图】学生创作之前，通过创设爱国情境，为学生的创作提供思路，融合思政，引导学生发散思维。

四、创作体验

师：请大家通过画松树来表达当下的生活感受或个人情感，并思考如何落款点题。

学生创作。

展示评价，教师总结（图8）。

五、拓展迁移

师：自古至今，画家多用松树来表达自己的爱国之情，请欣赏宋文治先生的松树作品《高松铁骨永长春》（图9），并解读其中的寓意，祝福伟大的祖国繁荣昌盛！

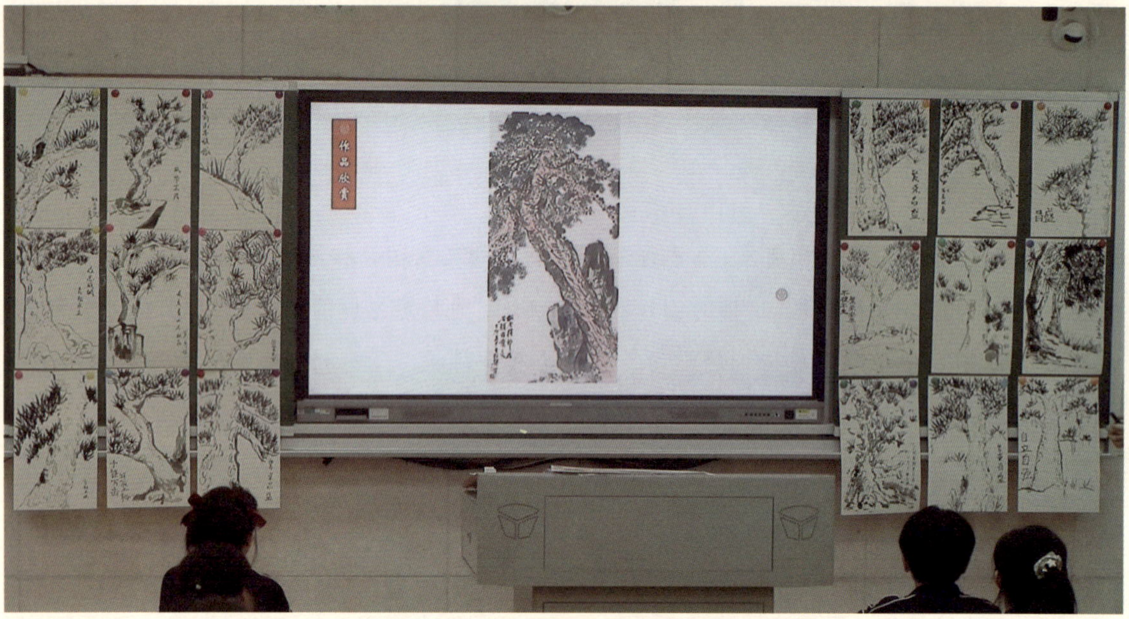

图8

图9

《树可传情》导学案

姓名：　　　班级：

初识松树	1. 你了解松树的基本特征吗？		
	2. 松树的枝干和松针有什么特点？松树有什么象征意义？	树干树枝： 松　　针： 象征意义：	
对比欣赏	艺术家是如何在自然中进行取舍、变化来表达情感的？	 	
笔墨表现	探究松树的表现方法	1. 勾 用笔用墨的变化： 姿态的变化： 2. 皴擦 皴擦的位置： 笔上水分的要求： 3. 点 松针的形状： 用笔方法：	
创作表现	根据所学知识，通过画松树来表达当下的生活感受或个人情感，并思考如何落款点题		表达情感：

教学反思和拓展

在本课的教学中，笔者不仅让学生学习鉴赏松树的各种风格与表达，而且还让学生通过对松树的姿态和笔墨进行分析，学会取材、提炼、变化，动手来创作一幅有个人情感的“松树”。最后，笔者又引导学生回归当下生活，通过松树表达自己对祖国的热爱。本堂课的一大亮点是在课堂中跨学科融合了古典诗词的学习，引导学生站在传统文化的视角去寻找中国风格美术作品的价值和意义，适应了新时代教育发展的趋势和要求，实现了学科间的相互融合和渗透。书画作为视觉作品和诗词作为文字的想象作品都需要读者的“兴发感动”，需要读者站在当下的、个体的文化背景中去再次解读。在解读作品时融入自己的经验和感受，对作品进行有血有肉的精神解码，作品解读才最完美。

《树可传情》一课充分体现了以学生为本的教育理念，注重学生自主学习能力和综合素质的提高。本课通过语文中的诗词、思政课等多学科知识的融合，任务驱动式的教学，全方位地培养了学生主动获取、加工、表达与交流信息的能力，以多种审美体验刺激了学生的感官，提升了学生的艺术素养。本课也还有一些地方可以改进，比如说课堂中对松树生长规律的解读和分析还不够，以至于学生对树的姿态的表达还不够丰富。为了更深入地理解松树特点，务必联系生活实际，抓住松树的生长规律和笔墨表现方法。另外，学生对松树的精神表达也可以更加深入。

参与人员名单

策划：长沙市教育科学研究院詹蓉

授课教师：邓军

现场专家：詹蓉、刘夕来

现场参与人员：长沙市第十一中学 K2208 班学生

4

跨学科融合的
公共美育课

特色弘扬

特色弘扬

我们联手点亮了校庆焰火
——跨学科跨地域非遗烟花进课堂述例

詹蓉

疫情防控期间，我们长沙市的老师做了一堂跨学科跨地域协力合作的公共美育课，用浏阳的非遗烟花为长沙市南雅中学（以下简称南雅）的少年点亮了二十周年校庆焰火。焰火由南雅高一年级 2109 班同学们在老师带领下专门进行设计。2022 年 6 月 27 日夜，在浏阳烟花制作专业人士和浏阳市新文学校师生协力合作下，烟花真的绽放在了浏阳的夜空（图1），现场通过视频连线与南雅师生进行了分享。这堂跨学科跨地域的公共美育课跨度真的有点大，值得与大家分享一下。

图 1 南雅校庆焰火浏阳燃放实景

一、这场校庆焰火秀，需要融合的学科有点多！

2022年正值南雅中学二十周年校庆。在长沙市美术教研员詹蓉老师、南雅中学艺术组组长谭淑老师的指导下，南雅中学的旷敏芝、雷运祥、李彬三位老师联合浏阳市新文学校的李大明老师以“特别的日子——焰火艺术”为主题，以“为南雅中学二十周年校庆设计、制作焰火”为真实情境任务驱动，开展了以美术为基础，融合语文、化学、信息技术等多学科的项目化教学（图 2 至图 5）。

“要设计创造出校庆主题的焰火艺术作品，需要对校庆主题的理解，对美术语言的创新。给焰火作品拟名，这是语文学科的长项；焰火的声、光、烟、色的实现，这要借助化学学科；

图 2 多学科参与的美术实践课，南雅师生课后合影

图 3 南雅中学美术组旷敏芝老师在讲授焰火设计

图 4 南雅中学化学组李彬老师在讲焰火颜色的化学反应

图 5 南雅中学语文组雷运祥老师在组织学生讨论焰火主题构思

而最终的制作，就需要借助我们浏阳的非遗烟花技术。烟花很绚烂，它的美丽绽放需要多学科深度合作！”南雅中学的严莹副校长说。

南雅中学化学老师李彬引导学生动手实验，展示焰火配色的实践操作，包括采用可降解的环保材料，达成烟、光、色的理想效果等。

此课例是中学美术课程拓展的跨学科项目化教学设计，是“特别的日子”单元化课程的第二部分，定位为美术实践课，语文、化学、信息技术为从属学科。该课包含“焰火作品设计与绘画”“焰火作品拟名”“焰色反应与配色”“VR 虚拟焰火欣赏”“组盆焰火制作”“焰火的燃放”几个板块。跨学科内容有机融合，该课活动各分项任务环环相扣、层层递进：从绘画技巧的学习到情感的表达，从图案的设定到配色设计，从焰火的制作到焰火的燃放，在真实情境任务的驱动下有效实现了学科间的相互贯通、相互促进，最终实现跨学科融合，促成学生的深度学习。

图 6 廿年桃李

图 7 碧梧栖枝

图 8 凤翔千仞

二、廿年桃李、碧梧栖枝、凤翔千仞，三个方案都很美！

在南雅美术课堂上，旷敏芝老师让学生通过小组合作、探究、尝试归纳，以及观看微课等形式进行学习。学生根据自己提炼的校庆元素自由创作，提出了很多构想，最后优选出三个方案（图 6 至图 8）。

第 1 幅作品以“廿”字为主体，“廿”字富含古风汉韵，意为二十。背后的红、粉色代表鲜艳的桃花、李花，寓意桃李满天下，生机勃勃；周边辅以金色、银色的点缀，使画面花团锦簇，更富动感。学生借用白居易诗“桃李满天下”将其命名为“廿年桃李”（图 9）。

图 9 南雅中学的同学们在课堂上展示设计方案

第 2 幅以“凤凰”“梧桐”为主要元素，采用对称的形式美法则，作品色彩简明、搭配合理。语文老师雷运祥引导学生借用古代良禽择木而栖，凤凰非梧桐不栖的典故，将此幅作品命名为“碧梧栖枝”，寓意学校以人才立校，为国育才。

第 3 幅作品以“凤凰”“太阳”“云雾”为创作元素，画面主次分明，凤翥九天，喻指学校的开拓进取精神。学生借用《三国演义》之语“凤翱翔于千仞兮”，将其命名为“凤翔千仞”。（注：南雅中学坐落于凤凰山，故常将“凤凰”当作南雅中学的代表形象。）

三、纸上画梦，浏阳绽放

当南雅二十周年校庆焰火设计图稿出来后，大家感到知易行难。我们如何将这些纸上的多彩绘图变成焰火绽放到天空中？这就需要掌握烟花的制作流程工艺和燃放技术，并要进行科学安全管控。非遗浏阳烟花为学生们的梦想最后达成提供了关键的援助。

浏阳市新文学校美术老师、李谟辽美术工作室成员李大明带领新文学校中学生进行了一场

图 10 浏阳新文学校的李大明老师让非遗浏阳烟花制作首次进校园、进课堂

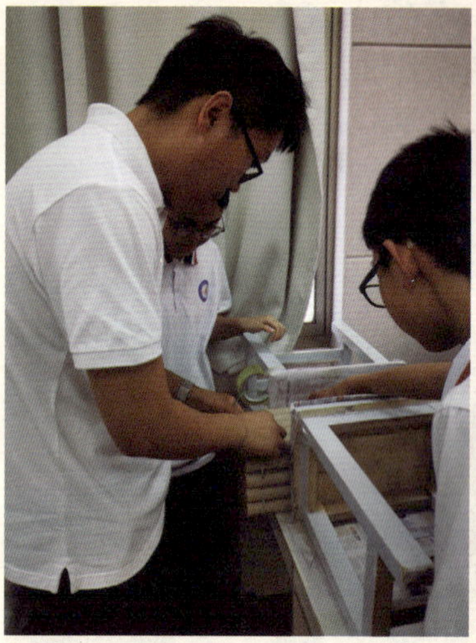

图 11 李老师在指导学生制作烟花

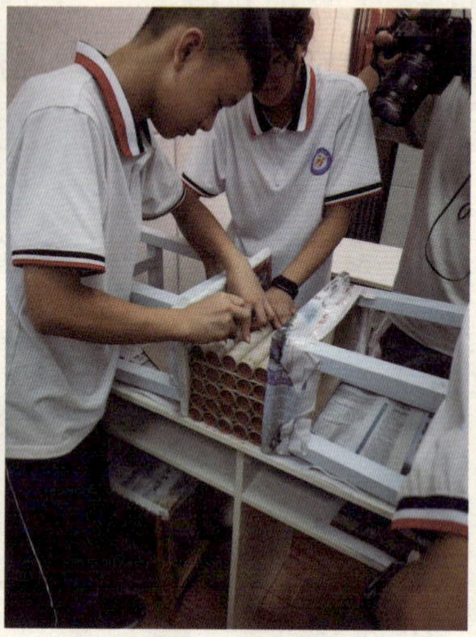

图 12 学生们在认真制作烟花

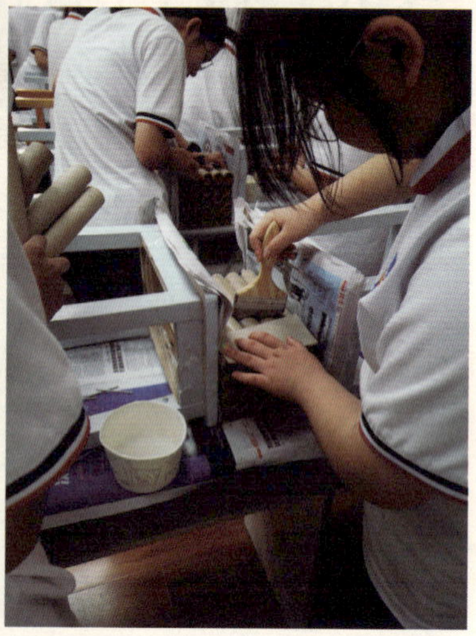

图 13 学生们在认真制作烟花

图 14 新文学校的同学们烟花制作工艺学习成果展示

前所未有的“大胆”尝试，在校园进行一场安全可控的组盆焰火制作学习，让孩子们近距离地接触了传统烟花技术。李老师也热心帮助南雅中学同学们，使其焰火设计真正变成现实，从纸上绽放到了夜空中（图10至图14）。

李大明老师首先以烟花的绽放视频进行课堂导入，让学生感受烟花的独特魅力，然后从唐朝的一道光开始让学生了解烟花的起源与发展，通过对烟花的分类讲解，让学生知道烟花制作的基本流程，熟悉操作环节、技巧以及色彩、造型的特点。最后，李大明老师和学生一起合作制作烟花，传承中华优秀传统文化，增强文化自信。

疫情之下，哪怕焰火之乡浏阳也有诸多不便；李谟辽老师为了焰火的专业制作可以说是踏破铁鞋，最后才发现工作室李大明老师有资源，积极推动了接下来的这最后一棒。李谟辽老师将设计草图拿到烟花工厂设计部门进行了电脑模拟合成，最后几经修改，终于定型。

四、两校联手放烟花，有梦想就会有绽放

在焰火正式燃放之前，南雅的同学们与新文学校的李大明老师先进行视频连线。李老师的讲授，解开了同学们心中的疑惑，同时也让大家懂得了浏阳花炮制作技艺的精妙之处。（图15）

图15 浏阳市新文学校李大明老师为长沙市南雅中学学生进行烟花制作答疑

李大明老师不但在《烟花的美丽》课上让学生尝试烟花制作，学习传统工艺，而且联系专业人员，将设计图进行产品化模拟修改，最后制作出校庆烟花，再安排专业人士安全燃放，视频连线南雅师生分享，让他们体验梦想绽放的喜悦！（图16、图17）

图16 两校连线，我们一起来见证同学们放飞“梦想”

本课例开拓了学生的艺术思维、文学思维和科学思维，锻炼了学生的实践创新能力；让学生通过创作烟花作品，得到美的享受，强化了文化认同，丰富了对地方文化的认识，也传递了时代心声和民族情感；

图 17 美丽的南雅中学校庆主题烟花在浏阳的夜空绽放

在抗疫走向全面胜利的时间节点上，驱散愁闷，点亮梦想，给少年积极向上的力量。

本课例是新艺术课程标准颁布后，革新育人理念、创新教学方式、提升教学效果的全新尝试。多学科融合促成了学生的综合性学习，全面提升了学生的核心素养，有助于学生将掌握的知识和技能转化为解决生活中真实问题的素质和能力。

组织跨学科甚至跨区域实现的艺术实践课，组织者需要有较高的工作热情和组织能力，要放开眼光，利用好学校内外教育资源、组织资源及社会其他资源; 还要有较好的教育站位，自觉将美育课有意识提升融入到更大的教育、教学目标中去，调动参与者的积极性和能动性；需要对整个流程有较好的把控和推动能力，才能最终将美育实践课落地。这对教师领导力是高要求了。

《特别的日子——焰火艺术》教学设计

长沙市南雅中学： **谭淑、旷敏芝、雷运祥、李彬**
浏阳市新文学校： **李大明**

前言

每个人都活在具体的时空中，人们选择特定的日子举行庆祝和纪念活动。个人生日、团体纪念日，或大或小，或私人或公众，在这些特别的日子里，人们会特别安排庆典；在重要的公共节庆里，人们常常会选用焰火秀来庆祝，如果是个性化定制的焰火秀就更有纪念意义了。

长沙市南雅中学二十周年校庆之际，旷敏芝、雷运祥、李彬三位老师联合浏阳市新文学校李大明老师以“特别的日子——焰火艺术”为主题，以“为南雅中学二十周年校庆设计、制作焰火”为真实情境任务驱动，开展了以美术为基础，融合语文、化学、信息技术等多学科的项目化教学路径的探讨。目的是开拓学生的艺术思维、文学思维和科学思维，锻炼其实践创新的能力；让学生通过创作焰火作品，得到美的享受，强化地域文化认同感，进而传递时代声音和民族情感，获得人生向上的力量。

本课例以蔡国强的焰火作品为教学导入情境，他的作品具有强烈的视觉冲击力和艺术感染力，能迅速调动学生的学习兴趣，提高学生的参与度。同时该作品学科触点丰富，便于找到与其他学科相融合的点。

教学分析

此课例是基于高一年级美术课程拓展进行的跨学科项目化教学设计，定位为美术实践课，语文、化学、信息技术为从属学科。在课时分布上，美术课时长达130分钟，分三个课时。语文、化学和信息技术相关内容教学共计时40分钟。该课涵盖“焰火作品设计与绘画”“焰火作品拟名”“焰色反应与配色”“VR虚拟焰火欣赏”“组盆焰火制作”“焰火的燃放”几个板块。

美术、语文、化学和信息技术课程融合在校庆焰火设计项目中，从作品创意设计到视觉形象的图形、配色设计，从焰火制作到焰火燃放，各部分任务环环相扣、层层递进，有效实现了

扫一扫，看示范课

语文、美术、化学、信息技术等学科的相互融通。

学情分析

高一学生思维活跃，想象力丰富。他们都看过焰火，但对焰火文化功用的理解及焰火设计的创新思维存在不足。

本节课综合运用引导、小组合作等方法，跨学科帮助学生创作主题焰火艺术作品，引导学生学会联想、审美，学会创作设计，学会把作品与人的情感、团体记忆结合起来，更好地培养学生的集体责任感和使命感，引导学生热爱自己所在地的文化。

教学目标

1. 让学生了解焰火艺术与节庆焰火传递观念、表达思想的方式，培养学生图像识读、审美判断及文化理解能力。

2. 学生能借用经典及人文知识，对校庆焰火进行创意设计，从作品拟名到图像设计，尝试创意图像的创新性文化传达。

3. 学生能围绕主题，运用简化、夸张、重复等形式美法则设计焰火作品，画出焰火效果图，提升美术表现能力。

4. 引导学生探究焰火燃放产生烟、光、声、色等一系列现象背后的化学原理，强化学生焰火制作的实践能力。

5. 初步了解制作焰火的流程和相关细节。

教学重点与难点

1. 制作校庆主题的焰火是本课实施重点，设计出焰火效果图是关键。需要围绕主题，运用简化、夸张、重复等形式美法则设计焰火作品，并画出焰火效果图，较好地呈现创新意图和实施效果。

2. 本课难点在于理解焰火作为抽象图像，如何与校庆之间建立意义和图像关联，并用图像表达创意。

教学准备

希沃课件；桌椅分 6 人一组围起来，每组 1 套软性油画棒，黑、白卡纸若干；每组 1 套化学实验材料（5 个喷壶、5 种化学物品溶液、1 个酒精灯、1 个打火机）。

教学过程

【美术部分 1】“方法学习”

（一）导入

师：一千多年前，中国人为了炼制长生不老药，发现一种物质会在火里发出“嘣嘣”的声

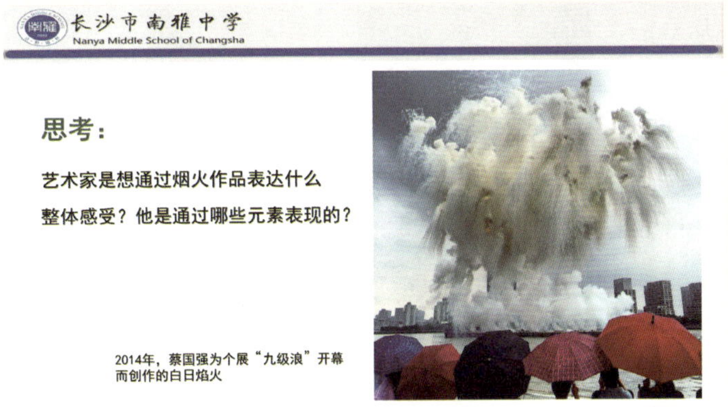

图1

响，于是就将它命名为“火药”。慢慢地，中国人把这个研究用在娱乐上，用它创造了很多美好的时刻。如今，焰火成为长沙一张响亮的名片，吸引着无数国内外的游客。而湖南浏阳更是世界上最大的焰火出口基地，三次登上奥运会场，宣传了中国的文化，惊艳了世界！

师：今天，我们要来当一回焰火设计师，了解焰火相关知识，为南雅二十周年校庆设计一场焰火秀并真正将设计的焰火制作出来。首先，我们来欣赏一段长沙的焰火秀。请大家仔细观察焰火的形、色，并谈谈给你的感受（播放视频）。

生：以花的造型为主，颜色绚烂，欢快、喜庆……

师：焰火喜庆、热闹，我们平时大多会在节日或庆典时放焰火、赏焰火。但这其实还只是焰火的一种表现形式，有些艺术家还可以用焰火来进行艺术创作。

【设计意图】教师引导学生赏析本土焰火作品，强化地域文化认同感。这种类型的焰火较为传统，是人们在生活中常见的一种形式，以此引出当代焰火艺术作品，形成对比。

（二）新授

1. 赏析蔡国强作品

师：比如这位艺术家，他叫蔡国强，被称为世界上“最会玩火”的艺术家，他用天空当画布，用焰火作画。在没看到他的作品前，我从来没有想象到焰火居然可以长这样，北京奥运会的 29 个大脚印是他设计的，国庆 60、70 周年的焰火也是他设计的。他曾经多次到浏阳，他的很多作品都有我们湖南的焰火制作团队参与其中。

师：我们看到的这个作品是蔡国强 2014 年在上海为他的个展“九级浪”开幕而创作的（图1）。大家边看边思考：这个作品给你怎样的感受？作品通过哪些元素表现出来的？作品想表达什么主题呢？请大家把想法记录在纸上。

学生观看视频“九级浪”开幕焰火。

篇章	整体感受	颜色	形状
挽歌	凝重、悲怆	黑、白、灰、绿	海浪、烟雾、乌鸦
追忆	美好回忆、思绪万千	色彩斑斓	彩带、花、彩虹
慰藉	温暖、浴火重生	红、黄、橙	火焰、黄柳

表1

师：这个作品分成“挽歌”“追忆”“慰藉”三幕（图2）。每一幕分别给你怎样的感受？

图2

图3

这些感受是通过哪些元素表现出来的？作品主题是什么？（学生思考、回答，表1）

教师将焰火转换成效果图的形式在黑板上呈现。

教师小结：这个作品灵感来源于俄罗斯的一张油画（图3），九级浪代表最高等级的海浪。我们看到油画里描绘的是一场海难，幸存的人们趴在仅存的桅杆上，巨大的海浪腾空而起，仿佛马上要将他们吞噬。人在自然面前显得特别渺小。但人们的状态是怎样的？他们没有放弃，在拼命挣扎着，阳光透过厚厚的云雾洒在海面上，仿佛给人以无限的希望和指引，这是一曲人和自然的赞歌。

蔡国强把这张静态的油画用动态的焰火来进行演绎。他自身更多的是想表现人与自然的关系。但不管你理解成表现人生的悲欢离合、自然万物的盛衰变化，还是历史的进程等等，都是可以的，对艺术的理解不是唯一的。

师：看，焰火不仅仅是喜庆的，还可以是有其他情感的、有深意的。归纳一下，蔡国强是运用哪些方法来传递主题、情感的？你通过了解他的作品学到了什么？（学生思考、回答）

教师小结：运用有象征含义的颜色、形状来传递主题、情感——我们在创作校庆主题的焰火效果图时，也可以学习蔡国强的方法。（板书：象征）

【设计意图】当代艺术家蔡国强受到传统焰火的启发，自20世纪80年代以来就开始尝试使用中国发明的火药进行艺术创作，他以东方哲学和当代社会问题作为作品设计理念的根基，以火药作为媒介进行艺术表达。他著名的焰火艺术作品和大型装置作品充满活力与爆发力，超越了平面，从室内空间走入社会和自然。通过赏析他的作品，学生掌握主题焰火设计的基本思路，了解焰火不仅能营造热闹喜庆的氛围，也能作为媒介，传递时代的声音和艺术的观念。

2. 确定主题，选取相关元素，进行形象的提炼和处理

师：回到我们的任务上，我们可以用焰火来表现哪些与南雅校庆相关的主题呢？用哪些颜色、形状来表达主题呢？

生：（学生思考、讨论、回答）青春、活力——音符、射线、点……；引领——凤凰……；

收获——桃李、大树……；担当——宇宙……；辉煌——火焰、花……；传承、奋进——雅礼蓝、江河……（图 4）

【设计意图】分小组讨论，确定本组焰火效果图的主题，并提炼出与主题相关的形、色等元素，培养学生的自主探究能力。

师：确定了主题及相关元素后，怎么转换成焰火的效果呢？（学生思考、回答）

师：焰火转瞬即逝，不能表现详尽的细节，所以第一步要简化、提炼。看看蔡国强的焰火设计，他就是在空中用焰火画“意象画”“抽象画”。但“抽象画”也是来源于生活的，我们在进行焰火效果设计时就需要从具体的形象中提炼出颜色和点、线、面，再进行夸张、重复或重组，使其抽象化、意象化。（图 5）

图 4

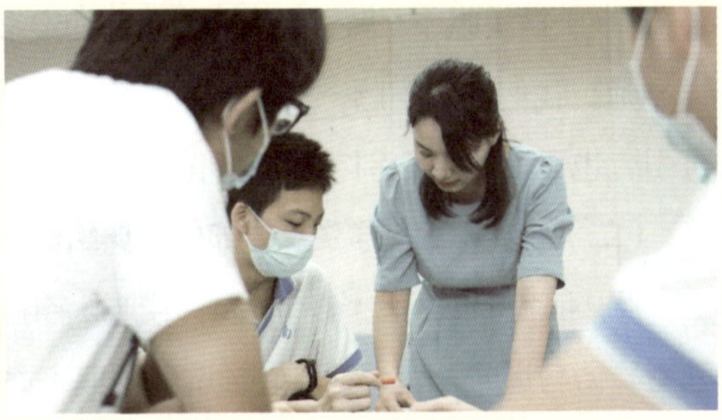

图 5

师：以江河为例，我们可以提炼出什么颜色和点、线、面？请一位同学上台尝试表现。

学生上台尝试，并作简要说明。

师：以蓝、绿、白和舒缓的波浪线为主，加以橙色小点进行装饰，并运用重复的手法增强整体节奏感。我们可以用这样的焰火表现一个奔腾向前的南雅主题。想象一下，两边“嘣”的一声响，焰火迅速上升，在空中瞬间形成波浪式的线条，它是流动的，就像是江水在流淌，白色的烟雾好似轻柔的浪花，江水中金光闪闪……

师：除了重复，还可以运用哪些形式美法则组织画面呢？请同学们观看老师录制的微课。

教师播放微课《形式美法则——焰火效果图的画面组织》（图 6、图 7）。

教师总结并板书：对称与均衡、节奏与韵律、多样与统一。

【设计意图】本环节通过引导学生观察、尝试、归纳、观看微课，使学生能够运用简化、夸张、重复等手法处理相关元素，利用对称与均衡、节奏与韵律、多样与统一等形式法则创作出既有美感又能表达主题的焰火作品。

师：我们学习了焰火设计的基本方法，确定了主题和设计元素，在真实的创作中，设计完

图6

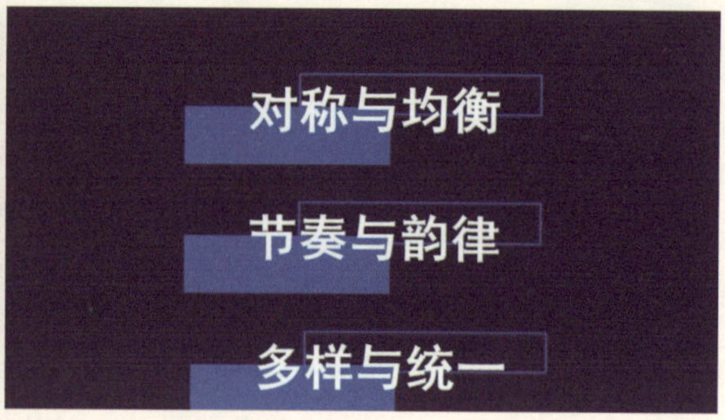

图7

成之后，还需要一个点睛之笔，那就是给焰火拟名。好的拟名，可以升华主旨，拉近作品与读者之间的距离。下面有请语文老师教授焰火拟名的基本方法，比如巧借诗文给焰火作品命名。

【语文部分】"给焰火作品命名"

（一）撷英咀华：简要阐释用典修辞的定义与用法

师：我们简单回顾一下用典的概念。所谓用典，就是引用古籍中的故事或词句，可以原文直引，也可以改变个别字词进行化引。（板书"用典"）

（二）经典拟名：学生探讨如何用典给焰火作品命名

师：那我们如何在焰火作品中用典拟名呢？我们来看一组长沙的焰火画面，焰火主题是"沁园春：诗与远方"，大家可以尝试着用典来命名。（学生分小组讨论，每个小组派代表发言。）

师：根据学生讨论后的回答，概括用典的四个维度：绘其色、摹其形、达其意、表其情。（板书四个维度）

师：大部分学生都是用的《沁园春·长沙》的典故，我们可不可以通过焰火画面联想到其他有关长沙的诗词？或者不是写长沙的，只要符合意境也可以。（学生思考、回答）

师：例如张若虚的《春江花月夜》，意境与其中的一张图片也很契合，联系诗中的景、理、情，能否用典给画面拟名呢？（图8）

教师小结：通过同学们的讨论，我们概括出焰火命名的四个维度：色、形、意、情。有同学会问，为什么要用典来命名呢？——中华文化源远流长，用典可以更好地与传统文化相融合，使焰火之名更具文化底蕴、更有艺术气息，语言表达上也显得简洁典雅、含蓄蕴藉。（板书：简洁典雅、含蓄蕴藉，并将板书整体绘制成花状，图9）

（三）学以致用：学生练习给自己的焰火设计命名（具体成果在绘画流程后展示）

教师总结：文学和艺术紧密相连，息息相关，只要我们的眼中有远方，心中有诗意，就总能找到两者的结合点。现在就让我们跟随美术老师，一起动手去绘制我们心中的焰火蓝图吧。

【美术部分2】"学生动手创作"

师：了解了主题焰火的设计方法及命名方法，接下来我们就以"南雅中学二十周年校庆"为主题，创作一幅焰火效果图。

学生动手表现并拟名（图10、图11）。学生上台展示，并简要说明其创作思路及拟名思路（希沃投屏）。

图8

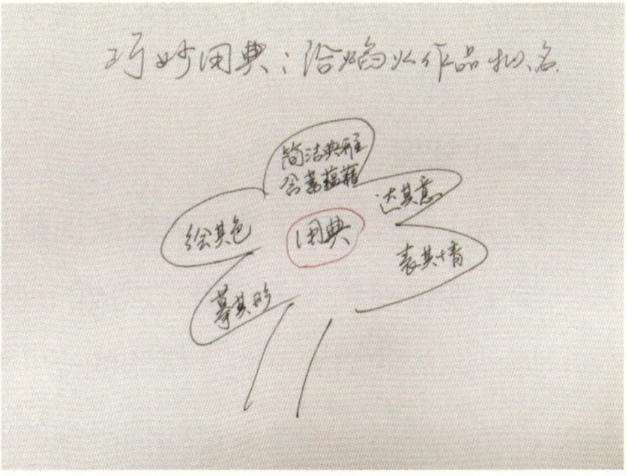

图9

图10

图11

图12

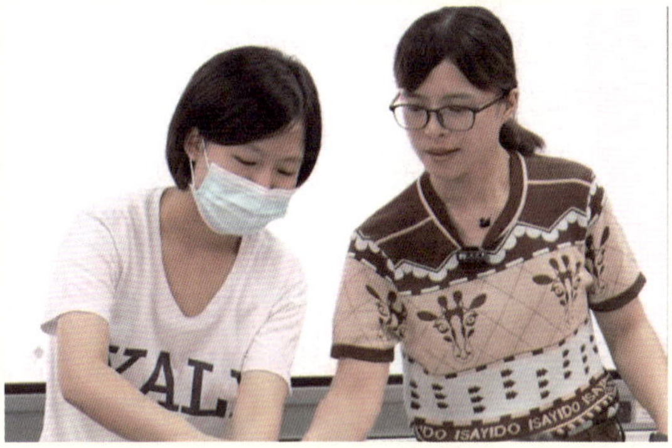

图13

【设计意图】学生自主创作环节，美术老师和语文老师同时进入课堂答疑、辅导。作品完成后，学生阐述创作思路，进行反思，教师与其他学生参与讨论，取长补短，形成思维碰撞，并提出修改建议。

师：我们设计的焰火作品已基本完成，但正式制作之前，还需对焰火的声、光、烟、色效果进行调试，这要借助一系列的化学技术才能达成，下节课有请化学老师带领我们进一步探索奥秘。

【化学部分】焰火的化学原理

（一）导入

师：在旷老师的课堂上大家已经创作了校庆主题焰火图，如何才能使纸上绚丽的焰火绽放在天空呢？焰火中包含了怎样的元素才能如此光彩夺目呢？请同学们从观察实验现象的视角来再次体会焰火美在哪里。

（二）新授

活动 1：播放橘子洲焰火燃放视频，总结焰火燃放的现象并分析形成原理

学生观看视频，总结焰火燃放的现象。

师：燃放的焰火产生了耀眼的光、多彩的颜色、形态各异的烟以及响亮的爆鸣声。这一系列烟、光、声、色的效果是如何产生的呢？（学生思考、回答）

教师总结：烟的成分是固体小颗粒，燃烧产生的光是通过反应将化学能转化为光能，声音是爆炸引起气流的振动。

活动 2：实验——镁条的燃烧（图 12、图 13）

师：像这种发光发烟的现象我们在化学实验中是否见过呢？

学生代表上台实操镁条的燃烧。

教师总结：镁条的燃烧发出了耀眼的白光，产生了大量白色的烟。焰火中正是添加了镁粉、铝粉这样的成分来营造发光效果。

活动 3：焰色试验的分析（教师分析焰火的色彩效应）

师：镁条燃烧产生的是白烟，而我们生活中燃放的焰火经常是色彩斑斓的，如何让焰火呈现绚丽的色彩？

师：很多金属或它们的化合物在无色火焰中灼烧时会使火焰呈现特殊的颜色，这种反应在化学上叫作焰色试验。焰火色彩斑斓正是因为加入了含不同金属元素的化合物。

活动 4：寻找你心仪的焰色

师：你心中最美焰火包含了哪些颜色？请你通过试验找出灼烧时能产生这种颜色的化合物盐类。

生：分组试验（将小喷壶中的 5 种化合物溶液喷洒在酒精灯火焰上，观察火焰颜色的变化），各组分别找出灼烧时产生红色、黄色、绿色、紫色火焰的盐类。

【信息部分】

信息老师同步介绍 VR 设备与数字焰火的完美邂逅，在传统文化与科技进步之间搭建新的沟通桥梁。

学生活动：欣赏 VR 虚拟焰火。

结课

化学老师：艺术创作可以借助科技来创造更新颖、奇异的艺术效果，有了新技术的血液注入，艺术才能更加出彩！

语文老师：引用习近平总书记在清华大学考察时的一句经典语录：“美术、艺术、科学、技术相辅相成、相互促进、相得益彰。”

美术老师：同学们，焰火创作是一项综合艺术，融合了美术、文学与科学。焰火虽然色彩、形状各异，但向上绽放是它们不懈的追求与梦想，每个人的人生就是一场与众不同的焰火。只要努力向上，相信未来，我们就是这个时代极致的绚烂！

下一个环节，我们还要和浏阳市新文学校的师生进行课堂连线，让我们去看看浏阳的同学们是如何一步步将焰火制造出来的，让我们共同见证焰火的绚烂绽放。

【美术部分（浏阳）】

（一）导入

师：同学们请看，这是大家画的焰火作品，非常有意思。再来欣赏焰火燃放的视频：你看它的颜色五彩缤纷、璀璨夺目，形状多样丰富、变幻莫测，如果你置身于燃放的现场，肯定会很震撼，也一定会感受到美。

师：关于焰火，同学们最关心的问题是什么呢？（学生思考、回答）

师：我们最关心的是焰火如何飞上天空的；是如何呈现出不同的颜色和形状的；是怎么制作出来的；它有哪些历史传说。我们带着这些问题一起走进今天的课堂。

（二）新授

1. 从唐朝诞生的一道光

师：最早的“爆竹”，是用火烧竹子发出爆裂声。古书记载：“燃火投竹，爆破有声，能辟恶魔。”唐朝初年，“药王”孙思邈最早记叙了把硝石、硫黄、含炭物质混合在一起制造火药的“硫黄伏火法”。

传说孙思邈曾隐居浏阳，浏阳历来有“孙隐崖”“洗药桥”等地名，有“升冲观”。如今还新建有“思邈公园”。唐初，湖南浏阳的李畋为驱除瘟疫，将火药装在竹筒中，用引线点燃起爆，发出很大的响声和浓烈烟雾，以驱散山岚瘴气，这就是“装硝爆竹”的雏形，李畋因此被奉为“花炮始祖”。宋代，民间开始用纸筒装裹火药，并用麻茎编结成串，做成“编炮”。这种传统工艺一直延续至今。

清康熙《浏阳县志》记载：“后人卷纸作筒，实以硝磺，名为大爆竹，馈遗者，号曰春雷。往岁小除夕，响声不绝。”——在此，爆竹已广泛用于送旧迎新、婚丧嫁娶等场合。

清末民初，浏阳县城商人李熙雅恢复和发展先祖失传技艺，制作出焰火四射的“烟花”。当时一个名为“地老鼠”的品种，一直流行到上个世纪末。20 世纪 80 年代初期，浏阳开始研制出具有国际水准的“礼花弹”，完成了由“玩具焰火”到“大型焰火”的飞跃。

2. 焰火的分类，体验组盆焰火制作流程

师：焰火的品种繁多。按燃放效果分，主要有十三大类，如喷花类、旋转类、旋转升空类、火箭类、吐珠类、小礼花类、烟雾类、造型玩具类、组合焰火类、线香类、摩擦炮类、礼花弹等。

焰火燃放时，往往会呈现百花齐放的盛大景象，这种焰火一般为组合焰火。它们由多个单筒组合而成，是会产生声、光、色、漂浮物等效果的地面焰火产品。它们又分为单类组合焰火和多类组合焰火。

单类组合焰火是由同类效果的单筒组合而成的。按其效果不同，由喷花类产品组合而成的为喷花型组合焰火，由吐珠类产品组合而成的为吐珠型组合焰火。

图14

师：今天，我们重点来了解并体验组盆焰火的制作过程。浏阳花炮的生产采用传统的手工技艺，就地取材，使用土纸、土硝、硫黄、炭末、红白泥土等作为加工原料，总共有扯筒、上药、插引等十二道流程七十二道工序。

师：先来熟悉今天的模拟教具（教师介绍，图14）。

师：目前，制作焰火主要在组装车间、药物车间和内筒制作车间内完成。制作顺序为切纸—扯筒—褙筒—腰筒—封底—上药—打泥底—钻孔—插引—扎引颈—结鞭—包装。

具体制作步骤如下：

①在组装车间制作外筒和内筒，并晒干，一般纸筒有八层。

②晒干纸筒后开始打泥底，再晒干，合格的标准是泥底不裂，能承受成人的重量。（我们今天用的内外纸筒是已经制作好并打好泥底的）

③组盆，每人将25个单外筒按照5×5的标准，一层一层地摆齐，钻好孔，穿好引线，并用纸板粘贴好。（播放相关视频）

④上发射硝，它的主要原料是硝和硫黄，发射硝放多少，要根据纸筒的厚度和要发射的高度来定，一般为2克或3克，上完发射硝后要一一检查，避免遗漏，然后盖上圆纸巴。（播放相关视频）

⑤制作内筒燃放效果火药。上点尾药（带颜色，用防潮剂调湿，粘在引线上）—阴干（需要一个晚上的时间）—上火药（多种效果自选，根据预先设定的颜色，先在内筒里上亮珠100粒左右，颜色混合）—上开爆药（轻轻地摇晃至混合均匀）—在内筒里盖放纸巴—加上固引剂（稳定需要一天时间）。里面亮珠颜色的不同，主要是因为含有不同的化学金属元素。

各种金属元素的焰色反应为：

钠 Na	锂 Li	铷 Rb	铯 Cs	钙 Ca	锶 Sr	铜 Cu	钡 Ba
黄	紫红	紫	紫红	砖红色	洋红	绿	黄绿

表2

制作亮珠、火药或开爆药，要先对化学原材料进行检测，对主要的药物进行混合、压缩、粉碎、造粒、筛选，再风干冷却并入库。要妥善保存在阴凉干燥的车间，禁止随意翻动，禁止一次运输过多的量。

⑥内筒做好后将其放到外筒里，再在外筒上面盖好圆纸巴，要检查每个外筒是否都盖好了。

⑦包装、入库，具体方法是先在外筒四周上下两个方向粘好双面胶，再用内包装纸粘贴，接着用外包装纸粘贴，注意上下方向和引线的固定。（图15、图16）

（三）总结

师：亲爱的同学们，了解和学习地方文化，是继承中华文化传统的一个重要途径。我们通过焰火课程，了解焰火的由来、变化、发展，以及组盆焰火的制作流程、色彩、造型还有包装，初步感受了焰火的文化内涵和艺术魅力。关于焰火还有更多的内容等待我们去挖掘，期待大家能够以此为契机，去了解地方文化悠久的历史，感受独特的焰火艺术之美。

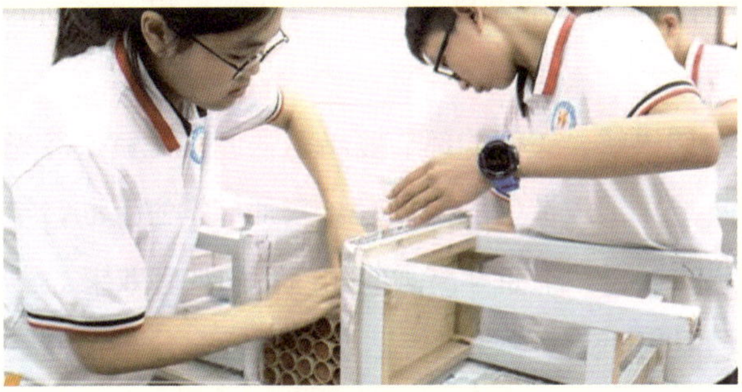

图 15

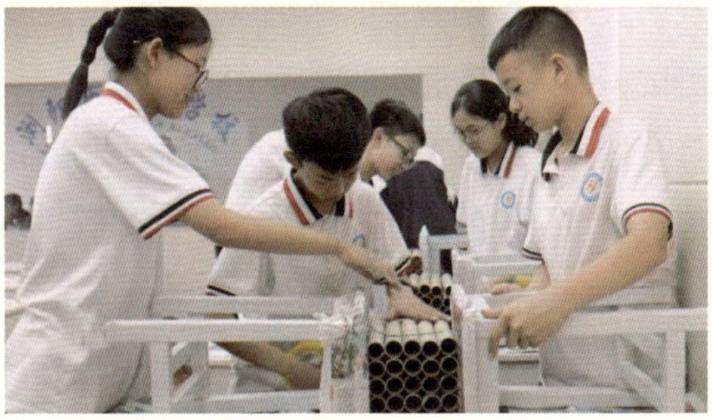

图 16

【信息部分（浏阳）】

（一）导入

师：上节课我们绘制了非常漂亮且有独特造型的焰火燃放效果图，如果我们让画的效果图动起来，又会是一种怎样的体验呢？大家一定很期待吧！请看屏幕，这是老师根据一位同学的作品，用 3D 软件做的一小段模拟效果，大家注意到其视觉效果已经在原有基础上有了变化，由静止转为动态，由二维转为三维立体。（播放视频）

师：为了全方位地模拟校庆二十周年焰火燃放的效果，我们尽可能多地展现焰火的独特之美。这节课我们就结合信息技术，利用 3D 软件，来制作模拟焰火燃放的动画。

（二）新授

师：本节课我们将花炮燃放的工艺美术设计造型与计算机模拟程序进行结合，着重应用 3D Studio 4.0 中的焰火效果程序模块来模拟礼花弹的动画效果，多角度地体验不同造型燃放的视觉效果。比如“廿年桃李”，尽可能结合“廿”字来进行组合。请同学们分组讨论并思考，“廿”字要如何和背景焰火进行搭配组合效果更好？二者视觉角度应该是什么样的？焰火绽放的造型和颜色要注意什么？（学生思考，老师引导学生回答）

生 A：“廿”字要在正中间显眼的位置，毕竟是代表二十周年的意思，但是模拟的效果又不能太大。“廿”字的比例在画面里要适中，上下不能超过一半大小，最好在中线之下的中间部分，这样模拟出来的效果才会更好，看起来才会更舒适。另外，视觉角度应该为仰视才会更符合观看角度，这样“廿”字才会和后面的焰火呈现前后层次。

生 B：“廿”字和背景焰火燃放的时间顺序要把握好，不能同时开始，也不能“廿”字先开始，因为“廿”字是属于冷光焰火，应该在背景焰火燃放之后十秒钟左右再点燃，这样二者的燃放时间和视觉效果才能实现最佳结合。最后背景焰火的造型就以圆形，以金黄色的线为主，时间最好能保持久一点，绽放之后的花形要多亮一会儿，这样会更有特色。

师：要实现这一效果就需要用到计算机三维动画软件（3D MAX2020），此软件制作效果真实，同时互联网提供了很多关于焰火制作的视频教程，这为我们带来了方便。

师：在整个焰火模拟制作过程中，我们运用在信息课上学习的三维软件知识，知道了焰火动画是通过 3D MAX 的粒子流源在不断调整参数：改变粒子大小、发射方向、发射力度、形状、发射长短、发射速度、颜色以及最终需要渲染出成品动画的 VRAY 出图参数等。这一系列的测试，最终达到理想的效果（图 17）。

教师一边模拟演示焰火燃放的具体操作，一边讲解，关键的环节要着重强调，尤其是冷光焰火“廿”字的添加，大小和视觉角度的控制，焰火绽放造型的控制等。教师与学生互动，学生边观看边提出自己的想法，教师以点带面地进行回答，不断丰富画面的内容和观感效果。

师：焰火燃放的工艺美术造型设计是计算机图形设计与视觉传达设计进行充分融合的结果。我们讨论研究图形视觉化设计流程，从造型设计、包装设计、组合创意设计和色彩设计四个方面入手，将花炮燃放的工艺美术设计、计算机图形设计与视觉传达设计应用到了实际模拟焰火中来。

学生尝试操作自己设计的焰火效果图，注意主要的设计元素，体现关键的校庆信息，把握造型、颜色的倾向。老师巡查，共性的问题和不足要及时地提出来，并作示范以解决。

点评环节：展示作品，学生分享，互相评价，形成思维碰撞，教师小结。

（三）总结

我们在本次焰火模拟环节中，结合焰火设计效果图，运用 3D MAX 制作出了时长为 30 秒，3 种不同造型的焰火组合燃放的动画效果。大家将盆花、礼花、冷光花巧妙地组合在一起，形成了层次丰富的视觉画面，体现了焰火的极致之美。在这一过程中，我们不仅体验了计算机技术给我们带来的便利，更重要的是，还通过软件操作，把大家的想法变成了可以观看的效果。（图 18）

图 17

图 18

《特别的日子——焰火艺术》导学案

姓名：　　　班级：

活动一：观看蔡国强 2014 年在上海为他的个展“九级浪”开幕而创作的焰火作品，尝试进行分析：焰火给你怎样的感受？是通过哪些元素表现的？艺术家是想通过焰火作品表达什么？

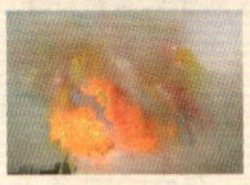

篇章	感受	颜色	形状	作品主题
挽歌				
追忆				
慰藉				

活动二： 确定焰火主题，选取相关元素，进行草图绘制。

活动三： 巧借诗文，为焰火作品命名，并用简洁的文字对焰火效果进行说明。

教学反思

要设计创造出一个完整主题焰火艺术作品，我们需要给焰火作品拟名，进行情感的升华；需要了解焰火的声、光、烟、色的效果是如何产生的，最终正式制作；还需要借助一系列的化学知识来达成。这就需要多个学科的融合。创作焰火效果图是本课例的重点。学生绘制时的难点在于：如何选择与主题相关的元素，可以运用哪些方法将元素转化成焰火的效果。在美术课堂上，旷敏芝老师让学生通过小组合作、探究、归纳、观看微课等形式进行突破，学生根据自己提炼的校庆元素自由创作。图19作品以“廿”字为主体，“廿”是一个富含中国古风韵味的词，意为二十。背后的红、粉色代表鲜艳的桃花、李花花团锦簇，寓意桃李满天下，生机勃勃；周边辅以金色、银色的点缀，使画面更富动感。学生借用白居易的诗“桃李满天下”将其命名为“廿年桃李”。图20作品中以“凤凰”“梧桐”为主要元素，采用对称的形式美法则，作品整体感强，色彩简单、搭配合理。语文老师雷运祥引导学生借用古代良禽择木而栖、凤凰非梧桐不栖的典故，将此幅作品命名为“碧梧栖枝”，有学校栽梧引凤、吸引人才之意。图21作品以“凤凰”“太阳”“云雾”为创作元素，画面主次分明，象征意味浓郁，凤凰似是浴火重生，充满昂扬向上的力量，喻指学校不惧险阻，开拓进取。学生借用《三国演义》之语“凤翱翔于千仞兮”，将其命名为“凤翔千仞”。（注：长沙市南雅中学坐落于凤凰山，故常将“凤凰”当作学校的代表形象。）

化学老师李彬顺势以动手实验为载体，讲解焰火配色的实践难度，包括运用可降解的环保材料，达成烟、光、色的理想效果等。浏阳市新文学校李大明老师则带领学生尝试进行组盆焰火制作，使南雅中学同学们的设计稿真正变成了现实。

在整个项目化学习过程中，美术学科指导创造了美的绘画作品，语文学科协助出“名”，化学协助出“彩”。美术重在创造美，语文重在表达美，化学重在再现美，任务群紧扣美术主旨。

参与人员名单

策划：詹蓉

项目主持和主要实施者：詹蓉、谭淑、旷敏芝、雷运祥、李彬、李大明

现场参与学生：长沙市南雅中学学生、浏阳市新文学校学生

课程录制：湖南美术出版社录制团队

课程指导：严莹、谭淑、李谟辽

图19

图20

图21

《铜官窑里的浪漫之美》教学设计

长沙市望城区新世博寄宿制小学（以下简称新世博）尹琳月

前言

位于望城的长沙铜官窑，始建于初唐，兴盛于中晚唐，衰于五代，前后经历了200多年，距今已有1000多年的历史，是与浙江越窑、河北邢窑齐名的中国唐代三大出口瓷窑之一。此次美育课程的落脚点是《关于全面加强和改进新时代学校美育工作的意见》。课程设计与实际生活联系紧密，学生在走进长沙铜官窑博物馆感受彩瓷的浪漫诗意的同时，更能学以致用。“文化的传承”这件事，也在他们的心中越来越具体，且慢慢生根、发芽。

此次课程，不仅将传统美学文化引进了课堂，还将多个其他学科融合到一起（表1）。笔者将整个课程划分为引出浪漫、认识浪漫和制作浪漫三个活动环节，“看”“玩”“想”“做”贯穿始末，学生深切地感受到了长沙铜官窑陶瓷艺术的魅力。本堂具有本土特色的美育实践活动课，围绕着“浪漫”二字，在学科融合方面与音乐、形体、语言等多种表达元素相结合，并恰当地运用现代信息技术进行教学，引导学生更加主动地深入探究铜官窑里的浪漫之美，同时有助于铜官窑陶瓷艺术的传承与发扬。

序号	学科	具体内容	负责人
1	音乐	情景剧背景音乐的选取、剪辑	新世博教师：张一帆
2	形体	情景剧角色扮演者的舞台表现力（肢体）	新世博教师：黄 珂
3	语文	情景剧语言表现（台词）	新世博教师：周思洁
4	播音	情景剧独白部分的创作	新世博教师：许 超
5	陶艺	唐代玩具鸟“吹吹叫”发出声响的知识与制作	铜官国际陶艺村草木烧创始人：曾德国

表1《铜官窑里的浪漫之美》课程的跨学科融合

教学分析

扫一扫，看示范课

《铜官窑里的浪漫之美》是一次面向四年级学生的馆校合作的美育课程，此次课程采用单元教学方式，分为两个课时单元。第一个课时单元由我们博物馆的教育员来导赏参观博物馆，充分利用馆校合作的育人优势，让学生在专业教育员的带领下，实地了解铜官窑的特点和文化魅力。第二个课时单元是学生在博物馆内的情景实践学习和创造的体验。本学段教学以“感受铜官窑的传统与特色文化”为起点，让学生探寻唐代铜官工匠人的思维方式与表现技巧，同时采用跨学科融入学习的方式，整个教学链接生活，学生学会了运用，并能表达自己的想法，最后制作出属于自己的玩具陶瓷鸟。

在学科融合方面，音乐、形体、语言等多种艺术元素相结合，以诗歌舞台剧的形式衔接，再从地图中找铜官位置、情景剧中发现铜官人生活、穿越回唐朝看铜官古街三个方面来推进馆校课程的学习。以此将铜官窑的传统与特色文化融合在我们的课堂中，层层递进，学生能在这样一种“发现”的课堂中思考，“看见”我国传统的陶瓷文化，并将经典的唐朝陶瓷鸟的浪漫形象与自己的生活结合起来，再用泥巴创作出来。

学情分析

四年级的大部分学生能较好地表现平面和立体造型，具有一定的分析思维力、动手能力。学生是第一次正式接触陶艺美育课程，虽然地处望城，但对于铜官窑的传统工艺与特色文化实际了解并不深刻，因此特地采用了馆校合作的授课方式，将课堂带入博物馆，增强学生的体验感和文化代入感。同时采用跨学科融合学习的方式并贯穿整个教学过程，让学生们在欣赏体验唐代铜官窑的文化魅力和制作工艺的同时，感受到古人的社会风俗人情，体会到铜官工艺师傅们的智慧和精益求精的工匠精神。

教学目标

审美感知：欣赏唐朝时期铜官窑瓷器日用品的艺术特色，为学生更好地感受和表达铜官窑里的浪漫文化之美做铺垫，丰富学生的审美体验，提升他们的审美情趣。

艺术表现：学生从色彩和造型两个方面来认识长沙铜官窑的特殊成就，学习铜官窑陶瓷器制作中手捏成型的技法。

创意实践：学生在感受并把玩唐朝小朋友的玩具中，联系生活实际，制作一件属于自己的玩具鸟，形成独特的想法并通过“做”来转化为艺术成果。

文化理解：以馆校合作这样一种特定课程形式，以及情景剧等特别的情境融入，加深学生对铜官窑瓷器文化的感悟与理解，同时增强自身的文化自信，唤醒学生对本土文化的热爱与传承。

教学重点与难点

教学重点：让学生了解长沙铜官窑瓷器色彩和种类上的特点，感受唐代铜官窑陶瓷器里的浪漫。

教学难点：让学生理解铜官窑中玩具鸟的造型和结构特点，学会铜官窑的捏制工艺并能结合生活制作一件自己喜欢的玩具鸟。

图1学生到达博物馆参观陶瓷展品

教学过程

一、导赏环节（场景：学生来到博物馆，参观唐朝陶瓷展品，教育员指导讲解）

教育员对铜官窑博物馆这些展示日常之美的陶瓷展品进行导赏讲解，引导学生认真聆听唐朝瓷器穿越时空所带来的故事。（图1）

【设计意图】本环节让学生欣赏唐朝时期铜官窑瓷器日用品的艺术特色，激发学生的好奇心，为更好地感受铜官窑里的浪漫文化做铺垫，提升审美情趣。

二、实践课堂（场景：回到课堂）

（一）导入

师：同学们，我们经历过丛芳烂漫的春天，你们听到这首诗歌，可以从中感受到什么样的画面呢？

音乐互动，学生从铜官窑的这些瓷器中感受到春天的浪漫气息。

教师小结：是的，唐代铜官窑的这件青釉褐彩诗文壶只是我们博物馆里众多藏品中的一件，今天，让我们一起在博物馆倾听文物的心声，感受铜官窑里的浪漫之美。

【设计意图】本环节以现场歌唱、视频播放音乐的形式开启学生对瓷器上诗歌装饰的理解，在这样的一种学科融合下营造轻松、愉悦、浪漫的氛围，学生也能获取新知和美的享受。

（二）新授

教师引导学生回顾博物馆地图中铜官（图2）的位置。

通过与戏剧相结合的情景剧表演，使学生对唐朝铜官人的生活形成初步认识。

1. 情景剧导入，引出浪漫

学生情景剧演绎了唐朝时期铜官人的生活情景，也表现了当时的人们将自己的情感以诗、书、画等形式融入瓷器日用品和玩具，从而使得唐朝时期这样一种浪漫文化悄悄走进千家万户。（图3）

图 2 铜官窑

图 3 情景剧表演

2. 浪漫在千家万户——认识浪漫

在教学中，教师设问：“这些浪漫的瓷器是怎样产生的？”使学生对铜官窑瓷器的产生有了新的思考；又通过设置情境——一起穿越回到唐朝的铜官古街，从采访古街的几位老板中，找到制作浪漫瓷器的小妙招。（图 4）

图 4 穿越回唐朝铜官古街

图 5 老板 1 的陶瓷货品

（1）浪漫多彩

（采访 1）老板 1：同学们，欢迎来到我们张家铺子，我们家主打的是这些产品。现在，右边货架上的比左边的销量更好一些，你知道为什么吗？

生：器型、颜色多了。

教师继续追问有一些什么颜色。学生认识一些瓷器上的颜色，却不能很专业地认全，于是教师对一些特别的颜色进行解说，并对初次接触陶瓷的四年级学生进行了瓷器“釉”与“釉色”

的教具演示与解说。

（采访 2）老板 1：现在我这儿还有一批好产品，比刚刚的颜色还要好看，价格呢，自然也会更贵一些。你知道它们贵在哪里吗？（图 5）

生 1：贵在花纹。

教师继续追问这些花纹颜色的具体变化，学生能够很快地观察出这些花纹使用的颜色越来越多了。于是，在这些花纹颜色的认识中教师引出“釉下彩”的定义。

【设计意图】通过对铜官窑的这些釉色与釉下彩的引导认识，学生可以直观地感受到越来越多的“色彩”在唐代铜官窑瓷器中的应用以及“色彩”在浪漫瓷器产生中的重要性。而铜官窑的瓷器经历了从单色到双色再到多色的过程，这也使得我国铜官窑成了釉下多彩的发源地。以这样一种特定情境加深学生对铜官窑瓷器文化的感悟与理解，同时增强自身的文化自信。

（2）浪漫多姿

（采访 3）老板 2：唉，最近生意太好了也不行啊！我们李家铺子的产品被一抢而空，明天都不能开张了，我现在急需一批货，谁能帮帮我啊？我要的这批货呢，博物馆里也有，它的造型以小巧为主，以动物类造型居多，而且是专门为儿童设计制作的，谁能帮我找到它们呢？

（场景）学生以分组合作讨论的形式再次回到博物馆展区，利用博物馆的资源自主学习，并完成“学习单”上的内容，待找到老板 2 所需要的货物后，再次回到实践课堂。（图 6）

教师引导学生思考：①我们可以为老板 2 上架哪些产品？为什么？②除了不同于其他铺子的壶、碗、盘等生活器具，李家铺子还可以上架哪些产品使其变得更加多样呢？（图 7）

生：学习用品、玩具，造型、种类不同。

【设计意图】铜官窑瓷器从色彩到器型的转变是当时的唐朝人开始关注不同人群的生活需求的表现，所以铜官窑里瓷器的“种类”变得更加浪漫多姿了。这也是铜官窑的瓷器在当时受到越来越多人喜爱的原因。

图 6 回到博物馆“进货”

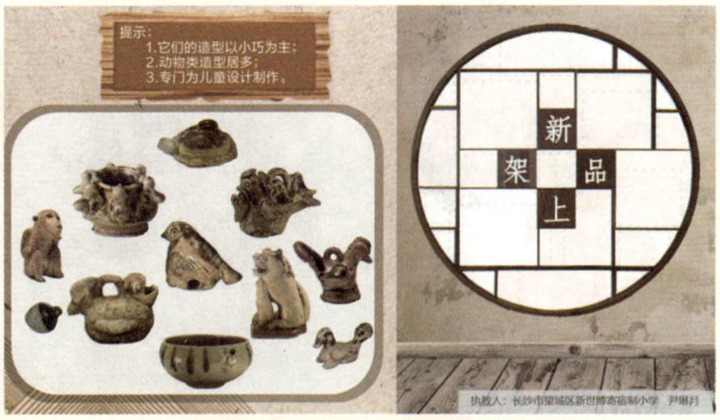

图 7 老板 2 的产品上架

（三）作业实践——制作浪漫

1. 玩一玩

学生观察准备好的瓷质玩具，猜一猜唐代的小朋友是怎么玩的，并试着玩一玩。（图8）

2. 看一看

学生仔细看这些玩具鸟的形象，找到它们与生活中的鸟造型的异同，并观看教师示范，为之后的创作做铺垫。

3. 想一想

教师引导同学们思考：自己的生活中还有哪些事物是浪漫有趣的？如果是你，你会做出什么样子的玩具鸟？以此增加创作造型的多样性，烘托创作主题。（图9）

4. 做一做

学生结合自己的生活，采用铜官窑的捏、刻、贴等工艺，制作一件属于自己的玩具鸟，帮助老板上架。（图10、图11）

【设计意图】本环节利用唐朝铜官窑的仿古瓷玩具鸟，带领学生直观地感受并把玩唐朝小朋友的玩具，从“玩”—“看”—“想”中营造氛围，激发学生灵感，使其生成独特的想法，并通过“做”来转化为艺术成果。

三、展示与分享

（一）作品统一铺上货架，集体欣赏。（图12）

（二）上台分享，自评。

（三）教师小结。

（四）结合笔者学校陶艺社团，进行视频拓展。

四、总结

师：今天寻找铜官窑浪漫之美的旅程到此就结束了。铜官窑是望城的骄傲。作为祖国新一代的接班人，我们要将这样一种传统的技艺与浪漫的文化继续传承下去，让更多的人看见长沙铜官窑，感受到它的美！

图8 “玩一玩”唐朝玩具

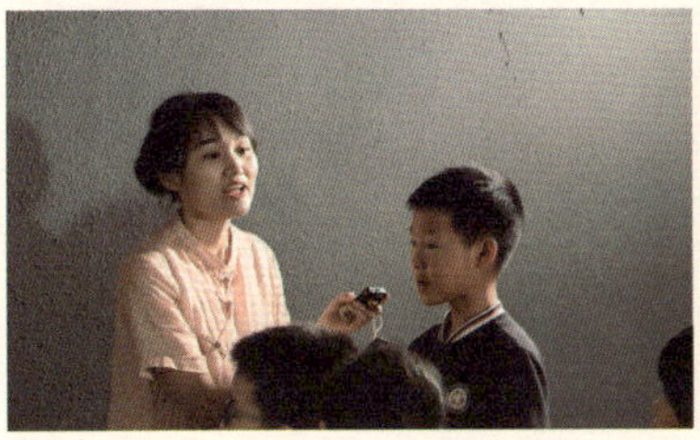

图 9 “想一想”玩具

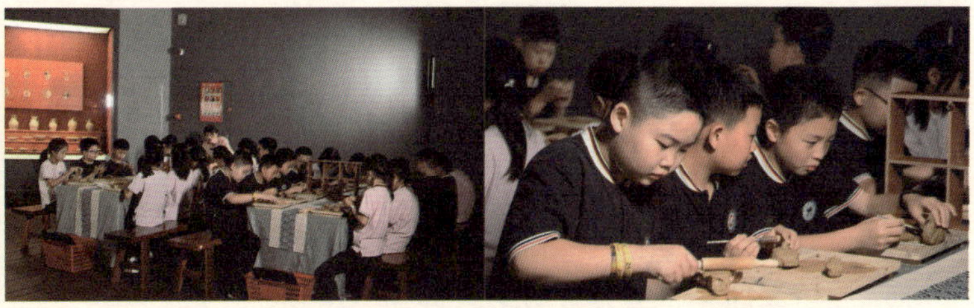

图 10 “做一做”玩具

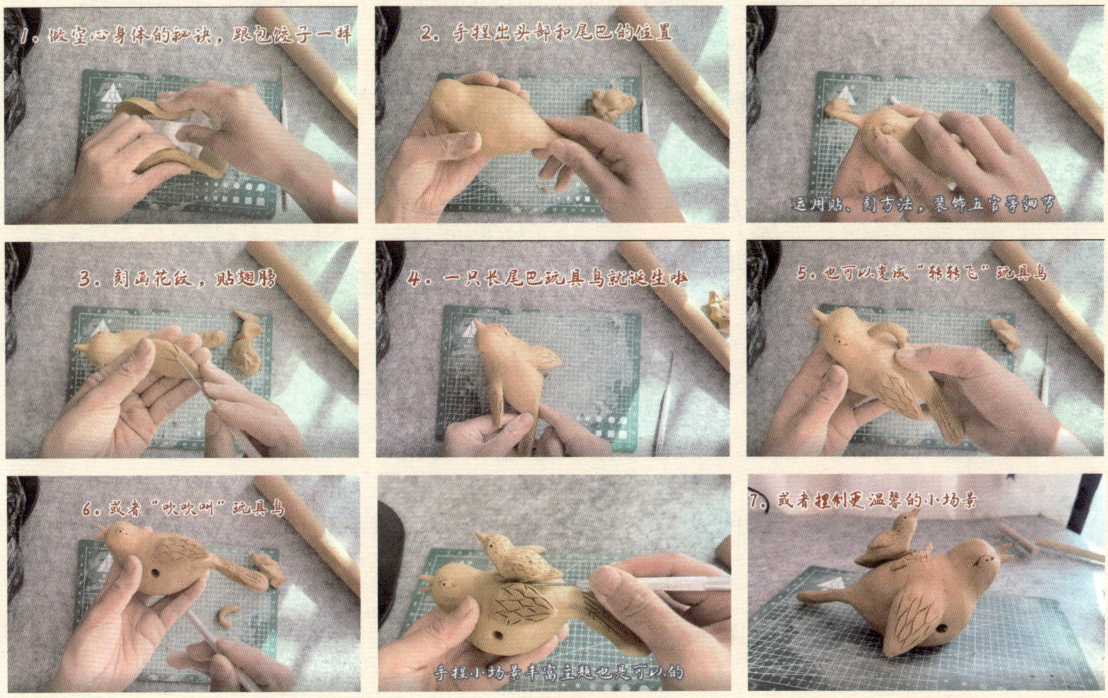

图 11 制作方法

【设计意图】在这次特殊的馆校合作的课堂探究中，我们从一些艺术作品中感知当时那个朝代人们的生活，也看见了生活表现在这些作品上的痕迹，有助于我们认识艺术与生活的联系，并更加热爱我们的生活与生命。

图 12 作品展示

《铜官窑里的浪漫之美》导学案

姓名：　　　班级：

活动一：导入，引出浪漫

1. 请你试着从这幅世界地图开始，点击标记出铜官所在的国家，再一步步找到铜官的位置。

2. 请问通过刚刚的情景剧，你了解到唐代时期的铜官人是怎么生活的？

活动二：浪漫在千家万户——认识浪漫

1. 除了色彩，还有哪些地方能体现铜官窑瓷器的浪漫呢？回到展区，完成学习单。

求助信——求货源

神秘的李老板：

我要进一批新货，铜官窑博物馆里就有，以小组为单位出发，找到它们并做好记录（记录名称、造型或功能）。

提示：1. 它们的造型以小巧为主；2. 动物类造型居多；3. 专门为儿童设计制作。

进货单

序号	名称	功能	造型
1			
2			
3			

2. 回到实践课堂，请问根据李老板留下的这些信息，我们可以为他上架哪些产品（如下图）呢？为什么？

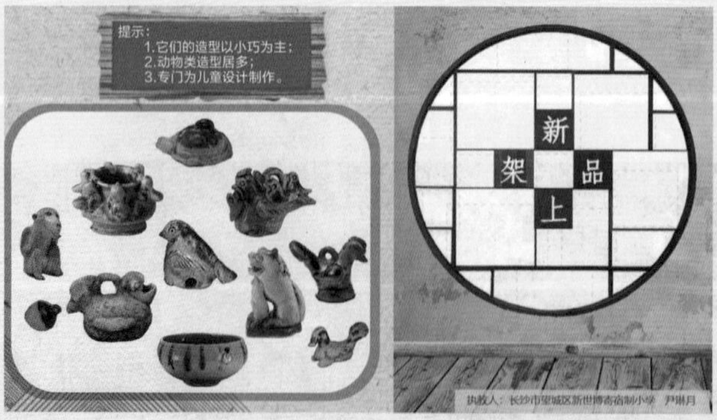

活动三：作业实践——制作浪漫

1. 通过“玩一玩”“看一看”“想一想”，来结合自己的生活，采用铜官窑的捏、刻、贴等工艺，“做一做”属于自己的玩具鸟，帮助老板完成产品上架！

2. 分享：________________

教学反思和拓展

经过博物馆的多番实地考察与可查询到的资料佐证，我将这次馆校课程的关键词锁定在“生活化”与“浪漫”两词，以此来导赏。

此次馆校课结合了新课程标准，整合了校内外资源，开展的是一次具有本土特色的美育实践活动。我重点围绕“浪漫”二字，在学科方面与音乐、舞蹈、文学、表演等相结合，恰当地运用现代信息技术进行教学，引导孩子们深入探究铜官窑的浪漫之美。在教学过程中，首先我以博物馆文物上的一首诗歌开始，结合音乐、视频引入课题，给孩子们营造了一种美的氛围。其次，《梦回唐朝》情景剧的表演与欣赏使学生在这样的一种氛围中感受当时的铜官窑，从而给孩子们留下一个对铜官的初步印象。再次，在课程情境的推进下，我们邀请学生一起参观唐朝的铜官古街，通过跨越时空的、与店铺老板们的对话，学生慢慢走近铜官窑瓷器，并认识这种在千家万户生活中的浪漫。最后，孩子们回到博物馆，作为唐朝铜官窑古街的老板开展“进货”活动，寻找货源，完成教师设置的学习单。我以这样的四大情境助推本课，设置教学问题，建立学习任务，并引导学生积极探究、个性表达、大胆创新。

这次课程，也还有一些不足和值得改进的地方，比如：

在课程的导赏部分，我可以课前多和导赏员老师沟通，了解讲解的流程，甚至是讲解内容的深浅。这样，课堂内容的安排会更合理，也能给学生设置更好、更自然的问题情境。

导赏部分可以更多地发挥学生的主观能动性，让学生在课堂上发现问题，由老师和导赏员做相关解答和介绍。学生是一个个活生生的个体，在课堂上，他们除了与教师有交往以外，还可以与同伴之间的相互交流，在此过程中学生的沟通能力能得到一定的提升。

参与人员名单

策划：长沙市教育科学研究院詹蓉

授课教师：尹琳月、李昊珍

特别鸣谢：长沙市望城区蔡靖中小学美术名师工作室、湖南美术出版社团队、铜官窑草木烧创始人曾德国、长沙市望城区新世博寄宿制小学美术组音乐组团队

授课对象：长沙市望城区新世博寄宿制小学四年级学生

情境剧表演学生：谢鸿轩、杨皓宇、谢沁颖、冷明锐、应笑我

《长沙铜官窑——穿越千年的彩绘之美》教学设计

长沙市望城区白箬铺镇白箬中学 **杨雅瑜**

前言

笔者所在学校是一所农村中学，学生主动走进博物馆了解地方文化的机会很少。本次美术跨学科教学充分利用长沙铜官窑博物馆各类文化资源，以补充学校地方文化教育资源，增强学生的传承和创新意识，是难得的美育体验。

为了促进地方特色美育教学课程资源的开发以及地方特色文化的传承和发展，推动美育教学与地方资源的整合，本课在教学过程中充分发挥课程的跨学科性，引导学生从政治经济、地理位置、文化审美等角度，全面思考长沙窑彩绘纹样的特点以及产生的原因，从而使知识的学习更加系统化、综合化。

在本节馆校合作美育课上教师从诸多学科角度出发，能自然地开展美术跨学科教学，让同学们对长沙铜官窑的文化发展有更加立体的认识。本课从历史角度，加深同学们对唐朝政治、经济、文化的了解；从地理角度，通过对铜官窑地理位置的分析，让学生了解当时海上运输逐渐兴盛的原因（在博物馆大型沙盘投影设备的技术支持下，铜官窑的地理条件优势表达更为直观）；从语文角度，带领学生领略瓷器上的诗词之美；最后再通过瓷器烧制的体验，让学生感受瓷器表面色釉变化的化学艺术。

扫一扫，看示范课

本节课主要是抓住长沙铜官窑为外销型瓷窑这一特点，引导学生了解了铜官窑外销型瓷器的设计要点以后，以"一带一路"为主题创新性地进行具有铜官窑特色的外销型瓷器的彩绘纹样设计。（表1）

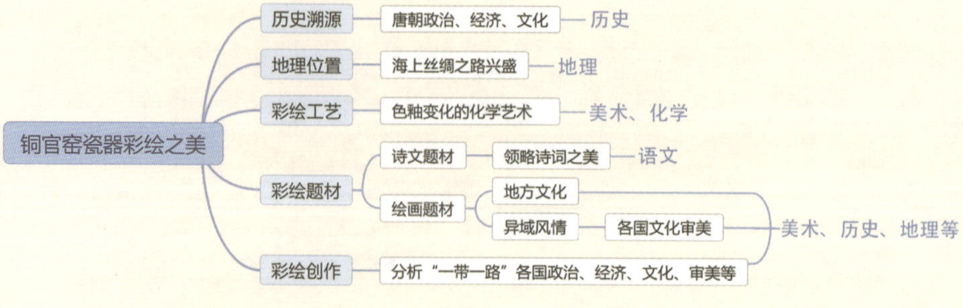

表1

教学分析

本课针对的学段为八年级。

长沙铜官窑既是南北陶瓷艺术融合的成功，也是中西文化合璧的辉煌。本课除了带领学生从美育的角度欣赏、创作作品以外，同时需要让学生跳出单一的教学模式，以美术跨学科教学的形式，让学生从历史、地理、语文、化学等学科角度，主动学习、探索、传承和发展地方文化。

课程设计旨在引导同学们深入探究长沙窑彩绘纹样大多为单独纹样并呈均衡式构图的特点，以及以线造型的艺术特点，同时引领学生感受绘画线条灵动流畅、兼工带写的艺术风格，以及简化的设计手法。学生了解铜官窑外销型瓷器的设计特点以后，以“一带一路”为主题创新性地进行外销型瓷器的设计，在此过程中感受唐朝与现代中国的强大，并传达与外国友好往来的思想。

学情分析

八年级的同学在前期美术课的学习中了解了中国瓷器发展的基本情况，对中国瓷器工艺美术在不同时期的发展以及审美特点有所探索。

长沙铜官窑是长沙一张极富地方文化底蕴、展示传统文化的名片。初中学生求知欲强，但对地方传统文化了解甚少，传承和创新意识不强。而馆校合作的课程形式让学生走出传统的美术课堂，有了身临其境的感受，以及主动探寻家乡传统文化的动力。

本节课以培养学生的艺术核心素养为主，提升学生的审美能力、艺术表现能力与创新意识。在全方位地介绍了长沙铜官窑的文化与彩绘艺术表现形式以后，抓住长沙铜官窑为外销型瓷窑这一特点，将唐朝的海上丝绸之路与现代的“一带一路”倡议作对比，引导学生从“一带一路”沿线各国文化、审美等方面，创作出带有各国特色与自身情感的艺术作品。

教学目标

审美感知：通过文物欣赏，让学生感知铜官窑釉下多彩工艺之美，感受铜官窑外销瓷器的异域装饰风格。

艺术表现：学生探究铜官窑彩绘的技法与构图特征，尝试完成一件具有异域风情的彩绘作品。

创意实践：引导学生从“一带一路”沿线各国文化、审美等方面进行探究，设计具有长沙窑特点的彩绘纹样。

文化理解：使学生敬佩铜官窑悠久的历史、辉煌的成就，学习和领会中华优秀传统文化，并为古人不断开拓的精神与智慧的创造而骄傲。

教学重点与难点

教学重点：让学生探索铜官窑瓷器的彩绘特征，创作一件有异域风情的彩绘作品。

教学难点：让学生以中国画线描的方式，融合异域风格制成彩绘纹样。

图1

图2

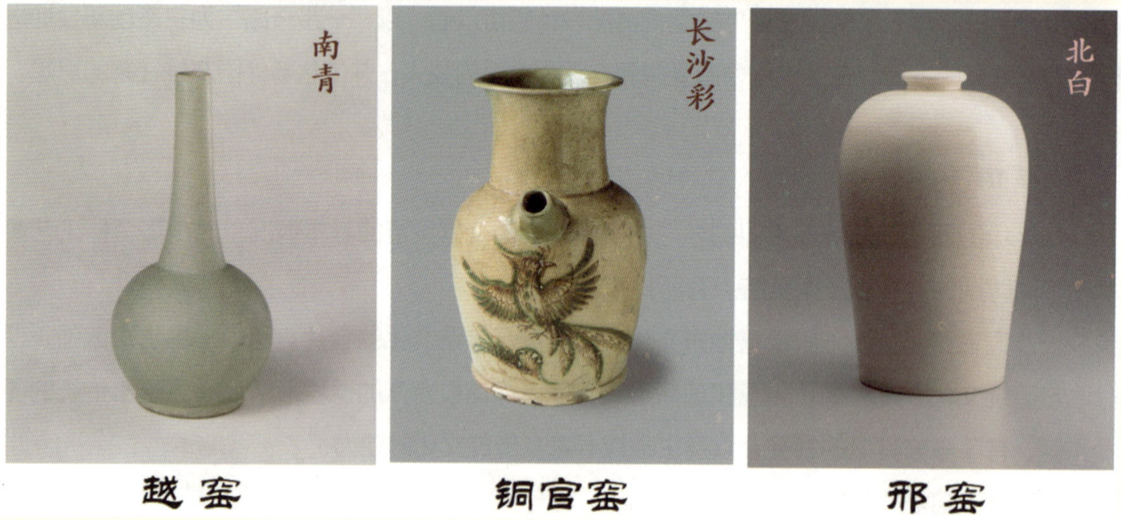

图3

教学过程

一、导入：神秘沉船诉辉煌

（一）探寻“黑石号”的秘密

1. 引导学生溯源“黑石号”历史：“黑石号”是一艘唐代的阿拉伯商船。

2. 分析长沙铜官窑地理位置：它紧靠湘江，北近洞庭湖，是唐代三大外销型瓷窑之一。（图1、图2）

（二）分析瓷窑地位

1. 展示越窑青瓷、邢窑白瓷图片

唐朝瓷器的发展一开始呈现出“南青北白”的局面，越窑的青瓷和邢窑的白瓷十分受百姓喜爱，而长沙铜官窑的出现，打破了这一局面，形成“南青北白长沙彩”三足鼎立之势。

2. 展示长沙铜官窑彩瓷图片（图3）

师：对比青白瓷，你能说说长沙铜官窑有何优势吗？

生：彩绘。

图4

【设计意图】根据学生对探险、探秘等活动感兴趣的心理，本节课从探寻“黑石号”的秘密出发，引导学生了解长沙铜官窑的历史背景、地理位置和瓷窑在唐朝的地位、规模等信息，再通过与青白瓷的对比，引出“彩绘”这一优势。

图5

图6

二、新授：彩绘工艺探究

（一）釉下多彩迷人眼（工艺）

1. 高温铜红釉

教师引导学生寻找铜官窑色彩（图4）。

师：你能在铜官窑的瓷器上找到哪些色彩呢？

生：黄、绿、白、褐、蓝、黑、红等。

师：唐三彩也是多彩的，请观察铜官窑的釉色中哪一种颜色是唐三彩中没有的呢？（图5、图6）

生：红色。

师：这是长沙窑独有的红彩，长沙铜官窑是最早烧制出高温铜红釉的窑口。

2. 釉下彩

（1）釉彩保存情况

师：多彩的釉色在海水中沉浸千年依旧光亮如新，釉有很大的功劳。

教师展示两件仿铜官窑瓷器，一件上釉，一件没有上釉，请同学来上台摸一摸，说说它们有何区别。

生：上釉的瓷器更光滑。

（2）展示釉下彩示意图（图7、图8）

图7

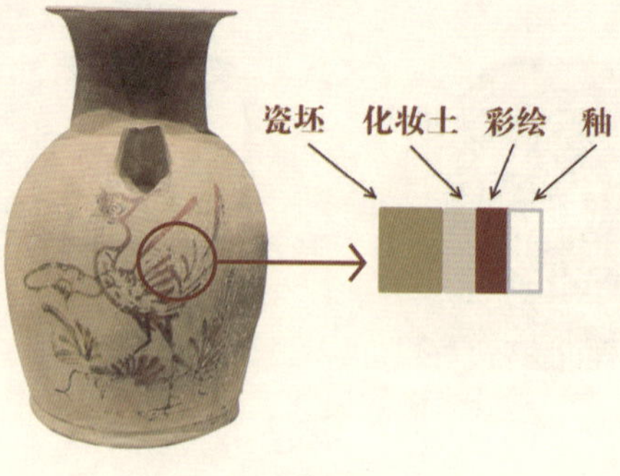

图8

图9

图10

课上，教师通过展示示意图并对照分析还原彩绘被包裹于釉之下的技艺，同时向学生说明长沙铜官窑是世界釉下多彩的发源地。

【设计意图】本环节采用教师提问、学生自主探索的方式，引导学生感受“高温铜红釉”和“釉下彩”工艺的独特之处。

（二）诗情画意得人心（题材与绘画技法）

1. 诗文

师：盛唐时期，世人爱诗，匠人们就在瓷瓶上写下喜爱的诗句，抒发自身的情感。你能读出上面的诗句吗？（图9、图10）

学生诵读：君生我未生，我生君以（已）老。君恨我生迟，我恨君生早。

师：当手捧这些满怀心思的作品，依然可以感悟到古人的心声。

2. 绘画

（1）题材

长沙铜官窑瓷器的绘画题材非常丰富，有人物、山水、飞鸟、云气、花草、走兽等。

师：请一位同学移动课件上这些纹样元素，创作出一个全新的瓷瓶装饰设计。（图11）

学生上台进行图案设计。（图12）

图11

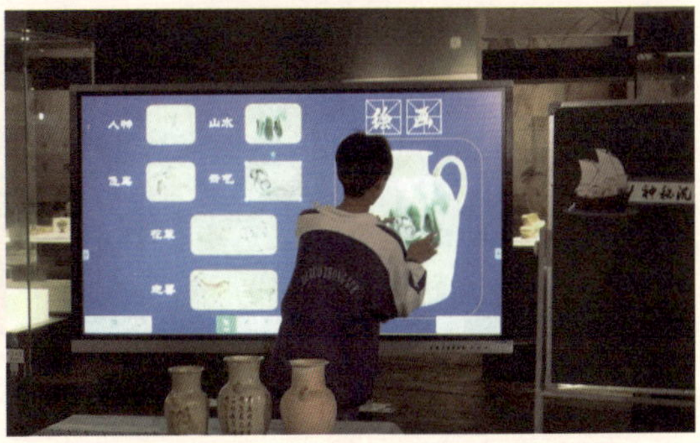

图12

图13

（2）构图

师：当这些纹样回到原先的瓷器上，你能说出铜官窑瓷器上的图案与这一位同学拼摆的图案在构图上有何区别吗？（图13）

生：每个瓷器上都有一个确定的主题，纹样不会太多，以单个纹样为主。

师：这些瓷器上的纹样大多属于单独纹样，画面简洁，主题突出，并且大部分呈均衡式构图，意境深远，充满了生命活力。

（3）用笔

师：这些绘画还有一个共同的特点——以线造型，这也是体现图案生命活力的造型方法之一。

教师请大家小组讨论，观察、触摸手边的仿铜官窑瓷器（彩绘花草纹）的线条和用笔，感受绘画行笔的过程。

师：你能用一些词来形容线条的特点吗？（图14）

生：随性、灵动、流畅、富有变化。

教师展示荷花、小鹿图片，请学生选择这两张图片中的一张，尝试用灵动的线条描绘并展示出来。

（4）绘画方法

师：对比我们自己设计的荷花、小鹿图案，我们来看一看铜官窑的匠人们是如何处理这些图案的。（图15）

图14

图15

图16

图17

图18

图19

图20

图21

图22

图23

生：运用了简化的设计方法，荷花的花瓣简化成六瓣，小鹿的脚一笔就勾勒完成。

师：在简化的过程中又保留了事物的特征，如小鸟的红色翅膀，白鹭弯曲的脖子。

【设计意图】本环节让同学们体会铜官窑瓷器上优雅的诗文，感受彩绘题材的丰富。学生通过活动，认识到铜官窑瓷器构图大多为单独纹样，以均衡式构图为主；再通过观察仿铜官窑瓷器的实物，感受匠人们在彩绘过程当中灵动、自由的用笔，并且进行用笔练习，进一步对比自己的绘画与匠人们绘画的区别，总结出铜官窑简化的绘画风格。

（三）异域风情破浪行

（设计思路）

欣赏外销瓷彩绘纹样并分析其纹样特点。

1. 展示摩竭鱼图案（来自印度神话，笔法兼工带写）对比图（图16、图17）

图24

图25

2. 展示胡人、外国女人图样（图18，为国外客户绘制的产品）

3. 展示阿拉伯文瓷碗（图19）

瓷碗图案形似花草纹、云气纹，是阿拉伯文与中国传统的绘画风格融合的独特纹样。

4. 展示狮子纹样、莲花纹样（图20、图21，为信仰佛教的国外客户绘制的产品）

5. 展示彩条纹、联珠纹（图22、图23，为迎合西亚居民的喜好）

【设计意图】本环节通过各类外销瓷彩绘纹样的欣赏，让学生进一步了解外销瓷纹样的设计思路与意图，感受中外融合的绘画风格，为自己之后的纹样设计提供思维方法。

三、活动：彩绘纹样设计

（一）“一带一路”

师：千年前“海上丝绸之路”将铜官窑的瓷器远销海外，而今天的我们通过习近平主席提出的“一带一路”倡议也能重现“海上丝绸之路”千年前的辉煌。（播放“一带一路”视频）

（二）教师示范

师：现在让我们一起化身为长沙铜官窑的一名产品设计师，而客户来自“一带一路”沿线国家，如何用长沙铜官窑的彩绘工艺设计出让外国友人喜爱的装饰图案呢？（图24、图25，播放教师示范视频）

（三）学生设计

师：请同学们仔细观看每组客户的资料（包含各国文化、审美等知识），小组讨论并填写好设计卡。

客户设计卡	
客户地区	
客户喜好	
设计亮点	

教师指导学生根据客户设计卡制作产品。（图26至图29）

（四）设计展示（图30至图33）

每小组派一位代表说说自己的设计理念。

图 26

图 27

图 28

图 29

图 30

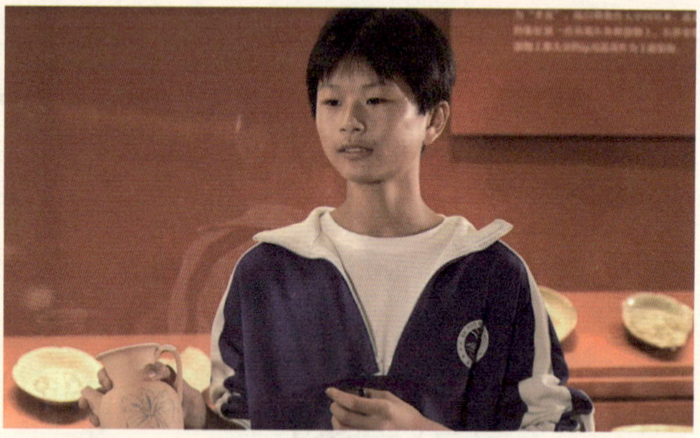

图 31

图 32

图 33

【设计意图】这一环节的重点是纹样的设计，同时也向学生传达了“一带一路”中外友好的思想。纹样设计之前需要学生对以往所学习的历史、地理等知识进行跨学科迁移，快速提取各国的地域风格、文化审美等知识，根据各国客户的喜好进行纹样的设计。

四、拓展：传承与创新

（一）与市级非物质文化遗产传承人连线（图34、图35）

课上与“泥人刘”第四代传承人刘嘉豪老师现场连线，让学生近距离感受到铜官窑陶瓷技艺传承的意义。

（二）传承文化精神

师：海上行商之路，风波万里，长沙铜官窑除了制瓷工艺以外，敢为人先、不断开拓、勇于拼搏的精神也是值得我们传承的宝贵财富。（图36、图37）

【设计意图】教师引导学生体会窑工们的艰辛，感受其勇于开拓的精神，并且理解传承的重要性。

图34

图35

图36

图37

《长沙铜官窑——穿越千年的彩绘之美》导学案

姓名：　　　班级：

一、神秘沉船诉辉煌

1. 请描述“黑石号”所在朝代的历史背景。

2. 请描述长沙铜官窑有何独特的地理位置条件。

二、釉下多彩迷人眼

1. 请在博物馆内尽可能多地找出铜官窑瓷器上的色彩，并说说哪种色彩是最特殊的。

2. 请按照釉下彩工艺制作顺序，依次填写：彩绘、釉、化妆土。

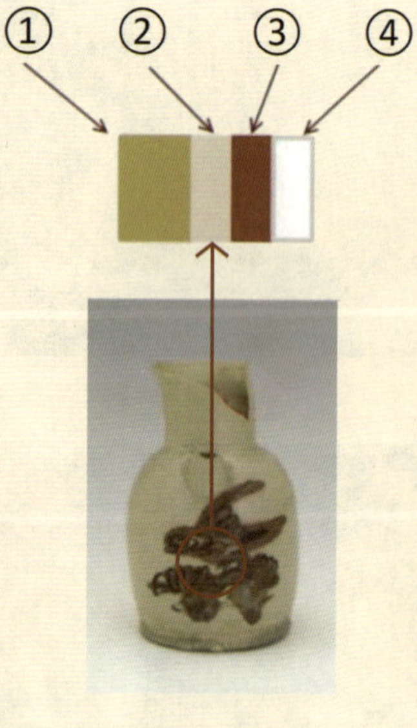

①瓷坯

②（　　　　）

③（　　　　）

④（　　　　）

三、诗情画意得人心

请选择“荷花”或“小鹿”图案进行线条练习。

四、异域风情破浪行

请仔细阅读客户资料，填写好以下客户设计卡。

客户地区	
客户喜好	
设计亮点	

根据你的设计思路在瓷瓶上设计一个漂亮的彩绘纹样吧！

教学反思和拓展

本节课通过让学生探究铜官窑彩绘的技法与构图特征，尝试完成一件外销型瓷器的彩绘纹样设计。而长沙铜官窑的外销型瓷器的设计特点可以体现在器型、彩绘纹样、模印纹样等方面，一开始这些方面笔者都想涉及，但通过集体备课，大家提议只从一个方面出发深入挖掘其特点，比起广泛涉及，学生会更容易掌握，所以本节课选择从铜官窑瓷器的彩绘纹样进行探索。学生的作品以烧制的方式呈现。在瓷器上用毛笔与釉彩进行绘画，这种传统中国画的表达方法，可以让学生直接地体验到唐朝时期瓷器彩绘的制作过程，而且这种美术材料的表现性优于直接在纸面上绘画，在瓷瓶上施以青釉后，给观者一种和谐美妙的视觉感受。

在课堂的作品展示环节，每组派出了一位学生对自己的作品进行设计思路的讲解。但为了让每位同学都能化身为作品的“小讲解员”，让欣赏者了解作品设计背后的意图，课后我们使用了手机小程序中的“二维码生成器”这一信息技术，将学生们作品讲解语音录制下来，并转化为二维码的形式。然后我们将带有二维码的作品标签与作品一起拍照上传至学校公众号上，开启一次线上展览，让学生、家长不仅可以欣赏到作品，同时还能通过扫描二维码的方式，听到语音讲解，而同学们也通过“小讲解员”这一角色的转变，进一步加深对长沙窑文化的认识和传承。

本课充分利用博物馆资源，使农村学生也有了丰富的美育体验。本次活动也吸引了长沙晚报的关注，并在“掌上长沙”平台发表了一篇题为《农村初中生走进博物馆上美术课，感受铜官窑千年璀璨文化》的文章（网址：https://www.icswb.com/h/100104/20220604/765642_m.html），已有10万多观看量。在美术跨学科教学活动的探索中，我们不会停下脚步。

参与人员名单

策划：长沙市教育科学研究院詹蓉

授课教师：杨雅瑜

参与人员：

长沙市望城区蔡靖中小学美术名师工作室老师：蒋淑莲、蔡靖、沈琳、张棵涵、李要、黄丹、杨伊、谭伊、戴薇、朱艳凤

白箬中学老师：谢灿红、高学群、汤昔耀

白箬中学参与学生名单：李钰熙、李欣诺、文雯、王丽珍、龙昊吟、范海扬、文卓妍、李博威、刘嘉熙、李幼香、李家荣、杨佳雯、黄依铱、张嘉俊、陈晓劲、李哲军、刘家伶、袁永红、杨宁、冯壮欣、文梦茜、黄浩然、黄阳胜、李奥、陈雅婷、罗盛兮、文媛媛、罗襄钰、黄妙涵、盛宇涵

特别鸣谢：

白箬中学校长肖忠平、白箬中学全体老师

市级非物质文化遗产传承人：刘嘉豪

《湘瓷泛轻花》教学设计

长沙市芙蓉区实验小学 **柳叶青**

扫一扫，看示范课

前言

长沙窑把诗词、书法、绘画等中国传统艺术应用到瓷器装饰上，不仅是技术、艺术上的创造与革新，还体现了中国传统的工匠精神。开发以长沙窑瓷器为内容的馆校合作美育课程，不仅符合新课标对地方特色课程的开发与利用，更重要的是让学生感受其艺术特点与人文魅力，了解家乡传统文化，培养民族自豪感与家国情怀。

在设计教学活动时，我以唐代诗人刘言史游历长沙时所写《与孟郊洛北野泉上煎茶》一诗中“湘瓷泛轻花”一句为题，以美术学科中鉴赏、理解长沙窑瓷器上的装饰内容、艺术风格为主要教学内容，融合语文、道德与法治、历史、化学等学科的相关内容。

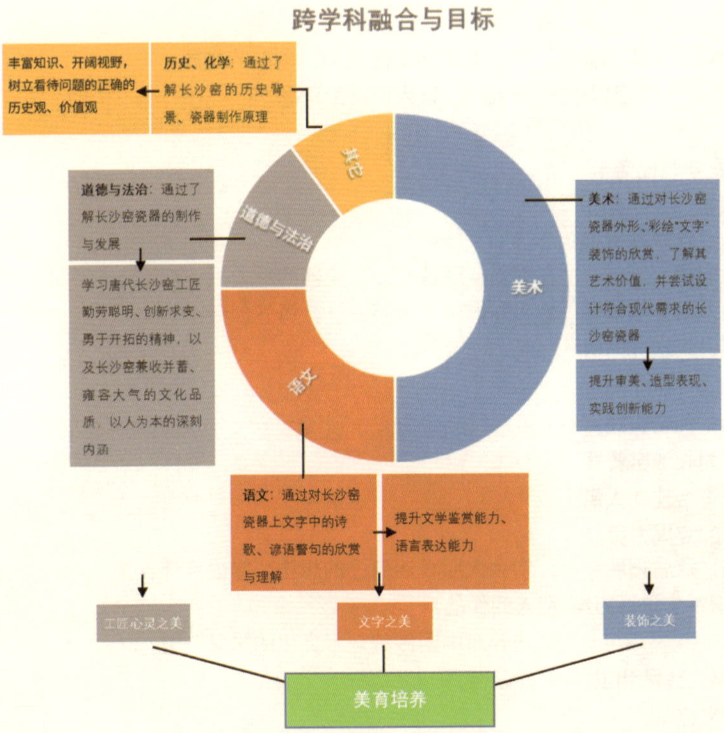

表1

跨学科融合与目标设定如表1。

本课帮助学生全面、深刻地了解长沙窑瓷器的艺术价值，包括瓷器的装饰之美、文字之美、工匠心灵之美。这符合以美育人的课程理念，为学生的终身发展奠定了基础。

在实际教学中，为了更好地达成教学效果，我在课上提出任务问题“长沙窑瓷器的魅力在哪”“如何使长沙窑瓷器再次成为时尚潮流”，开启项目式教学；同时，利用微课、希沃等信息技术互动教学，突破知识重难点等。这些教学手段的应用都极大地激发了学生的学习兴趣。

教学分析（表 2）

<table>
<tr><td>学段</td><td colspan="4">四年级</td></tr>
<tr><td>课程定位</td><td colspan="4">1. 本课程属于美术课程中的“欣赏评述”课，学生在欣赏和理解长沙窑瓷器的艺术价值、历史价值的基础上，设计一款符合现代潮流的长沙窑瓷器，从而培养其欣赏评述能力，锻炼其设计应用、造型表现能力。符合新课标对第二学段（四年级）学生——能运用造型元素、形式原理和欣赏方法评述美术作品，能了解实用与美观相结合的设计原则，并设计物品的要求。
2. 本课程以美术学科知识为主，融合语文、道德与法治、历史、化学等相关学科的知识，使学生多角度、多层次地了解长沙窑瓷器，具有较强的综合性、探索性、创造性，符合新课标对第二学段（四年级）学生——能将美术与自然、科学、社会相融合，探究问题，提高综合能力与学科迁移能力的要求。
3. 本课程坚持以美育人的课程理念，立足于美术核心素养的培育，积极开发和利用优秀的本土艺术资源，挖掘中国传统文化的魅力，培养学生正确的审美情趣，增强他们的民族自豪感与爱国情感。</td></tr>
<tr><td rowspan="6">课时分配</td><td colspan="2">学科</td><td colspan="2">所占比</td></tr>
<tr><td colspan="2">美术</td><td colspan="2">40%</td></tr>
<tr><td colspan="2">语文</td><td colspan="2">8%</td></tr>
<tr><td colspan="2">道德与法治</td><td colspan="2">7%</td></tr>
<tr><td colspan="2">其它（历史、化学）</td><td colspan="2">6%</td></tr>
<tr><td colspan="2">总课时</td><td colspan="2">1 课时</td></tr>
<tr><td rowspan="6">项目化学习分段目标设计和安排</td><td colspan="2">分段设计</td><td>措施</td><td>目标</td></tr>
<tr><td>课前</td><td>课前准备、设置问卷</td><td>分发前期问卷调查——《瓷器小知识》</td><td>1. 了解瓷器烧造过程
2. 初步感受长沙窑瓷器特点</td></tr>
<tr><td rowspan="3">课中</td><td>视频导入、游戏互动</td><td>用“黑石号”历史故事导入课题</td><td>1. 了解长沙窑瓷器的相关历史
2. 感受长沙窑瓷器的丰富器型
3. 激发兴趣，进入学习情境</td></tr>
<tr><td>提出问题、探究发现</td><td>提出前期驱动问题：
除了丰富的器型，找找长沙窑瓷器还有什么魅力。
1. 博物讲解、初步感受
（1）带领学生参观博物馆
（2）分发参观任务卡
2. 归纳概括、总结知识
组织学生汇报参观发现</td><td>1. 深入了解长沙窑瓷器相关的历史文化
2. 发现长沙窑瓷器“彩绘”“文字”等装饰的艺术特点与价值，感受其美与魅力
3. 学习长沙窑工匠勤劳、创新的品质，雍容大气、以人为本的理念</td></tr>
<tr><td>大胆创新、回归实践</td><td>设置驱动问题：
如何使长沙窑瓷器重回大众视野，再次成为时尚潮流？
布置活动，创新实践。
组织学生为长沙窑瓷器设计一个符合现代人需求和审美的复兴方案。</td><td>在感受、理解长沙窑瓷器的魅力后，结合实际情况，大胆设计，勇于创新</td></tr>
<tr><td>课后</td><td>评述表达、课后拓展</td><td>欣赏评述，课后拓展
（1）组织学生进行方案展示
（2）拓展：传承和发展传统艺术文化</td><td>1. 学会大胆表达自己的想法；学会点评别人的作品
2. 培养对中国传统艺术文化的热爱，滋养爱国情怀</td></tr>
</table>

表 2

学情分析

从心理学角度来说，四、五年级学生已经开始拥有抽象思维的能力，可以应用对比、分类、概括等思维能力解决问题，能进行比较复杂的分析。因此本课在学习长沙窑瓷器的器型时，我出示了不同用途的器型，让学生观察、分析、分类。而在“彩绘”“文字”装饰时，我则用各种素材，让学生运用观察对比、判断推理、分析概括的思维能力，总结出长沙窑瓷器的与众不同，发现其艺术特色，学生都能较好地完成任务。另外，这个学段的学生开始有较强的自我表达欲望，学习从被动转为主动，因此整堂课我以任务驱动、项目式学习的课程结构为主，前期设置寻找“长沙窑瓷器的魅力”的任务，让学生通过在博物馆观展、听展、临习展出作品，寻找对长沙窑感兴趣的点。课上我又从他们临摹的彩绘入手，引导发现相关知识点，还设置了大量让学生表达感想的问题，让他们主动参与到课堂中来。最后的活动作业，则是通过驱动问题“如何使长沙窑瓷器重回大众视野，再次成为时尚潮流？”让学生把唐代长沙窑带入现代生活，激发其创作热情，大胆表现。

从美术学习角度来说，2022 年版新课标对于第二学段（三到五年级）学生的能力要求如下：了解“实用与美观相结合”的设计原则，为班级、学校的活动设计物品；能学习工艺师敬业、专注和精益求精的工匠精神；能将美术与自然、社会及科技相融合，提高综合探索能力等。而在对长沙窑瓷器的艺术特色和价值的认识上，采用多学科融合的方式从不同角度欣赏长沙窑，理解其内在的精神含义；从美观、实用的角度出发设计长沙窑瓷器等，都符合该年段的美术素养要求。

从实际情况来说，我校四、五年级学生通过几年的美术学习，已有一定的专业基础和能力。早在 2020 年初，我校已开展项目化学习，学生先后参与过“如何创作受欢迎的绘本”“妈妈衣柜里的花裙子”“四季有美——中华民间艺术探寻”的项目活动。因此，本次课程以“长沙窑瓷器的魅力在哪”“如何创造符合现代人审美的长沙窑瓷器”为驱动问题时，学生表现出了浓厚的兴趣，能很好地发挥主观能动性，积极参与到探究中来。另外，我校自 2018 年建校以来，每年都举行了博物馆进校园活动，学生对于博物馆优秀艺术资源的汲取已有相当的了解，而长沙窑瓷器作为本土艺术文化，不仅在素材资源上有着优势，更能在精神内涵上引起学生的共鸣与自豪。他们在创作中都真诚地为复兴长沙窑瓷器出谋划策，想为家乡贡献一份力量。这些都为课程的开发和进行提供了不少动力。

教学目标

总体目标：让学生通过欣赏、评述、理解长沙窑瓷器的历史与艺术价值，提升审美感知、文化理解的素养，感受长沙窑瓷器所带来的艺术美、自然美、社会美，坚定文化信念，弘扬与传承传统艺术；通过设计、创造符合现代审美需求的长沙窑瓷器，培养学生艺术表现、创意实践的能力，在活动中丰富想象力，发展创新能力。

创意实践：让学生在了解长沙窑艺术特色的基础上，尝试设计一个符合现代审美需求的长沙窑瓷器创新方案。

审美体验：让学生学会欣赏长沙窑瓷器的彩绘、文字之美，感受其艺术文化价值；能欣赏和用简单的语言评述长沙窑瓷器。

文化理解：让学生了解长沙窑的基本发展历史；了解长沙窑独创的釉下多彩装饰技艺以及其最早将诗歌、书法、绘画等传统艺术应用到瓷器上；理解唐代长沙窑工匠创新求变、勇于开拓的精神，以及长沙窑兼收并蓄、雍容大气的文化品质，以人为本的深刻内涵。

教学重点与难点

教学重点：教师引导学生欣赏长沙窑的“彩绘”“文字”装饰，体会其独特性与创新性。

教学难点：教师引导学生找到符合现代审美的创新点，设计一个长沙窑创新方案。

思维拓展和文化理解难点（表3）：

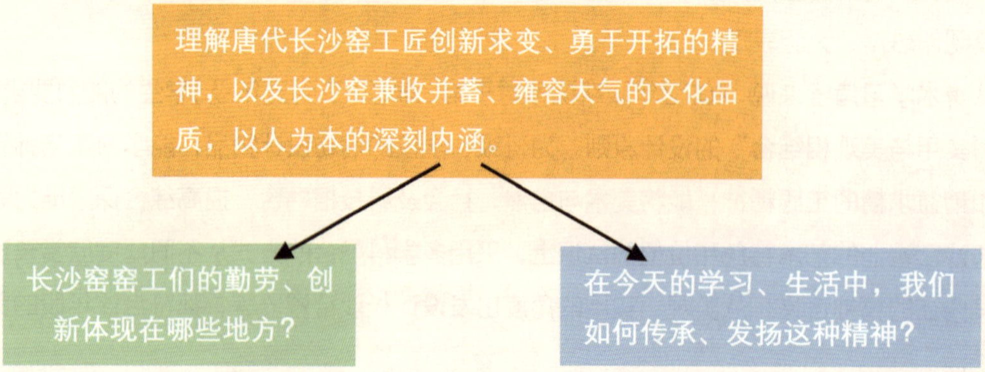

表3

课前准备，填写问卷				
姓名		年龄		通过书籍或网络查找长沙窑相关信息
关于瓷器小知识				
1. 知道瓷器制作的步骤吗？查阅相关知识并正确排序。  筛土（ ） 车坯（ ） 凿土（ ） 修坯（ ） 入窑烧制（ ） 出窑（ ） 上釉（ ）				
2. 下面哪件属于长沙窑瓷器？ 				
3. 为什么一眼能认出长沙窑瓷器？				

表4

教学过程

一、填写课前问卷（表4）

二、视频导入，游戏互动

（一）学生助教组织开场：观看“黑石号”视频互动导入

1. 教师出示渔夫讲解“黑石号”故事的视频。（图1）

图1

教师提问：“黑石号”是一艘什么船？

教师小结：是通过海上丝绸之路来中国买东西的船，且有大量湖南长沙窑瓷器。

2. 教师出示长沙窑瓷器器型，请学生上台辨别瓷器类型。（图2）

图2

教师小结：这批瓷器的品种涵盖了生活的方方面面，极大地便利了人们的生活。

教师板书：器型丰富。

3. 教师出示考古学家有关唐代瓷器的讲解视频。（图3）

图3

学生助教提出问题：面对青、白瓷器销量不好的境况，唐朝的长沙窑工匠们想了什么办法，才让瓷器受欢迎的？

学生助教组织学生回答。

教师总结：你们的想法很有新意，接下来我们走进长沙博物馆，跟随讲解老师去解密唐朝长沙窑。

（二）老师布置参观展览任务

1. 教师提出前期驱动问题：除了丰富的器型，请找找长沙窑瓷器还有什么魅力。

2. 学生领取研究任务卡。

【设计意图】教师以“黑石号”的故事引入对长沙窑的学习，互动的小活动能激发学生的学习兴趣，也能让他们从不同角度理解唐代长沙窑瓷器的历史地位，发现它与众不同之处，形成对长沙窑瓷器的初步感受，从而主动去探究。

图4

图5

图6

研究任务卡	
说一说	用几个字概括唐代长沙窑瓷器的魅力或你对长沙窑瓷器最感兴趣的点。
画一画	找到一个你最喜欢的长沙窑瓷器，临摹到瓷器卡上。

瓷器卡

……

表5

三、博物讲解，初步感受

（一）学生跟随博物馆讲解员参观展览（图4）

（二）学生完成研究任务卡和瓷器卡（图5、图6，表5）

（三）学生自行粘贴在展览中完成的任务卡（图7）

图7

【设计意图】前期故事的铺垫，已经让学生对长沙窑瓷器产生了一定兴趣。通过博物馆的实地参观，研究任务卡、瓷器卡的发放，学习的主动权已交给了学生，他们根据自己感兴趣的点去了解瓷器，有利于培养主动探索、研究问题的能力。

四、归纳概括，总结知识

教师提问：长沙窑瓷器和青、白瓷最大的不同在哪？

教师总结：长沙窑瓷器创造性地大量使用彩绘、诗文、模印贴花，所以它最大的魅力在于创新。

教师板书：彩绘、文字、模印贴花、装饰、创新

教师以诗歌导入课题：湘瓷泛轻花，涤尽昏渴神。此游惬醒趣，可以话高人。

师生共同提炼归纳，概括知识，解决前期驱动问题。

学生进行彩绘。

（一）彩绘题材

教师提问：彩绘装饰有哪些题材？

教师小结：题材包括植物、动物、人物、风景，代表宗教的事物、图案等，寓意吉祥。

教师板书：丰富多元的题材。

图8

图9

图10

教师提问：其中又以什么题材最多呢？

教师小结：以鸟、花最多。

（二）彩绘风格

选择学生临摹的彩绘，教师点评。

选择一：临摹了鸟图的学生作品

教师提问：我看很多同学临摹了瓷器上的鸟图，说说你喜欢它的原因。（生自由回答）

课件出示一组“鸟图”对比。教师提问：古人喜欢画鸟，鸟儿的飞翔象征着自由。长沙窑瓷器上的鸟和差不多同时期的著名画家边鸾、周昉画的鸟有何不同？（图8）

教师小结：画师画的鸟细致、精湛，而瓷器上的鸟外形简练，形态生动、更富个性，只求神似，不求形似。同样的还有花，千姿百态，绰约动人；山水图，重峦叠翠，意境悠远。（图9）

教师总结：画风清新自然，开了中国写意画的先河。

板书：清新写意的画风。

选择二：临摹了图案彩绘的学生作品

教师提问：比起前面的（山水、花鸟），这种彩绘有什么不同？

教师小结：点画出来的，更抽象和富有装饰性。

图 11

图 12

教师提问：除了用点绘的图案，还有用其他方式彩绘的图案吗？

教师小结：块彩、条线彩。

课件出示图案彩绘。教师总结：彩绘的图案让普通陶瓷在使用中多一份乐趣，在生活中多一分韵味。（图 10）

课件出示联珠纹图案。师提问：你们知道联珠纹的来历吗？

教师小结：联珠纹为古波斯流行的花纹，是他们为表达对太阳崇拜而创造的。这种图案沿着丝绸之路传到中国，被长沙窑工们加以改造应用到瓷器上作为装饰，留存至今，如发卡、建筑上我们都能看到联珠纹的应用。（图 11）

教师提问：你们还知道其他受外来文化影响形成的图案吗？长沙窑工们为什么要画这么多外国图画呢？

教师小结：这是为外国人量身定做的彩绘，有商业头脑。

（三）总结并过渡

思考：长沙窑工匠不仅会画还会想，他们到底是一群什么样的人？

出示视频并总结：创造这一切的画工们都是最普通的百姓，住在石渚湖边。每日起床，聆听雀鸟空山对语，观鸿雁凌空高翔、鹭鸟沿湖戏水、花草争芳斗艳、云水变幻无穷，畅想游鱼的快乐、游龙的洒脱、凤凰的华美，从而富有无穷的灵感，自由自在地在瓷器上提笔挥洒，给欣赏的我们带来无穷的遐想与快乐。就如现在的春季，如果画工们还在石渚湖边，定会见到这样的画面：春水春池满，春时春草生。春人饮春酒，春鸟弄春声。如诗般的美景给了长沙窑工们无限灵感，于是除了在瓷器上绘画，他们也开始在瓷器上写字。（图 12）

文字

1. 文字题材

教师提问：文字的题材有哪些？

教师小结：题材有书法诗词、谚语警句、商业广告、题记记事、外国文字等。（板书：变化多样的题材）

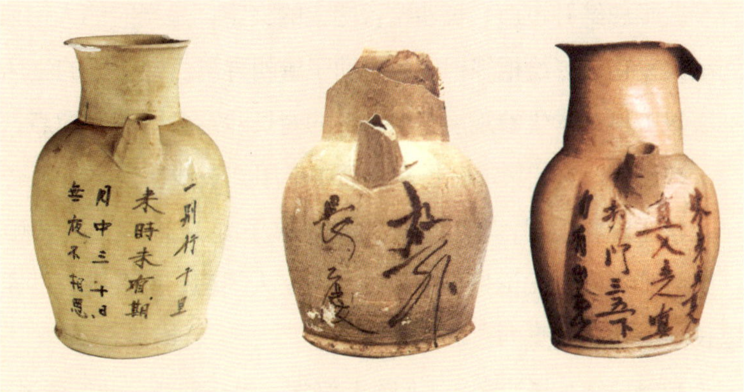

图13

2. 文字风格

课件出示一系列文字装饰的瓷器。（图13）

教师提问：它们写法上最大的区别在哪？分别用了什么字体？

教师小结：有楷书、行书、草书等等。

教师板书：各取所长的字体。

3. 排版布局

小练习：教师让学生把“悬钓之鱼 悔不忍饥”几个字在瓷罐上摆一摆。（图14）

教师请学生上台尝试，学生反馈：打破了诗歌整齐的排列，富有变化。（图15）

教师出示系列图片供学生欣赏。（图16）

教师提问：文字在瓷器上还可以怎么摆？

教师小结：文字可以有大有小，有疏有密，更有装饰性。

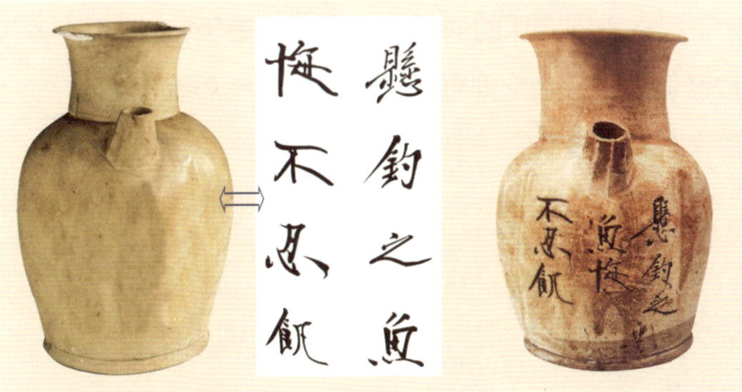

图14

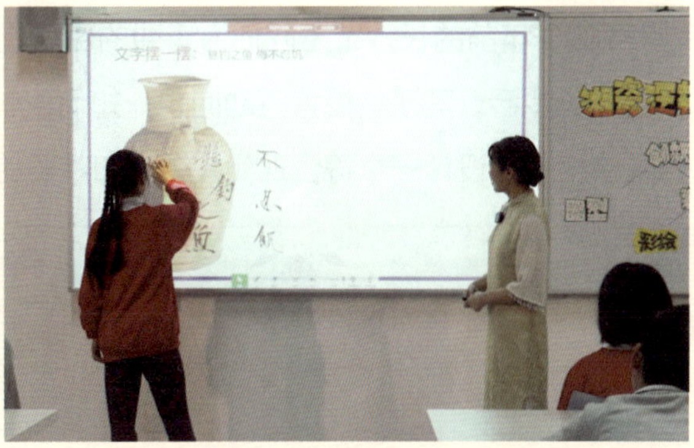

图15

图16

教师总结并过渡：长沙窑瓷器上的文字，是当时的人们直抒胸臆而作，展现了最平常的人间烟火。它与彩绘相辅相成，勾勒了唐朝寻常百姓美好的生活。

教师挑选学生参观展览时写下的对长沙窑瓷器的兴趣点，并分享。

教师提问：如果能在日常生活中使用到长沙窑瓷器，会是一种什么体验？（学生自由回答）

学生观看视频，与刘言史、孟郊、展子虔、白居易、周敦颐跨时空交流，解决前期驱动问题。

教师提问：无论是寻常百姓还是文人墨客，都能在长沙窑瓷器中找到自己心仪的一款。所以长沙窑瓷器的魅力在哪？

教师总结：长沙窑画工们勤劳好学，勇于创新。他们通过观察、倾听人们的需求，以开放包容的心态接纳优秀文化与艺术，设计能满足各类人群审美的、价格亲民的、美观实用的瓷器，最终让长沙窑瓷器走向全国、走向世界，让长沙窑成为唐朝中国最大的民用瓷器、出口瓷器生产窑。

【设计意图】本环节以学生在观展中临摹的长沙窑瓷器作品为出发点，分成“彩绘”“文字”两类装饰来展开研讨。学生通过对比欣赏、观察发现、动手尝试等手段，解决瓷器题材丰富、风格写意、书写之美、布局之巧等问题后，教师引导他们感知长沙窑瓷器制作技术之高超，从而体会到幕后的制作工匠勤劳、聪明、创新等品质，以及他们兼容并蓄、以人为本的设计理念。同时，本环节还把语文的诗歌、思政的德育融入其中，透过文物看内涵，潜移默化地影响学生。学生从多角度看待长沙窑瓷器，感受其魅力，从而树立正确的美育观、价值观。

五、大胆创新，回归实践

（一）提出驱动问题，布置美术活动

1200 年前的长沙窑工匠们为唐朝的百姓设计了很多美观实用的瓷器，可是后来由于种种原因，长沙窑衰落了。设置驱动问题：如何使长沙窑瓷器重回大众视野，再次成为时尚潮流？为长沙窑瓷器设计一个符合现代人需求和审美的复兴方案（表 6）

现代长沙窑创新设计方案			
名称		用途	
创新点			
外观草图			

表6

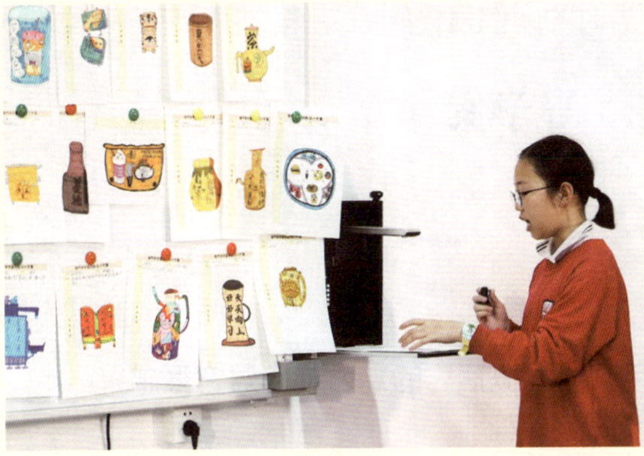

图 17

图 18

（二）学生分享创作

（三）教师和学生助手共同点评作品中有创意和想法之处（图 17、图 18）

【设计意图】最后美术活动的设计，把彩绘的创作、诗歌的应用、以人为本的设计理念等进行了有机结合，属于美术、语文、思政三位一体的活动设计，极大地锻炼了学生的综合实践能力。

六、课后拓展，传承发扬

对长沙窑的欣赏，不要仅仅停留在瓷器表面的美观上，更重要的是要学习古代工匠优秀的品质，如开拓进取、勇于创新等等。我们要把这种精神临摹进我们的骨子里。

七、板书设计（表 7）

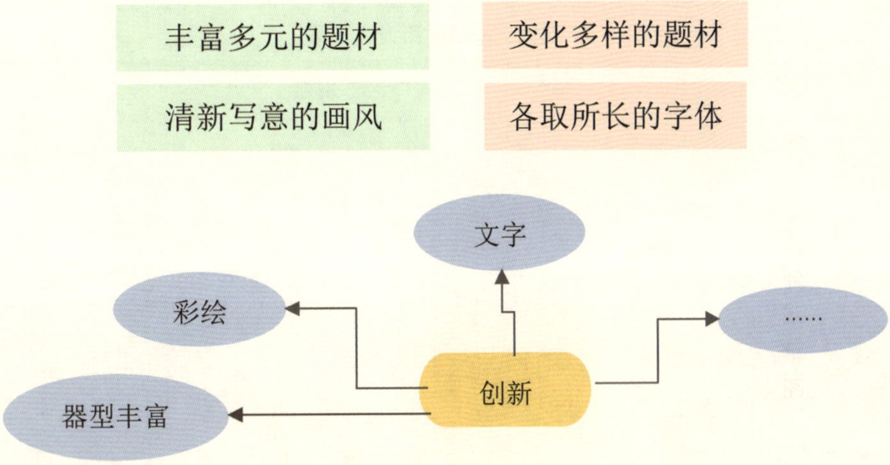

表 7

《湘瓷泛轻花》导学案

姓名：　　班级：

学习活动一：

1. 查阅唐代长沙窑瓷器的相关知识，用几个词概括它的魅力或你对它最感兴趣的点。

2. 在展览中观察长沙窑瓷器上的装饰，并尝试把你喜欢的装饰临摹到下面的瓷器卡上（三选一）。

学习活动二：

大胆创新，思考如何使长沙窑瓷器重回大众视野，再次成为时尚潮流。为长沙窑瓷器设计一个符合现代人需求和审美的复兴方案。

<table>
<tr><th colspan="4">现代长沙窑创新设计方案</th></tr>
<tr><td>名称</td><td></td><td>用途</td><td></td></tr>
<tr><td>创新点</td><td colspan="3"></td></tr>
<tr><td>外
观
草
图</td><td colspan="3"></td></tr>
</table>

教学反思和拓展

图19

本节课的准备从题材选择、知识学习到素材充实历时1个多月。在这期间，我阅读了大量有关长沙窑瓷器的相关专业书，从艺术、文学、历史等方面对其进行全面了解，找准课程定位，设计符合四年级学段的学生学习的知识点。而在这个过程中，越了解就越深刻地感受到长沙窑瓷器的无穷魅力：丰富的器型、新颖的彩绘、有趣的诗词……而背后创新的理念与人文精神更是让人着迷。所以在一开始的教学设计中，我罗列了大量的知识点，每一个都想讲，每一个都不想放弃，想让学生更全面地了解长沙窑瓷器，导致课堂冗长，主次、重难点不够突出。在听取专家意见并修改后，最后决定以其独特的彩绘、诗文、装饰为本节课的重点。从美术学科的角度出发，本课融合了语文（诗歌）、道德与法治、历史等学科，引导学生更有针对性地解读长沙窑瓷器。在实际教学中，大部分学生都能很好地理解长沙窑瓷器的艺术特点、文化魅力，学习兴趣高涨，在最后的设计创作也大胆地表达了想法。长沙窑瓷器可供学习的知识点很多，可以进行更加深入的挖掘。在后续的教学中，我想把这一内容做成单元课，融入更多的学科，如语文、思政、历史、科学等，从不同的角度去挖掘，提高学生的综合素养。（图19）

参与人员名单

策划：长沙市教育科学研究院詹蓉

项目主持和主要实施者：长沙市芙蓉区实验小学柳叶青、长沙博物馆吴婉

现场参与人员包括参与课堂学生：赵语墨、郭子暄、刘欣睿、陈子翼、谭晓乐、刘若玲、夏雨凡、吴抒函、马芊羽、李成霖、陈博俊、李思睿、朱雅暄、肖雨晨、向梓瑞、董书兰、李黎雪、尹梦琪、朱乐凡、赵浩淞、李东航、周芷萱、谢雨涵、周子越、吴欣垚、李艾珊；芙蓉区实验小学教师：李晨、文雪冰、舒雅婷、陈治宏、杨左；湘一芙蓉第二中学教师：宋占玲、姚轶

场外支援有芙蓉区实验小学教师：刘志东、张新蔚、管薇

特别鸣谢人员：芙蓉区教育科研中心副主任彭海鳌、芙蓉区实验小学校长陈阳梅、芙蓉区邓红宇美术名师工作室首席名师邓红宇、芙蓉区浏正街小学教师陈展、芙蓉区大同第二小学教师姜玲、芙蓉区育英第二小学教师张昕

《漆色之光——初识髹漆》教学设计

湖南师大附中博才实验中学 **孙孟姣**

前言

中国是漆的故乡，漆艺在中国已有七千多年的历史，是华夏文化宝库中一颗璀璨的明珠。湖南长沙马王堆曾出土众多西汉漆器，精美绝伦溢彩流光数千年。本课《漆色之光——初识髹漆》教学设计以学科融合引导学生尝试体验髹漆，初识漆文化。课程从学生“巧匠解轪侯燃眉之急”的情境表演导入课题；通过采漆、护漆、调漆等微课视频或学习活动引导学生了解生漆的成分和性能，从化学、生物学角度了解生漆的特性，更加深入地理解人与自然的和谐关系；以“漆彩溯源”教学活动，引导学生读史，从历史学角度了解漆在中国的发展历程和漆艺呈现出的视觉效果，通过欣赏经典漆艺作品，深入地理解人与器物、人与社会的和谐关系以及漆艺传达的人文内涵；以“朱画墨染”教学活动引导学生体验髹漆，从材料学角度探讨漆与颜料、矿物的调和，领悟“朱画墨染，尚赤崇黑”的人文意蕴。学科融合，多角度、多维度激趣生发，使学生获得对漆艺的审美感知、审美体验，了解人与自然、人与社会的和谐关系，加深对湖湘文化的理解，传承中华文化。

教学分析

本课针对的学生学段：八年级。

课程定位：本课以无漆不成器为主线，着重从实用之器、华丽之彩与神秘之纹探究漆器的美。教师引导学生通过对漆与漆艺的学习体验，了解人与自然、人与社会的和谐关系。本课以传承中华优秀传统文化为导向，引导学生观察探究，提升学科核心素养。

教学宗旨及在各学科的课时分配：新课标视角下美术教学倡导整合美术与其他学科的教学理念，重视学生对艺术的审美感知、审美体验，提升审美能力，培养学生的人文精神。本课学科知识占比：美术学科占比 70%，历史学科占比 20%，化学、生物学科共占比 10%，通过问题导向任务驱动以多学科相互渗透融合解决问题。

扫一扫，看示范课

项目化学习分段目标设计和安排：本课先从漆器的实用、漆彩、纹饰、漆工艺等方面来解读“无漆不成器”，引导学生了解中华传统工艺，理解人与自然、人与社会的和谐关系的重要性。在忘时之艺、漆彩溯源、朱画墨染等教学环节中，以问题导向引导学生了解漆的特性、漆器的美和文化内涵，增强青少年的文化自信。

学情分析

八年级学生已能通过欣赏评述、动手实践等感受中华优秀传统文化的人文内涵，获得审美体验。除此之外，本阶段学生乐于探究，在问题导向中以学科融合为基础，可获得丰富的审美体验。

教学目标

图像识读：图像展示漆为何物，让学生了解自古采漆、护漆、制漆、髹漆的传统，以及器型、漆彩、纹饰等工艺。

文化理解：学生通过了解我国漆艺的相关历史，追本溯源探究漆艺的文化内涵，理解在我国悠久的农耕文化中漆在造物制器历史中扮演的角色，以及漆“温润如玉”的特质与中国文化的联系。

审美判断：学生通过对各种器物的器型、用途、漆彩、髹饰等方面的了解，提升审美判断能力。如通过提出“漆彩的特点是什么”“为什么漆器上常髹朱漆和黑漆相衬”等疑问，引导学生做出合理的解读。

创意实践：学生在动手制作实践中了解漆的可塑性、独特的美感，并在实践中融入对当今时代的认识与理解。

教学重点与难点

教学重点：学生认识漆和漆器文化，了解髹漆工艺的基本工序，解读“无漆不成器”。

教学难点：学生理解传统髹漆工艺以及它传达出的文化内涵。

教具学具准备

教具：多媒体课件、生漆、木碗、漆碗、漆刷。

学具：工具盒、课堂学习单、课堂作业单（按学习小组分好）。

教学过程

一、导入

（一）轪侯家宴（学生角色扮演）

奴仆 1：轪侯轪侯，很快就要大摆宴席了，您乃尊贵的长沙国丞相，用什么器具方能显我们长沙国尊贵呢?

奴仆 2：鎏金青铜酒樽啊。

轪侯：现我大汉“自天子不能具钧驷（毛色相同的马），而将相或乘牛车……”，民生如此凋敝，加之天子诏令休养生息，一切从简，不得以金银铜锡为饰。你这不是在怂恿我违抗旨意吗？你向来机灵，赶紧想办法！

奴仆：铁杯如何？

轪侯：啊，哪能用那般粗糙笨重之器！关键时刻还得我出马！

轪侯：究竟能用何物？

（二）师生谈话

师：有种神物定能解轪侯燃眉之急，它的制作工艺在我们两千多年前的湘楚大地已达盛况，让我们一同欣赏视频《睹我溢彩流光》，看看它究竟是何方神物。

教师播放微课视频《睹我溢彩流光》。（出示课题）

【设计意图】角色扮演给予学生情境体验，在器用的问题情境中解决问题，从经典的漆艺作品中慢慢揭开漆的神秘面纱。本环节的目的是激趣并点燃学生的探知欲。

二、新授

（一）大漆之境，无漆不成器

1. 无漆不成器

教师在课前布置学习任务，让学生认识大漆，了解漆艺历史、漆文化。

“髹之秘”第 1 问：几千年来溢彩流光，关键在于这一神奇之物——大漆，漆为何物？大漆从何来，如何取得？请看微课视频《百里千刀一斤漆》。

图1

图2

图3

师：何为“百里千刀一斤漆”？（图 1、图 2、图 3）

生：跋山涉水上百里，割漆上千刀方能采得一斤漆。

生：生漆，俗称“土漆”，又称“大漆”，它是从漆树上采割的一种乳白色纯天然液体涂料，接触空气氧化后逐步转为褐色，4 小时左右表面干枯硬化而生成漆膜。漆液成分有漆酚、树胶质、氮、水分及微量的挥发酸等，其中近 80% 的成分是漆酚。而且漆酚的含量越多，大漆的质量就越好。生漆具有耐腐、耐磨、耐酸、耐溶剂、耐热、隔水和绝缘性好、富有光泽等特性。

“髹之秘”第 2 问：采漆、用漆、护漆遵循什么道理？

生 A：顺时应气。

图4

图6

图5

生 B：人与自然和谐共生。

师：大漆之境，至大至深绝非止于此，我们来个有奖竞猜。

【设计意图】本环节通过对漆的了解，以问题导向引导学生逐步深入到对人与自然关系的理解。

2. 学习活动：猜一猜，天生我材有何用？

师：请欣赏漆器云纹漆鼎，猜猜它有何用途。（图 4）

生：盛食器。

师：对，盛食器。当时人们用它来盛放莲藕鲫鱼汤，是实用之器，能致用利人。

师：七鼎一字排开又体现了什么呢？（图 5）

生 A：尊贵。

生 B：天子九鼎，诸侯七鼎。

师：器以藏礼。

请继续欣赏君幸食、君幸酒、漆匜、漆奁。

教师小结：目见以器，心怀以道。众多漆器辉若明珠，灿若星辰，锅碗瓢盆，包罗万象，无漆不成器。（图 6）

【设计意图】本环节以问题导向引导学生探究漆器反映出的人与社会的关系，从而加深对漆文化的理解。

3. 忘时之艺

“髹之秘”第3问：漆器到底如何制作出来的？

师：介绍胎体，如木胎、皮胎、竹胎、陶胎、铜胎等，引导学生对比木碗未漆和已漆的区别（展示实物）。（图7）

生：在器物上髹漆可让器物防腐防锈，且能使器物细腻温润，耐用且美观。

师：从木胎到漆器经历了繁复的工序，到底如何制作而成？请欣赏《忘时之艺》，了解制作工序。请大家边欣赏边总结，具体有哪几道工序，分别是什么。（图8、图9）

生：整胎、固胎（揉漆＋刷腻子）、髹漆、研磨、推光。

教师小结：忘我的髹涂，材美工巧，拓思精艺。

【设计意图】通过对繁复髹漆工序的了解，学生理解了“无漆不成器”的来历与髹漆的艰辛，获得对工匠精神的理解。

图7

图8

图9

图10

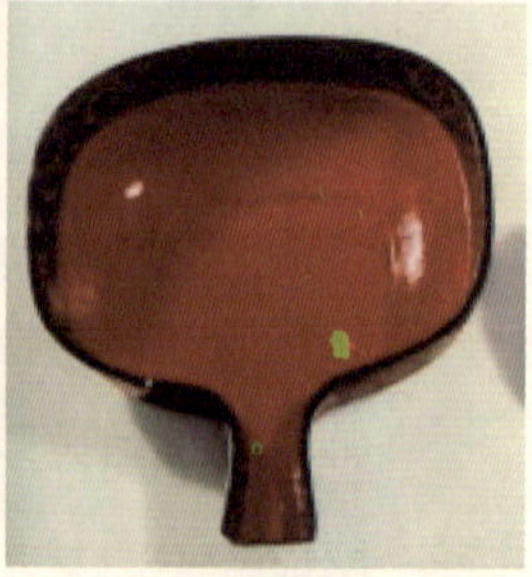

图11

（二）华丽之彩

1. 朱髹

师：让我们一同溯本追源，欣赏漆彩。（图10、图11）

2. 漆彩溯源

师：战国文献中有舜作黑漆食器、禹作祭器内髹朱漆的记载。《韩非子 · 十过篇》云：“尧禅天下，虞舜受之，作为食器……诸侯以为益侈，国之不服者十三。舜禅天下，而传之于禹。禹作为祭器，墨染其外，而朱画其内。”

“髹之秘”第 4 问：为什么古人髹漆，以红色和黑色为主呢？（图 12、图 13）

生：红黑搭配很美，中国人喜欢红黑两色。

图 12

图 13

教师小结：黑色明度低，红色纯度高，在视觉上能展现厚重与华丽的美感。在中华传统文化中，人们崇尚红与黑，红色代表富丽尊贵，黑色代表雄浑厚重，可体现王者风范。

3. 了解色髹

教师展示多种色彩的漆器，学生了解如何调制漆彩。（图 14、图 15）

4. 学习活动：髹者之意，朱画墨染（尝试髹涂）

教师提出要求：请用黑漆和朱漆髹涂木胎，表现朱画墨染，尚赤崇黑。（图 16、图 17）

图 14

图 15

图 16

图 17

图18

图19

图20

【设计意图】教师引导学生在“朱画墨染”的髹漆体验中加深对“尚赤崇黑”的人文理解。

（三）神秘之纹

1. 漆言漆语话美梦

师：实用之器髹涂华丽之彩，再披上华美纹饰，顿时就含情脉脉了。请欣赏下列漆器纹饰，说说它们有哪些寓意。（图18、图19、图20）

教师展示鱼纹、龙纹、凤纹、云纹、龟纹、神仙羽人纹等，让学生自由选择感兴趣的纹饰并说出自己的感受。

生A：鱼——农耕社会饭稻羹鱼、瑶浆蜜勺的美好生活。

生B：龙凤——祥瑞之气。

生C：云纹——祥瑞之气，生机勃勃。

生D：龟纹——龟代表长寿，反映了当时人们希望延年益寿的美好愿望。

生E：神仙羽人纹——怪诞神奇，生命永不消亡，代表生生不息、快乐齐天。

2. 梦翔“云”时代

师：当今我们正处在“云”时代，把对当今“云”时代的解读与传统漆艺相结合，从“漆言漆语话美梦”到“梦翔‘云’时代”，品味漆艺，开辟漆艺新天地。

【设计意图】把漆器上的云纹髹饰与当今“云”时代联系起来，引导学生创意实践。

（四）活动

课堂作业

请围绕主题——梦翔“云”时代，在漆器线稿上绘髹饰纹样。（图21、图22）

要求：

（1）用纹饰装饰漆器，表现对当今时代的理解。

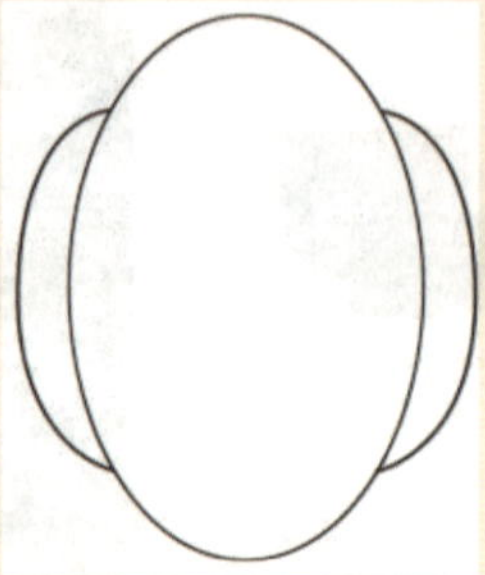

图21

图22

（2）发挥想象，可以自然景象、动物、人物、几何纹样或其他有当今时代特色的纹样给器物做装饰。

【设计意图】通过创意实践加深学生对漆文化的理解。

三、拓展

早在尧舜禹时代，漆器已经作为部落联盟领袖使用的奢华之物。红与黑的“朱画墨染”，让大漆从使用之初便自具东方神韵、圣贤哲思和器用之道的力量。大漆与中国传统文化、中国人的审美、中国人的生活也便有了不解之缘。谁能化腐朽为神奇？那绝对是大漆。但髹漆制器中从“一素无华”到“温润如玉”“千文万华”的蜕变必定需要漆工忘我的髹涂研磨、不辍的饰琢。

为弘扬中华优秀传统文化，开发漆艺课程，本人先后用两年时间专程去四川拜国家漆艺传承人为师，从最基本的漆工做起，熟悉调漆、刷漆、做漆胎、研磨、髹饰等繁复的工序，并有效利用学校选修课开展教学，开发漆艺课程。学习漆艺的过程就像漫步在一条幽深艰险却又奇绝惊艳的古道，漆艺作为一门古老技艺，在当今时代同样焕发着无穷的生命力。

劳动者应当守护好自己的初心，带着饱满的情感和对手工艺的热爱来进行创作。

《漆色之光——初识髹漆》导学案

姓名：　　　班级：

一、睹我溢彩流光

活动一　观看视频《睹我溢彩流光》《采漆》，回答下列问题：

1. 按照器物用途，漆器可以分为哪几类？

2. 在采漆的过程中漆农遵循着哪些原则，反映了哪些道理？

3. 刚从漆树上采下来的漆是什么颜色的？

4. “百里千刀一斤漆”是什么意思？

活动二　天生我材有何用？请猜一猜云纹漆鼎有什么用途。

云纹漆鼎，西汉

二、忘时之艺

观看《忘时之艺》，回答下列问题：

1. 从整胎到髹漆成器的过程中，有哪些工序步骤？

2. 漆干了之后是什么颜色？

三、漆彩溯源

1. 为什么古人髹漆制器时，常髹朱漆与黑漆相称呢？

活动三

尝试髹漆，表现朱画墨染，尚赤崇黑。

要求：请用黑漆和朱漆髹涂木胎，表现朱画墨染，尚赤崇黑。

活动四

请围绕主题——梦翔“云”时代，在漆器线稿上绘髹饰纹样。

要求：

1. 用纹饰装饰漆器，表现对当今时代的理解；

2. 发挥想象，以自然景象、动物、人物、几何纹样或其他有当今时代特色的纹样给器物做装饰；

3. 请给纹饰命名，并谈一谈你的创意。

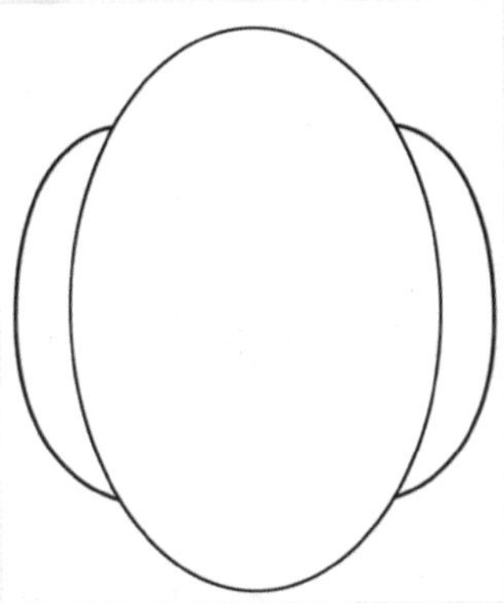

(1)

(2)

教学反思

一、课的由来

中国是漆树原生地，是大漆的故乡，漆艺是湖南走向世界的“文化名片”，这是值得我们自豪的，此课可引导中学生了解大漆与漆艺。

二、设计构想

本人从2020至2021年拜师国家漆艺非遗传承人宋西平，从漆艺基础学起，熟悉掌握漆艺的基本工序并制作出漆器作品。（图23）在长沙市教研员詹蓉老师指导下，我们组织研讨，确定了课程框架，制订课程方案，讨论课程内容，研究课程要点，经过多次听课、评课，最终确定从“无漆不成器”、实用之器、华丽之彩、神秘之纹等方面引导学生了解漆艺和漆文化。（图24）本课以问题为导向设计一系列活动让学生探究体验，思维导图如表1。

三、参观湖南省博物馆，制作课件

笔者多次参观湖南省博物馆漆器展厅，欣赏漆艺经典作品，结合学习经历、团队研讨和专家指导，优选素材制作相关微课、教学视频等教学资源（图25、图26）。

参与人员名单

策划：长沙市教育科学研究院詹蓉

主持和主要实施：孙孟姣

鸣谢：许小平、宋西平

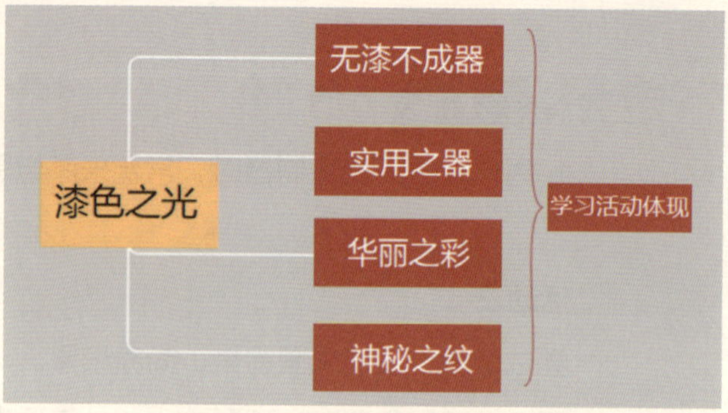

表1

图23 拜师国家漆艺非遗传承人

图24 专家指导、团队研讨

图25

图26

《淳朴灵动的美——桃源刺绣》教学设计

长沙市长郡双语实验中学 **邢丽**

前言

本课取材于湖南省常德市桃源县的地方资源，具有浓厚的湖湘文化底蕴和淳朴的人文风俗。本课的设计方向是引导学生探究湖湘民间艺术在生活中的应用表现，学会关注和热爱传统文化，借着湖南省博物馆“‘桃源工’系列展 仙境有花开——清代民国时期桃源刺绣展”的契机，在课堂中最大化地丰富学生的艺术感知，带给学生多元的传统文化理解及情感体验。因此，本课结合语文、地理等多学科知识，营造情景式氛围，跨学科设计学习任务，使学生在沉浸式的学习中潜移默化地提升艺术素养。

为了深挖艺术背后的人文背景，确保知识的严谨性，笔者多次查阅资料、参加专家刺绣讲座，通过体验刺绣手工技艺，并与相关教研专家及语文、劳技老师深入探讨后，“桃源刺绣”一课才逐渐有了雏形。本课以深挖人文内涵，聚焦课程综合为整体思路，继承和发扬中华优秀传统文化为目标，在融合多学科文化课堂中提高学生的核心素养，引导学生全面发展。课前，通过对桃源县地理风光、人文风俗的欣赏来激发学生参与艺术学习的兴趣和热情；课中，借助信息技术的运用，以游戏互动、探索发现的方式寓教于乐；课后，充分结合博物馆实物展示的情景，让学生在欣赏、表现、创造的过程中形成丰富、健康的审美情趣。在以艺术体验为核心的多样化实践中，本课提高了学生的艺术素养和创造能力，使其理解了文化的多样性，形成了正确的民族观、文化观。

教学分析

扫一扫，看示范课

“民间美术”在湘美版美术教材中是不可或缺的教学内容。教材中已有的民间美术课程有“剪纸”“中国结”“银饰”“刺绣”等，由此可见其重要性及多元化。“桃源刺绣”是湖南省常德市桃源县重要的地方特色艺术之一。本课作为桃源县民间艺术课，在内容上对当地的人文风俗、历史文化都有多方面的涉及，对学生学习的其他民间艺术有启示和铺垫的作用。通过本课的学习，希望学生对刺绣有更深刻的了解，掌握一定的民间艺术特征，开阔视野，多方位感受民间美术并理解人们所表达出的积极乐观的生活态度，树立保护和传承民间美术的意识。

学情分析

初二语文教材《桃花源记》中，描绘了“桃花源”与现实社会隔绝、生活安乐的理想境界，是人人向往之地。而作为“四大名绣”之一的湘绣，也是学生在日常生活中能接触的民间工艺，学生有一定的认识和了解。但当“桃源刺绣”出现在眼前时，学生是新奇和陌生的。因此，为了使学生更深入地理解桃源刺绣，务必联系生活实际，抓住学生的兴趣点和好奇心，运用多学科知识，展开对桃源刺绣知识的教学设计。通过任务的驱动，学生能主动、积极地参与教学，在博物馆中沉浸式地学习，感受民间美术的魅力，在潜移默化中提高艺术素养，增强保护和传承民间美术的意识。

教学目标

总体目标：通过对桃源人文风俗和桃源刺绣艺术特征的学习，培养学生对民间艺术作品的欣赏能力，学会关注和热爱民族文化。

审美体验：学生通过欣赏、体验桃源刺绣艺术，感受其造型之美、色彩之美、技艺之高，理解艺术与生活的紧密联系。

创意实践：学生学会用油画棒绘画的方式表现一幅具有桃源特色的刺绣画稿，培养观察、想象以及创造能力，并在艺术创作过程中潜移默化地传承中华优秀传统文化。

文化理解：以多种审美体验刺激学生感官，提高学生综合学习能力。在多样化实践中，学生能提高艺术素养，理解多元文化，增强文化自信。

教学重点与难点

教学重点：学生掌握桃源刺绣的艺术特征。

教学难点：学生表现一幅具有桃源风格特征的作品。

思维拓展和文化理解难点：学生运用桃源刺绣的艺术特征进行创作表现，并理解民间艺术在人们生活中的地位及重要性。

教学准备

油画棒、团扇、卡宣、铅笔、手提袋、实物展示台等。

教学过程

一、引入（场景：课堂教室→博物馆）

（一）欣赏《桃源风景》视频

师：有人知道视频中的景色是哪里吗？你想到了用什么样的词来形容这样的景色？

生：……

师：东晋诗人陶渊明曾写道：“土地平旷，屋舍俨然，有良田、美池、桑竹之属……其中往来种作，男女衣着，悉如外人。黄发垂髫，并怡然自乐。”接下来的诗句便描绘了这样风光旖旎、岁月静美的“桃源胜境”。刚刚我们看到的景色是我们湘西北的常德市桃源县，世居这里的人们过着淳朴、恬静的“桃源”生活。在视频中，我们除了可以看到向往的美景外，还看到这里的人善于刺绣。据说，他们绣鸟能听声，绣兽能奔跑，绣人能传神。想和老师一起去看看吗？

图1

【设计意图】本环节结合文言文句段，将当地地域特色、人文风俗融入课堂，多学科知识融合营造情景式教学，激发学生好奇心和学习兴趣，为更好地学习桃源刺绣艺术做铺垫。

（二）欣赏博物馆展品（图1）

学生来到博物馆，参观桃源刺绣展品，导赏员指导讲解。

师：希望同学们跟着博物馆老师仔细欣赏桃源刺绣作品，认真聆听这些艺术带给我们的故事。请你们思考：1. 在桃源，刺绣运用在哪些地方？ 2. 绣品中出现了哪些纹样元素？表达了什么愿望呢？

【设计意图】学生带着问题欣赏、探究刺绣作品，能够有目的地进行主动思考。在博物馆老师的介绍和帮助下，学生能够及时解惑，从而达到更深入地参观学习的效果。

二、新课（场景：回到课堂）

师：通过刚才在博物馆内认真欣赏，我相信同学们对桃源刺绣已经有了一定的了解。我们来玩个小游戏，检测一下知识。

（一）多样题材（利用希沃白板进行游戏通关比赛）

师：1. 桃源刺绣被运用在生活中的哪些地方？ 2. 桃源绣品中出现了哪些元素？

教师总结：种类繁多，题材丰富。

【设计意图】本环节以游戏比赛的方式，检测学生自主学习的效果。同时教师对桃源刺绣的题材、品类进行总结，使学生在轻松愉悦的环境中获取知识。

（二）多变针法

师：我们知道，一件绣品的完成，离不开一针一线的缝制，而桃源刺绣引人注目的地方之一便是它有着多样的针法技巧。你们能辨认出下面绣品中标出部位的针法吗？（图2）

（播放展区内介绍针法的视频）

学生分组合作讨论，分析绣品中标出部位的针法。（图3）

学生代表发言：……

教师总结：表现树叶颜色的深浅及层次，用了针脚参差不齐的掺针，表现毛发的蓬松和真实感，用到了长短不一的毛针。

师：画面中还用到了突出花蕊细小的结构的打籽针，表现叶子的脉络纹理的分筋针，动物背部细节形状的盘金绣，突出动物鼻子、眼睛的立体感的垫针。此外，桃源刺绣还有锁针、松针、网格针等针法。

教师总结：针法多变，技法丰富。

【设计意图】该环节再次利用博物馆资源，以学生分组合作方式进行自主学习，培养学生自主学习能力及团队意识。

（三）独特造型

师：桃源刺绣有着自己与众不同的艺术特征及文化内涵，与其他刺绣比较，辨识度非常高。

1. 欣赏作品（图4）

师：仔细观察作品，说说表现的是什么形象，并尝试解读寓意。

生：一大一小两只狮子。

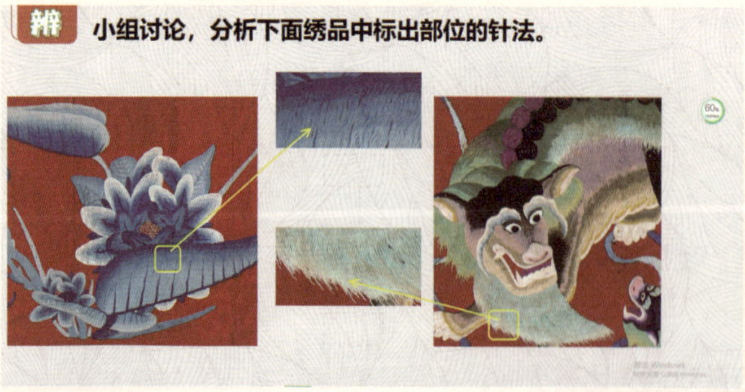

图2

图3

图4

师：从读音的相似性去理解，“太狮少狮”谐音“太师少师”（是古代的官名）寓意富贵代代相传，子孙昌盛。

教师引导学生思考：与湘绣中的狮子比较，桃源刺绣中的狮子形象有什么不同？（图5）

图5

教师总结：两者比较，湘绣狮子写实、细腻、威猛桃源刺绣狮子显得相对概括、夸张、呆萌。

2. 欣赏作品（图6）

图6

师：观察并说出该作品中描绘的形象及特征。

生：瑞兽，似狮、似虎、似猫、似兔、似麒麟……

教师总结：这样的形象常称为“怪兽”，也叫“瑞兽”，被认为可以驱邪、镇宅、保平安，是吉祥的象征。

图7

师：“瞠目阔口、獠牙外露、四肢健硕、威猛不足”是桃源刺绣瑞兽的形象特征，其造型奇特多样，姿态夸张怪异。

3. 拓展欣赏其他动物

师：桃源刺绣中也有猴子、锦鸡、鸳鸯等常见的动物形象，还有蜜蜂、蝴蝶、蟋蟀、蜘蛛、蝉等小动物点缀于画面。它们常与圆阔或细长的绿叶和红花组合在一起，生趣盎然。

4. 思考：教师让学生尝试从造型、色彩方面总结桃源刺绣的特征（图7）

生：……

教师总结：造型夸张概括、灵动多变；色彩主观艳丽、对比强烈，多有桃红、粉绿、粉紫等对比色搭配。

师：能绣出这样富有生气、灵动的画面的创作者，一定是有着细微的观察力，并且对生活充满了热爱。通过游戏，我们一起再来回顾桃源刺绣动物的形象。

【设计意图】教师引导学生通过对比欣赏、直观体验感受桃源刺绣动物的造型和色彩艺术特征，掌握桃源绣品的艺术语言、艺术形象、情感表达等，有助于学生发现美、感知美，丰富审美体验，提升审美情趣。

5. 活动：学生从教师提供的作品中判断出桃源刺绣的作品

【设计意图】以游戏的方式，检测学生学习效果，巩固知识，寓教于乐。

师：除了独特的形象特征外，桃源刺绣的元素在画布中的组合和布局有没有特点呢？

6. 活动：学生选择恰当的形象元素，尝试组合表现一幅桃源刺绣作品（图 8、图 9）

师：你为什么选择这样的组合和布局？

生：……

教师总结：构图饱满、色彩呼应。

【设计意图】本环节选择恰当的形象组合画稿，让学生在游戏体验中总结桃源刺绣的构图艺术特点，在以艺术体验为核心的多样化实践中，提高艺术素养和创造能力。

三、创作体验

师：通过今天的学习，相信同学们对桃源刺绣一定有了深刻的感受。虽然我们没有办法把这样灵动、独特的艺术形象一下子绣出来，但是，我们可以通过画绣稿的方式来体会。老师这里有一些物件，请你们在上面绘制创作一幅具有浓厚“桃源风”的图案，把这些物品装饰成“桃源刺绣”的艺术品。

（一）教师示范画稿

步骤：1. 选择感兴趣的内容（瑞兽或花鸟），并注意描绘它的特征；2. 注意画面构图的饱满、

图8

图9

图 10

图 11

图 12

图 13

动物姿态的灵动；3. 用油画棒表现巧妙的针法，注意常用的经典色搭配。

（二）学生创作体验

教师引导学生参考博物馆展品，根据桃源刺绣的艺术特征，创作一幅具有“桃源风”的刺绣画稿。（图 10、图 11、图 12、图 13）

注意：1. 造型灵动；2. 色彩对比强烈；3. 构图饱满。

（三）自评、互评（图 14）

教师引导学生评价自己及同学的作品，并思考：1. 你画了什么形象？为什么画这个形象？2. 体验桃源刺绣后，你有什么感想？

【设计意图】学生通过对桃源刺绣的审美感知、艺术体验、文化理解，在创意实践中把独特的想法转化为艺术成果。本环节通过自评、互评的方式来检测学习效果，培养学生自我思考意识，提高艺术实践能力和创造能力。

图 14

四、拓展

师：今天我们非常有幸在博物馆走近桃源刺绣，感受一代代桃源人的生活。他们以丰富的想象力和细腻的表现力创造了风格独具的桃源刺绣，虽然它没有湘绣那么有名，也没有其他刺绣那么精美，但它灵动的艺术风格透出一种淳朴而倔强的原生态美，它在中国刺绣中占有重要地位，2016 年已经列入“常德市非物质文化遗产名录”。其实，桃源除了淳朴灵动的刺绣，还有精美的木雕，此外，我们湖南还有湘西苗绣、土家族挑花等等，这些都是湖湘人民创造美好生活、追求幸福的体现。我们期待这些民间艺术能被更多人读懂，期待有更多的人能将传统的技艺传承下去，将对艺术和生活的热爱坚持下去。（图 15）

图 15

【设计意图】教师引导学生感受美、欣赏美、表现美、创造美，让学生了解文化的多样性，开阔艺术视野，增强中华民族自信心与自豪感，增强文化自信。

《淳朴灵动的美——桃源刺绣》导学案

姓名：　　　班级：

初识桃源刺绣	1．在桃源，刺绣被运用在哪些地方？		
	2．绣品中出现了哪些纹样元素？表达了什么愿望？	纹样： 纹样： 纹样：	表达了： 表达了： 表达了：
针法欣赏	参观博物馆展区绣品，聆听针法介绍，小组讨论分析下面绣品中标出部位的针法。	 	
组合构图	选择恰当的形象元素，尝试组合表现一幅桃源刺绣作品。		组合构图：
创作表现	根据所学知识，结合桃源刺绣色彩、造型、构图等特点，选择你喜欢的某个形象绘制一幅具有浓厚“桃源风”的绣品画稿。		创作理由：

教学反思和拓展

完成一堂融洽的馆校合作美育课十分不易，不仅需要前期大量的知识准备，做好学校、博物馆、学生以及课堂等多方面沟通衔接，还应在课中把课堂还给学生，让课堂充满活力。《淳朴灵动的美——桃源刺绣》一课充分体现了以学生为本的教育理念，注重学生自主学习、自我能力和综合素质的培养。本课通过多学科知识的融合、任务驱动式的教学，全方位地培养学生主动获取、加工、表达与交流信息的能力，以多种审美体验刺激学生感官，提升学生的艺术素养。总的来说，《淳朴灵动的美——桃源刺绣》一课圆满完成了，但是还有提升的空间：

1. 在博物馆现场，学生可以近距离地观察到刺绣的细节之美，然而在线上，很多细节学生是观看不到的。在实际拍摄中，笔者没有更多、更清晰的镜头去呈现绣品肌理，没有充分地考虑录课特点。

2. 课堂的活动安排还可以考虑得更周全。教师可以提出学习任务，引导学生思考和发现问题，在课堂中以讨论探究的形式一一解答。这样更有利于培养学生在学习过程中的艺术感知及情感体验，激发学生参与艺术活动的兴趣和热情。

3. 课堂形式还可多元一点，内容再少一点。适当预留课堂“空白”，添加刺绣体验或设计绣娘的示范和互动，让学生在以艺术体验为核心的多样化实践中提高艺术素养和创造能力。

馆校合作美育课是新尝试，也是非常有意义的开始。这样的美育课打破了常规的课堂模式，让学生“走”出了教室，让一件件艺术品深刻地“走”进了学生的心里，愿今后有更多的老师和学生都能有机会感受这样身临其境的美育课。最后，特别感谢长沙市美术教研员詹老师和学校领导同仁的指导及帮助，感谢湖南省博物馆和湖南美术出版社工作人员的支持和付出。

参与人员名单

策划：长沙市教育科学研究院詹蓉

授课教师：邢丽

现场专家：詹蓉、黄宁、曾晓奇

现场参与学生：长郡双语实验中学 C2022 班

摄制：湖南美术出版社摄像组

场外支援：长郡双语实验中学美劳教研组

特别鸣谢人员：黄缨涵、薛超、卜楠

《纯真灵性的民间艺术：桃源木雕》教学设计

湖南师大附中高新实验中学 **王妮娜**

前言

这是以湖南省博物馆特展“美俗于斯——木雕里的桃源印象”为资源设计的一堂馆校合作课。没有现成的教材，但湘美版美术教材七年级上册第五课《喜庆吉祥的民间美术》介绍了民间美术这一内容。本课属于对教材的补充和延展，着重对有着浓厚湖湘地域特色的桃源木雕进行专题式的深入教学，加深学生对湖湘文化的理解和热爱，提升民族文化自信。

本课对桃源木雕艺术特征及风格的教学是重点，目的是要激发学生对桃源人民和桃源民间艺术传统文化的热爱。本课难点是引导学生根据所学设计或制作一个桃源木雕风格的雕花板或文创产品。这节课以赏析为主，所以会降低学生设计与创作的要求。

这节沉浸式的教学体验课让学生结合身边和当下的社会资源，有一种身临其境的学习感受。本节课进行了学科融合，利用信息技术手段让学生利用希沃白板工具进行描摹，降低学习难度；提前录制教学示范做成微视频，学生能直观感受制作步骤与过程；将德育问题融入课堂，让学生在感受桃源木雕本身的美之外，还进一步挖掘桃源木雕背后的文化，感受桃源人民高雅的审美情趣、对美好生活的向往，以及精益求精的匠人精神。

路漫漫其修远兮，吾将上下而求索。在2022年版新课标的新要求下，如何进行学科融合，如何实现美术跨学科教学，这需要不断思考与实践！

教学分析

扫一扫，看示范课

课程定位：本课是湖南省博物馆和长沙市教育科学研究院联合推出的馆校合作课程，将集中反映湖湘地域文化的原创特色展览——“美俗于斯——木雕里的桃源印象”搬进课堂，由湖南师大附中高新实验中学美术教师王妮娜承担此次馆校合作课的设计与执教任务。本课既要体现馆校合作特点，突出博物馆的教育和美育功能，又要突出桃源木雕的艺术价值和湖湘文化艺术特点等内容，让学生对中华优秀传统文化、艺术有更深刻的理解与认识。

课时分配：湘美版美术教材七年级上册第五课《喜庆吉祥的民间美术》，两个课时的内容让学生从剪纸和中国结中了解了民间美术的特点。笔者结合新课标拓宽延展教材内容，从学生身边的资源出发，让学生更进一步了解本土地域民间美术与文化，设计了本节课。本课有两个课时：第一课时由博物馆教育员讲解，第二课时由美术老师针对木雕的艺术特色等内容进行教学。

学情分析

本次授课的对象为七年级学生，一方面，该年级学生在小学阶段学过剪纸、年画、民间玩具等民间美术内容，但对民间美术的了解不够全面系统，另一方面，学生对具有湖湘地域特色的民间美术接触了解甚少，所以本堂课对教材该节内容进行了拔高和补充。

通过沉浸式的学习，近距离观察展品，包括繁复和精美的木雕，特别是超精细的“千工床”，让学生为之震撼与感动。本课在“身临其境”“趁热打铁”“小组竞争”“任务驱动”的设计环节中，激发了学生的学习欲望和动力，从而感受到桃源木雕的艺术美、桃源人民的心灵美以及木雕匠人的执着精神。

教学思路

课前任务：带着任务进行观展→问题导入：谈一谈桃源木雕展给你带来的感受和留下的印象→桃源木雕的美：从桃源木雕的图案内容分析，感受寓意与内涵的内容之美；分析桃源木雕中不同类型造型的特点，感受造型之美；通过活动实践，对比赏析桃源木雕在构图形式上的美，从而总结出桃源木雕的艺术之美→通过讨论分析桃源木雕在生活中的运用，总结出桃源人民高雅的审美情趣、对真善美的追求，以及精益求精的工匠精神→观看教师示范→学生创作展示和评价→总结和升华，本堂课结束。

教学内容框架如表 1。

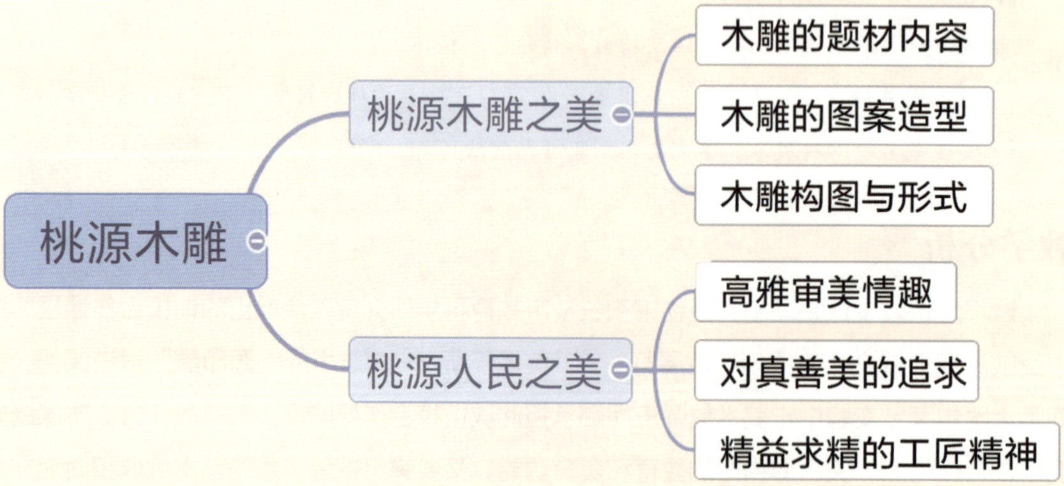

表 1

教学目标

1. 学生通过欣赏、活动体验，学习桃源木雕的艺术特征。

2. 学生通过学习感受桃源木雕的艺术文化，激发对民间传统文化艺术的热爱，培养民族审美精神，提升民族文化自信。

教学重点与难点

教学重点：学生了解桃源木雕的艺术特征。

教学难点：学生根据桃源木雕风格特征设计制作桃源木雕相关衍生作品。

教学准备

希沃软件、课件、泥巴、垫板、卡宣、铅笔、实物展示台等。

教学过程

一、引入（博物馆展厅）

学生欣赏博物馆展品。

（场景：学生来到博物馆，参观桃源木雕，教育员指导讲解。）

同学们跟着博物馆教育员，仔细欣赏桃源木雕作品，认真聆听这些艺术品带给我们的故事，并在参观过程中将自己喜欢的展品拍照记录（图1、图2）。

图1

【设计意图】学生带着目的欣赏桃源木雕，主动思考，加上教育员的介绍，学生在欣赏过程中能及时解惑，从而达到较好的参观学习效果。

图2

二、新课（场景：回到课堂）

（一）观展整体感受

师：参观完这些能工巧匠精雕细琢的桃源木雕，大家这会儿

图 3

的感受应该最强烈，所以我想请几位同学来谈谈你观完展后的感受或心情，以及整个桃源木雕展给你留下了怎样的印象。可以结合你拍的照片进行解说。（图 3）

生：桃源木雕制作很精美；桃源木雕图案很漂亮繁复……

教师小结：大家结合自己拍摄的展品谈了自己的感受，总的来说，一方面是赞叹桃源木雕本身的美，另一方面也在赞叹桃源人民的美好。

【设计意图】本环节结合学生观展中拍摄的作品进行解读和谈感受，能让学生有话可说，感受可以谈得更具体。

（二）桃源木雕的美

1. 内容美赏析

（1）案例分析

师：桃源木雕，美在哪呢？接下来我们深入探讨下。请大家欣赏这一件木雕作品——瑞兽蝙蝠礼盒档，分析并回答：木雕中有哪些图案？试分析这些图案所表达的寓意。

生：有蝙蝠、有花瓶、有瑞兽，蝙蝠的“蝠”与“福”同音，花瓶的“瓶”与平安的“平”同音，瑞兽有吉祥寓意。

师：是的。大家结合以前学过的民间美术课，发现桃源木雕也有民间美术的这些特点。

教师小结：通过对这件作品的分析，我们了解到桃源木雕作品通过谐音、隐喻、转喻等方式，将“有图必有意，有意必吉祥”的旨趣发挥到了极致，寄托了桃源人对美好生活的向往和对真善美的精神追求。

【设计意图】该环节通过具体案例让学生细致观察并分析，从对图案的解读中学习了解

图4

图案的寓意以及整幅作品表达的内涵。

（2）边学边练

通过游戏抢答，学生快速识别桃源木雕作品中的图案并分析其寓意。

【设计意图】游戏抢答的方式一方面可以活跃课堂气氛，另一方面可以巩固学生对桃源木雕中“有图必有意，有意必吉祥”的理解，拓展对桃源木雕中不同图案寓意的认识与学习。

2. 造型美赏析

（1）学生分组合作讨论

对比实物照片，学生以小组为单位分析动物、瓜果、人物三个类别的造型特点。（图4）

生：狮子的耳朵更大更可爱了；石榴等瓜果更大更饱满；人物非常简洁概括。

师：是的，桃源木雕造型夸张而不空洞，线条简练而不简单，无论是夸张简化概括后有些呆萌可爱的动物，还是生动如真个个饱满的瓜果形象，或是纵横几刀神情兼备的人物等等，都体现了桃源木雕充满趣味的造型特点。

【设计意图】学生分小组讨论桃源木雕的造型特点，并对照实物图片分析桃源木雕在造型上的变化和不同，从而总结出桃源木雕的造型特征。

（2）体验感受——描摹感受瑞兽的呆萌造型

教师选择桃源木雕中很有特色的瑞兽造型，请学生用铅笔直接进行临摹，或尝试用平板的铅笔工具对瑞兽进行描摹，边描摹边感受瑞兽的呆萌造型。（图5、图6）

图5

图6

【设计意图】在了解了桃源木雕的造型特点后，体验非常重要。通过信息技术辅助手段，在平板上描摹桃源木雕中的瑞兽形象，一方面能让学生感受其呆萌的特点，另一方面也是降低造型难度，能让学生较为轻松地完成瑞兽的表现，为后面文创产品的设计提前准备素材。

3. 形式美赏析

（1）游戏对比探究

请一位学生在一体机上将左边的图案元素拖到右边，重新排列组合为一幅较为完整且美观的木雕画稿，并谈谈这样构图的想法。（图7）

师：对比桃源木雕匠人的原作，我们的画面有什么不同？

生：桃源木雕匠人的画面中没有太多空白，图案在画面中都非常大。

教师小结：桃源木雕构图饱满，主次分明，左右的花卉瓜果形成呼应，体现出了一种均衡的美感。

【设计意图】本环节根据桃源木雕相对平面化的特点，抠取木雕中的形象让学生在构图上进行探究，对比匠人原作分析总结出桃源木雕在画面形式上的特点。

图7

（2）案例赏析探究——瑞兽蝙蝠礼盒档

师：请学生谈谈这个作品的构图特点。

生：这个礼盒档从整体看左右两边是对称的。

师：桃源木雕除了生动饱满之外，还有这种左右对称的构图形式，是一种对称美的体现。

教师小结：我们通过分析桃源木雕的内容、造型以及构图布局，了解到桃源木雕的内容和形式成就了桃源木雕的艺术美。这种艺术美能持久，成为经典，少不了人文方面的东西，也就是桃源人民精神层面的美好。

（三）桃源人民的美

教师展示均为生活器具的桃源木雕，让学生分析桃源人的特点。（图8）

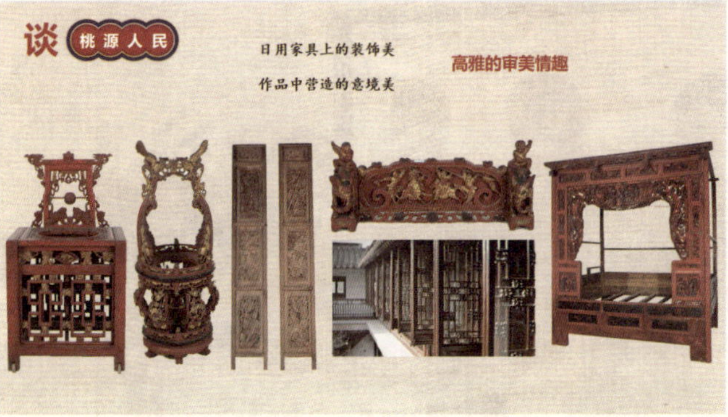

图8

教师小结：桃源人民的美，美在追求美好生活的朴实愿望上，美在高雅的审美情趣上，美在专心只做一件事的坚持上，更是美在他们无限的创造力上！

【设计意图】通过案例“千工床”等的分析，教师引导学生从美与生活的联系、美在匠人的专心追求上，对桃源木雕本身美的感受上升到对人文精神美的感受中来，体会到桃源人民精神的美。

三、创作体验

师：今天的学习任务二选一，一是根据桃源木雕风格特征设计一个文创产品，用我们的创新思维对桃源木雕进行宣扬；二是学习桃源人的“礼尚往来”，小组合作或个人完成一件仿桃源风格的雕花板送给你最重要的人。

注意：教师提供的材料是铜官窑的泥巴，有兴趣的同学可以通过小视频学习下如何用泥巴做一个仿制雕花板。

（一）教师示范视频

步骤：

1. 分析雕花板中的图案层次；

2. 制作小部件；

图9

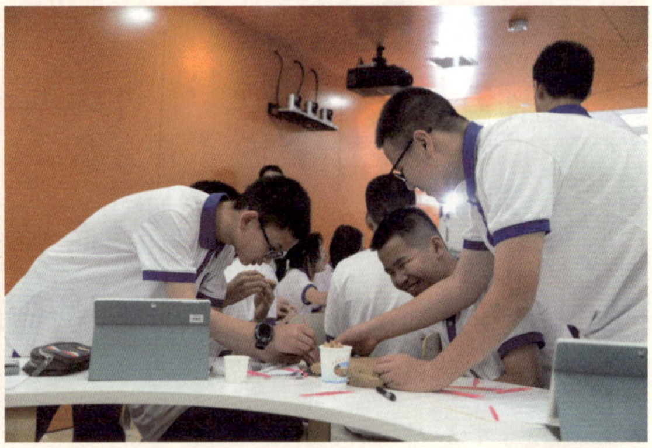

图10

图 11

图 12

3. 组拼各部件，完成雕花板中物体的组装和层次表现。

（二）学生创作体验（图 9、图 10）

（三）评价

请学生从以下两个方面评价：

1. 你表现了什么形象？为什么表现这个形象？

2. 体验完桃源木雕后有什么感受？（图 11、图 12）

四、拓展

师：今天我们对桃源木雕进行了学习，从内容美到形式美，最后到人文精神的美，层层递进，我们了解到了桃源人民的审美意趣、精神追求和性格特征。桃源木雕作为我国传统民间艺术中的一颗璀璨明珠，是湖湘地域文化特色的集中反映。它既承载了中华优秀传统文化的精粹，是中华优秀传统文化“大传统”的传承与发展，又为多元一体的文化格局增添了精彩的地方特色，丰富了和谐共生、美美与共的中华文明整体，极大地显现出古往今来桃源人民的智慧和文化自信。

师：作为在湖湘大地上生长的我们，老师希望通过今天这节课为大家打开一扇小窗，大家能以此为起点在今后的学习和生活中去了解更加丰富的湖湘文明、华夏文明，了解我们自己的传统、我们自己的文化。

同时通过今天走进博物馆，老师也希望大家能增进对博物馆及其功能的认知，增强文物保护的意识，更加热爱家乡，更加热爱我们的祖国。（图 13）

图 13 全体学生合影

《纯真灵性的民间艺术：桃源木雕》导学案

姓名：　　　班级：

一、桃源木雕之初印象

1. 活动一：在展览现场细心观察，拍摄你最喜欢的一件展品。

2. 活动二：谈一谈桃源木雕展给你的感受和印象。

二、桃源木雕之初探讨

1. 活动一：游戏抢答——快速识别桃源木雕作品中的图案并分析其寓意。

2. 活动二：体验感受——描摹感受瑞兽的呆萌造型。

桃源木雕中有一些很有特色的瑞兽造型，请用铅笔直接进行临摹，也可以尝试用平板的铅笔工具对瑞兽进行描摹，边描摹边感受瑞兽的呆萌造型。

3. 活动三：游戏对比探究。

①请在一体机上将左边图案元素拖到右边重新进行排列组合，完成一幅较为完整且美观的木雕画稿，并谈谈想法。

②对比桃源木雕匠人的原作，我们的画面有什么不同？

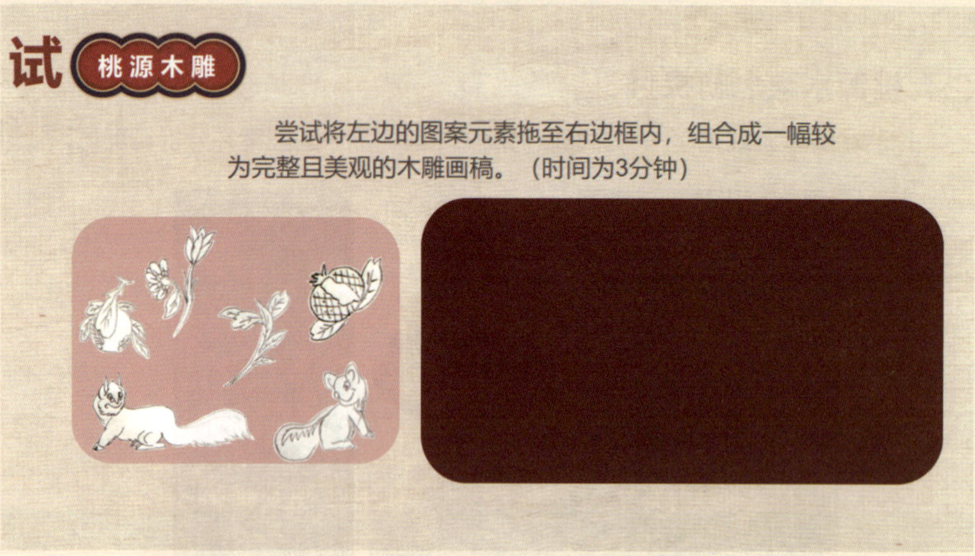

三、桃源木雕之初体验（体验任务可以二选一）

1. 根据桃源木雕风格特征设计一个文创产品，用我们的创新思维对桃源木雕进行宣扬。

2. 学习桃源人的“礼尚往来”，小组合作或个人完成一件仿桃源风格的雕花板送给你最重要的人。

收获与感悟：

教学反思与拓展

一、教学研讨部分

麓山外国语实验中学的翁丹老师认为本节课的亮点如下：

其一，根据初一年级学生的学习要求和美术学科的特点，该教师进行精心设计，层层诱导深入，激发了学生的兴趣，营造了一个开放的、良好的学习环境和氛围。

其二，本课的教学资源得天独厚，通过博物馆中对桃源木雕各方面的介绍，让学生深入了解，并产生浓厚兴趣，激发学习兴趣。

其三，教师在指导学生创作时要求分组，既丰富了课堂最终呈现的效果，又提高了课堂学生所要掌握专业知识的效率。学生在这样一个轻松、活泼、和谐、互动、探究、创新、开放的情境活动中，乐于尝试，学习到了美术的知识和技能，获得了丰富的体验，品尝到了美术活动的乐趣，身心得到舒展，情感得到释放。

湘郡未来实验学校的杨思老师认为本节课特点及可改进之处如下：

一是教学环节设计环环相扣、层层推进。整个课程引导学生畅谈感受、观察内容、分析寓意、探究造型、描绘外形、排列布局等，这些教学活动设计紧扣教学目标，又与信息化技术深度融合，让原本离学生遥远又独特的传统民间艺术——桃源木雕，通过轻松有趣、与富有新意的现代信息技术相结合的方式呈现出来。学生在玩和体验中感受到了桃源木雕的艺术魅力。

二是教师的语言表达精练，问题的设计具有开放性和发散性。这是对学生发散思维及想象力的深度挖掘，让学生自主思考，小组共同探讨，找到答案，把课堂还给学生，让学生真正成为课堂的主人。

三是教师对课堂的精心设计。从课件的制作、视频的录制以及学生创作环节两个活动的设计及材料的选择等，看出这背后花了很多心思和精力。这种精益求精对待课堂的态度值得学习。

可改进之处：学生文创产品设计环节，可以给学生提供具体的文创实物，让学生直接在上面创作，如帆布包、牛皮纸袋、书签、木片等，同时提供类似或接近桃源木雕的色彩工具，作品会更具桃源风味。

二、相关可拓展的其他跨学科项目主题拟议

（一）在获取信息如此便捷的当下，可将本课与历史学科相结合，提前让学生自行学习了解关于桃源木雕的历史与发展。

（二）在新课标新要求下，情景教学与任务驱动式教学非常重要，要让学生感受学习的价值与意义。在课的导入和整堂课的设计中，生活化的情境学习氛围营造不够，要让学生学习更加主动，就要更贴近学生所想所需。

三、反思部分

本课以欣赏为主，教师引导学生从美术视角鉴赏木雕本身之美、桃源人民之美，较为全面地认识理解桃源木雕作为民间美术的特点。课堂活动设计环节缺少生活化的情境营造，要从学生想了解的内容去设计，从与生活有联系的内容去设计，让美术也能做到“学以致用”。

参与人员名单

策划：长沙市教育科学研究院詹蓉

授课教师：王妮娜

现场专家：薛超、刘晨、卜楠

现场参与人员：

湖南师大附中高新实验中学 2004 班学生

谭博文、陈籽欣、程泳毅、杨轩、文思齐、谢嘉怡、李瑞涵、曾偲程、雷子云、沈天一、肖婧蕾、石雨萌、杨子奥、刘懿瑶、林奥彤、王沐曦、陈诺涵、向翊筝、陈彦廷、李仪、刘卓凡、李旭烨、艾骏哲

场外支援：

湖南师大附中高新实验中学张波男老师、王红波老师、李好老师、李欣老师

摄录与后期制作工作人员：高兆钦、黄光伟、盛然谦

特别鸣谢人员：湖南师大附中高新实验中学校长姜小明

湖南师大附中高新实验中学教学副校长罗勇

麓山外国语实验中学翁丹

湘郡未来实验学校杨思

《我是旅行策划师》教学设计

长沙麓山国际实验小学 朱明子

前言

《我是旅行策划师》一课根据新课标要求，围绕实践活动，以任务驱动的方式遴选和组织教学内容，从教材中选材并根据生活情境与当地特色改编，旨在让学生在课堂中结合生活与社会情境，运用设计与工艺知识，使用跨学科的综合思维方式开展基于解决问题的学习，使学生在基于项目的学习中进行传承和创造，与人文相结合进行综合探索和学习迁移。本课是单元课中的一节，本单元课一共分为三课，主要围绕长沙地方特色文化展开，增强学生的文化自豪感，引起学生发掘、保护民间艺术与非遗艺术的兴趣。本单元课中，第一课为设计长沙市导游图，要求学生自主搜集资料进行创作；第二课为思维导图设计，融入数学逻辑思维展开，引导学生关注民间艺术，理解艺术的多样性，传承民族特色艺术，是一节集思维发散和艺术创作于一体的实践课；第三课内容为根据创作的思维导图选择合适材料进行艺术创作。

教学分析

本课根据湘美版美术教材六年级上册《我们去旅行》一课改编。选择《我们去旅行》一课的原因是基于新课标的要求，让学生能够从身边发现问题，用多种方法解决问题，培养学生知识迁移能力，突破“美术”课堂，是对“艺术”课程大概念的尝试。本课是一节综合性非常强的课程，包含设计、地理、历史等多学科的内容，范围广，学科跨度大，与生活联系紧密。根据教材的内容笔者加入了地方文化、非遗文化内容，引导学生关注生活，对地方特色文化产生兴趣，关注非遗文化，有意识地传承非遗文化，增强文化认同感、民族自豪感。

在授课的基础上，笔者希望能引导学生针对课题自主探究，自主搜集相关资料并整合，将自己所整合的资料运用到课堂中并分享给其他同学。本课根据建构主义教学原理将课堂交给学生，顺应学生的心理需求，满足学生表达欲、探究欲，使其将在其他学科中学到的知识与学过的美术技法相结合进行表现。本课的表现载体为数学概念——思维导图，也是根据学生发展的

扫一扫，看示范课

阶段特点而决定，将数学课堂中学到的知识运用到画面表现上，将逻辑思维与感性思维整合在一起，形成自我表现的方式。

学情分析

本课的授课对象为小学六年级学生，在本年龄阶段学生建立对多元文化的正确观念是十分重要的。该阶段学生对艺术学科兴趣浓厚，且思维活跃，具备资料整理和搜索的能力，能够遴选自己所需要的资料并对其进行二次处理。该阶段学生对各类文化和学科都有强烈的探索欲望，也已经对传统文化、中华文化、地方文化有所了解，有部分学生甚至已经萌发了对文化的传承与保护意识。此外，他们在六年的学习教育中已具备一定审美能力、美术常识与技法基础，而在此之前，学生已经学习过《图画文章》等课，学生在这些课中了解并实操了版面设计、制作立体卡片、字体设计等内容，具有相当的艺术创造基础和能力，适合自主性强的大课。

教学目标

1. 培养学生收集整理资料、理解概括、知识迁移的能力，以解决实际生活中发生的问题。

2. 学生能选择合适的表现形式进行创作，并能灵活运用多种媒材表达思想，提升创意表达能力。

3. 学生在美术活动中寻访自然美景，了解社会历史、文化渊源，激发热爱生活、艺术的情感。

教学重点与难点

教学重点：学生能够根据需要设计思维导图，自主选择合适的表现形式进行创作。

教学难点：学生能灵活运用多种媒材表达思想。

教具学具准备：PPT、教案、教具、微课、任务卡、素材包、水彩笔、双面胶、胶棒、剪刀、彩纸。

教学过程

本课作为单元课中的第二课，有着承上启下的作用，下文将对本单元课的先导课、课前准备做介绍。

一、先导课

导入：通过设置“外国友人问路”的生活情境，营造积极活跃的课堂氛围。

师：Hello everyone, My name is Maggie, I just got here in Changsha, could you please tell me what’s for local touring?（大家好，我叫麦琪，刚到长沙，能告诉我一下本地旅游的情况吗？）

师：长沙是一个开放性非常强的城市，已经走上国际舞台，我们应该向麦琪（Maggie）介绍哪些内容呢？今天，我们一起用自己的方式来设计制作长沙景点地图。

教师收集课前任务卡；引导学生根据景点资料卡（标志性建筑、所表达的长沙文化内涵）

图1

图2

图3

设计景点地图（图 1 至图 3）；使用班级优化大师随机抽取学生作答。

新授与创作：学生分享讨论结果后现场连线文旅局教育专员对长沙景点地图的要求做讲解。（重在文化影响、未来意义方面的讲解）

师生互动：教师引导学生思考需要抓住什么特点来制作导游图；学生回答：本土文化代表、一切为游客着想、节省时间和精力全面游览景点、人性化设计、实用、精品化、加强新知识与生活之间的联系等。

展示：学生分组展示作品，用演讲的方式进行分享介绍。

教师总结：在课程即将结束前，播放长沙本土说唱组合 C-BLOCK 的歌曲《长沙策长沙》。只要你对自己的民族和家乡有足够的自信，足够了解，足够笃定，表达方式不管是画还是唱，唱的不管是长沙话、普通话还是英文，都是中华文化的传播利器。

【设计意图】先导课的内容与湘美版美术教材六年级上册第一课相似，笔者只将设计对象改为所在的城市长沙，让学生从自己最熟悉的地方找灵感，从课堂走进生活，从生活再到艺术表达，从而引导学生走进下一节课的内容。

二、课前准备

在授课前，要求学生在上一节先导课的基础上，针对长沙的地方非遗文化进行资料搜索，并要求学生进行小组分工合作，分工后教师统计并整理资料，按照学生分组情况形成电子材料包（图 4），将电子材料包发送至学生家长群里，方便有需要的学生随时查看，形成良好的家校互通，并在课前将这些材料打印出来整理成册供学生上课时使用。

图4

《我是旅行策划师》（图5）教学详案

一、导入

教师谈话导入，承上启下：各位策划师，大家好，欢迎大家来参加这次头脑风暴，上次我们设计了长沙导游图，大家的作品非常精致，我有几个外地朋友照着同学们的推荐打卡了很多长沙网红景点，他们仍觉得意犹未尽，还想更深入地了解长沙的“活文化”，也就是非物质文化遗产，今天我们一起走进“我是旅行策划师”课堂，请各位一起讲出精彩的长沙民间故事。

师：长沙有哪些非物质文化遗产呢？我们来瞧瞧。（播放微课）

【设计意图】单元课的尝试需要大量的铺垫，在上本课之前学生已经有了充分的心理建设与前期准备，对非遗文化也已经有了一定的了解，并在教师的引导之下做了许多资料搜索和整合，可以说学生是带着问题来到课堂上的，本课的导入只需直截了当地进入主题，起到承上启下的作用即可。

师：长沙这座城市有着两千多年的悠久历史，经过岁月的洗礼，留下了丰富的民间艺术遗产，每一个遗产都体现着湖湘人民的睿智和勤劳。课前老师也请各位做了资料搜集，有谁愿意来分享一下你们团队的主题？（图6）

学生分享自己感兴趣的内容与见解。

二、新授与交互

师：看来大家对这些“活文化”都有了一定的了解，请各位团队队长领取你们的材料包。我今天还特别请到了一位小讲解员——李琢妍同学，来为大家简单介绍一下铜官窑陶艺（图7至图9）。

学生对铜官窑陶艺进行介绍。

【设计意图】将学生置

图5

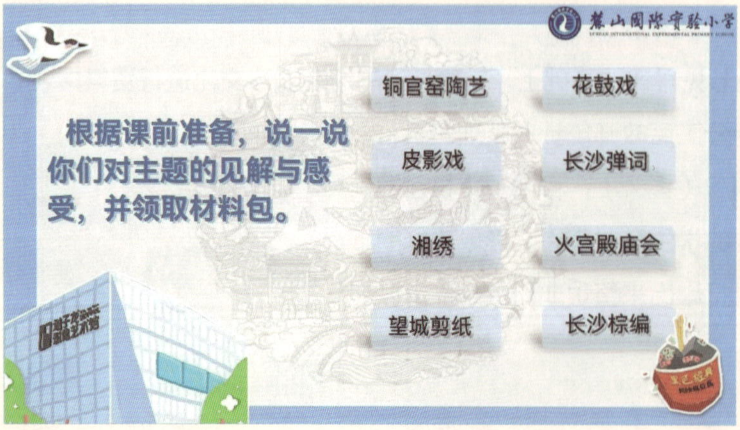

图6

于授课主体，让学生作为讲述人，更能够贴近学生心理发展的需求，满足学生的表达欲。学生在课后准备的过程中也对该内容有了更深刻的了解，达到了自我探究的目的。

图7

师：谢谢小讲解员的精彩分享。那想要完整地介绍一个“活文化”，首先要找一些关键词对它进行分析，根据课前的资料搜索和刚刚的讲解，你会从哪些方面分析它呢？

（引导学生从背景、历史等方面分析。）

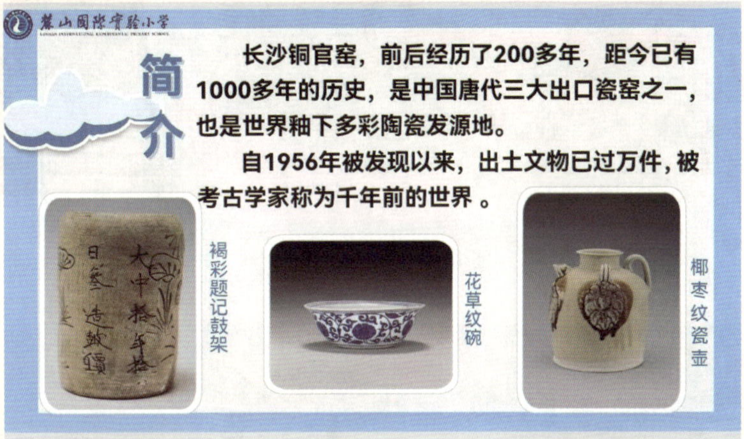

图8

师：想得很周到，我们可以从文化背景、价值、简介、造型等方面分析。我觉得这样的排列还不是最清晰的，我们来换一种方式，将关键词罗列出来。把背景简介作为关键词，再展开来分析：铜官窑地理位置在望城，它三面环水，交通条件得天独厚；唐代时陶瓷远传中亚、欧洲，釉下彩更是当时领先

图9

的制陶技术——这样排列看起来是不是逻辑更清晰一些呢？（图10）其实这种方法在数学课堂中我们也见过。这种发散的排列方法有同学知道叫什么吗？——思维导图。其实在逻辑清晰的基础上，我们还可以让它更美观。先来欣赏这几个思维导图（图11至图13），告诉我有哪些要素？

【设计意图】在课前对学生的各科知识学习程度进行摸底之后，笔者发现六年级学生已经对数学的思维导图这个内容不陌生了，考虑到课堂的综合性和学情，设计此环节，让学生

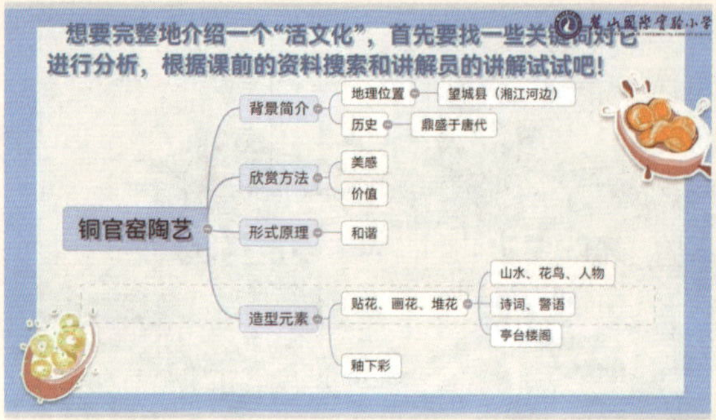

图 10

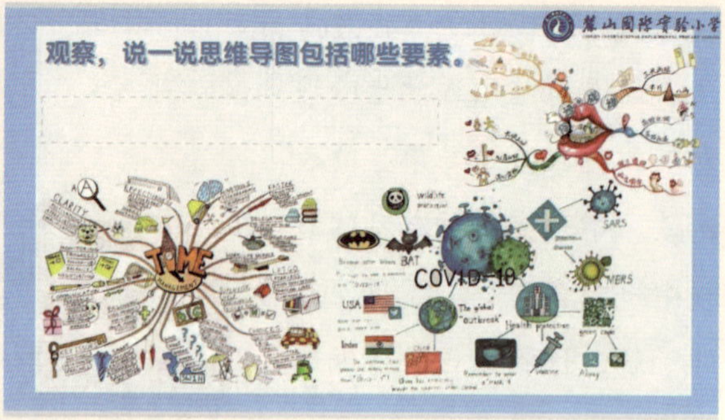

图 11

图 12

图 13

图 14

有强烈的知识迁移的意识。

师：大家观察一下，说一说，思维导图都有什么要素呢？

（引导学生回答中心图、分支、关键词、颜色、小图标等。）

师：再来看看这两种思维导图（图 12），有什么区别吗？一种是逻辑性强的分支型，一种是装饰性强的模块型，两种都有自己的优点。那如果使用模块型创作思维导图，你们觉得还有什么方法能让它更丰富吗？

（引导学生回答综合材料、拼贴组合、立体机关等。）

师：那怎样发散呢？来参考一下老师是怎么做的。（微课示范）

三、学生创作

师：接下来请同学们小组合作，完成一份思维导图（提出要求，图 14）。

四、展示与作业

师：接下来就到了我们的演讲展示环节，请各团队的发言人上台展示本组的课前调研和思维导图作品（图 15）。

教师总结：同学们的展示非常精彩，你们的思维导图也做到了兼具数学逻辑性与艺术创造性。其实类似思维导图这样的头脑风暴是连接作品与创意的桥梁，大家在平时创作时，也可以试着使用这些方法。下节课我们将根据今天的成果选择合适的材料进行二次创作，请同学们做好材料准备。今天的头脑风暴就到这里，下课！

【设计意图】展示环节是本课的一大亮点，将课堂交给学生，由学生作为主体进行分享，不但培养了学生的语言组织能力，在每一组学生表达的同时也实现了高效课堂，能让所有的学生看到其他小组的成果。

图15

《我是旅行策划师》导学案

姓名：　　　班级：

任务一：请你去长沙市的非物质文化遗产博物馆现场参观，或在网络、书籍、杂志上看一看长沙的非物质文化遗产介绍。

任务二：课后与你的小伙伴交流交流，找到兴趣相似的同学组成一个小组，对你们所感兴趣的主题进行进一步讨论和资料搜索，深入地了解这个“活文化”。

任务三：从美术的角度出发进行思考，你选择的“活文化”最特别的地方是什么？如果你来介绍它，你会从哪些方面重点讲解？

任务四：针对主题合作制作一个简短的 PPT，并推选一位讲解员，向大家介绍你们的主题。（PPT4 页左右）

总结与反思：我还有哪些问题？我需要收集哪方面的资料来完成思维导图？

教学反思和拓展

一、教学反思

本课属于“综合 · 探索”领域的课程。在这节课中，学生兴趣高、参与度高、完成度高。从课前资料搜索与知识储备到课后的作业，学生能够全部参与其中，在教师布置的任务驱动下完成本课的学习，并在课前、课中、课后都有所收获。

课堂主要使用任务驱动的方式让学生围绕主题展开小组讨论并完成任务，强调学生知识迁移能力，并着重使用美术技巧进行创作，比如在课前学生自行制作 PPT 时，教师要求学生针对主题进行资料搜索并体现出来。学生自主讲解内容，能充分发挥学生的主观能动性，从“老师教”转变为“学生教”，在这个转变的过程中学生收获颇多。学生在课前的资料搜索，课中的探讨与创作、自主演讲，课后的总结与下一节课的材料准备中，对主题和知识都会有更多的消化理解。理解后，教师再让学生进行艺术创作。这也给了学生更多的时间内化，从而让学生表达得更彻底。整节课都强调学生的自主性。

在课中、课后的延伸上，教师也花了许多心思。学生在六年的美术学习中已经具备了一定的美术鉴赏能力与表现力，能够充分利用不同的素材进行表现，并且对美术也有了一定的理解。在此基础上，教师安排了“思维导图”的概念，并将此概念与美术学科充分融合，让学生将数学逻辑思维与艺术表达相结合，要求学生创作出既美观又有逻辑性的作品，旨在提升学生的综合能力，改变学生对美术学科单一的看法。这也是未来课堂中将要继续探索的方向。

二、教学拓展

根据新课标的理念，美术学科正在发生重大转变，学生与教师对美术学科的认识也应迅速地跟上改变，“艺术”，或者“美术”的概念将被重新定义，而教师在这样的湍流中也要不断提升自我，迅速找到风向标，勇于探索。新时代所需要的将不再是单一的“技法型”人才，而是能够使用艺术排忧解难，表达内心的普通人，是具备极强的综合能力的学生，是具备强大内心的、能了解并接受世界和地方的多元文化的人才，在未来的教学中这也是我们应该要学习探索的方向。

参与人员名单

策划：长沙市教育科学研究院詹蓉

项目主持和主要实施者：朱明子、冯琳、曹健斌

特别鸣谢：冯琳、张红、李爽

《铭刻红色记忆》教学设计

湖南第一师范学院第二附属小学 熊海波

前言

翻开中国近代史，从1840年鸦片战争至1949年新中国成立，一幅幅百姓衣不遮体、饥寒交迫、流离失所的悲惨画面映入眼帘，这是一段中华民族受尽屈辱的血泪史。20世纪上半叶，中华大地上掀起了红色革命的浪潮，才使国家积贫积弱的面貌焕然一新，以毛泽东为代表的革命志士成为民族和时代的丰碑，值得我们永远铭记在心中。习近平总书记说：“历史是最好的教科书，也是最好的清醒剂。”为了让孩子们传承红色基因，从百年党史的红色文化中汲取经验智慧，激发奋斗力量，笔者设计了本单元课程。

红色革命运动是中国近代兴起和发展起来的。由于离我们的时代较远，小学阶段又未开设历史课程，教学时就需要借助信息技术收集图像资料和制作视频来营造出历史情境，使学生通过视觉、听觉近距离了解相关的历史背景。故本课是与历史、信息技术多学科相融合，来设计情景式教学。

中国近代版画一出现就与中华民族革命的命运紧密联系在一起，具有强大的表现力。在革命战争时期，它既可以表现出战斗性的一面，也可以表现出抒情性的一面。所以，本课内容选用版画的表现方式让学生学习创作红色主题艺术作品。

教学分析

湖南第一师范学院第二附属小学是一所根正苗红的红色学校。毛泽东曾在此学习工作长达八年之久，还有任弼时、毛泽民、杨德群等共十位革命志士在此工作学习过，所以红色主题一直是我校开发校本资源的主旋律。本课为大单元跨学科融合课程之一，主要目标是让学生学习红色革命精神和传承红色基因。课程共分三个活动三个课时开展。课时一：欣赏革命运动时期的木刻版画，了解工具材料的基本使用方法和麻胶版画的表现方法；课时二：学习和了解红色主题版画构思、构图的方法，学生选择红色物件，添加合适的红色元素，创作一幅红色主题的

扫一扫，看示范课

版画；课时三：在前面两节课的基础上，运用麻胶版画的表现方法，表现伟人的肖像。本堂课为第二课时，属于“造型 · 表现”领域，主要与历史和信息技术相融合。本课程美术学科所占课时为两个半课时，历史和信息技术所占课时不超过 10%。授课对象主要为小学五、六年级的学生。

学情分析

本课是自主研发型课程，主要面向小学高年级学生。这是因为该年龄段的学生已经具有一定的绘画表现能力，而且其中有一部分学生是有版画学习的经历和经验的，接受过一定的版画技法训练，对版画工具材料的使用相对低年级学生来说也更为熟悉。同时，学生对红色文化也有更深刻的理解。本课的目的是希望学生通过创作红色题材的版画作品，从百年红色历史中汲取经验智慧，激发奋斗力量，激发爱国爱党的情怀，传承红色基因。

教学目标

总体目标：让学生了解中国近代历史，学习红色革命精神和传承红色基因，运用版画的表现形式创作红色主题绘画。

创意实践：使学生学会运用凸版版画的表现方法，创作一幅红色主题版画。

审美体验：让学生参观李桦先生的版画展，赏析李桦先生的版画作品《怒吼吧！中国》和孙滋溪先生的版画作品《小八路》，感受版画的魅力。

文化理解：让学生通过参观博物馆和美术馆了解红色革命文化，增强爱国爱党以及热爱生活的情感，学习红色精神，传承红色基因。

教学重点与难点

教学重点：让学生学习红色主题版画创作构思和构图的方法与技巧。

教学难点：让学生在版画作品中运用巧妙的构思和构图表达出红色精神的意蕴。

教学过程

活动一：情境导入

师：同学们，说到红色，你会想到什么呢？

生 A：节日，热闹的氛围。

生 B：五星红旗。

生 C：革命。

师：是的，你们都说得很好，我们一起来看个视频吧（播放《开国大典》片段，图 1）。

图1

教师小结（揭题）：红色，也叫中国红，它能让我们联想到很多，想到国旗，想到那一段刻骨铭心的历史，想到中华民族是怎样从那段屈辱的历史中站起来的！这些都是铭刻在我们脑海中的红色记忆。这节课我们就来学习红色主题版画创作。（板书——铭刻红色记忆）

【设计意图】该环节通过对红色的联想，引出红色革命的主题。教师播放《开国大典》的视频片段，毛泽东宣布中华人民共和国成立时独特的声音、威武雄壮的人民解放军、漫天飞舞的红旗、天安门广场几十万民众兴奋的呐喊，勾起同学们对红色革命的记忆。

活动二：赏析《怒吼吧！中国》

师：今天我们参观了李桦先生的画展，哪幅画给你留下了最为深刻的印象？

生：《怒吼吧！中国》……

师：刚才很多同学都说到了这张《怒吼吧！中国》（图2），这张画就挂在展厅中最醒目的位置，因为这是李桦先生最重要的代表作。看到这张版画，你有什么样的感受？

生A：人物表情很痛苦，但却给人一种很振奋的感觉。

生B：他虽然被绑住了，眼睛也被蒙上了，但是他的动作和表情让人认为他极力想用手捡起掉在地上的匕首来割断绳索。

图2

生C：他想要奋起反抗。

师：大家说得很好！大家再猜一猜，这幅画表现的是什么时期的内容？

生：抗日战争时期。

师：是的，正是抗日战争时期。当年，这张小小的版画曾经唤醒了无数国人加入到红色的革命浪潮之中，这就是版画的魅力。你们看——（播放专家解说这张画的视频）

看完视频，相信你们对李桦先生的这幅作品有了更深的了解。看到你们桌上的任务单（表1）了吗？结合画展和刚才的视频，分组合作讨论，完成《怒吼吧！中国》相关的问题。

像艺术家一样思考					
标题	主体物	添加的元素	情感性	表现方式	构思的奇妙之处
怒吼吧！中国	A. 人 B. 物		A. 战斗性 B. 抒情性	A. 线 B. 线面结合	
小八路	A. 人 B. 物		A. 战斗性 B. 抒情性	A. 线 B. 线面结合	

表1

【设计意图】本环节以任务为驱动，引导学生进行自主、合作、探究式学习。

小组合作讨论，完成任务单。

师：我看到同学们都已完成了任务单，下面我们一起来寻找答案吧。这张画的主体物是什么？

生：是人。

师：除了主体物之外，画面中还添加了一些什么元素？

生：绳子、匕首、木桩、蒙着眼睛的布。

师：主要的表现方法是线条还是块面？

生：线条。

师：是的，这幅画主要的表现方法是线条，为什么寥寥几笔，人物形象却这么鲜活？刚才你们也说到了，画面能看到希望，看到抗争，激奋人心。这是为什么？

生：他的手只要捡起地上的匕首能割断捆绑自己的绳索，就可以获得自由、奋起反抗了。

师：如果这把匕首不是放在这里，而是放在这里抑或是放在这里（图3）……你还能看到希望吗？

生：不能。

教师小结：这正是作者构图的绝妙之处。有了好的构思还需要有好的构图，才能体现出画面的意境。

（板书——构思、构图）

【设计意图】本环节通过改变匕首的位置，让学生观察画面传递出来的不同意境，从而引导他们发现艺术家在画面中构思和构图的巧妙之处。

图3

活动三：赏析《小八路》

教师出示《小八路》石版画（图4）。

师：同学们，再看看这张画，又给你什么样的感受？

生A：温馨、温暖。

生B：军民团结一家亲……

师：这样一幅温馨的画面，艺术家又是如何构思的呢？我们先一起来观看专家的解说吧！（出示视频）

师：看完视频后，我相信同学们对这张画也有了一些了解。请同学们继续在组内讨论，完成任务单（表1）中《小八路》的相关内容填写。

学生讨论交流。

师：同学们都已经完成了任务单。在这张画中，画家的构思和构图又有哪些巧妙之处呢？

图4

生A：前面的水桶没有门槛高，艺术家刻画了桶里的水泼出去的瞬间。

生B：小狗欢快地在前面引路。

生C：门边的扫把，暗示小八路刚刚帮老奶奶扫了地。

生D：老奶奶脸上慈祥的笑容和小八路脸上的笑容相互映衬。

生E：远处有八路军在写“军民团结”四个大字，还有八路军在扫地、挑水。

师：《怒吼吧！中国》和《小八路》这两张版画都是表现革命战争时期的作品，为何传递出来的情感却截然不同呢？

生A：画面中人物的表情和动作不同。

生B：添加的道具和描绘的场景不同。

教师小结：《怒吼吧！中国》表现的是一个被捆的、身体扭曲、表情很痛苦的形象，同时在构图上顶天立地，让人看起来就很压抑。而《小八路》这张作品表现的是共产党领导下的大后方军民鱼水情深的画面。

通过这两组版画的对比，我们可以看出版画具有强大的表现力。同样是表现革命战争的题材，版画既可以表现出它战斗性的一面，也可以表现出抒情性的一面，关键就在于你如何构思和构图。

【设计意图】通过展示两张革命战争时期的版画，让学生对比感受两张画传递出来的情感的差异，体会到版画表现力的丰富性和多变性，从而进一步强调画面构思和构图的重要性。

活动四：铭刻红色记忆

一、情境创设

师：同学们，习近平爷爷指出：“历史是最好的教科书，也是最好的清醒剂。”今天大家欣赏到的两幅版画，就是最好的教科书，将我们带回了那段难忘的历史。

二、播放视频

视频展现了晚清时期政府腐朽无能，到处割地赔款，丧权辱国。辛亥革命之后，又是连年军阀混战，国家千疮百孔、民不聊生。到了1931年，日本侵华，无恶不作，人民更是生活在水深火热之中。在20世纪上半叶，以毛泽东为代表的革命志士，掀起了红色革命的浪潮，才使国家民族积贫积弱的面貌焕然一新。这段历史值得永远铭刻在我们的记忆中。

【设计意图】通过信息技术，再现历史情境，让学生通过视觉和听觉，真实感受中国近代历史中人民生活的艰难，从而更加凸显红色革命的非凡意义，加深学生对红色革命的理解。

活动五：创意实践，版画制作

师：说到红色主题版画创作，我们需要如何构思呢？熊老师也创作了一张红色主题的版画，大家看（出示版画作品，图5教师手里拿着的图），我的构思来自课件图片上毛泽东手里提着的那盏马灯。它不仅照亮了漆黑的夜晚，更见证了毛泽东挽救红军、挽救中国革命的历史时刻。

教师陈述作品背后的故事：那是1935年3月10日，遵义会议开完不到两个月的时间，

图5

中央红军来到了遵义以南50公里处的地方，当时中央委员们都集中在一个小村庄开会讨论是否攻打打鼓新场，与会的中央委员除了毛泽东外，大家一致同意攻打。在会上毛泽东虽然据理力争，但仍未得到大家的认同。会议决定由周恩来起草作战命令，定于第二天早晨发布。会后毛泽东回到住处，心情久久不能平静，在春寒料峭、阴雨蒙蒙的夜晚提着马灯走了两公里的山路去找周恩来和朱德，他要阻止大家鸡蛋碰石头的冒险活动。通过再一次对局势详尽的分析，毛泽东说服了周恩来和朱德。第二天周恩来再次召集大家开会，这一次，周恩来和朱德都站在了毛泽东的一边，帮助他说服了其他人。就在这期间，中央情报二局截获了国民党的一份密电，获悉了国民党有将近四十万的精锐部队正在向打鼓新场集结，蒋介石也飞抵贵阳亲自督战。红军若再不走，将有可能会遭到四面包围全军覆没的危险。这次会议后，中央重新组建了新的三人小组：毛泽东、周恩来、王稼祥，其中毛泽东任红军前敌总政委。正是这次会议后，才有后面毛泽东指挥红军几渡赤水、飞夺泸定桥、巧渡金沙江，跳出敌人包围圈的伟大壮举。

马灯指引着毛泽东行进的方向，党旗指引着中国革命前进的方向，我将它俩有机地结合在一起创作了这张作品，这就是我的构思。

【设计意图】教师通过示范，引导学生从物件的历史背景、物体形状是否适合表现等因素去选择红色革命时期的物件，并且物件和添加的红色元素之间要有关联性，而非随意选择。

师：（出示三张学生作品，图6）这是三位同学的作品，他们在构思和构图方面的巧妙之处又在哪呢？

生A：第一张右上角有红旗，左下角有党徽。

生B：第二张画面的中间刻画了有人在党旗下宣誓的场景。

生C：第三张主体物是红船，背景刻画了刚升起的太阳，太阳象征着光明和希望，预示着

图6

中国共产党的诞生让人们看到光明和希望。

师：我们再来看一组版画，你们觉得哪一张的构思和构图更能表达出红色的意境？为什么？

生：《军号嘹亮》，加上手和飞舞的飘带，感觉有人正在吹冲锋号。

教师小结：说得很好。《军号嘹亮》采用对角线构图，飘舞的红丝带再加一只强有力的手握住军号，正是这样巧妙的构思和构图，仿佛把我们带到了冲锋的战场，正要迎接胜利的到来！

师：为传承红色基因，从红色记忆中汲取经验智慧，激发奋斗力量，今天就请同学们用凸版的方法创作一幅红色主题的版画作品。我们先来看看要求吧。

内容：选择一件红色革命时期的事物，添加合适的红色元素，创作一幅红色主题的版画。

要求：1. 构思巧妙、画面简练。2. 主题突出、构图合理。

师：创作之前大家先看看版画创作的步骤。（教师播放示范的视频，让学生了解版画制作的方法和步骤。）

师：谁来总结一下，版画的创作分为哪几个步骤？

生：构思——构图——上版——刻版——拓印。

学生绘制作品（图7）。

师：通过刚才的微课视频，大家都已经了解了版画制作的基本步骤。老师还为大家准备了一些素材，供大家参考。

活动六：作品展评和拓展

教师请每组派代表上台介绍本组的作品，先自评，再互评，教师适时点评（图8）。

教师总结：同学们，今天从你们创作的作品中可以看出，红色主题绘画已经在你们心中播下

图7

了一颗小小的红色种子，希望你们继续发扬革命精神，把红色基因传承下去。

图8

《铭刻红色记忆》导学案

姓名：　　　班级：

一、红色的联想

请对红色进行联想：

二、赏析李桦版画作品《怒吼吧！中国》

1. 请赏析李桦先生这张作品，它带给你一种什么样的感受？

2. 请仔细分析《怒吼吧！中国》这张作品，它的情感性是如何通过巧妙的构思和构图表现出来的？

李桦《怒吼吧！中国》

孙滋溪《小八路》

三、赏析孙滋溪的作品《小八路》

1. 请欣赏《小八路》这张作品，它传递给你一种什么样的情感？

2. 请仔细分析《小八路》这张作品，它的构思和构图又有什么巧妙之处？

3. 请在赏析完两张作品后，完成下面图表中的内容。

像艺术家一样思考					
标题	主体物	添加的元素	情感性	表现方法	构思的奇妙之处
怒吼吧！中国	A. 人 ○ B. 物 ○		A. 战斗性 ○ B. 抒情性 ○	A. 线 ○ B. 线面结合 ○	
小八路	A. 人 ○ B. 物 ○		A. 战斗性 ○ B. 抒情性 ○	A. 线 ○ B. 线面结合 ○	

四、回顾中国近代史

教师引导学生了解从鸦片战争到抗日战争这段历史，感受当时中国人民生活的绝望，凸显红色革命运动的历史意义。

五、铭刻红色记忆

选择一件红色革命时期的物品，添加合适的红色元素，创作一幅红色主题版画。

要求：1. 构思巧妙、主题突出。2. 构图合理、画面简洁。

教学反思

本课是基于跨学科融合的单元教学设计。课程内容为自主研发设计，主要与历史中的红色革命文化以及信息技术相融合，属于“造型 · 表现”领域。教学设计前后几经修改，历时数月，过程曲折，至 9 月 22 日正式录制时仍有诸多不足之处未能很好地解决。

原因主要有自身的经验和学情。从自身经验方面说，由于之前没有红色思政课设计的相关经验，对新课标精神理解也不够透彻，在课程难度把握、教学目标设置、教学方法选择等诸多问题上思考良久，仍感觉欠妥。从学生角度来说：一是小学阶段没有开设历史课程，学生相关历史知识缺乏；二是对于小学课堂，教学过程不仅要轻松而且要富有趣味性，但个人觉得红色思政本身就是一个比较严肃的话题，既不能出现知识性错误，又要语言生动幽默，实为不易；三是小学阶段的学生由于造型能力不足，作业实践上可选择的范围局限性也比较大。但正是因为存在这些问题，才使课程研发更富挑战性。具体总结如下：

第一，明确教学目标。在新课标美术核心素养的统领下，不断试教、不断研讨、不断调整，周而复始才使得思路逐渐明晰。在此过程中，我和组内的同事走访一师老校区、橘子洲头、湖南省博物馆等地去寻找当地的红色资源，但多半都是乘兴而去，败兴而归，从这些地方寻找到的适合小学生表现的红色物件并不多。笔者有几次觉得教学目标已经清晰，但试教完后又感觉效果不理想。总结后发现是自己对“红色思政”课的理解过于倾向历史知识，由于小学生缺乏历史知识，所以他们的参与度不高，教学过程中教师讲授得太多，课堂缺乏互动性，氛围调动不起来。后来，在长沙市教育科学研究院教研员詹蓉的指导下，我觉得可以以湖南美术出版社美仑美术馆中的“李桦先生版画展”为课程设置的契合点。我从美术馆中寻找到三组版画《怒吼吧！中国》《怒潮》《山乡巨变》融入课堂中。教学目标一开始定为版画表现形式中黑白归纳方法的总结，后经过两次磨课，发现存在知识性的问题，最终把教学目标调整为通过版画形式表现红色意境要如何构思和构图。这次总算让前期遇到的问题得到有效的解决。

第二，完善教学环节。最开始的教学设计中，为了突出学生学习的主动性和探究性，体现新课标理念，设计了很多的问题进行引导。但在磨课过程中发现教学形式太单一，后增加了让学生分组，组内讨论完成任务单的环节，增加了视频解说等教学环节来丰富教学形式。

第三，收到教学反馈。调整后的教学过程、课堂氛围、学生作业和学生作品介绍等流程和结果，感觉还是比较成功的，但也感觉到了一些不足和遗憾：一是我自己作品的构思中所引用的小故事讲解时语言不够流畅，不够入情；二是总结性评价时讲得不够具体，语言概括得也不够生动。

以上是我对本堂课的教学反思和总结。

参与人员名单

策划：长沙市教育科学研究院詹蓉

一师二附小参与学生名单：林羽甜、李姿仪、刘柯萌、宾逸馨、曲子茜、方誉然、王子珊、凌沁儿、谭亦凌、湛雅晴、徐若语、尹思婷、张诗颐、蒋依诺、张廷南、钟怡然、王茁熹、谭肖越、钟知悦、禹宇晗、贺俊泽、刘子诺、刘悠然、白紫橙、王馨悦

授课教师：熊海波　　导赏员：李辉

开福区美术教研员：罗炜

领导参与改课名单：汪春秀、胡冉、廖珊璐

一师二附小参与老师：李丽斯、洪金利

长沙市开福区美术首席名师：江沙

长沙市岳麓区美术首席名师：何娟

特别鸣谢：一师二附小德育主任刘娴、参与摄影的各位老师、信息技术周宏斌

图书在版编目（CIP）数据

跨学科融合的公共美育课 / 詹蓉编著 . -- 长沙：
湖南美术出版社，2023.7（2024.4 重印）
ISBN 978-7-5356-9990-9

Ⅰ．①跨… Ⅱ．①詹… Ⅲ．①美育－教案（教育）－中
小学Ⅳ．① G633.950.2

中国版本图书馆 CIP 数据核字 (2022) 第 246543 号

跨学科融合的公共美育课
Kuaxueke Ronghe de Gonggong Meiyuke

出 版 人：黄　啸
编　　著：詹　蓉
责任编辑：黄灿波
责任校对：李梦莹　汤兴艳　何雨虹　伍　兰
整体设计：格局创界文化 Gervision
出版发行：湖南美术出版社
（长沙市东二环一段 622 号）
书籍排版：格局创界文化 Gervision　雷丽芳　刘小珍
编务助理：吕思涵　刘　颜　肖峥慧
经　　销：湖南省新华书店
印　　刷：长沙玛雅印务有限公司
开　　本：889mm × 1194mm　1/16
印　　张：24
版　　次：2023 年 7 月第 1 版
印　　次：2024 年 4 月第 2 次印刷
定　　价：118.00 元

销售联系：0731-84787105
电子邮箱：market@arts-press.com
如有倒装、破损、少页等印装质量问题，请与印刷厂
联系更换。联系电话：0731-82787276